쉽게 쓴

노인복지론

김종일 · 최혜지

청목출판사

머리말

인구 노령화는 오늘날 전 세계가 보편적으로 직면하고 있는 이른바 글로벌 현상이다. 따라서 20세기 복지국가의 화두가 노동 문제(the labor question)였다면, 21세기 복지국가의 화두는 아마도 노령화 문제(the aging question)로 귀착될 듯하다. 특히, 세계에서 가장 빠른 노령화 속도를 보이고 있는 한국 사회는 노령화가 야기할 사회경제적 변화에 대해 부심하고 있다. 사회복지학계의 관심도 뜨겁다. 최근 몇 년 동안 노령화와 노인 문제에 관한 책과 논문이 숱하게 쏟아져 나왔다. 노인 관계 연구소와 대학 학과도 우후죽순처럼 생겨나고 있다.

그러나 노인복지를 다루는 교재들은 별다른 변화를 보이지 않고 있는 것 같나. 우리가 이 책을 쓰게 된 것도 바로 이런 문제를 함께 고민했기 때문이다. 그러나 막상 집필을 시작하고 보니 어려운 점이 한두 가지가 아님을 절실히 느끼게 되었다. 특히 어려웠던 것은 이론 분야였다. 이 책에 쓰인 대부분의 이론들이 서양(그 중에서도 미국)에서 개발된 것이라 우리 현실을 담아내는 데에는 한계가 있을 수밖에 없다. 이렇게 서양 이론의 틀을 벗어나지 못하는 원인은 일차적으로 저자들의 능력이 부족한 탓이고, 다음으로는 외래 이론을 금과옥조처럼 여기는 우리 학계의 식민지 근성 때문이다. 이 벽을 넘지 못했다는 점에서 이 책 역시 근본적인 한계를 지니고 있음을 고백한다.

그럼에도 불구하고 우리는 이 책을 쓰면서 염두에 두었던 몇 가지 원칙을 독자 제현에게 밝히고 싶다. 우리가 무엇보다도 강조한 원칙은 될 수 있는 대로 쉽고 간결한 교재를 만들자는 생각이었다. 무릇 세상의 모든 책은 저자와 독자 사이에 원활한 커뮤니케이션이 이루어져야 그 진가를 드러낼 수 있다. 학습의 기본 도구인 교과서의 경우는 더욱 그러하다. 독자가 읽고 이해하기 쉬운 책을 만들기 위해서는 정확한 문법과 어법에 바탕을 두고 글을 써야 한다. 뿐만 아니라 교과서는 간결해야 한다. 이 책은 학부 수준에서 꼭 알아야 할 이론과 내용은 포함하되 군더더기는 과감히 빼버렸다. 일부 기존 교재들 중에는 백과사전을 방불케 하는 온갖 내용이 담겨 있는데, 교과서와 참고서는 구분되어야 한다는 것이 우리의 판단이다.

우리가 염두에 둔 두 번째 원칙은 한국 사회의 현실을 적극적으로 반영한 교재를 만들자는 것이었다. 외국 이론에 의존하는 것도 부끄러운 일인데 현실 자료마저 외국 것을 무분별하게 인용한다면 굳이 별도의 한국 교과서를 만들 이유가 없지 않은가. 이런 원칙에 따라 이 책에는 구체적인 현실 사례를 많이 포함시키려고 노력하였다. 특별히 새로운 조류와 현상을 놓치지 않기 위해 나름대로 애를 썼다.

그렇지만, 이와 같은 원칙이 과연 제대로 지켜졌는지에 대해서는 저자인 우리도 적지 않은 아쉬움을 느끼고 있다. 역시 우리의 역량 부족을 탓하지 않을 수 없다. 이 점에 대해서는 독자들의 질정을 겸허히 받을 것이다. 또한 차후의 지속적인 보완 작업을 통해 책의 완성도를 높여 나갈 것을 다짐한다.

이 책은 노인복지를 전공하는 최혜지 교수와 사회복지정책을 전공하는 김종일 교수의 공동 작업으로 이루어졌다. 김종일 교수는 서론과 정책 부분의 집필을 맡았고 최혜지 교수는 이론과 실천 부분의 집필을 맡았다. 이와 같은 분업이 좀더 깊이 있는 내용을 담보하는 데는 큰 도움을 주었으나, 책의 일관성 유지라는 측면에서는 교란 요인이 되었을지도 모르겠다. 향후의 보완 작업에서는 이런 점도 충분히 고려할 것이다.

마지막으로, 예상보다 많이 늦어진 집필 작업을 묵묵히 기다려준 청목출판사 류성렬 사장님과 이 책의 출판을 위해 애쓴 관계 직원들에게 감사를 드린다.

2006년 1월

김종일 · 최혜지

차 례

제 4 부　노인을 위한 사회복지 실천

제 1 부

현대 사회와 노년

제1장

21세기 노인의 초상

1. 므두셀라의 후예들

구약성서 창세기 5장은 장수 설화의 샘이다. 성서는 아담의 후손들을 열거하면서 이들이 모두 천 년 가까이 살았다고 전한다. 그 중의 압권은 아무래도 므두셀라라는 사람일 것이다. 저 유명한 노아[1]의 할아버지가 되는 므두셀라는 무려 969세까지 살았다고 한다. 이러한 장수 설화는 중국에서 증폭되어 삼천갑자[2] 동방삭으로 나타난다. 동방삭은 한나라 무제 때의 실존 인물인데 속설에 따르면 서왕모(西王母)의 복숭아를 훔쳐 먹고 장수했다고 한다. 삼천갑자라는 별명은 그래서 붙은 것이다.

1) 노아는 구약성서 창세기에 나오는 인물로 하느님이 인류를 벌하기 위해 대홍수를 내릴 때 자신의 가족과 짐승들을 위해 방주를 만들라는 지시를 받고 이른바 노아의 방주를 만들었다고 전해진다.

2) 삼천갑자(三千甲子)는 18만년을 뜻한다.

이렇듯 오래 사는 것은 아마도 모든 인간의 공통된 소망일 터이다. 불로초를 갈구했던 진시황이나 영생불사약을 만들려고 골몰했던 연금술사들의 이야기는 다 이런 소망의 발로라 하겠다. 그도 그럴 것이 산업사회 이전에 태어난 아이들은 태반이 어른이 되기도 전에 죽었고, 20세기 벽두의 런던 시민조차 평균 수명이 고작 40세에 불과했던 것이다. 인생칠십고래희(人生七十古來稀)라는 말에서 알 수 있듯이 우리나라나 중국에서도 70까지 사는 사람은 아주 드물었다. 따라서 창세기 설화나 동방삭의 전설은 단순히 호랑이 담배 먹던 시절의 황당한 이야기가 아니라 무병장수라는 인간의 영원한 꿈이 반영된 것으로 이해해도 무방하리라.

그런데 21세기 새 천년이 시작된 요즘 한낱 꿈으로만 여겨지던 장수사회가 우리의 눈앞에서 펼쳐지고 있다. 므두셀라에는 미치지 못하겠지만, 주요 선진국의 평균 수명은 이제 여든에 이르렀다(〈표 1-1〉 참조). 세계 최고령 사회로 알려진 이웃 일본에서는 "인생은 팔십부터"라는 구호를 외치고 있고 우리나라 역시 환갑잔치가 벌써 오래 전에 사라졌다. 〈표 1-1〉을 보면 앞으로 50년 안에 주요 선진국의 노령화 비율은 30%를 훨씬 웃돌 것으로 예상된다. 세 사람 가운데 한 사람이 65세 이상의 노인인 사회가 된다는 말이다. 그런 사회의 모습이 어떠할지 독자 여러분은 상상이 가는가? 한국의 노령화 속도는 더욱 놀랍다. 전문가들은 한국의 노령화 속도가 세계 신기록을 수립할 것으로 보고 있다. 대부분의 선진국들이 근 100년에 걸쳐 노령화가 진행된 것과 달리, 우리는 불과 20년 정도의 짧은 기간에 급속한 노령화를 경험하는 것이다. 2000년 현재 한국의 노령화 비율은 프랑스나 영국의 절반에 불과하지만, 50년 뒤에는 이들 나라보다 노인 인구 비율이 더 높을 것으로 보인다. 엄청난 속도로 우리 사회가 늙어가는 것이다.

〈표 1-1〉 주요 국가의 평균 수명과 노령화 추이

나라 이름	평균 수명(년)[1] 2004년 현재	65세 이상 노인의 비율[2] (%)		
		2000년	2025년(추산)	2050년(추산)
일본	81.04	17.2	28.9	36.4
스웨덴	80.30	17.4	25.4	30.4
호주	80.26	12.3	18.6	22.4
이탈리아	79.54	18.1	25.7	35.9
프랑스	79.44	16.0	22.2	26.7
스페인	79.37	17.0	23.6	37.6
독일	78.54	16.4	24.6	31.0
영국	78.27	15.8	21.9	27.3
한국	75.58	7.1	16.9	27.4

자료: [1] CIA. 2004. *World Fact Book.*
[2] UN. 2002. *World Population and Aging 1950-2050.*

그렇다면 21세기를 사는 노인의 모습은 과연 어떠한가? 장수 사회의 도래를 기뻐하면서 늘어난 수명과 길어진 여가를 마음껏 즐기고 있는가? 서구의 경우 산업화의 역사가 길고 사회적 제도로서의 은퇴의 역사도 길기 때문에 노년기 은퇴 생활에 관한 개인적·사회적 준비가 비교적 잘 되어 있다. 대부분의 노인들은 노동시장에서 은퇴한 뒤 여가활동이나 자원봉사를 하면서 제2의 인생을 설계해 나간다. 예를 들어, 정계를 떠난 뒤 세계를 무대로 활발한 봉사활동을 벌이면서 만인의 존경을 받고 있는 지미 카터(Jimmy Carter) 전 미국 대통령의 은퇴 생활은 널리 알려진 일이다. 영화배우 폴 뉴먼(Paul Newman)도 고령에 자동차 경주에 몰두해서 세상을 놀라게 한 바 있다. 뿐만 아니라 그는 자선사업을 펼치기 위해 식품회사를 설립해 여기에서 나온 모든 이익을 기부했는데 그 액수가 무려 1억 5천만 달러에 이른다고 한다. 꼭 명사들만이 은퇴 생활을 보람 있게 보낼 수 있는 것은 물론 아니다. 수많은 보통 노인들이 지역사회에서 자원봉사에 참여하고 여행을 비롯한 다양한 여가생활을 즐기고 있다. 일본 정부가 발표한 국민생활백서(2000)에 따르면, 미국이나 영국의 경우 65세 이상 노인의 절반 정도가 자원봉사를 하고 있다. 이웃 일본은 16.8%로 영미보다 훨씬 낮지만 한국의 6.7%보다는 높다.

한국의 노인들은 어떠한가? 한국은 산업화의 역사가 짧을 뿐만 아니라 사회제도로서의 은퇴는 이제 겨우 보편화되고 있는 상황이다. 더욱이, 은퇴 생활을 뒷받침하는 연금제도가 성숙하지 않아서 연금으로 생활하는 노인의 모습은 생소하기만 하다. 이러다 보니 은퇴 생활에 대한 사회적 인식은 그다지 높지 않다. 은퇴 생활은 여전히 개인 문제이지 사회적 의제로 등장하지는 못하고 있다. 따라서 나이 들어 무엇을 한다는 것이 아직도 우리 사회에서는 화제거리가 된다. 여기에 몇 가지 사례를 소개한다.

〈사례 1〉 '감자바위' 할머니들이 일(?)을 냈다. 식당마다 손님이 끊겨 울상인 이 불경기에 70살도 넘은 할머니들이 음식점을 차렸다. 춘천 죽림동 성당 안나會 할머니 10명이 한 달 전 성당 근처 중앙시장 입구에 문을 연 '우리 맛 감자탕 집.'

흰색 티셔츠와 검정색 바지로 복장까지 통일한 할머니들은 점심 손님을 치르느라 주방과 홀을 펄펄 날듯 뛰어다닌다. 손님 식탁에서 탕을 접시에 떠주는 모양새가 영락없이 자식들 떠먹이는 우리네 어머니 모양모습이다. "늙은이들은 둘러앉아봐야 아들 자랑하고 며느리 흉만 보게 돼. 그리고 집에 우두커니 있으면 치매에 걸려. 이 나이에 일하니까 얼마나 좋아."

할머니들은 "요즘 젊은이들'조미료 맛'이 우리네 '손맛'을 따라 오겠느냐"며 맛에도 자신감을 보였다. 박영예(72) 할머니는 "살림꾼 10명이 만들지 못할 음식이 어디 있겠느냐"며 "개떡부터 피자까지 원하는 것은 뭐든지 맛있게 만들어 내놓을 자신이 있다"고 말했다.

할머니들은 김현준 주임신부가 "다시 뛰자 70대, 함께 뛰자 60대, 따라 뛰자 50대"라며 활기찬 노년 생활을 강조한 데 용기를 얻어 식당을 개업했다. 종자돈은 각자 쌈짓돈 300만원씩 털어 모았다.

자료 : 평화신문 2004년 10월 17일자

〈사례 2〉 "나이 먹었다고 제 할 일을 못할 거라는 편견을 버려. 묵묵히 일하며 지역과 나라 발전을 위해 공헌하는 이들이 얼마나 많은데…." 국내 최고령 택시운전기사 고홍용(83 · 충북 영동군 황간면 마산리)옹이 붙잡은 운전대는 힘이 넘쳐나고 목소리는 '노익장'을 넘어 시골길을 쩌렁쩌렁 울릴 정도다. 팔순을 넘긴 나이에도 운전대를 잡고 꼬불꼬불한 시골길을 종횡무진 누비는 그는 국내 최장 무사고 기록도 보유하고 있다. 7년 동안의 버스기사 생활을 포함해 모두 62년 동안 아무런 사고 없이 승객을 날랐다. 고옹은 "일제강점기인 1942년 운전면허를 취득한 뒤 지금까지 내가 다닌 거리만 적어도 600만㎞가 될 것"이라며 "지구 150바퀴야, 땅에 붙어 나만큼 많이 돌아다닌 사람이 있을까"라고 말했다.

충북에서도 가장 벽지로 꼽히는 추풍령 부근의 영동군 황간면 지역을 중심으로 평생 운전을 한 만큼 에피소드도 많다. 그동안 택시 안에서 자녀를 출산한 산모가 3명이나 된다. 첫 번째 출산한 아이는 이미 불혹을 바라보는 중년이 됐다. 고옹은 "운전엔 정년이 없어. 이제 운전대를 놓으면 세상 사는 맛을 잃을 것 같아"라고 말했다.

자료 : 문화일보 2004년 4월 24일자

〈사례 3〉 전남 해남군 두륜산 자락의 대흥사. 폭염이 내려쬐는 가운데서도 한 70대 노인이 관광객들에게 천개의 불상이 있는 천불전에 대해 꼼꼼히 설명하고 있다. 이 노인은 올해 나이 70살의 곽영순 할머니로 이곳 해남 대흥사에서 문화관광 해설가로 일하고 있다. 문화관광 해설가는 전라남도가 지난 2001년부터 도내 문화관광을 자세하고 알기 쉽게 설명해 주기 위해 양성하고 있는 사람들이다. 다른 시·군은 주로 30~40대 젊은 여성들이 많지만, 해남은 노인종합복지관에서 노인 일거리 창출 사업의 하나로 추진하고 있다.

곽영순 할머니는 30여 년 동안 보건소에서 일한 뒤, 약 2년 전 정년퇴임한 공무원 출신이다. 할머니는 하던 일을 갑자기 그만두게 되자, 우울하고 초조한 마음을 느꼈다고 한다. "퇴직 후 한 7개월 동안 공백이 있었어요. 바보가 되는 기분이고, 우울하고 초조하고, 쫓기는 기분이고 그랬어요." 이 때문에 노인 대학을 다니던 할머니는 올해 초 노인종합복지관에 들렀다가 회관 직원에게 '문화·관광 해설가'를 해보지 않겠냐는 제안을 받게 됐다.

이렇게 지난달부터 시작한 해설가 일은 할머니에게 제 2의 삶을 살게 하고 있다. "정말 맘에 들어요. 제가 젊어지는 기분이고, 제 2의 삶을 사는 것 같은 기분입니다. 진작부터 이런 것을 알았으면 얼마나 좋았을까 하고 생각하죠." 곽 할머니는 또 "학생들이나 관광객들에게 이것저것 설명하면 몰랐던 것을 알았다면서 그렇게 좋아하더라고요. 손도 잡고 기념사진도 찍자고 하고, 정말 보람을 느껴요."

올해 78살의 천금택 할아버지도 탁 할머니처럼 해남에서 '문화·관광 해설가'로 일하고 있다. 초등학교 교사였던 천 할아버지는 조선 중기 시인인 고산 윤선도 유적지에서 박물관 안내를 맞고 있다. 천 할아버지는 "윤선도 유적지를 찾는 사람들이 똑똑한 사람들이 많아 한 달 간 배운 내용으로 어설피 해설하다 실수 할까봐 조심스럽다"고 말한다. 하지만, "하나라도 배우려는 동료 노인들의 열정에 자신도 놀랐다"며 젊은이 못지않은 노익장을 자랑한다. "발대식을 했는데요, 고희 안팎의 노인들이 노인들 같지 않게 진지하게 배우려는 태도에 감복했어요." 천 할아버지는 또 "프린트 물이 엄청나게 쌓여 있어요. 하지만 알아야 면장을 한다고 노인들이 밤낮으로 읽어대요"라고 말한다.

이들은 월 20만원 남짓 되는 봉급을 받지만, 봉급과는 비교할 수 없는 보람에 푹 빠져 있다. 돈을 버는 것보다 정년퇴임한 뒤 일할 수 있는 것 자체가 즐거움이다.

자료 : CBS 전남방송 2004년 8월 6일자

〈사례 4〉 팔순을 바라보는 할아버지가 보름 동안 2개의 트라이애슬론대회(철인 3종 경기)를 완주하며 노익장을 과시했다. 주인공은 서울 관악구 봉천동에서 중고 자동차 매매상을 하는 김홍규옹(77). 김옹은 27일 속초에서 열린 2004 설악 국제 트라이애슬론대회에서 수영 1.5km, 사이클 40km, 마라톤 10km 레이스를 3시간 8분 12초에 완주했다. 이번 대회 최고령 출전자인 김옹은 13일 통영 대회에도 출전해 3시간 34분 53초로 완주한 바 있다.

30대 초반까지 복싱을 했으며 이후에도 축구 등으로 몸을 단련해 온 김옹은 93년 충남 대천해수욕장에서 열린 트라이애슬론대회를 통해 철인 경기에 입문한 뒤 지금까지 100여 차례나 참가한 마니아. 2002년 8월엔 수영 3.8km, 사이클 180.1km, 마라톤 42.195km를 주파하는 속초 대회에서 16시간 36분을 기록해 세계 철인의 인증서를 획득했다.

자료 : 동아일보 2004년 6월 27일자

여기 소개된 사례들은 노후를 즐겁고 보람 있게 사는 사람들의 이야기이지만, 이런 사례가 신문에 소개되는 현실 자체가 은퇴 생활에 대한 한국 사회의 평균적인 인식을 드러내는 것이다. 말하자면, 이런 일이 기사화되는 배경에는 대다수 한국 노인들의 삶이 어둡고 부정적이라는 사회 전반의 인식이 깔려 있는 것이다. 물론 이런 인식의 이면에는 노년 자체를 비하 또는 폄하하는 연령주의적 시각이 배어 있을 수도 있다. 그러나 우리는 한국 노인들의 실제 삶의 질이 형편없이 낮기 때문에 즐겁게 사는 노년의 모습이 예외로 보인다는 점을 더욱 강조하고 싶다.

아무튼 평균 수명이 80에 이른 시대에 은퇴 생활이 더 이상 "조용히 죽음을 준비하는" 시기가 될 수 없음은 자명하다. 60을 넘어서까지 정규 노동시장에 머무를 수 있는 사람은 극소수의 전문직 종사자뿐인 한국 사회에서 평균 수명 여든의 의미는 적어도 20년의 은퇴 생활이 기다리고 있다는 말로 다가온다. 노년기의 20년이 청장년기의 20년과는 질적으로 다른 시간 개념이라는 사실을 인정한다고 해도, 20년의 은퇴 생활은 결코 짧은 세월이 아니다. 이렇게 긴 은퇴 생활은 한국 노인들에게는 낯선 경험일 수밖에 없다. 이 기간은 개인의 노력과 사회적 환경에 따라 천지개벽의 경험이 되기도 하고 지옥으로 변하기도 한다. 앞에서 소개된 사례들은 대부분 개별 노인들의 노력에 의해 이루어진 것이다. 그러나 이와 같은 행운을 모든 노인이 누리는 것은 결코 아니다. 오히려 그 반대라고 할 수 있다. 상당수의 노인들이 길어진 자신의 노년과 '싸우고' 있고 가족들은 장수 사회가 만들어내는 그늘에서 방황하고 있다.

고령화로 인한 문제점들이 지적되고 있는 가운데 최근 '불행한 노년'을 자살로 마감하는 노인들이 급증하고 있는 것으로 나타났다. 13일 경찰청이 국회 보건복지위원회에 제출한 국정감사 자료에 따르면 지난해 61세 이상 노인 자살자 수는 3,653명에 달해 3년 전인 2000년 2,329명에 비해 무려 56.8%나 늘어난 것으로 나타났다. 같은 기간 전체 자살자 수는 1만

1,794명에서 1만 3,005명으로 10.3% 늘어나는 데 그친 것에 비하면 노인 자살자 증가율은 전체 자살자 증가율의 무려 5.6배에 이른다. 특히 전체 인구 4,729만 2,000여명에서 차지하는 60세 이상 노인이 12.3%인 589만 9,000여명에 지나지 않는 점을 감안하면 '황혼 자살'의 실태는 심각한 수준이다.

노인 전체 인구 중 자살자 비율은 10만 명당 62명으로 10만 명 당 27명인 전체 자살자 비율의 2.3배에 달하고 있다. 또 하루 10명의 노인이 '자살'을 선택하고 있는 셈이다. 노인 자살자가 급증하면서 전체 자살자에서 노인의 비중도 갈수록 높아지는 추세이다. 2000년에는 노인 자살자가 전체 자살자의 19.7%를 차지했으나, 지난해에는 그 비율이 28.0%에 달해 '자살자 4명 가운데 1명 이상'이 61세 이상 노인인 것으로 분석됐다.

자료 : 서울신문 2004년 10월 14일자

우리나라 노인들이 장수 사회를 즐기기는커녕 죽음의 길을 택하는 이유는 무엇인가? 결론부터 말해 보자. 노인 개개인의 노력이 부족해서가 아니다. 개별 노인의 노력을 뒷받침하는 사회적 환경이 조성되어 있지 않기 때문이다. 오늘의 한국 노인들은 과연 어떠한 삶을 살고 있는가? 어떠한 문제들이 한국 노인의 삶을 괴롭히고 있는가? 우리는 이제 21세기 한국 노인들이 직면하고 있는 여러 가지 문제를 살펴보면서 한국 사회가 과연 어떻게 변해야 하는가를 독자들과 함께 생각해 보고자 한다.

2. 노년의 삶을 괴롭히는 주요 문제

1) 질병

장수는 으레 무병(無病)이라는 단어와 짝을 이루어 쓰인다. 그러나 오래 산다는 것과 건강하게 산다는 것은 별개의 일이다. 현대 노인의 수명은 크게 늘어나고 있지만, 상당수 노인들에게 수명의 연장은 앓는 기간의 연장으로 이어진다. 수명의 연장을 마냥 기립 박수로 환영할 수 없는 이유 가운데 하나가 바로 이것이다. 따라서 '늙고 병든'이란 말은 동어반복(同語反覆)에 지나지 않는다고 해도 과언이 아니다.

> 어떤 의사가 안경을 끼고 있는 한 노파에게 물었다. "시력에 어떤 문제가 있으십니까, 할머니? 노안이십니까 아니면 근시이십니까?" "난 말이요. 늙었다는 게 병이라우, 의사 양반."
>
> 자료 : 시몬느 드 보부아르의 『노년』 중에서

그렇다고 해서 노화와 질병을 같은 것으로 취급해서는 안 된다. 노화는 자연의 법칙이고 질병은 일종의 '사고'인 것이다. 그럼에도 양자를 완벽히 구분하기란 결코 쉽지 않다. 노화와 질병은 함께 오기 때문이다. 이 둘은 서로 상승작용을 하면서 사람을 죽음으로 이끈다.

또한 노년기의 질병은 빈곤으로 이어지는 경우가 허다하다. 더구나 노년기 질병은 대부분 회복이 불가능한 만성 퇴행성 질환이다. 가뜩이나 소득이 없거나 적은 상태에서 만성 퇴행성 질환은 환자인 노인은 물론 가족들의 경제적 자원을 빠른 속도로 소진시킨다.

통계청(2004b)이 최근 조사한 자료에 따르면, 65세 이상 노인의 54.3%가 자신의 건강이 좋지 않다고 응답하였다. 건강하다고 대답한 노인은 17.6%에 지나지 않았다. 대표적인 노인 질병으로는 관절염, 심장병, 뇌졸중, 치매, 골다공증 등이 손꼽힌다. 이 밖에 상당수의 노인들이 원인 불명의 갖가지 질병에 시달리고 있다. 더구나 대부분의 노인 질환은 만성퇴행성이다. 천천히 진행하지만 근본 치유가 불가능하다는 말이다. 또 노인병은 한 가지만 홀로 발생하는 경우가 드물다. 여러 가지의 질환이 겹쳐서 발생한다. 65세 이상 노인의 85%가 적어도 한 가지의 만성질환을 앓고 있고 그 중 30%는 3가지 이상의 질환을 가지고 있다.[3] 한국보건사회연구원이 2001년에 조사한 60세 이상 노인들의 주

3) 고려대학교 안암병원 노인병 클리닉 홈페이지 참조(www.kumc.or.kr/anam).

요 만성 질환 유병률 자료를 보면, 고혈압은 전체의 절반 이상인 50.6%, 당뇨병은 20.9%, 그리고 중풍은 9.2%가 앓고 있는 것으로 나타났다.

특별한 질환이 없다고 해도 많은 노인들이 일상적인 활동을 제대로 펼치지 못한다. 신체 동작에 문제가 있기 때문이다. 통계청이 2003년에 발표한 자료에 따르면, 65세 이상 노인의 42.5%가 신체적으로 의존 상태에 놓여 있는 것으로 드러났다(〈표 1-2〉 참조). 75세가 넘는 노인들의 경우 이 비율은 64.6%에 이른다. 즉, 75세 이상 노인은 세 명 중 두 명이 신체적으로 남의 도움을 받아야 하는 상태에 놓여 있다는 뜻이다. 이 가운데 일상생활에 필요한 기본적인 동작을 제대로 하지 못하는 노인의 비율이 11.8%에 이른다.

〈표 1-2〉 65세 이상 노인의 신체적 의존 상태, 2001 (단위: %)

연령층	건강함	IADL만 제한	ADL 일부 제한	ADL 모두 제한	합계
65세 이상	57.5	30.8	10.5	1.3	100.0
65-69세	73.9	19.8	5.6	0.7	100.0
70-74세	59.3	31.9	8.0	0.8	100.0
75세 이상	35.4	43.6	18.6	2.4	100.0

자료: 통계청. 2003b. 〈2003 고령자 통계〉.
주) ADL(Activities of Daily Living)은 옷 입기, 세수, 목욕, 식사 등 일상생활의 기본적인 동작 수행 능력을 가리키고 IADL(Instrumental Activities of Daily Living)은 몸단장, 집안일, 빨래, 근거리 외출 등 수단적 일상생활 수행 능력을 뜻함.

특히, 치매는 치료가 사실상 불가능하고 간병인이 늘 붙어 있어야 한다는 점에서 가장 심각한 노인 질환으로 여겨진다. 보건복지부에 따르면, 2004년 10월 현재 우리나라의 치매 환자는 65세 이상 노인의 8.3%인 35만 명 정도로 추산된다. 여기에다 통계에서 누락된 숫자까지 더한다면 적어도 65세 이상 노인 10명 가운데 한 명은 치매를 앓고 있는 것으로 보인다. 치매 노인의 숫자는 노령화 비율이 높아지면서 앞으로 계속 늘어날 전망이다.

치매 노인의 존재는 가족에게 엄청난 부담이 아닐 수 없다. 치매 노인을 집에서 간병하기 위해서는 가족원 한 사람이 사실상 24시간 전담 간병을 해야 한다. 언제 돌발 행동을 할지 모르기 때문이다. 다음과 같은 치매 환자 가족들의 증언을 통해 우리는 치매 노인을 돌보는 가족들의 고통을 일부나마 엿볼 수 있다.

5년 전 치매 판정을 받은 시어머니를 부양하고 있는 백모(29)씨는 1일이 날도 시어머니를 방에 가둬두고 장을 보러 집밖으로 나왔다. 이래서는 안 된다는 생각이 들기도 하지만 어쩔 수 없다는 것이 백씨의 말이다. 백씨는 "그냥 두고 가면 집안을 돌아다니며 마구 어지럽혀 놓을 뿐 아니라 집밖으로 나간 뒤 사라져 2~3일간 찾지 못한 적도 있다"고 말했다. 방문을 잠가둔다고 해서 말썽 없이 지나가는 것은 아니다. 집을 3~4시간쯤 비우면 시어머니는 벽과 방바닥, 장롱 등에 어김없이 대변을 남긴다. 백씨는 "한때는 아기용 기저귀를 사용해 봤으나 소용이 없었다."며 "대소변에 관해서는 포기한 상태"라고 말했다.

주변의 시선도 백씨를 힘들게 한다. 지난달에는 연립주택 위층의 주인이 '어디선기 썩는 냄새가 난다."며 경찰에 신고해 한바탕 소동을 치르기도 했다. 백씨는 "다른 것은 다 참아 왔지만 이웃 주민들까지 나서서 이사 가라고 요구할 때는 정말 하늘이 무너지는 것 같았다"고 말했다. 백씨는 "예전부터 요양시설을 알아보고 있지만 이용료가 너무 비싸 보낼 수 없었다."며 "적당한 곳이 있으면 하루빨리 어머니를 모실 생각"이라고 말했다.

치매에 걸린 어머니(87)를 10년째 간병하고 있는 전모(65)씨는 어머니의 치매로 인해 가족과 헤어지고 직장까지 그만둔 경우다. 전씨 어머니는 1995년 치매판정을 받았다. 증상은 식탐. 눈에 보이는 것은 뭐든지 먹어댔다. 부인과 아들, 딸은 3년여 정도까지 잘 버텼지만 어머니의 증상이 심해지자 도저히 같이 못살겠다며 함께 집을 나갔다. 아무도 어머니를 돌볼 수 없게 되자 전씨는 25년을 다녔던 직장을 그만두고 어머니를 간병했다. 하루에 10여 차례 이상 대소변을 치워야했다. 손님이 먹을 것을 사들고 찾아오면 어머니가 보지 못하게 숨기기부터 했다.

요즘 전 씨의 가장 큰 근심은 경제적 문제. 퇴직금으로 받아놨던 8,000여 만 원도 그동안 치료비와 생활비 등으로 모두 써버린 상태다. 전씨는 "그동안 나를 길러주신 어머니에 대한 마음으로 하루하루를 보내고 있지만 언제까지 버틸 수 있을지 자신이 없다"며 "언론 보도에서 자식이 치매 노인을 폭행했다는 기사가 나올 때 이해가 갈 정도"라고 털어놨다.

자료 : 국민일보 2004년 10월 1일자

치매 노인에 대한 간병이 길어지면서 가족들의 반응은 종종 폭력적인 양상으로 발전하기도 한다. 상당수의 노인 학대 행위가 치매를 비롯해 장기 만성 질환을 앓고 있는 노인의 간병 과정에서 발생한다. 최악의 경우 치매를 앓는 부모 또는 배우자를 버리거나 심지어 살해하는 끔찍한 사건까지 일어나기도 한다.

78년을 함께 살아온 아내가 치매에 걸린 것을 비관하던 90대 노인이 끝내 아내를 목 졸라 살해하고 자신도 목매 자살했다. 지난 5일 서울 구로구 오류동 한 아파트에서 허 아무개(92)씨와 그의 아내 임 아무개(93)씨 부부가 숨진 채로 발견되었다. 허씨는 목을 맨 채였다. 허씨의 곁에는 "78년 동안 같이 산 아내를 죽인 나쁜 남편이 됐다."는 내용의 유서가 발견되었다.

형편이 넉넉지 않지만 금실이 좋았던 허씨 부부에게 어두운 그림자가 내린 것은 지난해 엄씨가 치매를 앓기 시작하면서부터였다. 허씨는 음식을 떠먹이고 대소변까지 치워내는 등 모든 뒷바라지를 도맡아 했지만, 엄씨의 병세가 점점 심해지자 "이제 살 만큼 살았다."는 말을 자주 되뇌며 점점 삶의 의욕을 잃어가는 모습을 보였다고 한다. 결국 아들과 며느리가 출근한 사이 아내를 목 졸라 살해하고 자신은 옷장에 철사를 매어 목매 자살한 것으로 경찰은 추정하고 있다.

자료 : 한겨레신문 2004년 10월 7일자

이렇듯 치매 노인의 간병은 가족들에게 숱한 고통을 안겨주고 있지만 치매 노인을 요양시설에 보내는 것도 결코 쉬운 일이 아니다. 무엇보다도, 무료 또는 실비 요양시설이 절대적으로 부족하기 때문이다. 서울시의 경우 무료로 운영되는 치매나 중증질환 노인 시설의 정원은 2004년 현재 859명에 불과하다. 기초생활보장 수급자가 이용하기에도 턱없이 부족하다. 또 적은 비용으로 입소할 수 있는 실비 요양시설의 정원은 겨우 115명으로 입소 기회는 가히 바늘구멍이라고 해도 지나치지 않다. 반면에, 대부분의 유료 요양시설은 이용료가 너무 비싸서 웬만한 서민들에게는 그림의 떡이나 다름없다.

질병에 시달리는 노인의 수가 계속 늘어나면서 노인 의료비 역시 지속적인 증가 추세를 보이고 있다. 2003년에 지출한 건강보험의 65세 이상 노인 의료비는 4조 3,700억 원으로 2002년과 견주어 18.8%나 늘어났는데, 이것은 전체 의료비 증가율 7.7%를 두 배 이상 상회하는 것이다(통계청, 2004a). 전체 의료비에서 노인 의료비가 차지하는 비중도 해마다 커지고 있다. 1990년에 10.8%에 불과하던 노인 의료비 비중은 2000년 17.4%, 2001년 17.8%, 2002년 19.3%, 2003년 21.3%로 꾸준히 높아지고 있다.

2) 빈곤

노인 전문가들에게 노년에 닥치는 숱한 문제 가운데 단 하나만을 고르라고 한다면 누구도 빈곤을 꼽는데 주저하지 않을 것이다. 노인들 스스로 생각하는 가장 큰 문제 역시 '경제적 어려움'인 것으로 밝혀졌다(〈그림 1-1〉 참조). 게다가 경제적 어려움을 느끼는 노인들의 비율은 과거에 비해 더욱 높아지고 있다.

〈그림 1-1〉 노인들이 생각하는 노인 문제

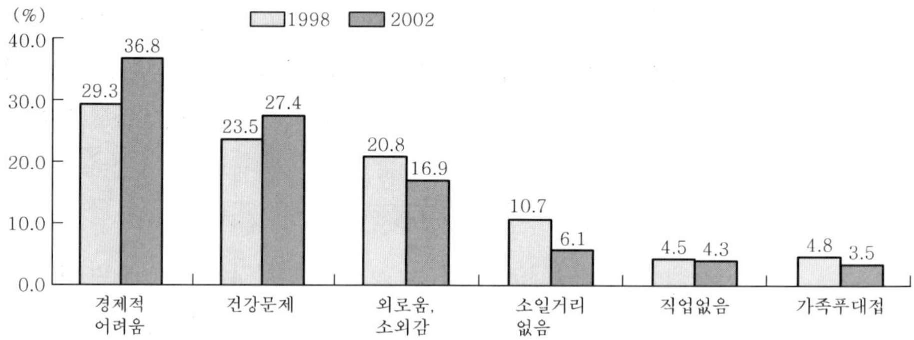

자료: 통계청, 2003b, 〈사회통계조사〉.

노인 문제의 상당수는 빈곤에서 기인한다. 그리고 노년 빈곤은 기본적으로 일정한 소득이 없다는 데서 비롯된다. 노인들의 절대 다수가 노동시장에서 '영원히' 물러나거나 밀려나 더 이상은 제 손으로 돈을 벌지 못하는 사람들이기 때문이다. 서울시가 2004년 1월에 서울시내 2만 가구를 상대로 조사를 벌인 결과 65세 이상 노인의 37.8%가 소득이 전무하다고 답했다(경향신문 2004년 9월 14일자). 소득이 전혀 없는 노인의 비율을 전국적으로 조사해 보면 47.6%로 서울 수치보다 훨씬 높게 나온다(통계청, 2004b). 말하자면, 전체 노인의 절반 정도가 별도의 소득이 없이 자식에게 의지하거나 평생의 저축을 '까먹으며' 살아가고 있는 셈이다. 소득이 있는 경우에도 사적(私的) 이전(移轉) 소득이 가장 큰 비중을 차지한다.[4] 〈표 1-3〉을 보면, 은퇴한 노인의 소득원은 주로 자녀나 배우자이다. 요컨대, '유능한 배우자와 잘난 자식'이 있는 노인을 제외한 대부분의 노인들이 가난에 시달리면서 노후를 보내야 하는 것이 한국의 현실이라고 해도 결코 과언이 아니다.

4) 이전소득이란 생산 활동을 통해 얻은 소득이 아니라 정부나 타인으로부터 무상으로 얻은 소득을 말한다.

〈표 1-3〉 은퇴 노인들의 소득 원천 (단위, %)

구분	소득 원천	전체	남자	여자
근로 소득	본인	5.1	5.2	4.8
	배우자	21.5	19.2	24.7
연금 소득	공적연금	11.7	16.8	5.1
	개인연금	0.3	0.2	0.3
자산 소득	금융	4.1	5.7	2.1
	부동산	10.1	12.9	6.2
이전 소득	사회보험	2.4	2.7	2.1
	정부/사회단체 보조금	14.8	11.6	19.0
기타 소득	자녀/친지 등의 보조금	30.0	25.7	35.7
합계		100.0	100.0	100.0

자료: 이상호, 2004.

한편, 노인 가구의 가계수지 현황은 월평균 지출이 115만원으로 소득 103만원보다 많아 12만원 가량의 적자를 보이고 있다. 이렇게 적자 상태를 보이는 노인 가구는 전체의 절반에 이른다. 이들은 저축을 찾아 적자를 보충하거나 자녀들에게 손을 벌릴 수밖에 없다. 따라서 자신의 경제적 형편을 만족스럽게 생각하는 노인의 비율이 겨우 10%밖에 안 되는 것도 당연한 일이라 하겠다(통계청, 2004a).

노인들이 가난하다는 사실은 각종 통계 자료에서 공통적으로 발견된다. 보건복지부(2004)에 따르면, 전체 국민기초생활보장 수급가구 중 노인 가구의 비율이 가장 높은데 해마다 1/3 정도를 차지한다. 또 한국노동패널 자료를 이용한 최근의 연구를 보면, 60세 이상의 노인이 포함된 노인 가구의 절대빈곤율은 전체 노인 가구의 절반에 육박한다(구인회, 2002; 박시내, 2003; 최희경, 2004). 즉, 전체 노인 가구의 절반 정도가 생계를 유지하기가 어려울 정도로 가난하게 살고 있다는 것이다. 노인들의 빈곤은 청장년들과 비교할 때 더욱 두드러진다. 2004년도 2/4분기 노인 가구의 소득은 非노인 가구 소득의 37%에 지나지 않는다

(통계청, 2004a). 아울러 노인 가구의 절대 빈곤율은 전체 가구와 견주어 네 배나 높다.

특히, 혼자 사는 노인과 여성 노인의 빈곤은 매우 심각하다. 2003년 현재 64만 명으로 추산되는 독거노인 가구는 전체 노인 가구의 21.6%를 차지한다. 노인 가구 다섯 중 하나는 노인 혼자 사는 가구라는 말이다. 독거노인 가구의 빈곤율은 전체 노인 가구의 빈곤율보다 두 배 가까이 높다(박시내, 2003). 독거노인 가구의 70% 이상이 월평균 소득 30만 원 이하의 극빈층이지만, 기초생활보장 수급자 비율은 30%를 조금 넘는다. 독거노인 가구의 소득원은 60% 정도가 이전소득이다. 그 중의 대부분은 친척이나 종교단체 등으로부터 얻은 사적 이전소득이다. 요컨대, 대다수 독거노인이 정부로부터 가장 기본적인 생계비 지원조차 받고 있지 못하다는 얘기다.

"그저 빨리 죽게 해달라고 마음 속으로 기도하며 사는 거지요." 서울 창신1동에 자리 잡은 쪽방 골목. 400여개의 쪽방이 즐비한 이곳에 접어들면 골목마다 나와 앉아있는 노인들을 쉽게 볼 수 있다. 제법 쌀쌀해진 가을 날씨에 노인들은 얇은 옷깃을 여미며 골목 어귀를 바라보고 있었지만 이들을 찾아오는 사람들은 없다.

"아들이 둘이나 있지. 안 모시겠다는 건 아냐. 작년에는 다섯 달인가 큰 아들네 집에 있었지만 아무래도 여기 혼자 사는 게 편해. 자식 없는 사람들처럼 나라에서 돈을 못 받아서 좀 어렵지." 관절염으로 제대로 걷지 못하는 이 아무개(70) 할머니는 그래도 이곳 노인들 중에서 사정이 조금 나은 편. 아들들이 근근이 월세를 낼 정도의 돈을 보내주기 때문. 이 할머니는 "여기 사람들이 다 그렇지만 무슨 꿈이 있겠나. 어서 죽어 구급차 타고 화장터 가는 게 꿈이지"라고 힘없이 말했다.

이 동네에서 15년째 살고 있는 터줏대감 권 아무개(82) 할아버지는 "자식들 본 지 10년이 넘었다"며 "명절 때라도 볼 수 있으면 좋을 텐데…"라고 말을 흐렸다. 다른 할아버지들이 "찾아오지도 않는 자식 얘기를 뭐 하러 하나"라며 면박을 주자 씁쓸하게 웃어보였다.

민 아무개(84) 할아버지는 "교회에서 쌀을 얻어오고 무료 급식소에서 점심을 해결해 돈 들 일이 없어 지난 두 달 동안 10원 하나 안 썼다"고 자랑

아닌 자랑을 늘어놓으면서도 "아들이 보내주던 돈이 끊긴 탓에 지난달 월세를 못 내 막막하다"고 한숨지었다.

이곳 쪽방촌에 살고 있는 60세 이상 노인은 모두 130여명. 부부 가구 두 집을 제외하고는 모두 독거노인이다. 보증금 없이 월세 15만 원으로 1평 남짓 쪽방에 기거하는 이 곳 노인들 중 45명은 기초생활수급자로 정부 보조금을 받고 있지만 대부분 일용직 노동일이나 파지 수집을 해서 생계를 이어가고 있다. 자식들에게 수입이 있어 수급 자격이 없는 노인들의 사정은 더욱 어렵다. 상당수는 교회나 복지단체에서 지원해 주지 않으면 당장 생계가 막연한 처지다.

자료 : 국민일보 2004년 10월 13일자

독거노인은 도시에만 사는 것이 아니다. 오히려 농촌에 홀로 사는 노인의 수가 도시에 사는 노인보다 많다. 농촌의 노령화 비율이 도시보다 훨씬 높기 때문이다. 상당수의 농촌이 노령화 비율 20% 이상의 초고령 사회로 급격히 바뀌고 있다. 농촌의 독거노인 문제는 여러 가지 측면에서 도시보다 심각하다. 가장 큰 문제는 사회복지시설과 서비스 기관이 절대적으로 부족하다는 사실이다. 따라서 농촌에 사는 독거노인은 도시의 노인들보다 더 궁핍한 처지에 놓여 있다. 가령, 도시 노인들이 손쉽게 끼니를 해결할 수 있는 급식소 같은 것도 농촌에는 거의 없다.

충남 청양군 정좌3리. 너른 들녘에 드문드문 인가가 보이는 이 마을에는 전체 30가구 가운데 노인 혼자서 사는 독거(獨居)가구가 15집에 이른다. 마을 입구에 살고 있는 주민 이순덕씨(70)는 "나머지 절반도 부부만 사는 60·70대 이상 노인들"이라며 "한해가 다르게 빈집이 늘고 있다"고 말했다.

이씨 집 뒤편 산비탈에 있는 김모씨(69·여) 집을 찾았다. 허름한 툇마루에 우두커니 앉아 있는 김씨의 얼굴에는 병색이 완연했다. "영감이 세상 뜨신 지 11년째예유. 영감 있을 땐 돈 꿔다가 병원도 가고 침도 맞았는디, 요즘은 속이 너무 쓰려서 잠도 못자유…. 밤새도록 테레비 틀어놓아서 지난달 전기요금이 2만8천원이나 나왔슈." 진료비(본인 부담금) 면제를 받을 수 있지만 버스 정류장까지 나가는 데만 10분 넘게 걸린다. 관절염 때문에

> 앉았다 일어났다를 수없이 반복해야 한다. "영세민(기초생활보장 수급자)인게 자랑도 아니구유… 보험카드 내밀기도 싫어유." 정 못 견딜 지경이 돼야 병원에 간다는 얘기다.
>
> 김씨 집 옆에는 흙으로 얼기설기 지은 오두막이 있었다. 밭일을 나갔는지 방문이 자물쇠로 잠겨 있었다. 이 집에 홀로 사는 할아버지는 85, 6세쯤 됐는데, 도시에 사는 아들이 있어서 기초생활보장도 받지 못하고 품 팔아서 어렵게 살아간다. 며칠 전에는 여든 살 할머니가 세상을 등졌다. 할머니는 평생 보듬고 살던 뇌성마비 아들을 3년 전 시설로 보낸 뒤 외로운 나날을 보냈다.
>
> 청양의 농촌 노인들에게 복지의 손길은 멀기만 하다. 청양은 65세 이상 인구가 6월말 현재 8,275명으로 전체 인구의 22.7%에 이르는 '초고령 사회'. 이 중 독거노인은 전체 노인의 21.1%인 1,748명이다. 주민 5명 중 1명 이상이 노인이고, 노인 5명 중 1명이 혼자 사는 셈이다.
>
> 자료: 경향신문 2004년 10월 10일자

여성 노인의 빈곤율도 마찬가지이다. 일반적으로 가난한 여성 노인의 비율은 가난한 남성 노인에 비해 두 배 이상 높게 나타난다. 예컨대, 61세 이상 국민기초생활보장 수급자 총수는 2003년에 408,548명이었는데 이 가운데 여성이 299,444명으로 전체의 73.3%를 차지한 것으로 나타났다(보건복지부, 2004). 결국, 노인 수급자 10명 가운데 7명 이상이 여성이라는 말이다. 여성 노인의 소득 수준을 남성 노인의 소득 수준과 견주어 보아도 비슷한 결과가 나온다. 여성 노인의 월평균 소득 수준은 42만 8천원으로 81만 7천원인 남성 노인 소득의 절반 정도밖에 되지 않는다(석재은 · 김태완, 2000).

이렇게 된 데는 무엇보다도 여성이 남성보다 오래 살기 때문에 65세 이상 노인 중 여성이 60% 이상을 차지하는 현실이 첫째 이유이겠지만, 가장 큰 이유는 아무래도 가사노동이나 노동시장에서의 성차별 구조와 깊은 관계가 있을 것이다. 여성은 흔히 노년을 세 번 겪는다고 한다. 결혼해서 시부모의 노후를 봉양하는 일이 첫 번째 노년이고 늙은 남편의 수발을 드는 것이 두 번째라면, 자신의 노년은 세 번째 맞는 노년의 경험이라고 할 수 있다. 그런데 절대 다수의 여성은 자신의 노년을 제대로 준비할 겨를도 없이 가난한 자신의 노년과 맞닥뜨리게 된다. 이렇게 '세 번씩'이나 노년을 겪는 여성의 빈곤율이 특히 높다는 사실은 참으로 역설이 아닐 수 없다.

한국의 높은 노인 빈곤율은 예상하지 못한 결과를 하나 야기하고 있다. 노인들이 '편안하게' 노동시장을 떠나지 못하고 늦은 나이까지 일을 해야 하는 상황이 바로 그것이다. 노인들의 노동시장 참여는 분명히 바람직스러운 현상이긴 하지만, 그것이 가난 때문이라면 다음과 같은 기사가 그렇게 자랑스럽지만은 아닐 듯하다.

> 경제협력개발기구(OECD) 회원국 국민 가운데 한국인이 일본인과 함께 가장 나이 들어서까지 일하고 있다는 분석이 나왔다. 이는 평균 수명이 높아진 데도 원인이 있지만 한국에서는 연금제도 등 노후(老後) 생활 안정을 위한 사회안전망이 충분히 갖춰져 있지 않기 때문으로 지적됐다.
>
> 재정경제부가 27일 내놓은 '2003년 OECD 한국 경제보고서'에 따르면 일을 그만두고 완전히 '은퇴'하는 나이인 '노동력 탈퇴 연령'은 1994~99년을 기준으로 한국의 남성이 평균 67.1세, 여성이 67.5세였다. 이는 OECD 회원국 가운데 남성은 2위, 여성은 1위였다. 일본은 남성 1위(69.1세), 여성 2위(66.0세)로 전체적으로 한국과 함께 OECD 회원국 가운데 '노동력 탈퇴 연령'이 가장 높았다. 또 미국은 남녀가 각각 65.1세와 64.2세였다. 반면에 비교적 사회보장제도가 잘 갖춰진 유럽의 경우 독일이 각각 60.5세와 60.8세인 것을 비롯해 대부분 60세 전후였다. 또 전체 노동력에서 65세 이상이 차지하는 고령층 노동력 참여율도 한국이 평균 29.6%로 △일본 21.8% △미국 13.1% △독일 5.0% △영국 4.8%보다 훨씬 높았다.
>
> OECD 보고서는 "한국 노인들이 빈곤 탈피와 가계 수입에 보탬이 되기 위해 일을 하는 경우가 많아 노인의 노동력 참가율이 회원국 가운데 가장 높은 편"이라며 "노인 빈곤을 퇴치하는 것이 앞으로 사회적 핵심 사안이 될 것이며 퇴직 소득 시스템을 개발할 필요가 있다"고 지적했다.
>
> 자료 : 동아일보 2003년 7월 27일자

한국 노인들이 가난하게 사는 가장 큰 이유는 노령연금 제도가 아직 뿌리를 내리지 못하고 있기 때문이다. 노령연금은 노후 소득을 보장하는 대표적인 사회복지 제도의 하나로 선진국은 물론 상당수 후진국에서도 오래전부터 시행해 왔다. 하지만, 우리나라에 공적 노령연금인 국민연금 제도가 도입된 것은 1988년으로 불과 10여 년 전의 일이다. 현행 국민연금은 만 20년의 기여 기간을 채워야 완전노령연금을 받을 수 있도록 규정하고 있기 때문에 2008년이 되어야 정식으로 노령연금을 지급받는 노인들이 나오게 된다. 현재 특례연금과 같은 부분적인 연금 급여의 혜택이라도 받는 노인은 전체 노인의 10% 정도에 불과하다. 이들이 받는 급여의 수준도 특례연금이 한 달에 약 14만원(2002년 기준)으로 그야말로 생색내기 수준이다. 그나마 이런 노인들은 행복한 편에 속한다. 현 노년층의 대부분은 국민연금이 도입될 당시 가입 자격에 해당하지 않던 사람들로 이들에게는 별다른 노후 보장 제도가 마련되어 있지 않다. 따라서 앞으로도 상당 기간 노령연금을 받을 수 있는 노인들은 여전히 소수에 머무를 것으로 보인다.

한국 노인의 빈곤은 부실한 고령자 재취업 현황과도 무관하지 않다. 노년이 비교적 짧았고 또 자식들과 동거하면서 부양을 받을 수 있었던 과거에는 노동시장에서 은퇴한 노인들이 일자리를 다시 찾는 경우가 매우 드물었다. 그러나 세상은 엄청나게 달라지고 있다. 노년은 날로 길어지는데 자식들의 부양 의식은 갈수록 희박해진다. 생활방식의 급변과 생활수준의 향상으로 노인들의 지출 수요는 훨씬 높아졌다. 은퇴 전에 사적으로 충분히 노후 준비를 할 수 있었던 일부 노인들은 이러한 상황 변화에 적절히 대처할 수 있을 것이다. 하지만, 절대 다수의 노인들은 그렇지 못하다. 이들은 어쩔 수 없이 노동시장으로 돌아가야 한다. 문제는 이들이 다시 편입하는 노동시장의 양상이다.

노인들의 재취업에 관한 각종 연구 결과를 살펴보면, 재취업한 노인들의 일자리 내용과 임금 수준이 매우 열악한 것으로 나타난다. 재취업한 노인들이 얻은 일자리는 영세 사업장의 비정규직 일자리가 압도적으로 많고 일의 내용도 단순 노무나 서비스 판매가 대종을 이루고 있다. 재취업 노인들의 임금 수준은 월평균 105만 원으로 非은퇴 노인들의 소득 140만 원에 비해 75% 수준인 것으로 드러났다(이상호, 2004). 임시 일용직의 경우는 이보다 더욱 낮아 월평균 소득이 73만 원에 지나지 않았다.

3) 소외

얼마 전 다음과 같은 외신 기사가 사람들의 관심을 끈 적이 있었다. 이 기사는 마침 급속한 노령화가 야기한 여러 가지 사회문제와 씨름하고 있는 한국 사회에 단순한 '해외토픽' 이상의 시사점을 던져주었다.

> '나를 할아버지로 불러 주실 분들을 찾습니다. 매달 사례도 하겠습니다.' 지난주 말 한 이탈리아 일간지에 실린 이색 광고가 독자들의 눈길을 붙들었다. 올해 여든 살 노인인 지오르지오 안젤로치가 자신을 '입양'할 가족을 구한다며 게재를 신청한 문안이다. 12년 전 아내와 사별하고 홀로 살아온 안젤로치는 로마 근교에서 애완 고양이 몇 마리와 연금으로 여생을 보내고 있다. 퇴직 후 해온 활동이라고는 교사 경력을 살려 어린 학생들에게 그리스어나 라틴어를 가르친 게 전부다. 의탁할 자녀나 친지 하나 없어 외로움을 견디다 못한 안젤로치는 급기야 자신을 '할아버지'로 받아들여주는 가족에게 월 500유로(약 75만원)를 지불하겠다는 조건까지 달아 눈물의 공개 호소를 하기에 이르렀다.
>
> 자료: 경향신문 2004년 8월 31일자

안젤로치 노인의 사례는 이탈리아에 국한된 특이 현상이 아니다. 오늘날 노인 인구가 늘어나는 모든 산업사회에서 안젤로치 노인이 겪는 것과 같은 외로움은 하나의 구조화된 현상이라고 할 수 있다. 우리는 이것을 노인 소외라고 부른다. 소외는 단순히 개별 노인이 느끼는 주관적 외로움이 아니다. 만일 소외가 개인적이고 주관적인 것이라면, 우리는 그것을 사회문제로 다룰 필요가 없으리라. 앞에서 말했듯이, 노인 소외는 구조화된 사회 현상이다. 일시적이거나 주관적인 것이 아니라 지속적이고 객관적인 면모를 지니고 있다. 아울러, 노인 소외는 사회적 배제(social exclusion)와도 무관하지 않다. 사회적 배제가 특정 집단의 빈곤과 주변부적인 성격을 아우르는 개념이라면, 노인들이말로 하나의 집단으로서 사회적 배제의 전형적인 보기라고 해도 지나치지 않을 것이다. 우리가 노인 소외에 관심을 기울이는 것도 바로 이 때문이다.

〈그림 1-2〉 반 고흐의 〈울고 있는 노인〉

〈그림 1-2〉는 반 고흐(van Gogh)가 1882년에 그린 〈울고 있는 노인〉이라는 제목의 그림이다. 이 그림이 그려진 것은 지금으로부터 120여 년 전이지만, 두 손에 얼굴을 파묻은 이 그림의 주인공이 현대 노인의 소외를 상징한다고 해도 전혀 어색함이 없을 듯하다. 현대 노인의 소외는 곳곳에서 다양한 모습으로 나타난다. 가장 많이 언급되는 노인 소외는 가족 관계에서 일어난다. 자녀들과의 동거 여부와 상관없이 대부분의 노인들에게는 가족 구성원으로서의 의미 있는 역할이 주어지지 않는다. 자녀들과 떨어져 사는 경우에는 가족 대소사에 대한 개입이 물

리적으로 불가능하다. 자녀들과 동거하는 노인들의 경우에도 큰 차이는 없다. 손자녀의 양육 문제를 예로 들어 보자. 경제권의 상실에도 불구하고 노인들이 전통적으로 영향력을 행사해 온 분야 중 하나가 손자녀의 양육 문제였다. 그러나 이것도 이제는 옛말이 되어가고 있다. 손자녀 양육에서 노인의 발언권은 현저히 약해졌다. 자녀들과 가치관이 다르기 때문만이 아니다. 절대 다수의 노인들은 급변하는 현대의 정보사회에서 손자녀 양육에 필요한 기능적 측면에 무지하기 때문이다. 이러한 상황에서는 영향력을 행사하려는 시도 자체가 '늙은이의 쓸 데 없는 고집'으로 여겨지고 가족으로부터의 소외는 더욱 깊어질 가능성이 크다. 이 때 노인들이 취할 수 있는 태도는 자신의 무력함을 인정하고 국외자로 살거나 자녀들과 맞서면서 갈등을 키우는 것인데 양쪽 모두 노인들의 소외로 귀결되기 마련이다.

한동안 현업에서 은퇴하라는 의미로 "집에 가 애나 보라"는 말이 유행한 적이 있었다. 이러한 말 속에는 아이를 돌보는 일은 하찮은 일이고 그런 하찮은 일은 노인의 몫이라는 편견이 숨어 있다. 이와 같은 시각이 노인 소외의 한 요인임은 물론이다. 가족 관계에서 '별 볼 일 없는' 존재로 전락한 21세기 노인의 초상을 예감했던지 방랑시인 김삿갓은 다음과 같은 시를 남겼다.

늙은이가 읊다(老吟)

-김삿갓-

오복 가운데 수(壽)가 으뜸이라고 누가 말했던가
(五福誰云一曰壽)
오래 사는 것도 욕이라고 한 요임금 말이 귀신같네
(堯言多辱知如神)
옛 친구들은 모두 다 저세상으로 가고
(舊交皆是歸山客)
젊은이들은 낯설어 세상과 멀어졌네
(新少無端隔世人)
근력이 다 떨어져 앓는 소리만 나오고
(筋力衰耗聲似痛)
위장이 허해져 맛있는 것만 생각나네
(胃腸虛乏味思珍)
애 보기가 얼마나 괴로운 줄도 모르고
(內情不識看兒苦)
내가 그냥 논다고 아이를 자주 맡기네
(謂我浪遊抱送頻)

노인 소외와 관련하여 빼놓을 수 없는 것이 가족에 의한 노인 학대이다. 노인 학대는 가족 관계에서의 노인 소외가 언제든지 폭력적 양상으로 발전할 수 있음을 보여준다. 실제로 노인 학대는 대부분 가족 구성원에 의해 자행된다. 학대 행위의 절반 이상이 아들과 며느리에 의해 일어난다. 그것은 가족 내 노인 소외의 뒤틀린 모습이 아닐 수 없다. 노인 학대는 부모를 버리거나 살해하는 패륜 행위로까지 이어지기도 한다. 독자 여러분은 흔히 고려장(高麗葬)으로 잘못 알려진 기로국(棄老國)이라는 나라의 설화[5])를 들어본 적이 있는가? 아래와 같은 기사들은 혹시 노부모 버리기가 기로국만이 아니라 인류의 오랜 '관행'은 아닐까 하는 의구심을 불어넣기에 충분하다. 아울러, 노부모 학대에는 국경이 없다는 속설마저 나올 법도 하다.

서울 마포경찰서는 20일 중풍으로 거동을 못하는 친아버지를 살해한 혐의로 심모(42 · 무직)씨에 대해 구속영장을 신청했다. 또 심씨의 범행을 방조한 동생(36 · 노동)과 허위 시체 검안서를 써 준 의사 김 모(72)씨를 불구속입건했다. 심씨는 2000년부터 중풍이 걸린 아버지(69)의 대소변 수발을 들게 된 것에 불만을 품어오다 6월 16일 0시 10분께 서울 마포구 성산동 A아파트 자신의집 안방에서 잠자던 아버지의 목을 오른쪽 발로 5분 정도 눌러 숨지게 한 혐의다.

심씨는 같은 날 오전 8시 30분께 서울소재 모 종합병원 의사 김 모(72)씨에게 15만원을 주고 아버지의 사인을 병사로 기재한 허위 검안서를 발급받은 뒤 18일 오전 동생과 함께 경기 C화장터에서 아버지의 시신을 화장했다. 심씨는 경찰에서 "대소변도 못 가리고 냄새도 나는 아버지가 재혼을 앞둔 나에게 걸림돌처럼 느껴졌다"며 "아버지가 이렇게 살면 뭐하나 하는 생각에 빨리 죽는 게 낫다고 생각했다"고 말했다.

자료: 한국일보 2004년 8월 20일자

---

5) 기로국에는 부모가 늙으면 내다버려야 하는 법이 있었다고 한다. 그런데 어느 효심 깊은 기로국의 대신이 도저히 자기의 늙은 아버지를 내다버릴 수가 없어서 다른 사람들 몰래 집에 숨겨놓고 지냈다. 그러던 어느 날 천신(天神)이 기로국 임금에게 나타나 몇 가지의 수수께끼를 내주면서 이 문제를 풀지 못하면 나라에 재앙을 내리겠다고 경고한다. 온 나라의 신하와 재사(才士)들이 모여 갖은 궁리를 다해 보았지만, 문제를 풀 수가 없었다. 고민하던 대신은 이 문제를 늙은 아버지에게 가지고 갔고 노인은 해답을 가르쳐 주었다. 마침내 천신이 물러가고 곤경에서 벗어난 임금은 대신의 아버지를 스승으로 삼고 노인을 내다버리는 못된 법을 없앴을 뿐만 아니라, 앞으로 부모에게 불효하는 자는 엄벌에 처하겠다고 선언한다. 이 설화는 흔히 고려장으로 알려져 있으나 사실은 불경에 나오는 인도 설화이다.

> 많은 국민이 일보다 바캉스(휴가)를 더 중시하는 것으로 알려진 프랑스가 여름철을 맞아 노인 문제로 골머리를 앓고 있다. 가족들이 해변, 산 등으로 바캉스를 떠나면서 거동이 불편하거나 혼자서 움직일 수 없는 노인들을 병원, 요양소 등에 방치하기 때문. 노인 부부 중 몸이 성한 남편이나 아내들은 병자인 배우자를 남겨둔 채 혼자서 바캉스를 떠나는 것이 다반사다.
>
> 이 때문에 여름철이면 병원 응급실들은 긴급 입원을 희망하는 노인들로 붐빈다. 지병이 없더라도 오갈 데 없는 노인들로 판단될 경우 병원들이 단기간 입원시켜 주는 경우가 많기 때문이다. 의사들은 "이런 노인들은 입원치료가 필요하지 않는 것이 대부분이나 이들에게 집 현관 열쇠나 가족과 연락할 길이 없다는 사실을 알게 되면 입원시키는 외에 도리가 없다"고 말하고 있다.
>
> 자료: 연합뉴스 2002년 7월 9일자

가족 관계에서 발생하는 소외가 주로 미시적이고 심리적인 것이라면, 사회 전체적인 수준에서의 노인 소외는 거시적이고 구조적인 것이다. 미시적이고 심리적인 소외가 비교적 사람들 눈에 잘 띄는 데 비해 거시적·구조적인 소외는 겉으로 잘 드러나지 않는 특징이 있다. 예컨대, 정치 영역에서 발생하는 노인의 소외는 세인의 이목을 거의 끌지 못한다. 오히려 정치 영역은 노인들이 지배하고 있는 것이 아닌가 하는 착각을 불러일으키기조차 한다. 정치인 가운데 노인들이 적지 않고 또 노인들의 투표 참여가 높기 때문이다. 그러나 이것은 그야말로 착각에 지나지 않는다. 나이든 정치인들이 아무리 많아도 노인 대중은 정치에서 철저히 소외되고 있다. 노인들의 투표 열기는 개별적인 선택일 뿐 사회 의제의 집단적 설정과는 무관하다.

어떤 사회 집단이 정치 영역에서 힘을 행사하려면, 사회 각 분야에 활발히 참여해야 한다. 그러나 한국 노인들의 사회 참여는 매우 저조하다. 노인들의 사회단체 참여도는 중장년층과 견주어 볼 때 크게 뒤떨어진다. 2003년에 조사한 60세 이상 노인의 사회단체 참여도는 37.1%에 그치고 있는 반면에, 40대와 50대 연령 집단의 참여도는 55% 정도로 훨씬 높다(통계청, 2003c). 이 점에서 한국의 노인들은 강력한 정치·사회 집단으로 자리 잡은 미국이나 유럽의 노인들로부터 교훈을 얻을 필요가 있다.

정보사회의 심화와 함께 제기되고 있는 노년 세대의 정보 격차 문제도 거시적이고 구조적인 노인 소외의 하나이다. 한국은 세계적인 정보 강국이라고 한다. 그러나 이 정보 강국의 혜택이 노인들에게도 골고루 나누어지는 것은 아니다. 도리어 그 반대라고 할 수 있다. 사회의 정보화가 진전될수록 노인들의 소외는 더욱 깊어간다. 가령, 60세 이상 노인 가운데 컴퓨터를 쓸 줄 아는 사람의 비율은 2003년 현재 7.6%로 60세 미만 연령층의 70.1%에 비해 1/10에 지나지 않는다. 엄청난 격차가 아닐 수 없다. 정보 격차 문제는 노인뿐만 아니라 이른바 準노인이라고 할 50대 장년층도 겪고 있는 문제이다. 정보통신기술이 발전하면서 사회의 커뮤니케이션 구조가 혁명적인 변화를 겪고 있다. 과거의 아날로그 사회에서도 세대 사이의 커뮤니케이션 문제가 세대 갈등의 주요 원인 가운데 하나였고 세대 갈등은 늘 노인 소외로 이어지는 것이 상례였다(〈그림 1-3〉은 세대 간의 커뮤니케이션 문제를 주제로 삼은 만화이다). 따라서 엄청난 속도로 발전하는 최근의 정보통신기술을 감안할 때, 정보 격차 문제가 빠른 시일 안에 적절히 해소되지 않는다면 노인 소외는 더욱 복잡한 양상으로 펼쳐질 것이 분명하다.

〈그림 1-3〉 세대 간 커뮤니케이션의 단절

자료: 윤태호, 2002, 〈老忘스〉, 애니북스.

마지막으로, 가장 구조적인 노인 소외는 이른바 연령(차별)주의(ageism)로 나타난다. 연령주의라는 용어는 미국노화연구소(National Institute on Aging)의 초대 소장이던 버틀러(Robert Butler)가 1969년에 처음 쓴 것으로 알려진다. 버틀러는 늙었다는 이유만으로 노인들에게 고정관념(stereotype)의 틀을 씌우거나 차별하는 조직적 행태를 연령주의라는 말로 표현하였다. 오늘날 연령주의는 특정 연령 집단을 차별하거나 선호하는 모든 구조적 행태를 가리키는 말로 넓게 쓰이고 있다(Palmore, 1999). 현실에서 연령주의는 늙음을 비하하고 젊음을 숭배하는 경향으로 나타난다. 그 결과 노인은 노동시장을 비롯한 사회의 여러 영역에서 은퇴를 강요당하고 사회적 낙인을 받는다.

연령주의의 기본 메커니즘은 특정 연령 집단에 대한 고정관념이나 정형화된 이미지를 확대재생산하는 것이다. 언제나 그렇듯이 고정관념이나 정형화된 이미지는 사실을 왜곡하거나 과장 또는 축소하는 방법으로 만들어진다. 이를테면, 노인은 지저분하고 냄새가 난다는 따위의 속설은 과학적인 증거와는 무관하게 만들어져서 세간에 전파되어 왔다. 만일 어떤 노인이 불결한 환경 속에 살고 있다면, 그것이 나이 탓이라기보다는 가난이나 질병 또는 개인의 생활방식(lifestyle)과 같은 여러 가지 요인의 영향으로 보는 것이 상식일 것이다. 그러나 고정관념은 상식에 앞서 작동한다. 그게 바로 고정관념의 위력이다. 그래서 고정관념은 문제가 아닐 수 없다. 고정관념의 또 다른 문제점은 그것이 집단적 사고이기 때문에 사람이 개별적이고 고유한 존재라는 사실을 무시한다는 것이다. 어떤 개인에게서 발견한 특성이 그 개인이 속한 집단에 대한 고정관념과 일치하는 경우 해당 집단에 대한 고정관념은 확인되고 강화된다. 반면에, 고정관념에서 벗어난 개인의 경우는 편리하게도 '예외'로 간주해 버리고 만다.

노인에 대한 사회의 부정적인 고정관념이 노인들의 수명에도 영향을 미친다는 연구가 최근 미국심리학회에서 발표되어 주목을 받고 있다. 예일대학의 보건학자인 베카 레비(Becca Levy) 교수의 연구에 따르면,

노화에 대해 긍정적인 인식을 가진 노인의 수명은 부정적인 인식을 가진 노인에 비해 평균 7.5년이 더 긴 것으로 나타났다(AP 통신, 2004년 9월 7일 자). 늙는다는 것을 긍정적으로 생각하는 사람이 그렇지 않은 사람보다 7년 이상 오래 산다는 얘기다. 어떤 생각을 가지느냐가 얼마나 중요한가를 다시 한 번 느끼게 하는 대목이다.

한국 사회에도 노인을 부정적으로 인식하는 연령주의가 팽배해 있다. 우리가 흔히 무의식적으로 내뱉는 "늙으면 죽어야 돼" 또는 "늙은이가 주책"이라는 따위의 말은 연령주의가 일상생활에 얼마나 깊이 침투해 있는가를 단적으로 보여준다. 또한 대중매체에서 만들어내는 노인의 부정적인 고정관념은 어제 오늘의 이야기가 아니다. 거의 유행병처럼 번지고 있는 성형수술 붐이나 주름살 특효약이라는 보톡스(Botox) 주사약 그리고 "당신의 젊음을 간직하세요."라는 광고 문구가 전하는 메시지는 결국 "늙게 보이지 말라"는 것이 아닌가. 다음 기사들은 연령주의의 피해 사례를 몇 가지 소개하고 있다. 이러한 사례는 그야말로 빙산의 일각일 뿐이다.

▽구자형씨(75 · 여 · 서울 관악구 신림1동)=20대부터 조산사로 일해 왔다. 한동안 일에서 떠나있다 환갑 넘어 다시 일을 하려고 했으나 도무지 일자리를 구할 수 없었다. 나이가 많다는 단 한 가지 이유 때문에. 나는 나이에 비해 건강한 편이다. 게다가 조산사는 나이가 많을수록 경험이 많아 산모를 편안하게 해줄 수 있다. 그런데도 병원을 찾아가면 "연세도 많으신데 이제는 집에서 쉬라"며 돌려보낸다. 일본은 그렇지 않다. 얼마 전 일본에 갔더니 60, 70대 조산사들이 현장에서 씩씩하게 일하고 있었다. 집에서 노는 건 싫다. 서비스업을 하는 자식들을 도와주고 싶어도 "요즘엔 컴퓨터를 배워야 일을 할 수 있다"며 집에서 쉬라는 얘기만 한다. 나이 들면 일도 못하나? 컴퓨터 가르쳐 줄 생각부터 할 것이지….

▽박동희씨(69 · 경기 고양시 화정동)=젊어서 전기 공사 일을 했다. 전기 공사 기사 자격증도 갖고 있다. 자식들은 "이제 일을 할 필요가 없으니 집에서 마음 편히 쉬라"지만 아직까지 건강한데 자식들에게 신세지고 싶지 않다. 공사 업체에 가서 면허증을 보여주며 일하고 싶다고 하면 "나이도

지긋하신데 거친 건설현장에 나가실 수 있겠어요"라는 이야기만 한다. 재작년에는 건설 분야에서 비교적 힘이 덜 드는 감리 부문의 교육까지 받았지만 아무 소용이 없었다. 젊은 사람만을 원하는 업무 환경에서 노인들이 할 일은 없다는 대답뿐이었다. 아니, 시켜보지도 않고 일을 할 수 있을지 없을지 어떻게 아나. 여자들은 남녀차별이 심하다고 하지만 극심한 나이차별이야말로 나이 들어보지 않으면 모른다.

자료 : 동아일보 2000년 6월 1일자

"영업직처럼 뚜렷한 능력 차이가 나지 않는 직종의 경우 나이순으로 정리하는 게 가장 무난합니다. 조기 퇴직하는 당사자들이 '능력이 모자라니까 나가라'고 하면 쉽게 승복하겠습니까. 오히려 연령을 기준으로 삼으면 '후배들에게 길을 열어줘야지'라며 쉽게 승복하지요." 한 시중은행 인사담당자가 소개한 조기 퇴직자 선발 기준이다. 스스로 '합리적 기준'이라고 주장하지만 당하는 사람으로부터는 역시 '연령차별'이라는 볼멘소리가 나오고 있다.

1997년 외환위기 이후 기업들이 수시로 구조조정을 하면서 아직 은퇴하기엔 이른 장년층이 직장에서 내몰리고 있다. 상당수 기업들은 편의상 연령을 기준으로 잘라내고 있다. 인사철이 다가오면 꼭 "올해는 몇 년생이 커트라인"이라는 소문이 돈다. 이 때문인지 직장인들 사이에선 '사오정 오륙도(四五停 五六盜)'란 말이 유행하고 있다. 45세가 정년이고 56세까지 직장을 다니면 도둑이라는 뜻이다.

서울은행은 지난해 11월 하나은행과 합병하면서 5백40명을 퇴직시켰다. 기준은 나이가 52~53세인 임원 이하 간부직이었다. 은행 정년이 58세이므로 퇴직까지 5~6년이 남은 사람들이었다. 이 같은 조기 퇴직으로 현재 하나은행 직원 7천1백여 명 중 50세 이상은 1백17명에 불과하다. 외환은행도 올해 48년생(55세)이 현직에서 빠진다. 정년이 3년 정도 남아 있지만 보직을 주지 않고 대기발령을 내 알아서 나가게 만든다. 외환은행의 한 직원은 "더 버틸 수도 있지만 후배들 보기 민망해 대부분 자진 퇴사한다."고 말했다. 지난해 권고 사직한 전 서울은행 간부 李모(54)씨도 "나간 사람 중에는 기업구조조정 등 특정 업무에서 노하우와 능력을 갖고 있는 사람들도 상당수 끼여 있다"며 "나이가 많다고 경험 많은 인력을 무조건 몰아내는 것은 기업 입장에서도 손해"라고 말했다.

조기 퇴직으로 인한 조직의 '조로(早老) 현상'은 기업체에서 더 심하다.

두산그룹의 경우 임원 승진연령은 예전에 비해 5~6년 앞당겨진 40대 초·중반이다. 당연히 부장급들의 심리적 압박감이 커져 40대에 퇴직하는 게 일반적인 현상이 됐다. 또 삼성그룹의 올해 임원 승진자의 평균 연령은 45.9세다. 2001년 47.3세에 비하면 2년 새 1.4세나 젊어진 것이다. 삼성생명의 올해 신규 임원 11명 가운데 최고령자가 46세밖에 안 될 정도다.

자료: 중앙일보 2003년 6월 11일자

노인 소외를 해결하기 위해서는 노인에 대한 사회 일반의 비뚤어진 인식을 바꾸는 것이 선결 과제라고 하겠다. 이제 우리는 이른바 할머니 가설(grandmother hypothesis)에 관한 이야기로 이 장을 마무리하려고 한다. '할머니 가설'은 독자들이 현대사회의 왜곡된 노인 인식을 반성하는 데 조금이나마 도움을 줄 수 있는 주제이다.

거의 모든 동물은 생식 능력이 사라지면 죽음을 맞이한다. 그런데 인간만은 생식 능력이 소멸된 뒤에도 상당 기간 동안 생명을 이어간다. 왜 그럴까? 인류학자들은 이 현상을 '할머니 가설'로 설명하고 있다. 이 가설에 따르면, 할머니들이 출현하면서 인류는 급격한 번성을 이루게 되었고 노년은 오랜 진화 과정을 통해 인류의 특성으로 선택되었다는 것이다. 다시 말해서, 출산 문제에서 자유로워진 할머니들이 손자녀 양육에 적극적으로 나서는 동시에 가족 사이의 유대를 강화하는 고리 역할을 하면서 인류가 번성하는 계기가 마련되었다는 것이다. 최근 '할머니 가설'을 뒷받침하는 인류학 논문이 발표되어 주목을 받았다. 이 논문의 저자들은 원시 인류의 유골을 분석하여 약 3만 년 전의 인류사회에서 노년층의 급증이 폭발적인 인구 증가와 문명 발전의 원동력이었음을 밝혀냈다.[6)]

굳이 '할머니 가설'을 동원하지 않더라도, 바로 얼마 전까지 할머니와 할아버지가 전설의 샘이었고 신화의 담지자였다는 사실에 이의를 제기할 사람은 없으리라. 우리는 밤늦게까지 할머니 또는 할아버지의 무릎을 베고 '옛날이야기'를 들었다. 이제 이들의 영향력과 효용 가치는 사

6) 2004년 7월 6일자 NewScientist.com news service 참조.

라졌는지 모르지만, 급속한 노령화와 함께 '노인들의 시대'는 다시 돌아오고 있다. 우리는 다가오는 노령 사회를 '인구 폭탄'이라는 재앙으로만 여길 것이 아니라, 3만 년 전 인류를 일약 번영으로 이끌었던 '노인의 시대'로 승화시킬 방법과 지혜를 모색해야 할 것이다.

제2장

노인 문제와 노인복지

1. 노인 문제의 원인과 배경

1) 인구 노령화

(1) 인구 노령화의 현황

인구 노령화(population aging)란 전체 인구에서 노인[1]이 차지하는 비중이 늘어나는 현상을 가리킨다. 인구학자들은 노인 비율이 전체 인구의 7% 정도가 되는 사회를 노령화 사회(aging society)라 하고, 이것이 14% 수준에 이르면 노령 사회(aged society)라고 한다.[2] 그리고 노

1) 노인의 개념은 상대적이고 복합적인 것이지만, 여기에서는 일단 65세 이상의 연령층을 뜻하는 것으로 정리해 두자.

2) 영어의 aging이라는 단어는 늙는다는 의미를 담고 있기 때문에 노령화라는 말이 고령화라는 말보다 정확한 번역이라고 생각한다. 따라서 aging society는 노령화 사회, aged society는 노령 사회라고 번역하는 것이 옳다. 그러나 고령

인 인구 비율이 20%를 넘는 사회를 초 노령 사회(super-aged society)로 부르고 있다. 이러한 개념들은 노령화가 미치는 사회경제적 영향을 고려하여 UN이 만든 것이다.

한국은 세계에서 가장 빨리 늙어가는 사회이다. 한국의 노인 인구 비율은 2000년에 7.2%로 이미 노령화 사회에 접어들었고, 2019년쯤이면 노인 인구 비율이 14.4%를 기록하면서 노령 사회로 변할 것으로 예측되고 있다. 즉, 노령화 사회에서 노령 사회로 진입하는 데 19년밖에 걸리지 않는다는 말이다. 이렇게 되기까지 프랑스가 115년, 미국이 72년, 영국이 47년, 빠르다는 일본도 24년이나 걸렸으니 한국의 노령화 속도는 가히 세계 신기록감이다. 〈표 2-1〉은 주요 나라들의 노령화 속도를 보여준다.

〈표 2-1〉 인구 노령화 속도의 국제 비교

노령 인구 비율 / 나라 이름	도달 연도			증가 소요 연수		2002년 65세 이상 인구 구성비(%)
	7%	14%	20%	7%→14%	14%→20%	
프랑스	1864	1979	2019	115	40	16.3
노르웨이	1885	1977	2021	92	44	14.9
스웨덴	1887	1972	2011	85	39	17.2
호주	1939	2012	2030	73	18	12.7
미국	1942	2014	2030	72	16	12.3
캐나다	1945	2010	2024	65	14	12.7
이탈리아	1927	1988	2008	61	20	18.6
영국	1929	1976	2020	47	44	15.9
독일	1932	1972	2010	40	38	17.3
일본	1970	1994	2006	24	12	18.4
한국	2000	2019	2026	19	7	7.9

자료: 통계청, 2004, 〈2004 고령자 통계〉.

화 사회, 고령 사회라는 말도 폭넓게 쓰이는 현실을 감안하여 이 책에서는 양자를 구분하지 않고 사용할 것이다.

2004년 현재 우리나라 65세 이상 노인의 비율은 총 인구의 8.7%로 주요 선진국에 비해 아직 낮은 수준에 있지만, 노령화 속도가 매우 빠르기 때문에 머지않아 미국과 호주를 능가할 것으로 보인다. 좀 더 장기적인 인구 예측에 따르면, 2050년의 한국 노인 인구 비율은 프랑스나 영국보다도 높아질 것이라고 한다. 농어촌 지역의 경우 2002년에 15.8%를 기록하여 벌써 노령 사회에 진입한 상태이다.

자, 이제 한국의 인구 구조와 추이를 좀더 자세히 살펴보기로 하자. 〈그림 2-1〉은 전체 인구를 유년 인구(0-14세), 생산 인구(15-64세), 노년 인구(65세 이상)의 세 집단으로 나눈 인구 구성비가 1970년대 이후 어떻게 변화해 왔는지를 보여주고 있다. 1970년대 초반만 해도 한국은 유년 인구의 비율이 노년 인구 비율의 10배 가까이 높았다. 노인 수에 비해 어린이가 압도적으로 많은, 매우 젊은 사회였던 것이다. 그러나 1970년대 이후 전체 인구에서 유년 인구가 차지하는 비율은 빠르게 줄고 있는 반면에, 노년 인구 비율은 지속적으로 늘고 있다. 〈표 2-2〉를 보면, 1980년의 유년 인구는 노년 인구의 9배나 되었지만, 1994년에는 4배, 2000년에는 3배, 그리고 2004년에는 2.3배로 점점 그 격차가 좁혀지고 있다. 두 인구 집단의 차이는 2020년에 가서 완전히 역전될 것으로 전망된다. 즉, 노년 인구 비율이 15.1%를 기록하면서 유년 인구 비율 13.9%를 상회하게 된다는 것이다. 어린이보다 노인이 많은 나라가 된다는 얘기다. 이것은 인구 피라미드의 변화에서도 확인할 수 있다. 〈그림 2-2〉는 인구 피라미드의 변화를 보여주고 있다. 1960년의 인구 구조는 노년 인구에 비해 유년 인구가 압도적으로 많은 전형적인 피라미드 모습이었던 것이 유년 인구와 청장년 인구가 상대적으로 줄어들면서 2050년에는 아래쪽보다 위쪽이 큰 逆피라미드 모습으로 바뀔 것으로 전망된다.

〈그림 2-1〉 연령 집단별 인구 구성비의 추이, 1970-2030

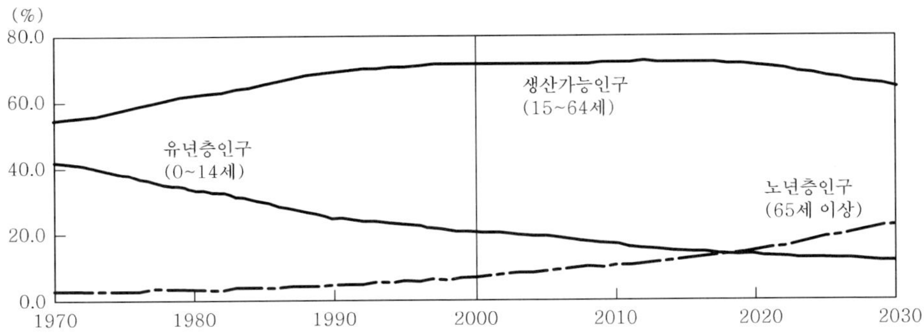

자료: 통계청, 2001, 〈장래 인구 추계〉.

〈표 2-2〉 연령 집단별 인구와 구성비 추이, 1980-2030

(단위 : 천명, %)

	1980	1994	2000	2003	2004	2010	2020	2030
총인구	38,124	44,642	47,008	47,925	48,199	49,594	50,650	50,296
0~14세	12,951	10,653	9,911	9,719	9,633	8,552	7,034	6,217
15~64세	23,717	31,446	33,702	34,238	34,396	35,741	35,948	32,475
65세 이상	1,456	2,542	3,395	3,969	4,171	5,302	7,667	11,604
구성비	100.0	100.0	100.0	100.0	100.0	100.0	100.0	100.0
0~14세	34.0	23.9	21.1	20.3	20.0	17.2	13.9	12.4
15~64세	62.2	70.4	71.7	71.4	71.4	72.1	71.0	64.6
65세 이상	3.8	5.7	7.2	8.3	8.7	10.7	15.1	23.1

자료: 통계청, 2001, 〈장래 인구 추계〉.

〈그림 2-2〉 인구 피라미드의 변화

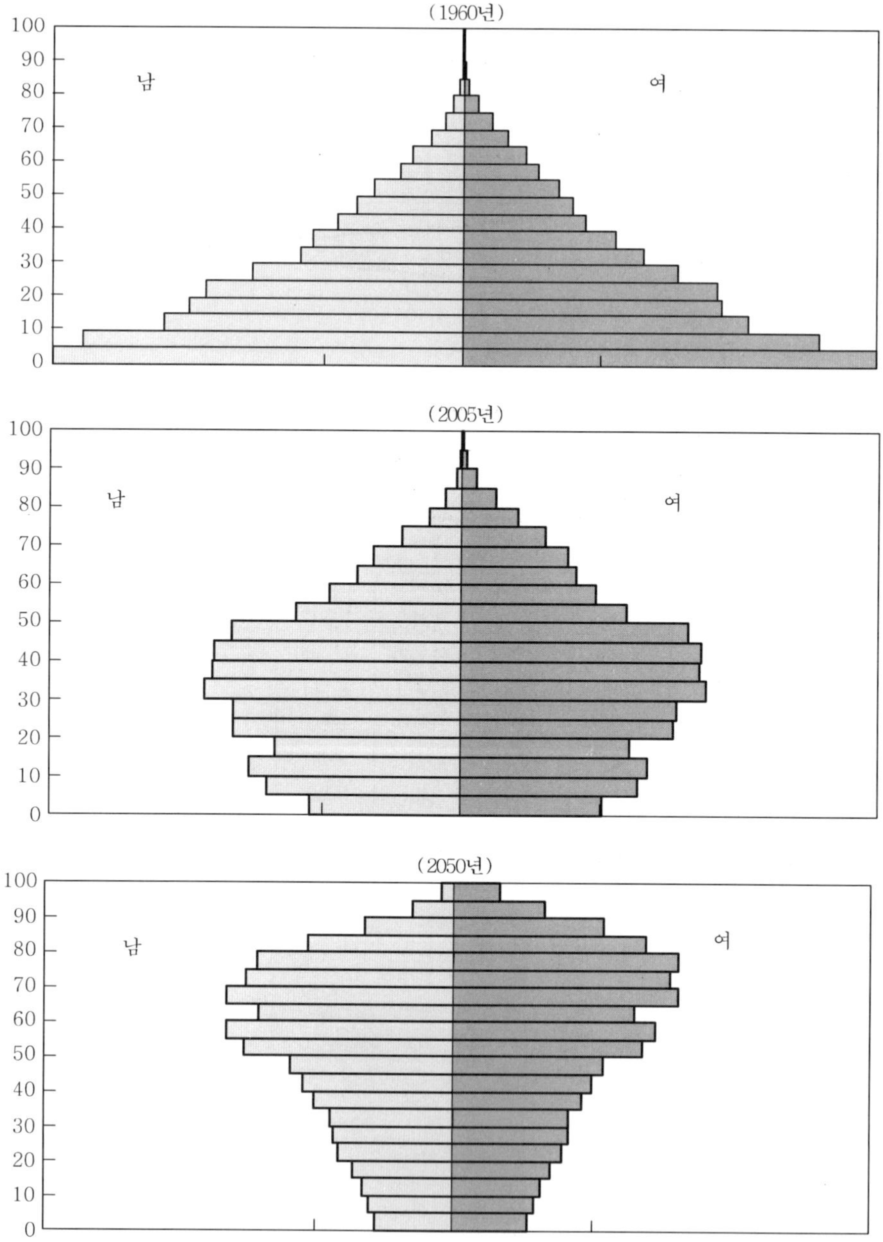

자료: 통계청, 2005.

노년 인구가 유년 인구보다 많아진다는 것은 어떤 의미를 지니는가? 무엇보다도 우리가 관심을 기울여야 할 점은 유년 인구가 미래의 생산 인구라는 사실이다. 유년 인구가 줄어든다는 것은 앞으로 한국 사회의 생산 활동을 담당할 인구가 줄어든다는 말이다. 더구나 노년 인구가 계속 늘어나는 상황에서 유년 인구의 절대 숫자와 인구 구성비가 모두 줄어든다는 것은 미래 한국 사회의 부양 문제와 관련하여 심각한 문제를 야기한다.

부양 이야기가 나온 김에 노년 부양비(old-age dependency ratio)라는 개념에 대해 알아보기로 하자. 노년 부양비는 생산 인구가 부양해야 할 노년 인구의 수가 얼마나 되는가를 가리키는 개념이다. 이것은 생산 인구 100명당 노년 인구의 수로 표시한다. 즉, 노년 부양비는 65세 이상 인구를 생산 인구(15-64세)로 나눈 다음 여기에 100을 곱한 것이다.

노년 부양비(%) = (65세 이상 인구 ÷ 15-64세 인구) × 100

1970년에 한국의 노년 부양비는 5.7%였다. 이후 노년 부양비는 계속 증가하여 2004년 현재 12.1%를 기록하고 있다. 2030년에는 이 비율이 35.7%에 이를 것으로 추정된다. 풀어서 말하면, 2004년에 100명의 생산 인구가 12명의 노인을 부양하던 것이 30년 뒤에는 36명 정도를 부양해야 하는 셈이다. 부양 부담이 세 배나 늘어나는 것이다. 한국은행의 추계에 따르면, 2050년에 한국의 노년 부양비는 무려 65.6%에 이르러 OECD 국가 가운데 노년 부양비가 두 번째로 높은 나라가 될 것이라고 한다(Korea Times 2004년 10월 27일자).

65세 이상 인구의 비율 및 노년 부양비와 함께 한 사회의 노령화 정도를 나타내는 또 하나의 지표가 노령화 지수(aging index)이다. 이것은 유년 인구 100명당 노년 인구의 수로 표시한다.

노령화 지수(%) = (65세 이상 인구 ÷ 0-14세 인구) × 100

우리나라의 노령화 지수 역시 매우 빠른 속도로 높아지고 있다. 1970년에 7.2%이던 노령화 지수는 1990년에 20%로 세 배나 높아졌고 2010년에는 62%, 2030년에는 무려 186.6%에 이를 것으로 전망된다(〈표 2-3〉 참조).

〈표 2-3〉 노년 부양비와 노령화 지수의 추이, 1970-2030

	1970	1980	1990	1994	2004	2010	2020	2030
노년 부양비(%)	5.7	6.1	7.4	8.1	12.1	14.8	21.3	35.7
노령화 지수(%)	7.2	11.2	20.0	23.9	43.3	62.0	109.0	186.6
노인1명 당 생산 가능 인구(명)	17.7	16.3	13.5	12.4	8.2	6.7	4.7	2.8

자료: 통계청, 2001, 〈장래 인구 추계〉.

(2) 인구 노령화의 원인

인구 노령화의 원인은 두 가지로 요약할 수 있다. 첫 번째 원인은 평균 수명의 연장이고 두 번째 원인은 출산율의 저하이다. 먼저 평균 수명부터 논의하기로 하자. 우리가 보통 평균 수명이라고 부르는 개념은 정확히 말하면 기대 수명(life expectancy)이라고 해야 옳다. 이것은 특정 집단에 속한 개인이 앞으로 얼마나 살 것인지를 나타내는 수학적 기대값이다. 일반적으로 기대 수명은 태어나는 시점(즉, 0세)을 기준으로 측정한 수치이지만, 영아 사망률이 높은 상황에서는 일정한 나이가 지난 다음에(가령, 10세) 측정하기도 한다.

인간의 기대 수명은 20세기에 들어와 비약적으로 늘어났다. 오늘날 세계적인 장수 국가가 된 여러 선진국에서도 20세기 초반의 기대 수명은 40세 안팎에 불과하였다. 지난 20세기에 인간의 기대 수명이 크게 늘어난 것은 공중 보건의 개선, 의학 기술의 발달, 충분한 영양 공급 등의 덕분이라고 하겠다. 일본을 필두로 스위스, 스웨덴, 호주 등은 평균 수명이 벌써 80세를 넘었고 캐나다, 이탈리아, 프랑스와 같은 나라들도 80세에 다다른 상태이다. 한국인들의 기대 수명 역시 지난 40년 동안에 빠른 속도로 높아졌다. 1950년대 초반 50세에도 미달하던 한국인의 기대 수명은 1981년에 66세를 넘어섰고 2001년에는 76.5세까지 높아졌으며 2020년에는 80세를 넘을 것으로 추산된다(〈표 2-4〉 참조). 여성들의 기대 수명은 2001년 현재 이미 80세에 도달한 것으로 나타났다.

〈표 2-4〉 평균 수명의 추이, 1981-2050

(단위: 세)

연도	1981	1991	1999	2001	2010	2020	2030	2050
계	66.2	71.7	75.6	76.5	78.8	80.7	81.5	83.0
남 자	62.3	67.7	71.7	72.8	75.5	77.5	78.4	80.0
여 자	70.5	75.9	79.2	80.0	82.2	84.1	84.8	86.2
차이(여-남)	8.3	8.2	7.5	7.2	6.7	6.5	6.5	6.3

자료: 통계청, 2001, 〈장래 인구 추계〉.

인구 노령화의 또 다른 요인은 출산율 저하이다. 인간의 기대 수명이 길어져도 출산율이 충분히 높은 상태에서는 인구의 노령화가 일어나지 않는다. 연소(年少) 인구가 사회에 지속적으로 공급되기 때문이다. 하지만, 출산율이 떨어지면 상황은 달라진다. 기대 수명의 연장으로 인한 노령 인구의 증가를 상쇄할 연소 인구의 공급이 부족해지면 노인 인구의 비율이 늘어날 수밖에 없다. 그게 바로 노령화인 것이다. 출산율 저하는 인구 노령화를 야기할 뿐만 아니라 절대 인구 자체를 감소시키는 요인으로 작용한다. 즉, 출산율이 가임(可妊) 여성 한 사람 당 평균 2.1명이 되어야 절대 인구가 유지될 수 있는데, 이 이하로 떨어지는 경우에는 장기적으로 인구가 줄어들게 된다.

우리나라의 출산율은 지난 30여 년 간 지속적으로 하락하였다. 1970년에 4.5명이던 합계 출산율[3]이 1983년에 대체 출산율 수준인 2.1명으

3) 여성 한 명이 가임 기간 동안 낳은 자녀의 수

로 떨어지더니 2002년에는 1.17명까지 떨어져 세계 최저 수준을 기록하였다. 이는 인구 재생산에 필요한 대체 출산율은 물론 OECD 평균인 1.7명보다도 낮은 수치이다(대통령 비서실 고령 사회 대책 및 사회 통합 기획단, 2004). 이와 같은 상태가 지속된다면, 2017년 이후에는 절대 인구 자체가 감소할 것으로 전망된다. 〈그림 2-3〉에서 보듯 가임 여성의 인구는 꾸준히 늘어남에도 출산율이 떨어지는 이유는 가임 여성 가운데 미혼 여성이 늘어난 반면에 기혼 여성은 출산을 기피하기 때문으로 요약할 수 있다. 이러한 현상의 배후에는 결혼과 가족에 대한 가치관의 변화, 자녀 양육의 부담 증대, 여성의 노동시장 참여 증가와 같은 요인이 작용하고 있다.

〈그림 2-3〉 가임 여성 인구와 출산율의 추이, 1970-2003

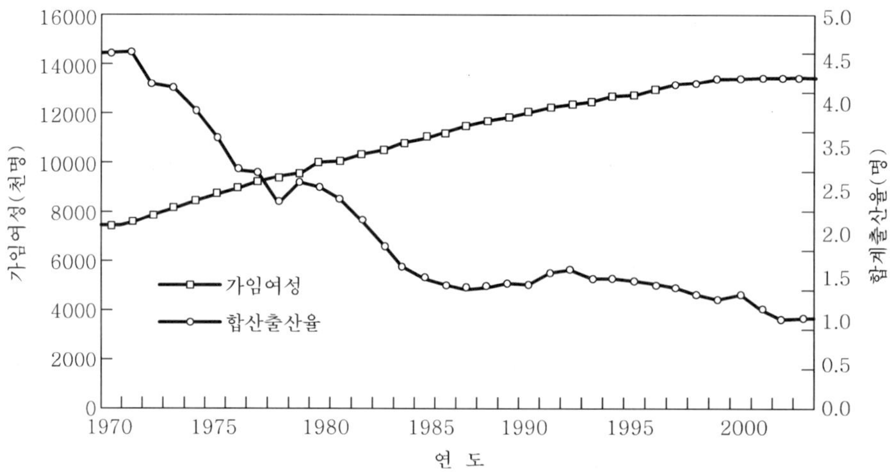

자료: 이삼식 외, 2004.

(3) 인구 노령화가 초래할 사회경제적 문제

인구의 노령화는 개인과 가족은 물론 전체 사회에 심각한 도전으로 다가온다. 인구 노령화가 야기하는 개인적(또는 미시적) 차원의 문제는 이 책의 1장에서 이미 살펴보았다. 이제 인구 노령화가 사회적(또는 거시적) 차원에서 어떠한 문제를 초래하는지 살펴볼 차례이다. 이 책에서는 경제적 차원과 사회적 차원으로 나누어 그 영향을 분석하기로 한다.

① 경제적 영향

인구 노령화가 야기하는 가장 기본적인 경제 문제로는 무엇보다도 노동시장의 변화를 지적할 수 있다. 한 나라의 경제가 지속적으로 성장하기 위해서는 양질의 노동력(labor force)이 풍부해야 한다. 그런데 노령화는 노동력의 양을 감소시킬 뿐만 아니라 질적인 저하를 초래할 가능성이 높다. 먼저, 노동력 규모의 추이부터 살펴보기로 하자. 여기서 잠시 노동력이라는 용어의 정의에 대해 생각해 보자. 노동력의 기술적인 정의는 다양하게 내려지지만, 일반적으로는 일을 하고 있거나 일을 할 의사가 있는 인구의 집합체를 가리킨다. 노동력의 토대가 되는 인구는 보통 15~64세 사이의 연령 집단이다.[4] 이들을 우리는 흔히 '생산 가능 인구'라고 부른다. 이 생산 가능 인구의 규모는 한 나라의 장기적인 경제 상황을 예측하는 데 매우 중요한 변수로 여겨진다. 한국의 인구 추이를 보면, 생산 가능 인구는 2016년을 정점으로 절대 규모와 비율이 모두 감소세로 돌아설 전망이다(통계청, 2005).

노동력의 감소 못지않게 심각한 현상이 노동력의 노령화이다. 즉, 2000년에 50세 이상의 노동력 비율이 25% 미만이던 것이 2050년에는 50%에 이를 것으로 전망된다. 또 2025년쯤이면 55세 이상의 고령 노동자 비율이 전체 취업자의 30%에 육박하면서 OECD 국가 가운데 가장 높은 수준에 이를 것이라고 한다. 반면에 핵심 노동력이라고 할 수 있는 25~49세 연령대의 비율은 2000년 66%에서 2050년에 44%로 줄어들 것으로 보인다. 〈그림 2-4〉는 노동력의 노령화 추이를 한눈에 보여준다.

4) 64세 이상의 인구 집단에도 실제로 경제 활동에 종사하는 사람이 꽤 있다. 그러나 대부분의 나라에서 공식적인 연금 수급 개시 연령이 65세이므로, 정책적 편의상 이 나이 이상의 사람들은 노동시장에서 은퇴한 것으로 간주하는 것이다.

〈그림 2-4〉 노동력의 노령화 추이

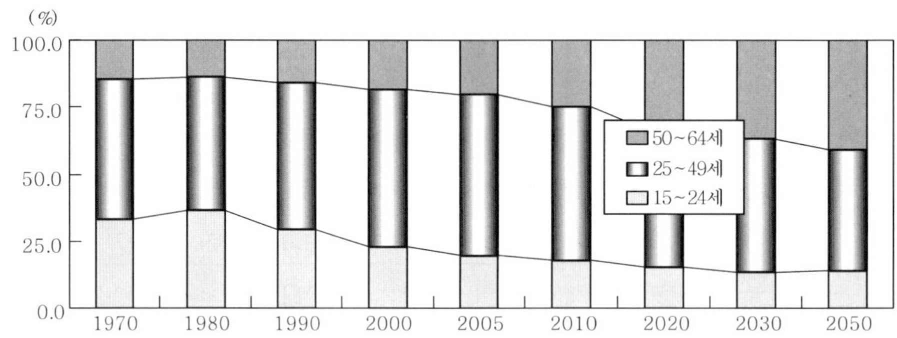

자료: 통계청, 2005.

노동력의 노령화가 가져올 결과에 대해서는 대체로 부정적인 견해가 지배적이다. 무엇보다도 산업 현장의 활력이 떨어질 것이라는 우려가 가장 많이 제기된다. 나이 든 노동자들의 기술 변화 적응력과 학습 능력의 부족으로 생산성이 낮아질 것이라는 염려도 적지 않다. 특히 육체 노동이 중심인 제조업 생산직의 노동생산성은 크게 낮아질 것으로 전망되고 있다. 그러나 모든 사람이 이와 같은 비관적 전망에 동의하는 것은 아니다. 이를테면, 미래의 산업 구조는 제조업 생산직보다는 자본 집약적이고 지식 집약적인 산업이 주도할 것이기 때문에 노동력의 노령화가 꼭 부정적인 결과를 가져올 것으로 단정할 수 없다는 주장도 나온다. 이런 산업 구조 아래서는 고령 노동자의 오랜 경험과 축적된 지식이 생산성 증가에 기여할 수도 있다는 것이다.

인구 노령화는 경제 성장에도 부정적인 영향을 미치는 것으로 알려져 있다. 저출산과 노령화로 노동 공급이 줄고 노동 생산성은 떨어지게 된다. 여기에다 소비와 저축률 하락, 투자 위축, 재정 수지 악화 등의 요인이 겹치면서 경제 성장률이 낮아지는 것이다. 인구 노령화의 영향으로 향후 경제 성장률은 연간 0.25~0.75%씩 하락할 것으로 전망된다(고령 사회 대책 및 사회 통합 기획단, 2004). 따라서 한국의 경우

2000~2050년 기간의 연평균 경제 성장률은 2.9% 정도에 머무를 것으로 보인다.

② 사회적 영향

노령화가 진행되면서 노년 부양 비율이 늘어난다는 것은 앞에서 이미 언급한 바 있다. 노년 부양 비율의 증가는 젊은 세대의 부양 부담이 늘어난다는 뜻이고 여기에 노령화로 인한 저성장 기조가 겹치면 성장의 열매를 어떻게 나눌 것인가에 대해 세대 사이의 마찰이 심해질 가능성이 크다. 노년 세대는 과거 자신들의 노력과 희생의 대가를 요구할 것이고 젊은 세대는 불투명한 미래 전망 속에서 계속 버거워지는 경제적 부담에 반발하기 마련이다.

또한 노령화는 노인성 질환에 대한 의료와 요양 서비스의 수요를 증가시켜서 사회적 비용과 국가의 재정 부담 증대를 유발한다. 노인 인구의 유병률이 비노인 인구보다 훨씬 높다는 것은 상식이다. 그리고 노인 1인당 의료비는 비노인 인구에 비해 2~5배에 이르기 때문에 노인 인구의 급증은 노인 의료비의 급증으로 이어진다. 게다가 치매와 중풍 등 요양 보호가 필요한 노인 인구가 2003년 현재 59만 명에서 2010년에는 79만 명, 2020년에는 114만 명으로 크게 늘어날 것으로 예상되고, 이에 따른 요양 보호 비용도 2003년 3조 4천억 원에서 2020년에는 8조 3천억 원으로 급증할 것이다(고령사회대책 및 사회통합기획단, 2004).

이것뿐만이 아니다. 노후 소득 보장 제도에 대한 개편 압력도 거세질 것이 틀림없다. 이런 현상은 노령 사회로 이미 진입한 서구에서는 오늘날 가장 심각한 사회 문제의 하나로 여겨지고 있다. 선진 복지국가마다 노령화로 인한 연금 지출 증대로 몸살을 앓고 있는 것이다. 오죽하면 연금 문제를 "시한폭탄"이라고 표현하고 있겠는가. 한국의 노령 연금은 서구처럼 오래된 제도는 아니지만, 사상 유례가 없는 노령화 속도로 인해 연금 재정 문제는 벌써부터 논란에 휩싸이고 있다.[5)]

5) 한국의 국민 연금 제도는 1988년에 시작되었기 때문에 20년의 성숙기를 거친 2008년이 되어야 정식으로 완전 노령 연금을 받는 수급자 집단이 나오게 된다.

한편, 노령화는 이른바 실버산업의 증대를 가져올 것으로 전망된다.6) 그 중 핵심은 노인 인구를 위한 다양한 서비스 산업의 발전 가능성이다. 그러나 '실버산업'은 본질적으로 영리적이기 때문에 이것의 지나친 비대화는 사회복지의 위축과 빈부 갈등을 부추길 가능성이 높다.

2) 산업화와 근대화

오늘날의 우리나라 노인 문제는 무엇보다도 급격한 노령화가 야기한 문제가 주류를 이루고 있는 것처럼 보이지만, 노령화 속도가 비교적 완만했던 서구에서도 노인 문제는 주요 사회 문제의 하나로 여겨져 왔다. 왜 그럴까? 노인 문제는 노령화라는 사회 현상 외에도 다른 요인에 의해 또는 이것과 결합하면서 복잡한 양상으로 발전했기 때문이다. 그 다른 요인 가운데 가장 대표적인 것이 산업화와 근대화이다. 다시 말해서, 노령화는 산업화/근대화와 결합되면서 오늘날의 노인 문제를 낳은 것이다.

(1) 산업화/근대화의 개념

우리는 산업화, 산업 사회, 근대화 따위의 말에 아주 익숙해 있다. 그러면서도 이런 말들이 무엇을 뜻하는지 제대로 알고 있는 사람은 의외로 많지 않다. 학생들에게 막상 질문을 해보면 거의가 주변에서 맴돌다가 그치고 만다. 이번 기회에 이 말의 뜻을 확실하게 알고 넘어가기로 하자.

먼저, 산업화(industrialization)는 엄밀히 말해 공업화라고 번역해야 옳다. 여기서 'industry'라는 영어는 농업, 공업, 서비스업 등을 총칭하는 말이 아니라 제조업을 가리키는 말이다. 그러면 산업화란 무엇일까?

따라서 연금 재정의 고갈을 둘러싼 논란은 현재 문제가 아니라 장래에 대한 논란이다.

6) '실버산업'이란 말은 공식 학술 용어가 아니다. 이것은 일본에서 만들어진 대중적 유행어로 사용에 신중을 기하는 것이 좋다.

그것은 농업 중심의 사회가 공업 중심의 사회로 바뀌는 과정을 의미한다. 물론 이 과정에는 기계화를 비롯한 다양한 기술 진보가 수반된다. 서구의 산업화는 18세기부터 시작되어 거의 200년에 걸쳐 이루어졌다. 한국의 산업화는 1960년대 이후에 시작되었고 약 30년이라는 단기간에 축약적인 방법으로 진행되었다. 그 결과 60년대 초에 70% 이상이던 농민 인구는 오늘날 당시 수준의 1/10로 줄어든 반면 절대 다수의 인구가 공업과 서비스업에 종사하고 있다.

그렇다면, 근대화/현대화(modernization)란 무엇인가? 이것은 산업화보다는 복잡한 개념이지만, 간단히 말하자면 근대화는 중세 봉건사회에서 근대 자본주의 사회로 전환하는 과정을 뜻한다. 그리고 근대 자본주의 사회로 전환하는 과정에 결정적인 영향을 미친 사건은 산업화이다. 즉, 완만하게 진행되던 자본주의 사회로의 전환이 산업화가 시작되면서 급류를 타게 된 것이다. 이렇게 본다면 산업화와 근대화는 대체로 함께 진행된 현상으로 보아도 무방하겠다. 그래서 근대화를 산업화로 이해하는 사람들도 적지 않다. 양자가 야기한 결과가 비슷하기 때문이다.

산업화와 근대화는 인류 사회의 모습을 근본적으로 변화시켰다. 즉, 농경사회가 산업사회로 바뀌면서 전혀 새로운 사회 조직 원리와 계층 구조 그리고 가치관이 형성된 것이다. 불과 수 백 년 전만 해도 인류는 지역사회 중심의 상대적으로 고립된 삶을 살아 왔다. 대부분 농업에 종사하면서 힘겹게 연명하는 삶이었다. 산업화와 근대화는 과거 인류가 경험하지 못했던 경제적 부를 창출하면서 완전히 새로운 사회로 인류를 인도하였다. 그러나 이 과정이 평탄했던 것은 결코 아니다. 그것은 전통적 형태의 사회 조직과 문화를 파괴하거나 침식하면서 숱한 갈등과 마찰을 빚어냈다. 특히, 200~300년이라는 긴 시간을 가졌던 서양 사회와 달리 수 십 년이라는 단기간에 압축적인 산업화/근대화를 경험해야 했던 한국과 같은 이른바 제3 세계의 문제는 더욱 심각하였다.[7)]

7) 제3 세계라는 말은 서구인들의 입장에서 만들어진 것이므로 우리가 우리 자신을 가리켜 제3세계 운운하는 것은 잘못된 일이다.

(2) 산업화/근대화가 노인의 삶에 미친 영향

산업화와 근대화가 야기한 사회 변화는 모든 사회 구성원의 삶에 지대한 영향을 미쳤지만, 그 중에서도 가장 큰 영향을 받은 집단은 노인들이었다. 그리고 이 영향의 내용과 성격은 대체로 부정적인 것이었다. 산업화 이전의 사회에서 노인은 모든 연령 집단 가운데 최고의 사회적 지위를 누리며 살았다. 특히, 장유유서(長幼有序)의 윤리가 강력했던 한국 사회에서 노인에 대한 공경은 당연한 것으로 여겨졌다. 노인은 지식과 경험 그리고 지혜의 담지자로 사회 구성원들에게 실제적인 도움과 가르침을 줄 수 있는 위치에 있었다. 또한 산업화 이전의 농경 사회에서 부의 기본 원천은 토지였고 이 토지의 소유권은 가부장에게 있었으므로 (남성) 노인의 경제적 지위도 튼튼하였다. 더구나 농경 사회에서 노인은 삶의 최종 단계에 이를 때까지 생산 활동에 종사하는 것이 보편적인 현상이었다. 노인을 '무용지물'로 취급하는 현대의 풍토와는 거리가 멀었다.

그러나 산업화와 근대화의 물결 속에서 노인들의 사회경제적 지위는 하락 일로의 길을 걷게 되었다. 무엇보다도 경제력 상실이 가장 큰 원인이었다. 산업 사회에서 부의 원천으로서의 토지의 중요성은 급속히 낮아졌고 노인의 경제적 역할은 줄어들었다. 산업 사회에서 노인은 더 이상 생산자로 여겨지지 않는다. 은퇴라는 사회적 제도는 이런 인식을 공식화하였다. 과거 농경 사회에서는 은퇴라는 제도가 존재하지 않았다. 생산성이 낮고 노동력이 부족했던 농경 사회에서는 누구나 일을 해야 했다. 노인도 예외가 아니었다. 죽음이 임박해서야 호미를 놓는 것이 농경 사회의 일상이었다. 하지만, 산업 사회는 노인의 노동력을 필요로 하지 않는다. 과학 기술의 발전으로 생산성이 높아지면서 노동력 부족이 아니라 노동력 과잉(즉, 실업)이 중요한 사회 문제로 떠올랐기 때문이다. 산업 사회는 노동력 과잉에 대처하기 위해 두 가지 제도를 만들었다. 하나는 청소년들을 상당 기간 노동시장 밖에 묶어 두기 위한 학교라는 공식 교육 제도이고 다른 하나는 노인들의 노동시장 퇴출을 체계적으로 처리하기 위한 강제 은퇴(mandatory retirement) 제도이다.

하락한 것은 노인들의 경제적 지위만이 아니었다. 사회적 지위 역시 하락 일로를 걸어 왔다. 산업 사회는 노인들이 보유하던 지식, 경험, 지혜를 더 이상 필요로 하지 않는다. 노인들에게 의지하던 지식은 학교라는 공식 교육 기관이 대체하였고 가부장의 위세는 이제 옛이야기가 되어 가고 있다. 가부장의 위세는 확대 가족(extended family)과 토지 소유권에 기반을 두고 있었다. 핵가족이 일상화되고 토지 소유권의 경제적 영향력이 약해진 현대 산업 사회에서 노인, 특히 가부장의 위상은 하락할 수밖에 없다.

산업화된 현대 사회는 젊은이들의 세상이다. 모든 것이 상품화되는 현대 자본주의 사회에서 경제력이 없는 노인은 관심의 대상이 아니다. 구매력이 없는 노인들이 자본의 논리가 지배하는 현대 산업 사회에서 소외를 당하는 것은 당연한 현상일 터이다. 요컨대, 연령 차별주의(ageism)는 산업화/근대화의 부산물이기도 하다.

한국의 산업화/근대화는 서구에 비해 단기간에 압축적으로 이루어졌다. 한국 산업화의 이러한 성격은 한국 노인들에게 이중의 타격을 안겨 주었다. 현재의 노인들은 청 · 장년기를 한국 산업화의 초석을 놓는 데 바친 세대이다. 그러나 이들은 자신들의 공헌에 합당한 사회경제적 보상을 제대로 받아 오지 못했다. 무엇보다도 현재의 노인 세대는 현행 국민 연금 제도의 수혜 대상에서 원천적으로 제외되었기 때문에 빈곤의 위험에 무방비 상태로 노출되어 있다. 사회 보장 제도의 발달 속도가 산업화 속도를 따르지 못했기 때문이다. 그렇다고 해서 과거의 자녀 의존적 노후 보장 방식이 온존되고 있는 것도 아니다. 급격한 산업화와 현대화로 가족 구조에도 큰 변화가 일어났고 가족의 복지 기능은 날로 약해지고 있다. 노인을 '부담'으로 여기는 풍토는 미시적으로는 가족 차원에서 거시적으로는 사회 전반에 걸쳐 폭넓게 확산되고 있다. 역설적이게도, 한국의 노인들은 자신들이 이룩한 압축적 산업화/현대화의 희생자가 되어 가고 있는 것이다.

2. 노인 문제와 노인복지

1) 노인복지란 무엇인가?

우리는 지금까지 노인 문제의 현황과 발생 원인에 대해 살펴보았다. 그런데 응용 학문으로서의 사회복지학은 사회문제를 단지 '공부'하는 데 그치지 않고 그 처방을 제시한다는 점에서 다른 순수 사회과학과 차별성을 갖는다. 따라서 노인 문제를 공부하는 우리는 여타의 사회문제를 다룰 때와 마찬가지로 사회복지학의 관점에서 어떠한 처방이 필요한지 진지한 고민을 해야 한다. 이 진지한 학문적 고민이 모여 노인 복지학의 토대를 이루는 것이다.

그렇다면 노인 복지란 과연 무엇인가? 이 질문에 답을 하기 전에 우리는 먼저 사회복지가 무엇인지부터 생각해 보도록 하자. 노인복지는 사회복지의 한 분야이기 때문에 사회복지의 개념을 제대로 이해하고 있다면 노인 복지의 개념은 자연스럽게 정리가 될 수 있다. 좁은 의미에서 사회복지는 산업화와 시장 경제의 희생자 또는 낙오자들의 삶을 개선하기 위한 사회의 모든 비영리적 기능을 의미한다. 이러한 정의와 관련하여 미국 사회복지사 협회(NASW)는 사회복지를 특별히 사회문제의 예방과 해결책이라는 관점에서 정의하고 있다(National Association of Social Workers, 1995). 한편, 넓은 의미에서 사회복지는 사회 구성원 전체 또는 일부의 경제적 조건과 건강 그리고 개별 인격체의 제반 기능을 유지하고 개선하기 위한 사회의 집합적 노력으로 요약할 수 있다.

여기에서 중요한 것은 사회복지가 기본적으로 사회문제에서 출발한다는 인식이다. 다시 말해서, 사회복지는 산업화와 시장 경제라는 현대 자본주의 사회의 핵심 요소가 야기한 사회문제를 예방하고 치유하기 위한 사회의 제도적·집합적 노력이라는 사실이다. 예컨대, 산업 재해 문제를 예방·치유하기 위해 현대 사회는 산재 보상 보험 제도를 만들었고 실업이라는 새로운 사회문제에 대응하려고 실업 보상 제도를 도입하였다. 이와 같이 사회문제와 사회복지는 역사적으로 상호 조응 관계를 보여 왔다. 어떠한 사회문제가 발생하면 그것을 해결하기 위한 수단으로 사회복지 프로그램을 만들어 왔고, 그 폭이 더욱 넓어져서 향후 예상되는 사회문제를 예방하는 제도와 프로그램까지 도입하는 수준으로 발전한 것이 현대 복지국가인 것이다.

이렇게 본다면, 노인복지 역시 노인 문제와 밀접한 조응 관계를 보이며 형성된 사회복지의 한 분야라고 할 수 있다. 즉, 노인복지는 현대 사회의 노인 문제를 예방하고 해결하여 노인들의 삶의 질을 유지·개선하기 위한 사회의 제도적·집합적 노력이라고 정의할 수 있겠다.

2) 노인복지학의 이해

노인복지학은 노인이라는 특정 인구 집단을 연구 대상으로 하는 사회복지학의 한 분야인 동시에 노년학(gerontology)의 일부이다.[8] 따라서 노인 복지학을 제대로 이해하기 위해서는 노년학이 무엇인지를 잘 이해할 필요가 있다. 노년학은 인간의 노화 과정과 그 산물인 노인을 연구하는 학문이다. 노년학에는 노화에 따른 물리적, 정신적, 사회적 변화에 대한 연구는 물론 이러한 변화가 사회에 어떠한 영향을 줄 것인가를 연구하는 일도 포함된다. 나아가 이와 같은 연구를 바탕으로 사회 정책과 프로그램 개발에 적용하기도 한다. 따라서 노년학은 의학, 생물학, 보건학, 인류학, 심리학, 경제학, 사회학, 사회복지학 등 여러 학문의 관점과 방법론을 필요로 하는 종합 학문(multidisciplinary study)이

8) 그리스어 *geras*는 노년을 뜻하는 단어이다.

다.

자, 이제 노인 복지학의 내용과 방법에 대해 살펴볼 차례이다. 노인 복지학은 사회복지학이 그러하듯 크게 미시적 접근과 거시적 접근으로 나눌 수 있다. 흔히 미시적 접근의 노인 복지학은 '노인 복지 실천론'이라고 하고 거시적 접근의 노인 복지학은 '노인 복지 정책'이라고 한다. 노인 복지 실천론은 현대 사회 속의 노인 개개인과 그를 둘러싼 상황을 분석하되 주로 개별 노인의 물리적이고 정서적인 측면에 초점을 맞춘다. 미시적 관점의 노인 복지 실천은 특히 노년기의 물리적·정서적 삶의 질을 훼손하는 제반 요인을 완화 또는 해소하는 데 관심을 기울인다(Dobrof 1998).

한편, 거시적 관점에서 노인 복지학(즉, 노인 복지 정책론)은 개별 노인이 아니라 집합체로서의 노인 인구 전체가 직면하고 있는 사회경제적 문제들을 분석하고 이것에 대한 제도적이고 정책적인 해결책을 제시하는 학문 영역이다. 노인 복지 정책론의 구체적 보기에는 노년기 소득 보장, 건강 보장, 주거 보장 등에 관한 연구와 정책 대안의 제시가 포함된다. 이와 같이 접근 수준과 상관없이 모든 노인 복지학 연구자들이 단순한 노인 문제의 연구 분석에 그치지 않고 현실적인 처방을 제시하는 것은 사회복지학이 응용 학문이라는 사실에서 기인한다.

제 2 부

노화의 차원과 이론

제3장

노화의 생물학적 측면

1. 노 화

어머니

-마종기-

산나물 캐고 버섯 따러 다니던 산지기 아내
허리굽고, 눈물 괴는 노안이 흐려오자
마루에 걸터앉아 먼 산 바라보신다
칠십년 산그늘이 이마를 적신다
버섯은 습생 음지 식물
어머니, 온몸을 빌어 검버섯 재배하신다

뿌리지 않아도 날아오는 홀씨
주름진 핏줄마다 뿌리내린다
아무도 따거나 훔칠 수 없는 검버섯
어머니, 비로소 혼자만의 밭을 일구신다

시 속에서 늙은 어머니의 모습은 굽은 허리, 흐려진 눈, 피부의 검버섯을 통해 묘사되고 있다. 시에서처럼 인간의 노화는 관찰 가능한 신체적 변화를 통해 가장 강하게 인지된다. 삶을 산다는 것은 늙어간다는 것을 의미한다. 늙어간다는 것은 곧 노화를 가리킨다. 늙는다는 것 즉 노화는 누구에게나 또 무엇에게나 일어나는 삶의 과정이다. 노인은 노화가 상대적으로 많이 진행된 사람으로 노인에 대한 이해는 노화에 대한 객관적 이해에서 시작될 수 있다. 신체적 노화에 대해 이해해야 하는 이유는 사회적 제도 마련의 근거가 되는 구체적인 생리적 변화를 대표하기 때문이다(Atchley, 1972). 물론 노화에 따른 변화는 뚜렷한 개인차가 존재하며 노화가 반드시 기능 저하를 동반하는 것은 아님을 상기해야 한다(Kart · Metress · Metress, 1992).

이 장에서는 인간이 생물학적, 심리적, 사회적 각 영역에서 늙어간다는 것은 어떤 형태로 나타나며, 그 같은 현상이 일어나는 원인은 무엇인지에 답하고자 한다.

1) 노화의 개념

노화는 인간의 출생에서부터 사망까지의 전생에 걸쳐 진행되는 신체적 또는 생리적인 부정적 변화 과정으로 정의된다(Hampton, 1991). 노화의 진행은 인간의 생존 가능성을 감소시키며 죽음은 정상적인 노화 과정의 종결을 의미한다(Schulz · Salthouse, 1999). 노화과정은 단순한 신체적 질병과 다르다. 노인에게서 흔히 관찰되는 노인성 질환과 정상적인 노화 과정은 다음에서 설명된 노화 과정의 특성을 통해 구분된다.

2) 노화의 특성

(1) 보편성

노화에서 보편성의 원칙이란 노화로 인한 변화가 모든 사람에게 보편적으로 발생하는 것임을 의미한다. 물론 어느 정도의 개인차는 전제되지만, 나이가 들어감에 따라 눈이 어두워지거나 귀가 어두워지는 현상은 모든 인간이 공통적으로 경험하는 변화이다. 반면, 치매의 경우 노인에게서 더욱 빈번히 관찰되는 것은 사실이나 모든 노인들이 생의 과정 중에 반드시 경험하는 현상은 아니다. 따라서 시력이나 청각의 저하와 달리 치매는 노화 현상이기보다는 질병으로 분류해야 한다는 입장이 지배적이다(Schulz · Salthouse, 1999).

(2) 내재적 발생

내재적 발생의 원칙이란 노화의 원인이 신체의 내적 요인에 있어야 한다는 의미이다. 시력이나 청력의 감소도 신체의 내적 원인에 의해 발생한 경우만을 노화 현상으로 규정할 수 있다. 따라서 시력의 감퇴나 청력 손실이 사고와 같은 외적 원인으로 인해 발생했을 때, 이 경우의 시력 감퇴나 청력 손실은 노화 현상으로 분류하지 않는다(Schulz · Salthouse, 1999).

(3) 부정적 결과

노화는 신체적 기능에 부정적 영향을 주어 생명의 종식에 영향을 미치는 것이어야 한다. 나이가 증가함에 따라 개인이 터득하는 삶의 지혜는 증가한다. 지혜의 증가와 같은 심리적 변화는 나이와 비례하여 일어나는 변화이나, 인간에게 긍정적으로 작용한다는 점에서 노화 현상으로 분류되지 않는다(Schulz · Salthouse, 1999).

(4) 점진적 진행

일반적으로 노화 현상은 장기간에 걸쳐 서서히 진행되는 점진적 진행의 특성을 보인다. 예를 들면, 인간이 늙어감에 따라 신장의 기능도 서서히 저하되는 것이 사실이나 노화의 점진적 진행의 원칙에 따라 노인에게 발생한 급성신부전증은 노화 현상으로 구분하지는 않는다 (Schulz · Salthouse, 1999).

〈그림 3-1〉 노화방지를 위한 식단표

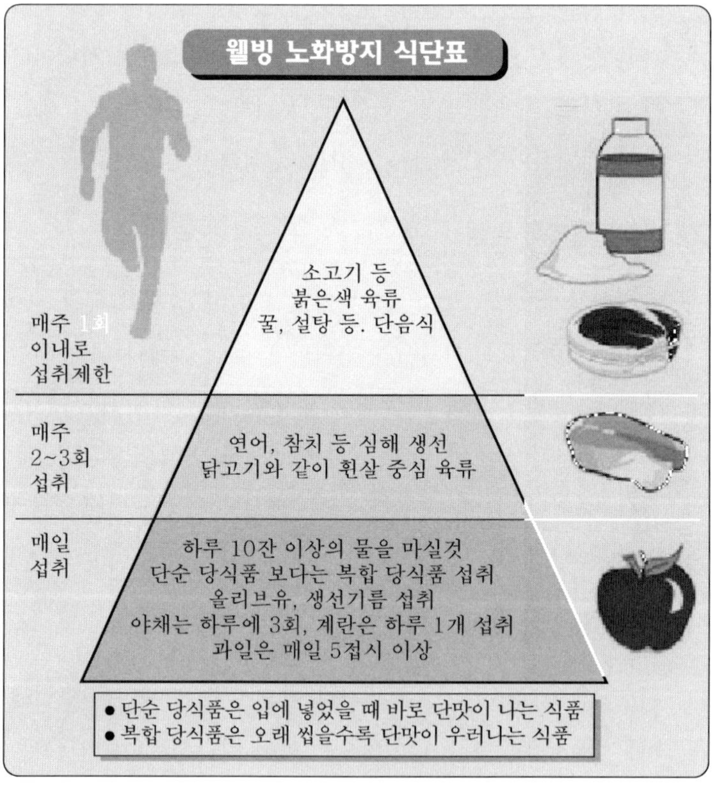

(5) 회복 불능성

노화로 인한 증상은 치료에 의해 회복될 수 없는 특성이 있다. 노화로 인한 시력 감퇴의 경우 돋보기를 착용하고 청력 감퇴의 경우 보청기를 이용함으로써 손상된 기능을 보완할 수 있지만 기본적으로 시력이나 청력을 청년기 수준으로 회복할 수는 없다(Schulz · Salthouse, 1999). 백내장의 경우 80세 이상 노인의 90%가 경험하는 일반적인 변화이나 치료가 가능하다는 점에서 노화로 인한 증상이기보다 질병으로 보는 것이 보편적이다. 따라서 그림에서 제안하는 바와 같이 노화는 치료나 회복이 아닌 예방과 지연이 최선의 대책일 수 있다.

2. 생물학적 노화의 주요 이론

노화의 원인을 규명하고자 하는 인간의 노력은 고대부터 꾸준히 계속되어 왔다. 노화의 원인에 관한 최초의 명시적 이론은 그리스 로마 의학과 히포크라테스 이론에서 찾아볼 수 있다(Grant, 1963). 히포크라테스는 생명체의 필수 요소가 열이며 모든 개인은 일정하게 고정된 양의 열을 지니고 있다고 믿었다. 히포크라테스에 의해 '생득적 열'로 명명되어진 이 물질은 생의 과정동안 소모되며 노화는 생득적 열의 감소로 인한 자연적 결과로 이해되었다. 이후에도 보다 과학적인 근거에 의해 노화의 원인을 설명하려는 노력이 꾸준히 계속되었고 다양한 이론이 소개되었다. 현재까지 소개된 노화의 원인에 대한 이론은 크게 오류이론, 프로그램 이론, 그리고 그 외의 새로운 접근들로 분류될 수 있다(Kart · Kinney, 2001).

〈표 3-1〉 생물학적 노화를 설명하는 이론

오류이론	프로그램 이론	새로운 접근
사용 마모 이론 신진 대사 이론 열량 제한 이론 교차 연결 이론 신체 변이 이론 오류 파국 이론 활성 산소 이론	계획된 노화 이론 소모 이론 호르몬 이론 면역 이론	텔로미어 이론 호르몬 불균형 이론

자료 : Kart · Kinney, 2001.

1) 오류 이론

(1) 사용 마모 이론(wear-tear theory)

사용 마모 이론은 인간의 신체를 기계와 유사한 것으로 본다. 기계를 오래 사용할수록 점점 더 닳아 기능이 저하되는 것과 마찬가지로 인간의 몸도 오래 사용할수록 점점 더 손상되고 기능이 저하된다고 설명한다(Morgan · Kunkel, 1998). 다음의 무릎 사진은 사용 마모 이론을 잘 설명해 주고 있다.

〈그림 3-2〉 사용마모 이론의 예

(a) 젊고 건강한 무릎관절 (b) 오랜 사용으로 닳고 상한 무릎

(2) 신진 대사 이론

신진 대사 이론은 신진 대사율이 높은 동물일수록 상대적으로 수명이 짧다는 사실을 근거로 신진대사와 노화와의 관계를 주장한다. 예를 들면 생쥐와 같이 수명이 짧은 동물들은 침팬지나 사람과 같이 상대적으로 수명이 긴 동물보다 신진 대사율이 높다고 한다(Morgan · Kunkel, 1998).

(3) 열량 제한 이론

열량 제한 이론은 설치류의 열량 제한 실험결과를 근거로 발전되었다. 설치류의 섭취열량을 제한하면 특정 질병의 진전이 완화되고, 신체적 기능은 정상적으로 유지되며, 열량의 제한 없이 원하는 만큼의 음식을 섭취한 설치류보다 약 2배가량 수명이 연장된다고 한다(Morgan · Kunkel, 1998). 이를 근거로 열량 제한 이론은 인간의 노화 현상과 인간이 섭취한 열량 사이에 상관성이 존재한다고 주장한다.

(4) 교차 연결 이론

교차 연결은 두 개의 분자나 한 분자의 두 개의 서로 다른 부분이 결합되는 것을 의미한다. 교차 연결에서 문제가 되는 것은 분자 연결 방식으로 인해 혈액으로부터 영양과 산소를 취하고 물을 흡수하며 효과적으로 기능하는 분자의 능력이 변화된다는 것이다. 피부에서 생기는 교차 연결은 주름을 만들고, 눈에서의 교차 연결은 백내장을 일으키는 등 교차 연결은 다양한 노화 증상과 깊이 연관되어 있다고 주장한다(Morgan · Kunkel, 1998).

(5) 신체적 변이 이론

자외선 노출, 활성 산소, 교차 연결에 의해 발생한 변이가 증가함에 따라 세포는 모양과 기능이 변화한다. 변이로 인한 구조와 기능의 변화는 세포 기능을 저하시키며 종국에는 죽음에 이르게 한다(Morgan · Kunkel, 1998). 즉 신체적 변이 이론은 변이로 인한 세포 변화가 노화의 원인이라고 주장한다.

(6) 오류 파국(대이변) 이론

외적 또는 내적 환경에 의한 DNA나 RNA 손상으로 인해 최초의 비정상 세포가 형성되면, 앞으로 생성될 모든 세포들은 본래의 고유한 부모 세포와 다르고 또 열등한 세포로 인식된다. 이와 같이, 한 세포에서 일어난 초기의 착오는 앞으로 생성될 세포에 대변이를 일으키며 그로 인해 노화가 일어난다고 주장하는 것이 오류 파국 이론이다(Morgan · Kunkel, 1998).

(7) 활성 산소 이론

산소 대사 과정에서 생성되는 활성산소는 세포 손상과 괴멸의 원인이 된다. 활성 산소는 지나치게 자극된 산소분자로 중성 상태로 돌아가기 위해 전자를 찾는 과정에서 지방, 단백질, DNA 또는 다른 세포 구성 물질들과 충돌하거나 파괴하여 유기체에 손상을 가져온다(Morgan · Kunkel, 1998). 활성 산소가 유기체에 입힌 손상으로 인해 노화 현상이 발생한다고 주장하는 것이 활성 산소 이론이다.

2) 프로그램 이론

(1) 계획된 노화 이론

노화와 죽음이 특정 유전자 정보에 의해 정해진 시간에 작동하거나 작동을 멈춤으로써 발생하는 계획된 현상이라는 이론이다. 계획된 노화 이론의 대표적 예로, 전 세계 여성들이 별 차이 없이 특정 연령대가 되면 갱년기를 경험하게 된다는 사실을 들 수 있다(Morgan · Kunkel, 1998).

(2) 소모 이론

수정이 될 때에, 각각의 자손 세포는 일정 양의 유전 물질을 갖고 있다. 시간이 지남에 따라 유전 물질은 점차 고갈된다. 유전 물질이 고갈됨에 따라 새로운 세포를 만들거나, 수리하거나, 또는 세포에 영양을 공급하는 능력도 감소하게 된다(Morgan · Kunkel, 1998). 결국 소모이론은 유전 물질의 소모로 인한 세포 재생 능력의 감소가 노화 현상을 야기한다고 설명한다.

(3) 호르몬 이론

호르몬 이론은 죽음 호르몬이 생의 일정 시기에 달하면 노화하고 죽도록 인간의 몸을 조절한다고 주장한다. 남성 호르몬을 비롯한 몇몇 호르몬의 과다한 분비가 사망을 촉신하는 것은 사실이지만 실질적으로 죽음에 직접적으로 관계된 죽음 호르몬은 아직 발견되지 않았다(Morgan · Kunkel, 1998).

(4) 면역 이론

면역 반응은 나이가 증가됨에 따라 과오를 일으키게 된다. 면역 반응의 잘못된 작용은 유기체의 의도와 달리 주 면역 체계를 공격하고 건강한 세포를 파괴하게 된다. 또한 외부 공격에 대한 면역체계의 방어력이 노화로 인해 저하되었기 때문에 항원(antigen)을 제거하거나 파괴하지 못함으로써 노화가 가속화된다(Morgan · Kunkel, 1998).

3) 새로운 접근

1990년대 이후, 앞서 설명한 이론들 외에 텔로미어(telomere) 이론이나 호르몬 불균형 이론 등 생물학적 노화의 원인을 규명하려는 새로운 접근들이 소개되었다. 다음에 소개된 이야기는 노화에 대한 텔로미어 이론을 재미있고 쉽게 설명하고 있다.

이야기가 있는 과학 이슈 : 진시황과 텔로미어의 비밀

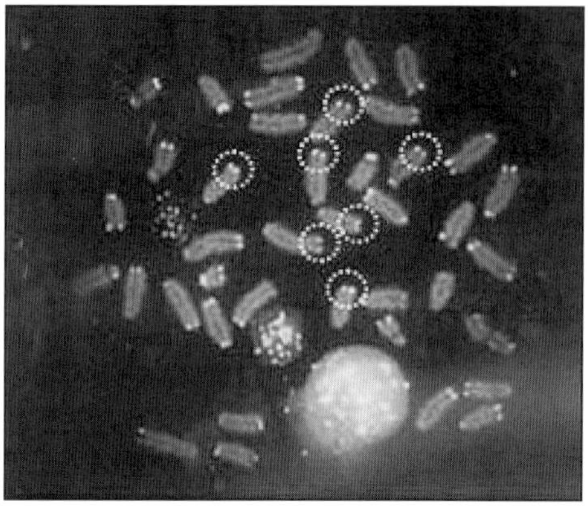

◀작은 번데기처럼 보이는 것이 세포 속 DNA이다. 이 DNA 양끝에 반딧불과 같이 빛나는 점이 텔로미어다. 세포가 분열하는 과정에서 이것이 조심씩 닳아져 위기점에 도달하면 세포는 분열을 멈춘다.

■ 진시황 : 범상치 않은 양이구나. 네가 누군지 말해 보거라.

■ 두울리 : 예, 저의 이름은 두울리입니다. 1996년 영국 로슬린연구소에서 탄생한 세계 최초의 복제 포유동물이죠.

■ 진시황 : 텔로미어가 어떤 것인지 나에게 설명해 보려무나.

■ 두울리 : 텔로미어(telomere)는 끝을 의미하는 그리스어 'telos'와 부위를 뜻하는 'meros'의 합성어입니다. 즉, 진핵생물의 염색체 양 끝의 일부분입니다. 염색체의 말단 부위가 분해되거나 염색체끼리 서로 융합하지 못하게 하는 역할을 하고 있죠. 쉽게 말해서 운동화 끈이 갈라지지 않도록 끝에 댄 플라스틱 같은 것이라고 생각하면 됩니다.

■ 진시황 : 그렇구나. 그런데 왜 그것이 수명을 짧게 하느냐?

■ 두울리 : 사람은 체세포의 텔로미어 길이가 15~20kb 정도인데, 한 번 세포분열을 할 때마다 50~200bp 만큼씩 없어집니다. 결국 늙을수록 체세포의 거듭된 분열에 의해 염색체의 텔로미어 길이가 짧아져서, 노화와 죽음에 이르게 된다는 거죠. 예를 들면 지하철 정액권처럼 이용할 때마다 속의 내용물이 조금씩 없어지는 것과 마찬가지입니다. 즉, 텔로미어는 노화의 정도를 알려주는 시계와 같다고 할 수 있습니다. 동물들의 수명이 제각각인 것도 이

텔로미어 때문입니다. 황소거북이는 200살까지 사는 반면 개나 고양이들이 사람보다 훨씬 일찍 죽는 이유는 텔로미어의 길이가 동물마다 각각 달라서 그렇다는 것이죠."

자료 : 이성규, 국민일보 2005년 5월 2일자

3. 노화로 인한 생물학적 변화

노화에 따른 생물학적 변화는 연대기적 나이를 엄격히 따르지 않는다. 대부분의 사람들에게 피부, 머리카락 등에서 관찰되는 외형적 노화가 궁극적인 노화의 지표로 인식된다. 이 장에서는 노화로 인한 생물학적 변화는 무엇인지에 관해, 외형상 관찰되는 변화와 신체 내부에서 일어나는 변화로 구분하여 설명하고자 한다.

1) 외형적 변화

(1) 피부

피부에 나타나는 노화 현상은 30대에 나타나기 시작하는 이마와 입가의 주름이다. 그림 속의 노인 얼굴처럼 50대 이후 주름은 더욱 뚜렷해진다. 피부는 얇고 넓어지며 더욱 딱딱해진다. 피자 반죽이 점점 얇아지고 넓게 늘어나는 것과 같은 현상이다. 피부 노화의 원인은 피부를 탄력 있게 유지하는 섬유질, 콜라겐, 그리고 피부 속의 수분 감소와 자외선 등이다. 피부 노화의 속도와 정도는 유전, 호르몬 균형, 흡연, 그리고 영양 등의 생활 습관에 따라 차이를 보인다(Kart · Kinney, 2001). 여성의 경우 완경기 이후 피부 지방(sebum)이 급격히 감소하기 때문에 노화에 따른 피부 변화가 더욱 뚜렷이 나타난다.

노인들은 열고갈(exhaustion) 증상 때문에 고통받는다. 이는 노화에 따른 땀샘 위축으로 발한 능력이 변화되어 생기는 현상이다. 따라서 노인들은 뜨겁고 습한 공간 또는 뜨거운 태양 빛에 오래 노출되거나 과도한 운동은 피해야 한다. 노화로 인해 피부로의 혈액 공급도 감소한다. 혈액 공급의 감소는 노인의 피부가 차고 손톱과 발톱이 두꺼워지는 현상을 야기한다.

노인성 소양증(Senile pruritus), 각화증(keratosis), 피부암, 욕창 등은 특히 노인에게 발병하기 쉬운 피부 질환이다(Kart · Kinney, 2001). 대부분의 피부 변화는 생명에 위협적이지 않으나, 젊음-지향적 사회에서 노화로 인한 피부 변화는 노인의 자아인식에 부정적으로 작용한다.

〈그림 3-3〉 노인의 주름

(2) 머리카락

나이와 관련된 외형적 변화 중 가장 현저히 눈에 띄는 것이 머리 색의 변화이다. 최근까지도 노화로 인한 머리카락의 변화에 관한 과학적 지식은 미용사들이 알고 있는 정도에서 크게 벗어나지 않았다. 대부분 40대에 머리카락이 회색으로 변화하기 시작한다. 머리색의 변화는 색소 생산을 담당한 기능 세포가 감소하여 일어난다(Kart · Kinney, 2001).

65세 이후에 머리카락이 자라는 속도가 감소하고 머리카락의 두께도 감소하여, 20대에 101마이크론이었던 머리카락의 굵기가 70대가 되면 80마이크론으로 감소한다.

남성들은 윗머리와 뒷머리의 원형 부분에 머리카락 감소를 경험한다. 인공 시술을 받기 전 아드보카트 감독의 모습은 노화로 인한 탈모의 전형적인 모습을 보여준다. 노화로 인한 탈모에 가장 큰 영향을 미치는 요인은 유전 형질이며 여성의 75% 정도가 노화로 인한 탈모를 경험하지만 남성과 같이 완전 탈모는 일어나지 않는다(Kart · Kinney, 2001).

〈그림 3-4〉 딕 아드보카트 감독의 탈모

모발 심기 전 　　　 모발 심은 후

(3) 신장

인간의 신장은 30대 이후 감소하기 시작한다. 30대와 50대 사이에 남성의 신장은 약 1.27cm 감소하며, 50대와 70대 사이에는 1.90cm 감소한다. 남성 신장의 감소는 중력에 의한 것으로 근육이 약화되고 척추뼈가 파괴되고 눌려지기 때문이다.

여성 신장의 감소는 남성보다 큰 폭으로 일어나며 25세에서 75세 사이에 최대 5cm까지 감소하는 것으로 알려져 있다. 여성의 경우 신장이 감소하는 주된 이유는 폐경기 이후 뼈 관련 질환의 발생 가능성이 높기 때문이다(Schulz · Salthouse, 1999).

〈그림 3-5〉 노화로 인한 신장의 감소

(4) 몸무게

중년기까지 몸무게는 꾸준히 증가하며 20대에서 50대 사이에 약 10-15%의 체중 증가가 이루어진다. 이는 신진대사에 사용되는 세포 조직이 감소하여 음식을 에너지로 전환하는 기초 대사량이 감소하기 때문이다. 따라서 같은 양의 음식을 섭취했을 경우 에너지로 바뀌는 양은 점차 적어지고 지방으로 저장되는 양은 증가하게 된다. 그러나 나이가 들어감에 따라 증가하는 지방의 양보다 근육이나 세포 조직의 상실이 크기 때문에 50대 이후부터는 몸무게가 감소된다(Schulz · Salthouse, 1999).

2) 신체 내 변화

(1) 신체의 구성 성분

노화와 함께 체내의 수분은 감소한다. 남성의 경우 체내에서 수분이 차지하는 비율이 60%에서 54%로, 여자는 52%에서 46%로 감소한다. 노화가 진행됨에 따라 지방의 비중은 증가하는 반면 근육 조직의 부피는 줄어든다. 50세 이후 근육 부피는 꾸준히 감소하며 30세에서 80세 사이에 초기의 40%까지 감소한다(Goldman, 1970). 근육 부피가 감소하고 섬유질이 증가함에 따라 피부의 유연성과 탄력성도 떨어진다. 〈그림 3-6〉은 노화에 따른 신체 구성 성분의 변화를 보여준다.

〈그림 3-6〉 노화로 인한 신체 구성 성분의 변화

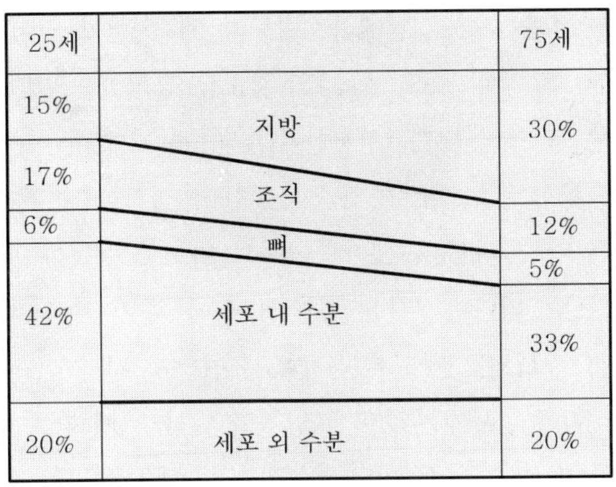

자료 : Goldman, 1970.

(2) 근육

노화가 진행되면서 근육의 힘, 내구력, 크기가 감소한다. 근육 섬유는 연결 세포 조직으로 대치되어 근육이 더욱 딱딱해지고 부상에 따른 회복 속도가 느리게 된다. 근육은 20대에 최고를 이루다 점차 감소하고 60대 이후 급격히 감소한다. 30대 80kg의 남성은 약 32kg의 근육을 갖고 있으나 60대에는 근육의 무게가 약 27kg으로 감소한다. 특히, 근육의 감소는 손아귀나 무릎 확장 근육에서 두드러지게 나타나며 70대에는 20대와 비교해 20%의 근육 감소가 일어난다(Schulz · Curnow, 1988; Spirduso, 1995).

(3) 뼈와 관절

뼈는 근육과 함께 몸을 지지하고 안정감 있게 하며 모양을 잡아준다. 또한 주요한 내부 장기를 보호하고 움직임과 이동을 자유롭게 한다. 관절염을 비롯한 뼈와 근육의 질환은 65세 이상 노인에게 발생하는 가장 일반적인 질병이다.

우리의 몸은 전 생애에 걸쳐 낡고 오래된 뼈를 새 뼈로 교체한다. 그러나 25세 이후 뼈 형성률은 뼈 마모(resorption)율을 따라 잡지 못하게 되며, 결과적으로 1년에 1%정도의 뼈 손실이 일어나게 된다. 여성의 90%가 뼈 부피(bone mass)의 감소를 경험하는 반면 남성은 10-20%만이 뼈 부피의 감소를 경험한다(Spirduso, 1995). 여성의 미네랄 상실은 뼈를 부서지기 쉽고 뻣뻣하게 만들며 심각한 뼈 손실은 골다공증으로 연결된다. 골다공증으로 뼈 골절의 가능성은 높아지는 반면 회복은 상대적으로 더디게 된다. 또한 나이가 증가함에 따라 습골이(flexing wear) 노화되고 뼈의 이음새를 유연하게 하는 연골은 느슨해진다. 따라서 50대 이후에는 습골과 연골의 노화로, 뼈의 움직임이 느려지고 뻣뻣해지며 고통스러워진다.

〈그림 3-7〉 노화로 인한 뼈의 변화

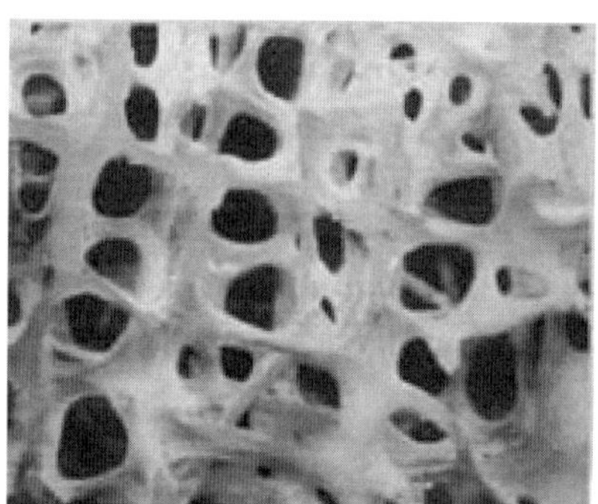
정상인의 척추단면

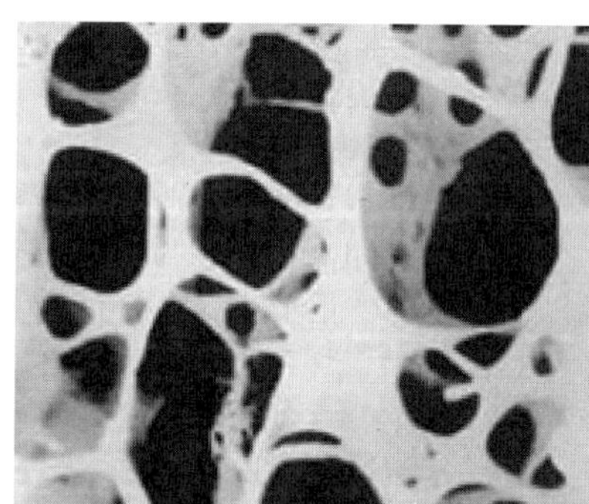
골다공증환자의 척추단면

뼈와 근육의 변화는 노인의 일상 생활을 제약함으로써 노인의 삶에 큰 변화를 초래할 수 있다는 점에서 특히 주목해야 한다. 노화로 인한 뼈와 근육의 퇴행적 변화도 적절한 진단, 치료, 그리고 관리가 이루어진다면 기능저하로 발전되는 것을 최소화할 수 있다(Kart · Kinney,

2001).

(4) 심장 기능

노화와 함께 심장 근육의 기능이 저하되어 심장이 수축하고 이완하는데 드는 시간은 증가하며, 신체 부위에 피를 전달하는 효율성이 낮아진다. 즉 심장 박동을 조절하는 심장의 효율성이 전반적으로 낮아진다.

질병이 없다면 심장은 일반적으로 그 크기를 유지하지만 일부 개인에게서 심장 크기의 감소가 것이 관찰되기도 한다. 심장 크기의 감소는 특히 좌심실에서 주로 일어나며 이는 노년기의 활동 감소와 신체적인 욕구의 감소 때문인 것으로 이해된다. 심장의 크기가 감소함에 따라 심장근력과 심장 생산력 또한 감소한다. 그러나 질병이나 심장기능에 추가적인 변형이 없는 경우, 다른 신체 조직의 쇠퇴와 기초대사율의 감소에 따라 심장 기능에 대한 신체적 요구자체가 감소하여 심장의 기능은 적절하다고 평가할 수 있다.

동맥과 같은 혈관은 콜레스테롤의 축적으로 좁아지고 딱딱해져 혈압을 증가시킨다. 그러나 나이에 따른 혈관 변화는 고립된 지역이나 비문명 사회에서는 관찰되지 않기 때문에 혈관의 변화가 정상적인 노화과정인가에 관한 논란이 있다(Williams, 1995).

(5) 폐

순환기관의 효율성은 노화로 인해 감소한다. 이는 폐 근육이 약화되어 폐의 확장 능력이 감소하기 때문이다. 30대에는 폐에 약 6.8리터의 공기를 담을 수 있으나 50대에는 5.1리터 그리고 70대에는 3.42리터로 폐의 저장량이 감소한다. 노인은 공기 흡입량이 젊은이에 비해 상대적으로 작기 때문에 기관지 질환을 비롯한 호흡기 질환에 걸리기 쉽다(최성재 · 장인협, 2002)

(6) 내장 기관

내장 기관 역시 나이가 들어감에 따라 다양한 양상으로 변화한다. 내장분비 기능이 쇠퇴하고 내장 근육 세포와 근력이 저하되어 장의 운동력이 약해진다. 또한 위장의 지지구조와 효소 및 호르몬 분비에 대한 신경 감각의 환류가 변화하고 지각 반응력이 저하된다. 소화 불량, 가슴앓이(heartburn), 그리고 상복부 이상(epigastric discomfort) 등의 위장관련 증상은 나이가 들면서 증가한다. 이와 같은 위장계 이상은 노인들의 치아와 잇몸의 노화와도 밀접하게 연관된다.

소화는 다양한 내장 기관이 개입된 행위이다. 노화가 진행됨에 따라 소화 기관의 근육 활동이 느려지고 산의 분비가 감소하여 지방, 단백질, 탄수화물의 소화력이 약화된다(Ausman · Russell, 1990). 그러나 소화력이 약화되는 것 자체가 문제이기보다 약 복용과 활동력 감소로 인한 소화력 감소와 감각 기능의 저하로 인한 식욕 감퇴가 더 심각한 문제이다.

제4장

노화의 심리학적 측면

1. 노화로 인한 심리학적 변화

심리적 노화는 크게 세 가지 영역에 초점을 두고 있다. 첫째, 나이에 따른 지각의 변화에 초점을 둔다. 둘째, 인지 능력에 대한 영역으로 노화에 따른 기억, 문제 해결 등의 정신적 능력의 변화에 중점을 둔다. 셋째, 자아와 성격에 관한 영역으로 노년기의 자아와 자기 능력에 대한 개념의 변화에 초점을 둔다. 이 장에서는 앞서 설명된 노화의 세 가지 영역에 대해 살펴보고 노년기의 자아와 성격에 대한 심리적 이론에 대해 설명하고자 한다.

1) 감각과 지각의 변화

(1) 시각

노인은 균형 유지나 신체의 움직임을 위해 시각적으로 수집된 정보에 주로 의존한다(Morgan · Kunkel, 1998). 그러나 연령이 증가함에 따라 인간의 시각적 능력은 점차 제한되며 55세를 전후로 급격히 감퇴된다(Berg · Alessio · Mill · Tong, 1997). 시력 감퇴의 원인은 신체, 신경, 신진대사, 그리고 질병과 관련된 변화 등을 들 수 있다. 인간이 늙어감에 따라 나타나는 시각적 변화는 어둠에 대한 적응력, 수정체의 원근 조절력, 시각적 예민성, 색채 민감성, 시각 정보 처리 과정의 질과 속도 등 다양한 영역에서 나타난다.

어둠에 대한 적응력은 나이가 들어가면서 차츰 감소한다. 어둠에 적응하는 속도는 점차 느려지며 적응 효율성 역시 감소한다. 30세 이후, 눈의 렌즈 모양은 평평해져 근시의 원인이 되나 60세 이후 눈의 렌즈는 다시 오목한 모양(concave)으로 변화되며, 이로 인해 노인들은 가까이 있는 사물을 보는데 어려움이 있는 원시를 갖게 된다. 노인의 시력 감퇴는 낙상의 위험을 증가시키고 신체적 활동을 제한하여 노인의 사회화에도 부정적인 영향을 미친다(Morgan · Kunkel, 1998).

(2) 청각

노화로 인해 지각기능이 약화되는 것은 보편적인 현상이지만, 만일 개인이 소음이 심한 환경에 장기간 노출되지 않았다면 청력은 고령기까지 상대적으로 양호하게 유지될 수 있다. 소음이 적은 환경에서 노인은 20대 청력의 60%-70%를 유지할 수 있으나 소음을 피하기 어려운 현대 사회에서 청력의 노화는 65세 이전부터 시작된다(Goycoolea · Goycoolea · Rodriguez · Farfan · Martinez · Vidal, 1986).

일반적으로 청력은 10대와 20대에 최고의 기능을 유지하며 40대 이후 유의미한 감퇴를 보이기 시작하며, 70세 이후 급격히 낮아진다 (Gates · Cooper · Kannel · Miller, 1990). 노화와 함께 청각기관에 일어나는 대표적인 변화는 달팽이관 신경 세포와 모 세포(hair cell)의 퇴화를 들 수 있다.

〈그림 4-1〉 눈의 구조

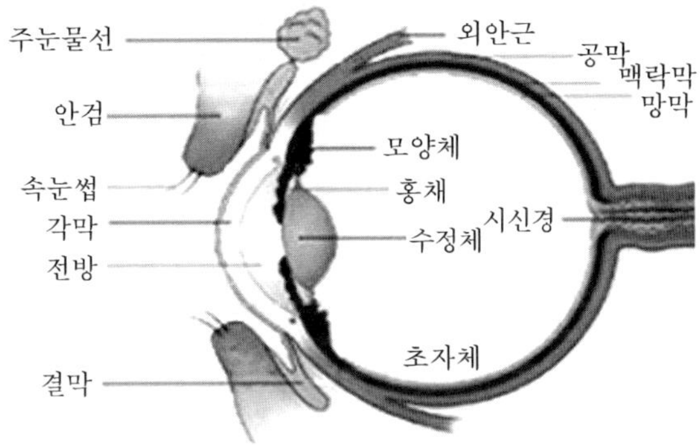

인간의 귀는 중력과 운동에 민감한 세포를 포함하고 있다. 속귀에 위치한 전정 기관은 평형감과 안정감에 주요한 역할을 담당한다. 따라서 노화로 인한 전정 기관 세포의 감소는 운동 장애, 낙상, 신체적 부상을 야기하며 부상에 대한 두려움으로 인한 신체적 활동의 감소를 가져온다.

(3) 후각

코 속 깊은 곳에 위치한 감각 세포는 공기 중에 있는 화학 물질에 의해 자극되는 화학 수용기(chemoreceptor)를 가지고 있다. 화학 수용기가 자극되었을 때, 후각 세포는 후각 신경 섬유를 통해 뇌로 신경 신호(nerve signals)를 보내고 이를 통해 냄새를 인식하게 된다. 특정 후각 신경세포는 담배 연기와 같은 오염 물질에 의해 손상되며 감각 세포의 수가 감소함에 따라 후각 감각도 약화된다(Morgan · Kunkel, 1998). 음식은 맛과 향을 통해 인식되는 만큼 노화로 인한 후각 감각의 감소는 노인의 식욕 부진에 영향을 미친다.

(4) 미각

혀 위의 설봉(taste buds)과 입 천장은 음식 속의 화학 물질을 인식하는 감각 세포를 지니고 있다. 이 감각 세포가 자극되었을 때, 설봉은 감지된 맛이 어떤 맛이며 좋은 혹은 나쁜 맛인지 분류하도록 뇌에 신호를 보내게 된다. 그리고 턱 근육과 같은 말단 근육에 자극을 보내 씹거나 삼키거나 또는 음식을 뱉도록 한다(Morgan · Kunkel, 1998).

대부분의 연구는 나이와 함께 맛을 느끼는 감각이 감퇴한다고 주장한다. 그러나 설봉의 수는 노화에 따라 반드시 감소하는 것은 아니기 때문에 노화에 따른 미각의 감퇴가 기존 연구에서 주장했던 것만큼 그리 심각하지 않다는 주장이 제기되고 있다(Bartoshuk · Weiffenback, 1990).

2) 인지 능력의 변화

(1) 기억

기억에 대한 연구는 초기 실험 심리학자들, 특히 독일 심리학자 에빙하우스(Ebbinghaus)에 의해 심도 있게 연구되었다(Schulz · Salthouse, 1999). 이들 연구에 의해 기억에 대한 다양한 대안적 개념들이 소개되었고 기억에 대한 많은 모델들이 기억에서의 연령 차를 이해하기 위해 사용되었다. 기억에 관한 개념들은 기억의 유형과 과정에 따라 다양하게 분류된다. 다음에서는 기억을 유형과 과정에 따라 분류하고 각각의 개념들을 살펴본 뒤, 노화에 따른 이들 영역의 변화를 소개하고자 한다.

① 기억의 유형

기억은 저장된 정보의 시간적 차이에 따라 감각 기억(sensory memory), 일차적 기억(primary memory), 이차적 기억(secondary memory), 그리고 삼차적 기억으로 분류된다.

• 감각 기억

감각 기억(sensory memory)은 단 몇 초간 유지되는 기억으로 시각적 형태로 0.1초에서 2초간 지속되는 감각 자극의 처리되지 않은 흔적들을 의미한다.

• 단기 또는 일차 기억

단기 또는 일차 기억이란 상대적으로 단기간 동안의 정보 보유를 일컫는 것으로 약 30초가량 지속되는 기억이다. 예를 들면 전화기의 다이얼을 돌리면서 지금 막 전화 번호 안내 서비스를 통해 알아낸 사회복지학과 과사무실의 전화 번호를 기억하는 것이 단기 기억에 해당한다.

이와 같은 단기기억은 현재 의식적으로 인식되고 있는 정보들로 구성된다. 단기 기억은 '기억 범위 시험(memory span tests)[1]'을 통해 측정할 수 있으며 기억 범위 시험을 통해 조사된 단기 기억은 연령에 따라 유의미한 차이를 보이는 것으로 알려져 왔다(Verhaeghen · Marcoen · Goossens, 1993; Verhaeghen · Salthouse, 1997).

• 장기 또는 이차 기억

장기 또는 이차 기억은 짧게는 몇 분에서 길게는 몇 십년간 지속되는 기억이다. 초등학교 친구들의 이름과 별명을 기억하는 것이 장기기억 또는 이차 기억의 예이다. 이차 기억력은 '짝지어진 연상 기억[2]', 자유 회상 기억, 산문 기억을 통해 측정된다.

이와 같은 방법을 통해 조사된 이차기억력은 나이에 따라 유의미한

---

1) 연관성 없는 일련의 단어들을 피시험자에게 제시한 뒤 피시험자가 제시된 순서에 따라 다시 기억해 낼 수 있는 단어의 최대수가 기억 범위가 된다.
2) 짝지어진 단어의 쌍을 제시해 주고 첫 번째 단어의 쌍을 반복해 준 뒤 두 번째 쌍부터 제시된 순서대로 단어의 쌍을 기억해 내는 조사법이다.

차이를 보이는 것으로 알려졌으며 노화에 따라 이차 기억력은 감소한다는 주장이 일반적으로 받아들여지고 있다(Schulz · Salthouse 1999).

• 원거리 또는 삼차 기억

원거리(remote) 또는 삼차 기억이란 오래 전에 있었던 사건이나 정보에 관한 기억이다. 삼차기억은 일 · 이차 기억과 달리, 노화에 따라 변화하지 않는 것으로 알려져 왔다. 우리는 할아버지나 할머니께서 옛날 어린 시절의 일에 대해 세세한 부분까지 매우 정확하게 기억하고 계신다는 사실에 놀랄 때가 있다. 이처럼 할아버지나 할머니의 어린 시절과 같은 먼 과거에 대한 기억이 삼차 기억에 해당한다. 할아버지나 할머니께서 그 먼 옛일들을 생생히 기억하고 계시다는 것은 상대적으로 삼차 기억이 노화로 인해 손상되지 않는다는 것을 의미한다.

각각의 기억들을 총체적으로 관련지어 정리해 보면, 유입된 정보는 감각기억에 의해 2초미만의 짧은 시간동안 저장되었다가 특별한 주의를 기울였을 경우 단기기억으로 넘어가 20초에서 30초 동안 저장된다. 단기 기억은 반복 시연을 통해 그 이상의 장기기억으로 넘어가 저장되고 그렇지 못한 정보는 잊혀지게 된다(서봉연 · 차재호 · 조대경 · 이장호 · 원호택 · 조명한 · 이관용 · 김정오, 1984).

② 기억의 과정

기억은 그 유형에 관계없이 정보의 부호화, 정보의 저장 또는 보유, 그리고 정보의 인출이라는 연속적인 세 과정으로 이루어져 있다.

• 부호화

부호화(encoding)는 특정 정보가 어떤 형태의 부호로 기억 속에 들어오게 되는 것을 의미한다. 예를 들어 여러분이 제목에 연인이라는 단어가 들어간 소설을 구입했다고 가정해 보자. 순간적으로 여러분은 연인이라는 단어를 통해 사랑 또는 애정을 연상하고 구입한 책을 연애소설로 부호화하게 된다.

노화에 따른 부호화 능력을 조사한 연구의 결과는 일관되지 않는다.

일부의 연구는 노인이 부호화에 상대적으로 유리하다고 주장하는 반면 일부의 연구는 노인들이 부호화에 특별히 유리하지 않거나 혹은 젊은 이들이 더욱 유리하다는 상반된 결과를 보여준다(Schulz · Salthouse, 1999). 그러나 이와 같이 상반된 결과에도 불구하고 기억에 대해 연구하는 대부분의 학자들은 노년기의 기억력 저하가 부호화 능력의 저하와 관계된다고 주장한다.

- 저장

저장(storage)은 정보가 제시된 순간부터 그 정보를 다시 사용하게 되는 순간까지의 정보 보관을 의미한다. 사람마다 정보를 보관하는 능력에 차이가 있기 때문에 저장능력의 변화가 노화로 인해 발생하는 기억력 저하의 원인일 수 있다.

저장에 관한 연령별 비교 연구에 의하면, 노화와 저장 능력과의 관계는 저장 기간에 따라 다른 유형을 보인다. 정보가 제시된 순간부터 사용되는 순간까지의 시간이 짧은 경우, 나이차이가 크게 관찰되지 않는 반면 정보가 제시된 순간과 사용되는 순간이 며칠 또는 몇 주로 장기간인 경우, 노인은 젊은 사람에 비해 많은 양의 정보를 상실하는 것으로 나타났다(Schulz · Salthouse, 1999).

- 인출

인출(recall)이란 이전에 부호화되고 저장된 정보를 재생해 내는 과정이다. 많은 학자들은 정보의 인출을 위해 기억 탐색이라는 내적 과정이 선행된다고 설명한다(서봉연 외, 1984). 노화에 따른 인출능력의 변화는 주로 인식(recognition) 검사와 회상(recall) 검사를 통해 조사된다. 인식 검사는 객관식 질문을 통한 검사이며 회상검사는 주관식 질문을 통한 검사이다. 일반적으로 인식 검사에서 나이에 따른 인출 능력의 차이는 미비하게 나타나는 반면 회상 검사에서는 나이에 따라 인출 능력의 차이가 명확히 나타난다(Schulz · Salthouse, 1999).

지금까지 살펴본 바와 같이 노화로 인한 기억력의 변화는 기억의 전

과정이나 전영역에 걸쳐 일어나지 않는다. 노화로 인한 기억력의 쇠퇴는 인출(recall)의 과정에서 더욱 뚜렷이 관찰된다(Smith, 1996). 또한 감각 기억과 단기 기억은 노화로 인해 손상되는 반면 원거리 기억은 노화와 관계없이 상대적으로 일정한 수준을 유지한다.

③ 기억의 변화를 설명하는 이론

다양한 이론들이 노화로 인해 정보 복원 능력이 저하되는 원인을 설명하고자 했다. 대표적인 이론의 하나가 폐기 이론(disuse theory)이다. 폐기 이론의 기본 명제는 사용하지 않는 정보는 상실된다는 것이다(Hooyman · Kiyak, 1999). 보다 광범위한 지지를 받고 있는 이론은 방해 이론(interference theory)이다. 방해 이론에 의하면 새로운 정보를 배우는 과정 중 주의를 놓치게 되면(distracted) 학습 중이던 정보는 기억 속에 저장되지 않는다. 정보 복원 능력이 저하되는 이유도 학습 단계에서의 이와 같은 장애와 복원 단계에서 찾고자 하는 정보와 유사하거나 또는 새로운 정보로 인해 방해받기 때문이다(Hooyman · Kiyak, 1999)

파리도 '나이 들면' 기억력 감퇴

파리도 인간처럼 '나이가 들면' 기억력이 감퇴한다는 연구결과가 나왔다.

일본 도쿄도 신경과학 연구소팀은 태어난 지 오래된 파리가 어린 파리와 비교해 기억력이 떨어진다는 실험결과를 미국의 과학지 '뉴론'에 발표했다고 아사히(朝日)신문 등이 4일 전했다. 포유류 이외 동물에서 기억력 감퇴 내지 건망증이 발견되기는 이번이 처음이다. 이에 따라 인간의 노화에 따른 기억력 감퇴와 치매원인 규명에 파리에 대한 연구가 도움이 될 수도 있다는 전망이 나오고 있다.

연구팀은 2종류의 냄새를 준비해 한 쪽에는 파리가 냄새를 맡는 동안 전기 충격을 가했으며, 나머지 한 쪽에는 전기충격없이 냄새만 맡게 하는 학습을 받게 했다. 이렇게 한 뒤 두 개의 방에 각기 다른 냄새가 나도록 준비를 해놓고 파리를 풀어놓아 어느 쪽 방으로 향하는지를 관찰했다. 학습을 기억하고 있는 파리는 전기충격이 없는 방으로 향해야 한다.

실험 결과 생후 1-10일 사이의 젊은 파리는 학습 직후 90% 정도, 3시간 후에도 40% 정도의 기억력을 유지한 반면, 생후 30일 이상의 나이든 파리는 학습 직후에는 70% 정도, 1시간 후에는 20% 정도로 기억력이 현저히 떨어진 것으로 나타났다.

자료 : 동아일보 2003년 10월 24일자

(2) 추론

노화에 따른 추론의 변화를 살펴본 선행 연구들은 추론을 그 방법에 따라 연역적 추론(deductive reasoning)과 귀납적 추론(inductive reasoning)으로 세분하여 고찰하였다. 다음에서는 노화에 따라 연역적 추론 능력과 귀납적 추론 능력에 어떤 변화가 일어나는지 살펴보고자 한다.

① 연역적 추론

노인의 연역적 추론력은 제시된 삼단논법의 참과 거짓을 어느 정도 정확히 추론해내는가를 통해 측정된다. 노화에 따른 연역적 추론력의 변화여부에 대해 고찰한 대부분의 선행 연구는 연역적 추론력은 노화가 진행됨에 따라 그 정확성이 떨어진다고 주장한다(Schulz · Salthouse, 1998). 연역적 추론력은 매 10년마다 약 4.3% 정도 감소하는 것으로 밝혀졌다(Sands · Terry · Meredith, 1989).

② 귀납적 추론

귀납적 추론력을 검사하기 위해 주로 사용되는 방법은 일련 완성 검사(Series completion test)이다. 일련 완성 검사는 일정한 규칙을 갖는 몇 개의 연속적인 항목을 제시한 뒤 노인에게 그 뒤에 계속 연결되기에 가장 적합한 항목군은 무엇인지 선택하게 하는 검사법이다. 시애틀 종적 연구(Seattle longitudinal study)의 자료를 이용한 연구 결과에 의하면, 일련 완성 검사에서 60 · 70대의 노인들은 그들이 20대에 획득한 점수 보다 유의미하게 낮은 점수를 받는 것으로 나타났다(Schulz · Salthouse, 1998). 이와 같은 결과는 귀납적 추론력이 노화로 인해 유의미하게 감소함을 보여준다.

(3) 창의력

나이와 창의력과의 연관성은 창의력 측정 도구와 전문적 생산력을 중심으로 조사되어 왔다. 분야마다 약간의 차이는 있으나 각 영역에서의 생산성은 개인의 40대에 최고조에 달하는 것으로 알려져 왔다. 그러나 여전히 명료하지 못한 사실은 선행 연구를 통해 밝혀진 창의력과 나이와의 관계가 개인의 연대기적 나이에 의한 결과인지 혹은 개인의 전문적 경력에 의한 것인지의 여부이다.

창의력을 측정하는 또 다른 조사법은 분기적 사고(divergent thinking)를 이용한 조사이다. 분기적 사고는 일상적인 물건의 다양한 쓰임새나 블록 배열을 얼마나 다양하게 생각해내는가를 통해 측정한다. 분기적 사고에 대한 연구들은 노화에 따라 분기적 사고력이 큰 폭으로 감소한다고 밝히고 있다(McCrae · Arenberg · Costa, 1987). 따라서 창의력을 어떻게 측정하는가에 따라 차이는 있으나 일반적으로 창의력은 40대에 최고조를 보인 후 노화와 함께 지속적으로 감소한다고 볼 수 있다.

(4) 지혜

지혜는 다른 인지 능력과 달리 나이와 함께 질적으로 향상되는 것으로 인식되어 왔다. 지혜에 대한 개념적 정의가 모호하다는 점에서 알 수 있듯이 지혜와 연령과의 상관성에 대한 연구는 아직 뚜렷한 학문적 진전을 이루지 못하고 있다. 그러나 일반적인 가정과 달리, 문제 상황을 제시하고 응답자가 제안한 문제 해결 방안을 검토하여 응답자의 지혜를 살펴본 연구에서 연령의 증가와 지혜의 증가 사이에 유의미한 연관성은 검증되지 못했다(Baltes · Staudinger, 1993). 그러나 다음의 이야기는 노인이 될수록 지혜가 증가한다는 일반적인 가정에 고개를 끄덕이게 한다.

노인의 지혜

낡고 좁은 자신의 집에 불만을 품은 한 청년이 마을에서 가장 현명한 노인을 찾아가 불평을 털어놓았다. 그러자 노인은 수탉 한 마리를 사서 집안에 풀어놓으라고 충고했다.

노인의 말이 요술 같은 비방일거라고 생각한 청년은 시키는 대로 했다. 그러나 사방에 날리는 닭 깃털과 흩어져 있는 닭 모이 때문에 집안은 더 좁고 더러워졌다.

그는 다시 노인을 찾아갔다. 그러자 이번엔 염소 한 마리를 수탉 옆에서 키우라고 하기에 그대로 했더니, 염소가 닭을 쫓아 온 집안을 뛰어 다니는 바람에 더욱 엉망이 되었다.

청년은 또 노인을 찾아갔다. 그리고 암소마저 집안에 끌어다 키우라는 노인의 말대로 해놓은 뒤, 아수라장 속에서 기적을 기다렸지만 사정은 형편없이 나빠졌다.

드디어 그는 녹초가 되어 노인을 찾아가"시키는 대로 했지만 더 이상은 참을 수 없으니 제발 도와주세요" 라고 애원했다. 그러자 노인이 말했다. "이제 그 동물들을 모두 집 밖으로 끌어내시오"

집으로 돌아온 청년은 닭을 우리에 넣고, 염소와 암소를 마당 말뚝에 매어 놓은 뒤 어질러진 집안을 치웠다. 그러자 그렇게 좁았던 집안이 한없이 넓게 느껴지는게 아닌가!

자료 : http://blog.naver.com/zionmi02.do?Redirect=Log&logNo=140004498661

3) 성격의 변화

성격은 한 개인을 특징짓는 조직화되고 차별적인 행동 유형이다. 성격은 포괄적인 개념으로 개인의 신체적, 정신적, 정서적, 그리고 사회적 특성을 포함한다. 또한 성격은 동기화, 정상과 병리, 대인적 행동, 사고, 방어적 행동과 기제, 신념과 가치 등의 다양한 세부 영역을 아우르는 개념이다.

성격에 대한 다양한 연구에서 일관성 있게 발견되는 사실은 성인의 성격 발달은 상대적으로 안정적이며 변화하지 않는다는 것이다(Costa · McCrea, 1988). 개인의 성격을 20년과 45년의 간격을 두고 조사한 연구에서도 성격은 전 생애 걸쳐 변화 없이 안정적인 것으로 나타났다(Conley 1985; Hann · Millsap · Hartka, 1986).

〈표 4-1〉 성격의 주요 차원

성격의 각 차원	사 실
신경증(neuroticism)	걱정, 적의, 자아 인식, 우울, 충동, 상처받기 쉬움
외향성(extraversion)	온정, 사교성, 자기주장, 활동성, 흥미 추구, 긍정적 정서
경험에 대한 개방성(openess)	환상, 심미, 행동의 개방성, 사고의 개방성, 감정의 개방성, 가치의 개방성
호의성(agreeableness)	신의, 솔직성, 이타주의, 겸손, 부드러운 마음
양심성(conscientiousness)	능력, 책임 의식, 질서, 성취 의식, 자기 훈련, 신중

자료 : Costa · McCrae, 1988.

그러나 일부 학자들은 노화에 따라 성격의 특정 영역이 변화한다고 주장한다. 루스(1996)는 노화와 함께 개인에게 다음의 성격적 특성들이 증가한다고 제시한다.

- 내향성 및 수동성의 증가
- 조심성의 증가
- 경직성의 증가
- 우울성향의 증가
- 생에 대한 회상의 증가
- 친근한 사물에 대한 애착의 증가
- 성역할 지각의 변화
- 의존성의 증가
- 시간 전망의 변화
- 유산을 남기려는 경향의 증가

2. 노화와 관련된 심리학 이론

노화의 심리적 측면에 관한 학문적 접근은 Gompertz의 사망률과 연령과의 상관 관계에 대한 연구를 시작으로 발전되었다(권중돈, 2004). 다음은 노화와 관련된 심리학 이론으로 성격의 단계 이론, 성격의 특성 이론, 그리고 노인의 자아 개념과 자아 존중감을 살펴보고자 한다.

1) 성격의 단계 이론

(1) 에릭슨의 심리적 모델

성격 이론은 성격의 발달적 단계를 강조하고 사회적 환경이 개인의 성격 발달에 영향을 미친다는 사실에 주목한다. 그러나 성격 발달의 단계성을 이해할 때, 개인차를 배제한 채 발달 단계의 특성만을 엄격하게 적용하려는 태도는 경계해야 한다. 인간은 환경적 자극에 어떻게 반응할 것인가를 자율적으로 선택하는 존재인 만큼 동일한 인생 경험에 대해 인간이 보일 수 있는 행동이나 정서적 반응은 반응하는 사람의 수만큼이나 다양하기 때문이다.

에릭슨은 일생에 걸친 심리·사회적 발달에 대해 연구했다. 에릭슨(1986)의 심리적 모델에 따르면 인간은 생의 전 과정동안 자아 발달의 8단계를 거치게 된다. 인간은 발달의 각 단계마다 수행해야 하는 주된 과업과 갈등을 경험하게 된다. 〈표 4-2〉에 제시된 바와 같이, 생의 마지막 단계의 주된 과업은 이전 단계로부터의 경험을 통합하고 인생의 의미를 깨닫는 것이다. 생의 마지막 단계에 있는 노인은 자아 통합의 과업을 달성하거나 또는 과업 달성에 실패하여 절망적 성향을 발전시키게 된다. 자아 통합을 이룬 노인은 죽음을 받아들이고 젊은 세대와의 연계감을 느끼고 그들과 삶의 지혜와 경험을 나눈다. 그러나 자아통합에 실패한 노인은 죽음에 대한 두려움으로 인해 절망하게 된다.

〈표 4-2〉 에릭슨의 발달단계

	발달 단계	목 적
1	신뢰감 대 불신감	부모와의 신뢰를 통한 기본적 신뢰감 형성
2	자율성 대 수치심	부모로부터의 자아 분리와 자율성 형성
3	창의성 대 죄책감	정서적 욕구에 대한 죄책감 없이 창의성 형성
4	근면성 대 열등감	학교 생활을 통한 근면성 형성
5	자아 형성 대 역할 혼란	공동체를 통한 자아 개념과 역할 정체감 형성
6	친밀감 대 고독감	한 사람 또는 그 이상의 사람들과 친밀감 형성
7	생산성 대 정체성	미래 세대의 복지에 대한 관심 형성
8	자아 통합 대 절망	삶의 의미를 수립

자료 : Erikson, 1986.

삶의 만족도 또는 인생이 살만한 가치가 있다는 느낌은 노인이 삶을 서시석이고 역사석인 시각을 통해 바라볼 수 있게 되고, 죽음을 받아들이며, 젊은 세대와 경험을 나누고, 그리고 미래 세대에 유산을 남김으로써 얻게 된다. 이와 같은 에릭슨의 심리적 모델은 노년기의 성격 연구에 유용한 이론적 틀을 제공한다(Erikson, 1986).

(2) 융의 정신 분석적 모델

성격이 일생에 거쳐 변화한다는 가정은 칼 융의 정신 분석적 모델에서도 찾아볼 수 있다. 그의 초기 저서에 밝히고 있는 바와 같이 융 역시 성격의 변동성에 주목하였다.

> 우리는 인생의 아침의 계획에 따라 인생의 오후를 살 수는 없다. 왜냐하면 아침에는 훌륭했던 것이 저녁에는 형편없는 것이 되어버릴 수 있으며, 아침에는 진실이었던 것이 저녁에는 거짓일 수도 있기 때문이다(Jung, 1933; 108).

융의 성격 이론은 의식과 자아 발달의 단계를 강조한다. 융은 인간이 아동기, 청년기, 그리고 노년기의 과정을 거치는 동안 자아가 외적인 세계에 초점을 두는 외향성으로부터 개인의 내면 세계에 초점을 두는 내향성으로 이동한다고 주장한다. 그는 생의 마지막 단계에 있는 노인은 본능적으로 내면 세계와 사후 세계계의 의미를 찾는 것에 집중하게 된다고 주장한다. 또한 융은 노인은 자신의 내적 세계에 관심을 집중해야 하는 의무와 필요성이 있다고 강조한다.

융은 또한 나이가 들어감에 따라 인간의 원형(archetype)이 변화된다고 주장하였다. 즉 나이가 들어가면서 인간은 상대 성의 심리적 성향들을 받아들여 남성에게는 여성의 원형이 증가하며 여성에게는 남성의 원형들이 증가하게 된다고 보았다(Hooyman · Kiyak 1999). 따라서 우리가 흔히 경험하듯이 아버지는 나이가 들어갈수록 수동적으로 변해가는 반면 어머니는 더 공격적이고 적극적으로 변해간다. 한 시사지에 소개된 노부부의 이야기는 노년기 남녀에게 관찰되는 인간 원형의 변화를 잘 보여준다.

변해도 너무 변했다

한 친구는 남편이 은퇴한 후 마치 '끈끈이'처럼 자신에게 찰싹 달라붙어 떨어지려 하지 않더라고 말했다. 그들은 43년간 부부생활을 했지만 그녀는 44년째까지 지속하지 못할 것 같다는 뜻을 내비쳤다. 어떤 여성은 남편이 미장원까지 따라갈 뿐 아니라 머리 손질을 마칠 때까지 기다린다고 말했다.

내가 집을 나서면 남편은 "어디 가?", 그리고 "언제 돌아와?"라는 질문을 잇달아 던진다. 내가 집에 있을 때도 그는 매 순간 내가 어디 있는지 알고 싶어한다. "마누라 어디 있지?"라고 그는 개에게 묻는다. 이것도 견디기 힘든 일이다. 하지만 그는 적어도 몸에 '끈끈이'를 부착하고 나에게 찰싹 달라붙지는 않는다. 아직까지는.

자료: http://www.joins.com/magazine/200408/11/

(3) 펙(Peck)의 발달 과업 이론

펙의 발달 과업 이론은 에릭슨의 후기 발달 단계 이론에 뿌리를 두고 있다. 펙은 에릭슨의 7단계와 8단계를 통합하여 발달의 7단계 모델을 제시하였다. 7단계는 중년 이후의 단계로 ① 자아분화 대 직업 역할에의 열중, ② 신체 초월 대 신체 집착, ③ 자아 초월 대 자아 집중의 발달 과업을 갖는다(Peck, 1968).

펙에 의하면, 인간은 직업 역할을 기초로 자아의 정체감을 형성한다. 자아 분화를 충분히 이루어지지 못한 개인은 자신의 정체성을 직업 역할에 전적으로 의존하여 형성하는 반면 자아 분화에 성공적인 개인은 직업 역할 이외의 다양한 역할을 통해 자아 정체감을 발전시킨다. 따라서 자아 분화에 성공적이었던 개인은 노년기 이후 직업 역할이 상실된 경우에도 상대적으로 견고한 자아 정체감을 유지하는 반면 자아 분화가 성공적이지 못했던 개인은 노년기의 직업 역할 상실로 자아 정체감의 혼란을 경험할 수 있다(Peck, 1968). 그러므로 중년기 이후에는 직업 역할 이외의 다양한 비·공식 역할을 개발함으로써 자아 정체감의 지지 기반을 다원화할 수 있도록 자아 분화의 과업에 집중해야 한다고 주장한다.

중년기 이후에는 노화로 인한 신체적 변화와 기능의 감퇴를 수용하고 적응하려는 노력이 요구된다. 신체적 노화 역시 인간 발달의 한 과정으로 받아들이려는 긍정적 시각을 통해 신체의 변화를 초월해야 한다. 마지막 과업은 자아를 초월하는 것이다. 죽음을 현실로 인정하고 받아들이며 다음 세대를 통해 자신의 현재 삶의 의미를 발견하려는 노력이 요구된다. 자아에 몰두하는 노인은 죽음에 대한 두려움을 극복하지 못하고 죽음을 거부하며 이로 인한 심리적인 불안과 초조함으로 고통받게 된다.

The 'Golden Years' Are Beginning to Tarnish

내 인생 최대의 악몽이 현실로 나타났다. 남편이 은퇴한 것이다. 소프트웨어 회사를 차려 경영하던 그는 매일 회사의 중요한 문제를 결정했다. 이제 그가 결정을 내리는 문제는 언제 낮잠을 자느냐, 그리고 얼마나 자느냐 같은 것들이다. 남편은 골프나 테니스, 또는 브리지 같은 게임을 하지 않는다. 하루 48시간(그렇게 느껴진다) 집에만 있다는 말이다. 우리 부부가 함께 하는 시간이 지나치게 많아진 셈이다. 남편이 일을 그만둔 이후 많은 것이 변했다. 남편은 종종 아침 운동 삼아 산책을 나가는데 늦게 일어나면 산책할 수 없다고 말한다. 늦게 일어난다는 게 5시 30분이다. 그는 아침에 일어나면 늘 개를 데리고 나가 운동시키고, 커피에 물을 올려놓고, 조간신문을 기다린다. 신문을 받아들면 가장 먼저 펼치는 난이 부고 섹션이다.

그는 기사를 빠짐없이(종종 소리 높여) 읽고는 고인의 연령이 실려 있지 않으면 벌컥 화를 낸다. 나는 차분한 분위기에서 크로스워드 퍼즐을 풀고 싶다. 그런 내 뜻을 전달하면 남편은 잠시 입을 닫는다. 하지만 곧 흥미로운 뉴스거리를 발견하고는 다시 말을 걸어온다.

자료 :http://www.joins.com/magazine/200408/11/

(4) 성인 심리학의 변증법적 모델

성인의 심리적 발달에 대한 또 다른 모델은 레빈슨과 그의 동료들에 의해 제안된 변증법적 모델이다(Levinson · Darrow · Klein · Levinson · McKee, 1974). 자아 발달의 단계에 초점을 둔 에릭슨의 이론과 달리, 레빈슨과 그의 동료들은 삶의 구조 혹은 특정한 시기에 한 개인의 삶을 구성하는 기초적 특성들의 발달 단계를 연구했다. 특히 변증법적 모델은 연대기적 연령과 각 발달 단계간의 연계를 가장 명확하게 제시하고 있다.

레빈슨은 인간의 발달 단계를 4개의 시기(era)로 구분하고 있으며 각 시기는 약 20년가량 지속된다고 설명한다. 4개의 시기는 개인의 인식에 의하거나 또는 외적인 사건에 의한 약 5년간의 변환기에 의해 구분된다.

〈표 4-3〉 레빈슨의 인생의 사계

시 기	특 성
시기 1	전성인기(연령 : 0–22) ◦ 가족이 보호, 사회화, 그리고 개인적 성숙을 지원한다. ◦ 초기 성인 전환기(연령 : 17-22)
시기 2	초기 성인기(연령 : 17–45) ◦ 성인의 정체감 발달 ◦ 생물학적 기능의 최고기 ◦ 성인의 세계와 초기 성인의 생활 구조로 진입 ◦ 안정화, 초기 성인의 생활 구조의 절정기 ◦ 중년기 전환(연령 : 40-45)
시기 3	중년기(연령 : 40–65) ◦ 목표가 좀더 타인 중심적, 자애로운 역할, 스승의 역할이 기대됨 ◦ 지도자로서의 능력이 최고에 달함 ◦ 중년의 생활 구조로 진입 ◦ 50세 전환기 ◦ 중년의 절정 ◦ 노년기로의 전화(연령 : 60-65)
시기 4	노년기(연령 : 60세 이상) ◦ 기능의 쇠퇴를 인식 ◦ 노화에 대한 불안 ◦ 힘과 지위의 상실이 시작 ◦ 죽음에 대한 수용

자료 : Levinson · Darrow · Klein · Levinson · McKee, 1974.

레빈슨의 모델은 성격 발달에 대한 변증법적 접근의 예를 잘 보여준다. 생물 · 심리적으로 변화하는 인간과 역동적인 환경 사이의 상호작용으로 인해 변화가 일어난다고 주장한다. 변화하는 자신에 대해 얼마나 민감한가의 정도에 따라, 개인은 환경으로부터의 기대를 조정하거나 자신을 수정함으로써 환경과 사회적 조건의 변화에 적응할 수 있으며 이러한 과정을 통해 개인은 환경과의 형평성을 재수립할 수 있게 된다고 설명한다.

2) 성격의 특성 이론(trait theory)

성격에 대한 또 다른 이론은 개인의 구체적 특성을 반영하는 특징적 행동에 연구의 초점을 둔다. 특성은 상대적으로 안정적인 성격의 특징이다. 특성의 조합은 개인을 타인과 구분하는 고유한 형태를 만든다.

성격 특성의 다섯 요인 모델(five-factor model)은 인간의 성격이 신경증(neuroticism), 외향성(extraversion), 경험에 대한 개방성(openess to experience), 순응성(agreeableness), 그리고 성실함(conscientiousness)의 다섯 가지 구성 요소로 이루어져 있다고 본다(McCrae · Costa, 1990). 성격의 다섯 요인은 문화의 영향을 받는다. 예를 들면, 보수적이고 가부장적인 문화에서는 순응성이 여성의 성격특성으로 강조된다. 성격의 다섯 가지 특성은 안정적으로 지속된다고 한다.

3) 자아 개념과 자아 존중감

노년기에 요구되는 주요 과제는 자아 개념에 대한 재정의이다. 노년기의 역할과 사회적 지위의 변화는 노인들이 기존의 자아 개념에서 벗어나 새롭게 부여된 지위와 역할에 따라 수정된 자아상을 발달시키도록 한다. 환경과의 지속적인 상호작용을 통해 인간은 자신의 이미지를 확인하거나 수정한다. 자아 개념의 수정은 자신의 자아개념에 새로운 경험을 동화하거나 또는 새로운 현실에 맞게 자아 개념을 조화함으로써 이루어진다(Whitebourne · Primus, 1996).

많은 노인들이 상실된 과거의 역할을 통해 자신에 대한 정체감을 유지한다. 은퇴했음에도 불구하고 여전히 자신을 '의사' 또는 '선생님' 등으로 소개하는 것은 은퇴 후의 변화된 상황을 자신의 자아 개념에 동화하는 한 예가 될 수 있다. 은퇴의 초기에 노인들은 종종 역할 혼란이나 역할 상실로 인한 우울을 경험한다. 이 경우, 노인은 은퇴라는 새로운 현실과 자신의 자아 개념이 조화될 수 있도록 자아를 재정의해야 한다.

자아 개념을 사회적 역할과 다른 사람의 기대에 맞추어 발전시킨 노인일수록 노년기의 역할 상실은 노인의 자아 존중감에 심각한 영향을 미친다. 사회적 역할은 노인을 사회에 통합시키며 인생의 의미를 부여한다. 따라서 사회적 역할의 변화나 사회적 지위의 상실은 노인의 자아존중감에 부정적인 영향을 미친다. 자아 존중감은 자아에 대한 정서적 평가를 기초로 하며(Hooyman · Kiyak, 1999), 정서적 특성이 강한 만큼 은퇴, 배우자 상실, 건강과 같은 외적 요인에 더욱 쉽게 영향을 받는다.

다음에 제시된 성격 요인은 노년기의 자아 존중감을 유지하는데 매우 중요하다. 첫째, 노인의 자아 개념 그리고 자아 가치와 같은 자아의 의미에 대한 해석이 노인의 역할과 무관한 경우이다. 둘째, 노화의 과정, 한계, 그리고 가능성에 대한 수용이다. 노인이 노화로 인한 전반적인 기능의 쇠퇴를 인지하고, 그럼에도 불구하고 여전히 삶에 주체적으로 참여할 수 있다는 것을 아는 경우 사회적 신체적 노화에 쉽게 적응할 수 있다. 셋째, 일생에 걸친 생의 목표와 기대에 대한 재평가이다. 종종 인간은 젊은 시절에 생의 목표를 설정하고 상황이 변화함에 따라 지속적으로 절망한다. 외적 그리고 내적인 상황에 따라 생의 목표를 적절히 조정하는 것은 인간의 환경에 대한 조화와 적응을 의미한다. 끝으로 자신의 과거를 객관적으로 돌아보고 인생의 성공과 실패를 점검하는 능력이다. 과거의 경험을 돌아보고, 그 경험들이 자신의 삶에 어떤 영향을 미쳤는가를 통찰할 수 있는 노인은 과거의 경험을 토대로 현재의 상황에 가장 효과적인 대처 방안들을 동원할 수 있기 때문이다 (Hooyman · Kiyak, 1999).

4) 정체감 와해 이론

밀러의 정체감 와해 이론은 직업 역할이 개인의 정체감 형성에 갖는 절대성에서 출발한다. 직업 역할은 개인의 정체감 형성을 위한 기반과 부가적인 역할을 제공한다. 따라서 은퇴로 인한 직업 역할과 부가적 역할의 상실은 자아 정체감의 기본을 흔드는 위기로 작용한다(Miller, 1965).

밀러는 직업 역할을 상실한 노인에게 단순한 여가 활동이나 주변적 역할은 직업 역할의 대안이 되지 못한다고 주장한다. 노인에게 직업 역할을 대리하여 건강한 정체감 유지의 중심이 될 수 있는 대안을 제공하는 것이 중요하다고 강조한다. 밀러(1965)는 사회적 규범에 의해 지지를 받을 수 있는 의미 있는 여가 활동이나 만족감을 얻을 수 있는 부가적 역할을 개발하고 제공하는 방안을 해결책으로 제시하고 있다.

그러나 정체감 와해 이론은 충분히 준비된 상태에서 자율적으로 퇴직을 선택한 사람들과 직업 역할을 통해 만족감을 얻지 못하는 사람들의 정체감 형성을 설명하는데 매우 제한적이라는 한계를 갖는다. 모든 사회성원이 사회적 규범과 윤리에 의해 지지되는 직업 역할을 수행하며, 주어진 직업 역할에 만족한다는 가정 역시 일반화하기에 문제가 있다고 비판받는다(최성재 · 장인협, 2002).

5) 정체감 유지 이론

정체감 유지 이론은 정체감 와해이론에 대한 문제제기에서 비롯되었다. 엣취리는 자아 정체감은 다양한 역할을 통해 발전된다고 보았으며 따라서 퇴직으로 인한 직업 역할의 상실이 전반적인 정체감 와해를 야기하지 않는다고 주장한다. 퇴직 후 공식적인 직업 역할은 상실되었더라도 다른 역할과 새로이 발견한 역할을 통해 정체감을 유지할 수 있다고 설명한다(최성재 · 장인협, 2002).

제5장

노화의 사회적 측면

과학적 이론은 지식의 축척을 가능하게 할 뿐만 아니라 향후 연구를 위한 질문을 던지고 실천적 개입을 위한 방향성을 제시한다. 노년학 이론은 노화 과정 또는 노년에 대한 다양한 학문적 질문에 대한 개념적 틀을 제공한다(Hooyman · Kiyak, 1999). 이 장은 노년기에 일어나는 사회적 변화와 이를 설명하는 노년 사회학 이론에 초점을 두고 있다.

1. 노년 사회학 이론

각각의 노년 사회학 이론은 노화 현상을 설명하고 조명하는 서로 다른 인식의 방법이다. 대부분의 노년 사회학 이론은 1950년대 또는 1960년대 이후에 발전되었다. 노년 사회학 이론이 상대적으로 뒤늦게 발달한 원인은 초기 노년학 연구가 이론적 탐구보다는 노인들의 당면 문제를 해결하는데 초점을 둔 실천적 영역에 집중되어 왔기 때문이다. 짧은 역사에도 불구하고 노년학 이론은 일세대, 이세대, 그리고 삼세대 이론, 또는 이론적 발전의 첫 번째 변형, 두 번째 변형, 그리고 의식의 새로운 유형으로 진화로 분류된다. 이 장에서는 노년 사회학 이론을 각 이론이 등장한 시간적 순서에 따라 살펴보았다.

〈표 5-1〉 노년학 이론의 연대기적 분류

1961년 이전	이론의 첫 번째 변형	대안적 이론	이론의 두 번째 변형
역할 이론 활동 이론	이탈 이론 연속 이론	상징적 상호작용론 연령 계층화 사회 교환 이론 정치 경제 이론 생의 사적 관점	사회 현상 이론 사회 구조 이론 비판 이론 여성주의 이론

자료 : Hooyman · Kiyak, 1999

1) 1961년 이전 : 역할 그리고 활동

대부분의 초기 노년 사회학 이론은 적응 개념에 중심을 두고 있다. 역할과 활동에 대한 관점들이 후에 이론으로 정립되었다. 일부의 적응에 대한 이론은 개인의 성격적 특성에 초점을 두는 반면 일부는 개인이 나이 들어감에 따라 변화하는 사회적 요구와 기대를 강조한다. 노년은 역할 변화로 인한 새로운 적응의 시기로 인식될 수 있다.

(1) 역할 이론(role theory)

개인이 어떻게 노화에 적응하는가를 설명하기 위한 초기 시도 중 하나는 역할 이론과 관계된다(Cottrell, 1942). 역할 이론에 따르면 개인은 일생동안 다양한 사회적 역할을 수행한다. 역할은 인간을 사회적 존재로 정의하고 자아 개념(self-concept)의 기초를 형성한다. 이러한 역할들은 연속적으로 조직된다. 따라서 각각의 역할은 특정한 나이나 생의 단계와 연관된다. 대부분의 사회에서 연대기적 나이는 다양한 지위를 위한 자격을 부여하고 역할의 적절성을 평가하며 사회적 상황에서 사람들의 기대를 형성한다. 나이는 사람들에게 기대되는 역할 뿐만 아니라 역할이 수행되는 방법을 바꾼다. 따라서 개인이 얼마나 노화에 잘 적응하는가는 노년의 전형적인 역할 변화를 얼마나 성공적으로 받아들이는가에 의해 좌우된다.

자료 : 너를 사랑해 http://mini.planet.daum.net/pcp/home/

연령 규범은 특정한 생물학적 나이의 사람에게 연령에 적합한 역할을 개방하거나 철회하는 역할을 한다. 연령 규범은 연령과 관계된 능력과 한계에 대한 가정 즉 특정 연령인 사람이 반드시 수행해야 하는 것에 대한 신념을 말한다. 모든 사회는 사회화와 새로운 역할을 배우는 생의 긴 과정을 통해 연령 규범을 전수한다. 노인 역시 노년의 새로운 역할을 사회화해야 한다. 노인은 배우자 역할이나 은퇴로 인한 직업역할의 상실을 다루는 방법 또한 사회화해야 하며 이와 같은 역할상실은 노인의 사회적 정체성과 자아 존중감을 침식할 수 있다(Rosow, 1985).

나이와 함께, 역할은 점차 애매모호해진다. 예를 들면, 나이가 들어갈수록 자녀를 양육하는 부모로서 노인에게 어떤 부모 역할이 기대되는지 점차 덜 명료해진다(Rosow, 1985). 노인들은 종종 바람직한 역할선택이나 역할 모델이 부족하다. 최근까지 노인을 위한 역할 모델은 거의 존재하지 않았다. 대중 매체와 공적 영역에서의 역할 모델은 젊은이나 중년의 기준에 맞추어져 있었다. 특히 여성 노인과 같은 특정 노인 집단은 새로운 역할로 이전할 수 있는 자원이 부족했다. 그러나 다행히 노령 층이 성장함에 따라 역할 획득과 성공적 노년에 대한 많은 역할 모델들이 생겨났으며 노인의 역할이 돌봄과 수발을 받은 의존적 역할만은 아니라는 인식이 증가하고 있다.

앞으로 노인에게 기대되는 역할은 무엇인지 명료하고 기대되는 역할이 과거 역할과 연관될 때 노년기의 역할 전이가 수월하게 이루어진다. 은퇴 전 상담이나 지지 집단과 같이 꾸준히 증가하는 사회복지의 실천적 개입을 통해 노년기의 역할 전이가 자연스러울 수 있도록 도와야 한다.

(2) 활동 이론(activity theory)

활동 이론은 은퇴, 신체적 노화, 그리고 역할 상실을 비롯한 노년기의 변화에 개인이 어떻게 적응하는 가에 이론의 초점을 둔다. 활동 이론은 자원 봉사 활동, 종교 활동, 그리고 여가 활동을 통해 다양한 생산적 역할을 수행하고 있는 노인일수록 노년기 삶에 잘 적응한다는 Havighurst(1968)의 연구로부터 발전되었다. 활동 이론에 의하면, 활발한 활동을 하는 노인일수록 긍정적 자아 개념을 갖고 높은 삶의 만족도를 보이며 노년기 삶에 성공적으로 적응하는 경향이 높다(Bengtson, 1969). 활동이론은 노인을 위한 사회 정책 및 프로그램이 노인들에게 새로운 역할을 부여하고 노인의 사회적 활동을 유도해야 한다고 주장한다. 특히 이론의 사상적 뿌리에서 활동 이론은 생산성과 노동을 강조하는 우리 사회의 가치 체계와 양립하는 노년학 이론으로 볼 수 있다(구자순, 1992).

2) 이론의 첫 번째 변형

(1) 분리 이론(disengagement theory)

분리 이론은 활동이론에 대한 비판으로부터 시작되었다. 노년기의 개인은 은퇴 등의 형식을 통해 중년기까지 수행해 온 역할로부터 이탈하여 궁극적으로 사회적으로 분리되는 것이 순기능적이라는 것이 분리이론의 핵심적 논지이다(Cumming · Henry, 1961). 그런 의미에서 분리는 개인이 노년기 이전까지 담당해 온 역할로부터의 자발 혹은 비자발적인 벗어남을 뜻하며 중년기 역할로부터의 이탈을 사회적 노령화의 측면에서 정상적이고 건강한 과정으로 조명하고 있다(구자순, 1992).

사회적 역할로부터의 분리는 두 가지 형태에 의해 이루어진다. 우선 개인이 자발적으로 기존 역할로부터 벗어나고자 원할 때 이루어지는 개인적 차원의 분리와 개인적 자발성과 관계없이 사회적 제도에 의해 이루어지는 사회적 차원의 분리이다(Cumming · Henry, 1961).

(2) 연속 이론(continuity theory)

켄사스 시티 연구로부터 발전된 연속 이론은 적응에 관한 사회-심리적 이론에 논의의 초점을 두고 있으며 일탈 이론과 활동 이론의 논점을 공박한다. 연속 이론은 개인은 나이 들어가면서 행동의 일관된 양상을 유지하고 상실된 역할을 유사한 형태의 새로운 역할로 대치하며 환경에 적응하는 고유한 방식을 고집한다고 주장한다. 따라서 삶의 만족도는 현재의 활동 또는 생활 방식과 과거의 활동 또는 생활 방식과의 유사성 정도에 따라 결정된다고 본다(Atchley, 1972; Neugarten · Havinghurst · Tobin, 1968). 결국 인간은 나이와 함께 과거의 자신의 모습을 더욱 고수하게 되어 중심적 성격 특성은 더욱 두드러지고 중심가치는 나이가 들어가면서 더욱 곤고해진다. 나이 들어가는 과정 동안 개인이 성숙하고 통합된 성격을 유지한다면 개인은 성공적이고 정상적으로 늙어가는 것이다.

연속 이론은 생물학적 변화, 심리적 변화, 그리고 일생동안 유지해온 생활 방식의 연속성을 통해 노화에 대한 개인적 적응을 설명하기 때문에 경험적으로 검증하기가 쉽지 않다. 또한 연속 이론은 분석의 단위를 개인으로 한정함으로써 외적 사회 요인의 역할을 반영하지 못하는 한계를 갖는다.

3) 대안적 이론적 관점

개인의 행동이나 사회적 체계 또는 구조, 어느 것에 초점을 두는가의 정도는 다르지만 활동 이론, 이탈 이론, 그리고 연속 이론은 서로의 논점에 직접적으로 도전함으로써 이론적 틀을 형성해 왔다. 그러나 세 이론은 노화가 이루어지는 사회적, 문화적, 그리고 역사적 구조를 적절히 고려하지 못했으며 성공적 노화 역시 충분히 설명하지 못했다는 점에서 제한적이다. 노년 사회학 이론의 발달 초기 단계에는 최적의 노화와 관계된 요인들로 활동력, 이탈, 또는 노년에의 적응등 주로 개인적인 요인들이 주목되었다.

그러나 일차적 변형시기의 세 이론은 개인과 사회 사이의 연계성을 체계적으로 설명하지 못한다. 이를 배경으로, 노화에 대한 사회적 측면을 설명하고자 대안적인 이론적 관점들이 1960년대 이후 등장했다. 새로운 대안적 시각의 상당수는 상징적 상호작용이론, 하위문화이론, 연령 계층화 이론, 사회 교환 이론, 그리고 정치적 경제 이론과 같이 거시적 수준에 무게중심을 두고 있다.

(1) 상징적 상호작용

상징적 상호작용론적 관점은 환경속의 인간이라는 사회복지의 중심 시각과 맥을 같이한다. 상징적 상호작용론적 관점은 노인과 노인이 속한 사회적 체계 사이의 역동적 상호작용을 강조하며 개인과 환경간의 교류 관계에 초점을 둔다. 노인은 계속되는 사회적 요구에 적응해 가야 한다. 예를 들면 요양원의 입소 또는 컴퓨터 학습과 같은 변화에 직면했을 때 노인은 긍정적 자아 개념을 유지하는데 필요한 것들을 환경으로부터 얻어내면서 동시에 변화된 상황에 적응해야 한다.

활동 이론과 이탈 이론의 이론적 차이를 연계(bridge)하려는 의도에서, 상징적 상호작용론자들은 환경과 개인의 상호작용이 개인이 경험하는 노화 과정에 중요한 영향을 미친다고 주장한다. 상징적 상호작용론적 관점은 개인이 생각하는 활동의 의미가 무엇인지 고려하는 것이 중요하다고 강조한다. 건강과 사회·경제학적 지위를 비롯한 개인의 자원과 개인의 활동에 의미를 부여하는 사회적 기준에 따라 삶의 만족도에 긍정적 또는 부정적 영향을 가져올 수 있다(Lynott · Lynott, 1996). 다음은 상징적 상호작용 이론에 이론적 뿌리를 두고 있는 명명 이론과 하위 문화 이론을 소개하였다.

① 명명 이론(Labeling Theory)

명명 이론은 상징적 상호작용 이론으로부터 형성되었다. 명명 이론은 개인은 사회적 환경 속에 존재하는 타인과의 상호작용을 통해 자아 개념을 형성한다고 주장한다. 다시 말하면, 우리 모두는 타인의 반응이나 나에 대한 타인의 정의(definition)를 통해 자신을 규정하게 된다. 타인이 나를 명확하고 차별적으로 개념화했을 때, 타인은 그 범주에 기초하여 나에게 반응한다. 결과적으로, 나의 자아개념과 행동은 이에 영향을 받아 변화한다고 본다. 예를 들면, 자동차를 주차한 장소를 찾지 못해 헤매는 젊은이는 주변 사람들에게 매우 바쁘거나 그저 좀 산만한 사람으로 인식된다. 그러나 자동차를 주차한 곳을 기억하지 못하는 노인을 주변 사람들은 치매의 초기 과정을 격고 있는 것으로 노인에 대한 타인들의 의견은 노인이 자신의 상태를 규정하는데 영향을 미쳐 노인은 결국 자신을 치매 초기 상태에 있다고 믿도록 한다.

② 하위 문화 이론

하위 문화론자들은 노인들이 노인만의 하위 문화를 통해 자아개념을 유지한다고 주장한다(Rose, 1965). 하위 문화 이론은 노인뿐만 아니라 모든 개인의 행동은 사회의 전반적인 기준이나 규범에 의해 평가될 수 없다는 논지에 기초한다. 개인의 행동은 소속된 집단 구성원의 기대에 의해 평가된다. 노인들은 자신들의 문제와 관심을 유사한 상황에 처한 노인들과 주로 공유함으로써 노인들과 친분관계를 형성하기 때문에, 연령 집단보다 노인들과 주로 상호작용을 할 것으로 가정된다. 동시에, 노인은 은퇴자 주거 공동체와 같은 자발적 격리 또는 젊은 층의 이농 현상으로 인한 비자발적 격리를 통해 다른 연령 집단과의 상호작용으로부터 제외된다. 노인 하위 문화의 형성은 노인에게 두 가지의 의미 있는 결과를 가져온다. 첫째, 노인으로써의 자신에 대한 정체성 형성과 그로 인한 젊은이 중심적인 사회로부터의 사회·문화적 소외를 경험한다. 둘째, 사회적 행동과 정치적 영향력을 확장할 수 있는 집단 의식의 증가이다. 하위 문화 이론은 노화의 의미와 경험을 결정하는 거시적인 사회 구조적 요인보다 노화에 대한 개인의 반응 양식에 이론의 중심을 두고 있다.

(2) 연령 계층화 이론

우리 사회는 사회 · 경제적 수준, 성별, 인종에 따라 계층화되어 있다.

연령 또한 계층을 구분하는 기준으로 사용되며 연령에 따라 청년, 중년, 그리고 노년 계층으로 분류된다. 연령계층은 서로 다른 연령-동년배 집단(age-cohort)으로 정의될 수 있다. 연령 계층화 이론은 노령화의 경험은 개인이 속한 연령-동년배 집단에 따라 다양하다고 주장한다. 노인의 삶에 대한 평가는 사회적 활동 또는 사회로부터 이탈 여부로 단순히 설명될 수 없으며 오히려 연령 계층간의 변화가 개인적 경험이 삶의 만족도에 영향을 미치는 방식을 결정한다고 설명한다(Lynott · Lynott, 1996).

연령 계층화 이론은 개인의 적응 양식에 모아진 관심을 사회적 연령 구조로 돌림으로써 활동 이론이나 이탈 이론에 도전한다(Marshall, 1996). 연령 계층화 이론은 한 연령 계층의 구성원들은 청년, 중년과 같은 생의 단계와 또 그들이 경험한 역사적 시간 역시 다른 연령 계층과 다르다는 사실에 주목한다. 예를 들면 2005년에 청년기를 보내고 있는 아들은 2005년에 중년기에 있는 아버지와는 다른 생의 단계를 겪고 있으며 아버지세대가 경험한 청년기와는 또 다른 청년기를 경험한다는 것이다. 이와 같이 연령 계층화 이론은 개인이 경험한 생의 과정과 역사적 차원 모두 개인의 행동과 사고에 영향을 미치며 이는 다시 사회에 영향을 미친다고 주장한다. 역사적 차원에 의해 발생한 차이는 동년배 흐름이라고 부른다. 역사적 사건의 영향으로 21세기에 노년기를 맞고 있는 사람들은 과거나 미래의 노인이 경험했거나 경험하게 될 노년기와는 또 다른 노년기를 경험하고 있으며 그들이 경험하는 노화 과정 역시 차이가 있다.

연령-동년배 집단은 노화의 경험을 공유하기 때문에 연령 계급화에 영향을 미치게 된다. 예를 들면, 현대 노인들은 평균 수명의 증가와 전반적인 교육 수준의 향상을 경험한 세대이기 때문에 현대 노인들의 노화 과정 자체나 노화에 대한 시각은 과거 노인들의 시각으로부터 많이 변화되었다. 따라서 1990년대 은퇴기에 있는 연령-동년배 집단은 1980년대나 그 이전에 은퇴를 경험한 동년배 집단보다 은퇴나 여가에 대해 긍정적으로 바라본다. 또한 그들은 경제 활동이나 지역 사회 참여에 대한 사회적 제약에 상대적으로 적극적이다. 이와 같은 변화는 미래 노인 집단의 경험과 사회적 기대 그리고 사회적 지위에 영향을 미칠 것이다.

구조적, 인구학적, 그리고 역사적 특성에 초점을 두고 있는 연령 계층화 이론은 특정 인구 집단을 사회・경제적 주류에서 구조적으로 배제하기 위해 사회가 연령계층을 이용하는 방법과, 역사적 흐름에 따라 연령 계층이 어떻게 변화하는지를 이해하도록 돕는다. 연령 계층화 이론은 노인 집단을 사회 구조 속에 존재하는 다양한 계층의 하나로 조명함으로써 연령-동년배 집단마다의 노화의 차이에 대한 사회학적 설명을 제공한다는 점에서 큰 의미를 갖는다.

(3) 사회 교환 이론

사회 교환 이론 역시 활동 이론이나 이탈 이론을 공박한다. 사회참여에 관한 경제적 비용-효과 모델을 기초로 도우드(1980)는 사회적 상호작용과 활용이 노화와 함께 감소하는 원인을 설명하고자 했다. 그는 사회로부터의 철회와 사회적 고립이 구조적 요구의 결과나 개인의 선택이 아니라 노인과 다른 사회 구성원들 사이의 불평등한 교환 관계의 결과라고 주장했다. 따라서 비록 사회적 교환이 정서적 욕구와 자원에 의해 이루어진다고 해도 개인적 차원에서의 교환은 개인간의 당장의 비용과 이익에 따라 결정된다고 보았다(Bengtson・Burgess・Parrott, 1997).

노화의 진전에 따른 기회 구조, 역할, 그리고 기술의 변화 때문에, 노인들은 사회적 관계에서 힘을 발휘할 수 있는 자원이 제한적이며 그들의 사회적 지위도 낮아진다(Hendricks, 1995). 힘과 자신의 환경을 통제할 수 있는 능력의 손실은 노인들이 사회적으로 이탈하는 원인이 된다. 낡은 기술을 지닌 노인들의 사회・경제적 의존을 통해 드러나는 바와 같이 사회는 힘의 관계에서 우위를 점하게 된다. 열악한 기회 구조와 낮은 교환 가치로 인해 노인들은 은퇴를 받아들이고 교환 공식의 균형을 위해 사회로부터 분리되도록 강요된다(Lynott · Lynott, 1996).

그러나 제한된 자원에도 불구하고 대부분의 노인들은 그들의 일상 생활에서 독립적 능력, 활동력, 그리고 상호성을 유지하고자 한다. 비록 노인은 상호작용이나 교환 관계에 동원할 수 있는 자원이 상대적으로 희박하다 해도 많은 경우에 사회적 존경과 자발적 활동을 위한 시간과 같은 비물질적 자원이 풍부하다. 노인을 위해 발전된 정책과 서비스는 사회에 의해 존중되는 비물질적 자원을 최대화하고 노인들을 위한 기회 구조의 개선을 추구해야 한다.

(4) 정치 경제 이론

사회적 자원과 기회 구조에 대한 교환 이론의 관심은 정치 경제 이론과 연계된다. 최근에 등장한 정치 경제 이론은 개인이 노년에 적응하는 방식과 사회 자원의 분배 방식을 결정하는 구조적 특성에 대해 분석한다. 정치 경제 이론은 계급, 성별, 그리고 인종에 의해 구체화된 사회 · 경제 · 정치적 제한들이 개인의 노화 경험을 결정한다고 주장한다. 연령은 하나의 사회적 계급으로 노인들이 유용한 사회적 자원에 접근하는 것을 방해하는 사회 구조적 장애물이며(Overbo · Minkler, 1993), 공공 정책에 의해 제도화된 사회구조적 요인들은 노년기의 경험, 선택, 그리고 기회를 제한한다고 본다(Bengtson 외, 1997).

정치 경제 이론은 노인 문제는 노화 과정이나 개인의 노화 과정에 대한 적응 방식에 의해 발생하기보다 노화에 대한 사회적 인식에 기초하여 구조화된 사회적 결과라고 설명한다. 그럼에도 불구하고 노인 문제를 해결하기 위해 마련된 정책적 대안들은 노인 문제의 원인이 되는 사회 · 경제적 여건들을 수정하기보다 노인을 현 사회 질서에 적응시키는데 초점을 둔다고 정치 경제 이론은 비판한다(Estes · Linkins · Binney, 1996).

(5) 생의 사적 관점

생의 사적 관점은 이론이기보다 하나의 시각이다(George, 1996). 생의 사적 관점은 역사·사회적 구조의 영향과 개인적 의미를 이론적 모형에 조화시켰다. 이를 통해 노화 과정에 대한 사회적 사고와 심리적 사고를 연계하고자 했다(Bengtson 외, 1997). 생의 사적 관점은 인간의 발달이 생의 특정시기에 제한적 이루어지는 것이 아니라 생의 전 과정 동안 이루어지는 역동적 과정으로 보았다. 또한 인간의 발달은 지속적인 성장이나 변화이기보다 역할의 상실과 획득 그리고 지속성과 단절성이 동시에 이루어지는 상호작용적 과정이라 설명한다. 따라서 생의 사적 관점은 일생 동안의 역할 전이와 역할의 다양성에 주목한다.

역할 이론의 개인주의적 접근과 대조적으로 생의 사적 관점은 노화가 사회적 맥락과 역사, 문화적 의미, 그리고 사회 구조적 지위와 어떻게 연계되고 영향을 받는지 설명하고자 한다. 또한 시간, 기간, 그리고 연령-동년배(age cohort)가 사회 집단과 개인의 노화 과정을 형성하는 과정을 설명하고자 한다(Bengtson · Allen, 1993; George 1993; Elder, 1992).

4) 노년 사회학 이론의 최근 발전: 두 번째 변형

(1) 사회 현상학 그리고 사회 구조주의

1980년 이후 이루어진 이론적 진보의 두 번째 변형은 노년학적 사고의 질적 도약으로 묘사된다. 사회 현상학과 사회 구조주의는 노화에 관한 진실은 객관적 사실이기보다 하나의 가정이며 진실에 대한 해석이라고 주장한다(Lynott · Lynott, 1996). 인간은 적극적으로 자신의 일상에 참여하고 자신과 주변 환경의 사회적 의미를 창조해 낸다. 따라서 사회 현상학과 사회 구조주의는 인간은 누구도 현실을 객관적으로 바라보지 못하고 단지 자신이 현실이라고 생각하는 것에 영향을 미치는 의미들을 만들어갈 뿐이라고 설명한다. 사회 현상학자들과 사회 구조주의자들은 노화에 관한 사실들은 견고하고 객관적인 진실이기보다 연구자의 접근법, 방향성, 연구 자료의 속성, 그리고 연구 대상자에 대한 연구자의 견해에 따라 결정된 주관적 인식이라고 본다. 사회 현상학자들은 노화의 속성과 노화가 묘사되는 방법 그리고 노화에 대한 특정한 접근 방법을 통해 사회적 이익을 얻게 되는 집단은 누구인가를 분석함으로써 노화에 관한 진실이라고 알려진 것들의 실상을 분석하고자 한다.

사회 현상학자와 사회 구조론자들은 사회적으로 구조화된 노화의 정의와 의미로 인해 개인의 노화 과정이 어떻게 영향을 받는가에 대해 이해하고자 한다(Bengtson 외, 1997). 즉 연령-동년배, 생의 단계, 또는 체계의 욕구들이 어떻게 노화의 경험을 구성하고 결정하는가에 대해 질문하기보다 역으로 개인이나 전문가들은 연령-동년배, 생의 단계, 그리고 체계의 욕구들이 어떻게 노화 과정에 영향을 미치고 관계되어 있다고 설명하고 합리화를 끌어내는가에 대해 의문을 제기한다. 예를 들면, 사회 현상학과 사회 구조주의적 관점은 사회 보장 급여 수준의 증가 또는 감소에 관한 결정을 합리화하기 위해 정책 입안가들이 노년기 특성과 노인의 욕구를 어떻게 규정하고 또 이들 규정과 사회 보장 급여수 준과의 연관성을 어떻게 설명하는가에 연구의 초점을 둔다(Dannefer · Perlmutter, 1990).

노인의 유형

1. 열혈 청년형

나는 늙지 않았다는 것을 스스로에게나 다른 이에게나 계속 강조하며, 하던 일에서 절대 물러나려 하지 않는 유형.

2. 무감각형

살아온 날들이 워낙 신산스러워 아무런 희망도 의욕도 없는 유형.

3. 산타클로스형

자신의 돈, 시간, 정성, 재능, 마음을 주위에 골고루 나눠주는 유형. 자원봉사를 많이 한다.

4. 조로(早老)형

어차피 늙어갈 인생, 별거 있겠냐며 지레짐작으로 노년을 앞당겨 맞아들이는 유형. 남은 인생에 대한 계획도 청사진도 있을 리 없다.

5. 응석형

자녀, 친구, 주위사람에게 끊임없이 어리광을 피우며 자신에 대한 관심을 불러일으키려는 유형.

6. 밑빠진 독형

돈 욕심, 자식 욕심이 너무 강해 '고생해서 키웠으면 이 정도는 받아야지' 하며 욕심을 못 버리는 유형.

7. 겨울나무형

군살도 욕심도 없이 마음을 비우며 누추한 모습을 보이지 않고 묵묵히 깨끗하게 인생을 마무리하는 유형.

8. 내 마음대로 형

'나를 따르라'형이라고도 말할 수 있는데, 돈 있고 힘 있는 노인들 가운데서 흔히 발견된다. 스스로가 대화의 기회를 차단해 외로움만 남는 경우가 많다.

9. 답답형

무슨 일이든 자기 방식밖에 모르며 늙음이 자격증이라고 생각하는 유형. 노년의 외로움은 따놓은 당상이다.

10. 잘 익은 열매형

자신의 노화를 긍정적이고 적극적으로 받아들이는 유형. 잘 익은 열매를 적극적인 활동을 통해 남에게 나눠주기도 하지만 안으로 파고드는 성찰로 자기 내면을 성숙하게 만들어 주위 사람들의 귀감이 되기도 한다.

(2) 비판 이론 그리고 여성주의 관점

사회 구조주의 이론은 동시대의 사회 노년학 이론들 특히 비판 이론과 여성주의 관점에 영향을 미쳤다. 비판 이론가들은 노화의 연구 과정이나 연구 대상의 객관적 상태가 아닌 연구 주체와 연구대상 사이의 관계의 변형에 대해 비판한다. 비판 이론가들은 노년학 연구자들이 노화를 개념화하고 이론화할 때에 개인의 노화 경험을 객관화하기 위해 사용한 언어가 어떤 방법으로 쓰였는가에 관심을 갖는다. 쏜스탬(1992)은 전통적 노년학 이론은 사회 문제에 기초하여 노화를 설명하려는 과학과 지식의 실증주의적 한계를 벗어나지 못한다고 비판한다. 오히려 노인 자신이 주관적 견해에 의해 연구 문제를 정의하도록 하는 것이 더 비판적이고 인간적인 접근이라고 주장한다.

무디(1988)는 비판적 노년학 접근의 목적을 정의했다.

- 노화의 주관적이고 해석적 차원을 이론화한다.
- 기술적 진보가 아닌 공공 정책의 실질적 변화에 대한 적극적 참여로 정의되는 실천에 초점을 둔다.
- 실천을 통해 학자와 실천가를 연계한다.
- 해방적 지식을 생산한다. 해방적 지식이란 긍정적 노년에 대한 합리적이고 방어적인 시각이 무엇인지 그리고 사물의 다양성에 대한 긍정적 시각이다. 댄퍼(1994)는 비판적 노년학은 기존 이론에 대한 단순 비판이 아닌 능력과 다양성을 강조한 노화의 긍정적 모델을 제시할 수 있어야 한다고 강조한다.

비판 이론의 시각에서 현재 노년학 이론과 모형은 성의 관계와 여성의 경험을 노화의 맥락에서 고찰하는데 성공적이지 못했다. 예를 들면 여성 노인은 은퇴 연구에서 제외되었으며 유급 고용은 여성과는 관계없는 주제로 가정되어 왔다(Calasanti, 1993). 여성주의 이론은 지금까지 살펴본 다양한 이론을 기초로 형성되었다. 정치 경제 이론의 영향으로 여성 노인과 남성 노인 사이의 힘의 관계에 주목하게 되었으며 상징적 상호작용론, 사회 현상학, 그리고 사회 구조주의의 영향으로 성을 사회 구조적 맥락에서 고찰하게 되었다.

여성주의자들은 노인 인구의 다수가 여성이기 때문에 성이 노화와 노인 연구에 중심 주제여야 한다고 주장한다. 여성주의 안에도 다양한 범주의 지적 패러다임과 정치적 입장이 혼재하지만 노화에 대한 대부분의 여성주의 이론은 사회주의-여성주의에 뿌리를 두고 있다. 사회주의-여성주의 시각은 사회·경제적으로 열등한 여성의 지위는 자본주의와 가부장제의 결과라고 주장한다(Arber · Ginn, 1995).

〈표 5-2〉 사회학 이론과 노년 사회학 이론의 관계

사회학 이론	노년 사회학 이론
구조 기능론	분리 이론 현대화 이론 연령 계층론
갈등론	정치 경제학적 시각 세계 체제 이론
상호작용론	활동 이론 사회 와해 이론 하위 문화 이론
교환 이론	교환 이론

자료 : Passutb · Bengtson, 모선희 외, 2005 재인용.

2. 노화로 인한 사회적 변화

인간은 자신이 존재하고 있는 사회적 상황에 영향을 미치고 또 영향을 받는다. 노화에 관한 사회학적 측면은 노년기 인간의 사회적 삶이 어떻게 구성되며 동시에 사회적 상황이 노인의 행동에 어떻게 영향을 미치는가에 주목한다. 노화의 사회학적 측면은 1) 생의 주기 그리고 2) 사회제도와 사회적 변화의 주제를 통해 전반적으로 검토될 수 있다.

1) 생의 주기

흔히 "나이에 맞게 행동해라"라는 말이 있다. 이 말은 생의 각 단계마다 개인에게 기대되는 적절한 행동이 존재한다는 것을 의미한다. 나이에 맞는 행동에 대한 기대는 개인의 행동, 상호작용, 그리고 관계망을 지배하는 정교한 기준을 형성하게 된다(Neugarten 외, 1968). 이와 같은 기대는 우리의 조직, 정책, 그리고 법의 일부분이기도 하며 인간의 주요한 생의 사건의 시간표가 된다.

생의 주기는 인간이 늙어감에 따라 거치게 되는 연속적인 생의 단계이다. 생의 한 단계에서 다음 단계로의 이동은 일반적으로 중요한 사건에 의해 구분된다. 엣취리(1994)는 "생의 주기는 개인이 인생을 살아가고 성숙해 감에 따라 준수할 것으로 기대되는 나이와 관계된 역할과 집단 소속의 변화에 대한 문화적 관념이다"라고 정의한다. 즉 생의 주기란 인간이 성장하고 성숙함에 따라 거치게 되는 생의 단계와 각 단계마다 기대되는 문화적 그리고 역사적으로 구조화된 일련의 역할이다.

(1) 사회적 역할

사회적 역할은 특정 지위에 있는 사람들의 다수가 행하는 일로써 동일한 지위에 있는 사람이라면 누구나 할 것으로 기대되는 행동이다(Atchley, 1980). 노년기에 속한 개인에게는 노인의 지위에 어울리는 역할이 사회적으로 기대된다. 생의 주기 상 개인이 중·장년기에서 노년기로 이동함에 따라 기대되는 사회적 역할도 변화하기 마련이다. 린튼은 사회적 역할을 ① 제도적 ② 희박한 ③ 비공식적 역할로 구분하였다. 노년기의 역할 변화도 역할의 세부 영역에 따라 상이하게 나타난다.

① 제도적 역할

제도적 역할은 특정한 지위에 부여된 실질적인 역할을 뜻한다. 대표적인 예로 직업으로 인해 부여된 역할을 생각해 볼 수 있다. 교사의 경우, 교사라는 지위가 부여됨과 동시에 교사로서 학생 지도, 교수법 개발 등의 실질적 역할이 기대된다. 노년기로 생의 주기가 이동함에 따라, 개인의 제도적 역할은 일반적으로 감소한다. 노년기는 직장에서 은퇴하거나 사회적 단체나 모임의 지위로부터 물러나는 시기로, 지위와 관련되어 부여되었던 제도적 역할의 감소는 자연스러운 것일 수 있다.

② 희박한 역할

희박한 역할이란 지위에 따라 기대되는 역할이 없거나 있어도 미약한 역할을 의미한다. 노인회 이사, 학술회 고문 등 부여된 지위는 있으나 그에 따라 실질적으로 수행해야 하는 역할이 없거나 미비한 경우이다. 노인에게 부여된 상당 부분의 역할이 희박한 역할이다. 성장하여 출가한 후 독립적으로 살고 있는 40대 자녀에게 70대 노인이 담당하는 부모로서의 역할은 실질적으로 희박하다. 따라서 제도적 역할과 달리 희박한 역할은 노년기에 더욱 증가한다.

③ 비공식적 역할

비공식적 역할은 지위에 연계되지 않은 역할을 말한다. 예를 들면, 학기 초에 한 학생이 자발적으로 수업에 필요한 기기를 준비했다. 이후 학생은 이 일을 계속하였고 다른 학생들도 수업 기기를 준비하는 일을 그 학생의 일로 인식하게 되었다. 이 경우 학생에게 부여된 지위는 아무것도 없다. 그러나 그 학생은 수업 시간마다 수업 기기를 준비해야 할 것으로 기대된다. 이와 같이 지위는 없고 기대되는 역할만이 있는 경우가 비공식적 역할이다. 비공식적 역할 역시 나이가 듦에 따라 감소한다.

(2) 사회화와 연령 규범

사회화는 개인이 속한 사회의 가치, 규범, 지식 및 역할 학습을 통해 기존 사회 체계에 통합되는 과정을 의미한다. 사회 내에서 개인의 지위가 변동하며 사회 환경 역시 끊임없이 변화하기 때문에 사회화는 일생에 거쳐 이루어진다. 노인은 노년기의 개인에게 요구되는 새로운 지식, 기술, 가치, 그리고 역할을 습득함으로써 노년기 사회화의 과업을 이루어야 한다. 노년기의 사회화를 통해 노인은 자신들의 연령에 기대되는 행동 방식이 무엇인지 알게 되며 사회적 기대에 순응적인 행동 양식을 선택하게 된다.

연령 규범이란 사회 구성원에 의해 특정한 연령대의 개인에게 기대되는 가치와 행동 양식을 말한다. 연령 규범은 개인에게 가치판단의 기준을 제공하고 사회적 권리와 의무를 명확히 한다. 따라서 노인에게는 노년의 연령 규범에 준하는 가치와 행동이 요구된다. 그러나 모든 사회가 명확한 연령 규범을 제시하는 것은 아니다. 우리사회도 사회 구성원의 의식의 다원화로 인하여, 노인에게 기대되는 가치와 행동의 스펙트럼이 과거에 비해 매우 다양해졌다. 예로 제시된 기사에 잘 나타난 바와 같이 검은 가죽 재킷에 두건을 두르고 모토 바이크를 달리는 행동은 더 이상 10대나 20대의 청년들에게만 기대할 수 있는 것은 아니다. 과거에 노인들이 하기에는 점잖지 못한 행동으로 인식되었던 모토 바이크를 달리는 행동을 현대 노인들은 더 이상 주저하지 않는다.

이와 같이 사회적으로 정립된 연령 규범의 부재로 인해 현대 노인은 노년기에 적합한 행동, 가치, 지식의 습득에 혼란을 경험한다. 특히 노인에게 기대되는 행동과 역할을 적절히 준비하고 학습하는 선행적 사회화(anticipatory socialization)가 이루어지지 못해 노년기로의 전환에 어려움을 겪는다(최성재 · 장인협, 2002).

"오토바이 타자고 하면 잠자던 부인도 벌떡 일어납니다"

'부릉부릉 붕~.' 4일 오후 10시, 택시영업을 끝낸 김통호(66·택시운전기사)씨가 와인색 혼다 오토바이를 몰고 여의도광장으로 향했다. 오늘은 김씨가 속한 오토바이동호회 '바쿠바이크'의 정기모임이 있는 날. 김씨는 가죽부츠에 새빨간 비닐점퍼까지 갖춰 입었다. "나이 들었다고 움츠러들기보다는 오토바이를 타면서 자신감을 회복합니다. 스릴 있잖아요." 김씨는 택시영업이 없는 일요일마다 동호회원들과 함께 오토바이를 타고 강릉·속초 등 전국을 누빈다. 8년 전 생긴 바쿠바이크는 1500cc 이상 대형 오토바이를 타는 40~70대 중장년층의 모임이다. 회원은 현재 1028명. 이 중 60대 이상이 35%를 차지한다.

▲ "실버세대 파이팅" 지난달 27일 김포공항에서 중장년층 오토바이 동호회 바쿠바이크 회원들이 출발에 앞서 힘차게 함성을 지르고 있다.

방일현(64·서비스업)씨는 아내 정홍순(60)씨와 함께 20년째 새빨간 오토바이를 타고 다닌다. 동네에서 '잉꼬부부'로 통한다. 정씨는 오토바이 타는 재미에 푹 빠져 남편이 승용차 사는 것을 말리기까지 했다. "마누라가 자다가도 오토바이 타자고 하면 벌떡 일어납니다." '오토바이광(狂)' 부부는 커플룩을 맞춰 입고 오토바이를 탄다. 요즘에는 파란색 두건에 파란색 비닐 점퍼를 주로 입는다. "집에서는 서로 무심하다가도 밖에 나가면 서로를 끔찍이 아끼게 됩니다. 오토바이를 타는 순간은 정말 일심동체가 되는 것 같아요.(웃음)"

최용안(65 · 자영업)씨는 초등학교 6학년인 손녀딸에게 오토바이를 태워 주면서 점수를 딴다. "손녀딸이 '할아버지 멋있어요!'라고 말합니다. 상당히 기분이 좋죠." 빨간 비닐 점퍼를 입고 노란색 선글라스를 쓰고 오토바이를 타는 그를 동네에서는 '젊은 오빠'라고 부른다. 그는 환갑이 넘은 나이에 전라도에서 경상도를 거쳐 강원도까지 잇는 2박3일 장거리 코스를 소화할 정도로 건강하다. "오토바이를 타면 모든 근심 걱정을 잊을 수 있어 좋습니다. 젊게 사는 게 따로 있나요?

자료 : 조선일보 2005년 6월 7일 http://blog.naver.com/yszeon.do

2) 사회 제도와 사회적 변화

노화의 사회적 측면에서 고려해야 할 또 하나의 주제는 사회적 제도와 변화이다. 이 주제는 노인의 삶에 사회적 제도가 미치는 영향과 동시에 노인이 사회적 제도에 미치는 영향에 주목한다.

구조적 지체란 사회 구조의 역할과 규범, 그리고 사회 제도가 서서히 변화하여 개인의 삶의 변화보다 뒤쳐지는 경향을 의미한다(Riley · Riley, 1994). 예를 들면 대부분의 사람들은 65세가 되면 직장에서 은퇴하게 된다. 평균 수명이 80대로 연장됨에 따라 현대인들은 은퇴 후 평균 15년 이상을 더 생존할 것으로 기대된다. 그렇다면 한 가지 생각해 보자. 우리가 은퇴한 노인들에게 사회적으로 기대하는 역할은 무엇인가? 은퇴한 노인들이 가질 수 있는 기회는 무엇인가? 사회가 평균수명이 증가함에 따라 새로운 삶의 단계로 강조되고 있는 은퇴 이후의 시기에 대한 사회적 책임을 구체화하지 못함으로써 평균 수명의 연장이라는 변화의 속도를 따라가지 못하고 있다. 이것이 바로 구조적 지체의 개념이다. 다음의 기사는 우리 사회의 구조적 지체를 적절히 보여주는 예이다.

서울 어느 구청이 동네 공원에 있던 노인정을 헐고 2층으로 키워 짓기로 했다. 그러자 노인정과 6m 도로를 사이에 둔 주택가에서 "노인정이 '높아' 조망권을 해친다"고 반대했다. 구청은 공원 다른 곳으로 터를 옮겨 공사를 시작했다. 이번엔 길 건너 60m 떨어진 아파트 사람들이 들고 일어났다. 장애인 학교, 노인 요양병원에 이어 동네 노인정까지 '혐오시설'로 몰리는 꼴이다. 사회적 학대를 넘어 테러에 가깝다.

1980년대부터 들어선 노인정, 이른바 경로당은 이제 노인 80명에 한 개꼴, 5만 여곳에 이른다. 그러나 태반이 덩그러니 방 하나다. TV나 화투·바둑·장기가 소일거리다. 지원도 시원찮다. 얼마 전 보건복지부 장관 홈페이지에 글이 올랐다. '경로당 노인들이 치솟은 난방 기름값을 모으느라 화투놀이에서 개평을 뜯고 있다. 올겨울 장관실 온도를 우리 동네 경로당 온도와 똑같이 맞춰보라.'

유럽의 노인복지센터들은 다양한 프로그램으로 다양한 연령층을 끌어들인다. 노인들을 격리시키는 게 아니라 사람들 속에 어울리게 한다. 노인들이 가르치는 프로그램도 개발한다. 스스로 쓸모 있는 사람이라는 인식은 나이를 이기는 가장 큰 힘이다. 우리는 그나마 노인들이 따로 모이는 공간을 푸대접하는 것으로도 모자라 손가락질까지 하기에 이르렀다. 그 손가락질이 다른 사람 아닌 미래의 자신에 대고 하는 짓인데.

자료 : 조선일보 2005년 11월 11일
http://news.media.daum.net/snews/editorial/opinion/200511/11/chosunl

제 3 부

노인복지 정책과 제도

제6장

소 득 보 장

1. 개념과 의의

사회 정책에서 노인은 단지 '늙은 사람'을 의미하는 것이 아니다. 사회 정책에서 노인은 나이가 들었다는 이유로 노동시장에서 제도적으로 '밀려난' 사람을 총칭하기도 한다. 이렇게 나이를 기준으로 사람을 노동시장에서 제도적으로 밀어내는 장치를 우리는 은퇴(retirement)라고 부른다. 은퇴한 노인들이 가장 먼저 직면하는 것은 물론 소득 상실이다. 은퇴로 인한 소득 상실은 일시적인 것이 아니기 때문에 노인들의 여생에 심각한 저해 요소로 작용한다. 특히, 별도의 저축이 없이 임금 소득에 의존하며 살아온 대부분의 은퇴자들에게 소득 상실은 생존 자체를 위협하는 사건이 아닐 수 없다. 대다수 전문가들이 빈곤을 현대 노인 문제의 핵심으로 지목하는 것도 바로 이런 이유 때문이다.

과거 전통 사회에서 질병 등의 이유로 경제 활동을 중단한 노인의 부양은 가족의 몫이었다. 아직도 가족의 이러한 역할이 어느 정도 유지되고 있긴 하지만, 가족 제도와 산업 구조의 급격한 변화는 가족의 노인 부양 기능을 현저히 약화시키고 있다. 오늘날 우리는 도처에서 가족의 부양을 받지 못하고 자신의 생계를 힘겹게 꾸려가야 하는 가난한 노인들의 이야기를 듣고 있다. 이들 가운데 어떤 이는 스스로 자신의 목숨을 끊어 힘겨운 노년의 삶을 마감하기도 한다. 또 최근에는 자녀를 상대로 부양비를 지급하라며 송사(訟事)를 벌이는 경우조차 심심치 않게 발생하고 있다. 사람들은 대개 이러한 보도를 접할 때마다 부모와 자식의 관계에 초점을 맞추곤 한다. 다시 말해서, 전통적인 효의 관점에서 문제를 바라보는 것이다. 그러나 현대 사회에서 노인 부양 문제는 부모와 자식 사이라는 미시적인 차원에서 해결될 수 있는 문제가 아니다. 그렇게 하기에는 사회가 너무도 많이 달라졌다. 사회적인 차원의 방법을 모색하지 않으면 안 되는 것이다.

노인들을 위한 사회 보장 제도 가운데 소득 보장(income security)은 영구적인 소득 상실로 인한 노후의 빈곤 문제를 사회적/국가적 차원에서 예방하고 대처하기 위한 제도적 노력이다. 이러한 소득 보장 제도는 현대 복지국가의 핵심으로 자리 잡고 있다. 국가 차원의 공식적인 노후 소득 보장 제도는 얼마 전까지만 해도 서구 선진국의 전유물이었다. 대부분의 개발 도상 국가에서는 가족과 지역사회에 의존하는 비공식적인 노후 소득 보장 제도를 최근까지도 유지해 왔다. 한국 역시 예외가 아니다. 공식적인 노후 소득 보장 제도인 국민 연금이 도입된 것은 1988년에 이르러서였다. 그러나 산업화와 현대화가 초래한 사회 변화로 세계 곳곳에서 공식적인 노후 소득 보장 제도의 중요성은 날로 높아가는 추세이다.

2. 형식과 내용

노후 소득 보장은 크게 국가에 의한 공적 소득 보장과 개인이나 시장에 의한 사적 소득 보장으로 나뉜다. 국가에 의한 공적 소득 보장 제도에는 공적 연금이 대표적인 것이고 사적 소득 보장 방식으로는 개인 저축, 사적(私的) 보험, 직업 연금 등이 있다. 여기에서는 공적 연금과 직업 연금을 중심으로 논의하겠다.

1) 공적 연금

공적 연금(public pension)은 노후 소득 보장 제도를 대표하는 것이다. 특히, 사회 보장의 역사가 길고 노령 인구의 비율이 높은 서구 사회에서 공적 연금은 가장 중요한 노후 소득 보장 제도로 여겨진다. 공적 연금은 은퇴 노인들의 최대 소득원이자 노인 빈곤을 예방하는 최고의 수단이다.

미국의 예를 들어 보자.[1] 미국의 공적 연금은 Social Security라고 한다. 그런데 최근 자료(2000-2002년 통계치 평균)를 보면, 공적 연금(Social Security) 덕택에 매년 1,300만 명의 65세 이상 노인이 빈곤 상태에서 벗어나는 것으로 나타났다(Center on Budget Policy and Priorities 2005). 공적 연금이 없을 경우에 미국 노인들의 빈곤율은 46.8%로 65세 이상 노인 두 사람 중 하나는 공식적으로 가난한 사람으로 분류된다는 얘기다. 하지만, 공적 연금을 계산에 넣을 때 노인 빈곤율은 8.7%로 크게 낮아졌다. 공적 연금의 빈곤 감소 효과가 절대적임을 보여 준다.

1) 한국의 경우 국민 연금 제도의 역사가 짧기 때문에 마땅한 자료가 없다.

공적 연금의 재원 조달 방식은 크게 부과 방식(pay-as-you-go plan)과 적립 방식(funded plan)으로 나뉜다. 부과 방식은 현재의 연금 수급자에게 지급될 급여를 현재의 기여자, 즉 현재의 근로자들이 부담하는 방식이다. 다시 말해서 현재의 노년 세대를 현재의 청장년 세대가 부양하는 셈이다. 부과 방식은 세대 사이에 일종의 사회 계약을 전제로 한다. 현재의 노인들을 부양하는 청장년 세대는 자신들이 늙었을 때 미래의 젊은이들도 자신들을 부양할 것이라는 전제 아래서 현재의 부담을 감수하는 것이다. 그러나 노령화가 진행되면서 부과 방식은 결정적인 위기에 직면하고 있다. 청장년 인구가 상대적으로 줄어든 것과 반비례해서 이들의 부양 부담은 갈수록 늘고 있기 때문이다. 그러면서도 정작 청장년 세대의 노후 생활은 제대로 보장받지 못할 가능성이 커지고 있다. 아래 기사에서 보는 바와 같이 서구 복지국가들이 현재 겪고 있는 연금 위기는 이러한 문제가 핵심을 이룬다.

세계는 지금 연금 개혁 중이다. 서유럽과 동아시아 국가를 중심으로 한 고령화 추세가 새로운 틀의 복지 제도를 요구하고 있다. 각국은 급속한 고령화 추세 속에 과도한 재정 압박을 벗어나야 함과 동시에 늘어나는 고령 인구의 노후 생활을 보장해야 하는 두 마리 토끼 사이에서 고심하고 있다. 전체 인구에서 경제 활동 인구 대비 은퇴 인구 비중이 급속히 높아지면서 연금 지출 역시 빠르게 늘어나 재정 부담이 커지고 있지만, 그렇다고 늘어나는 노령 인구의 노후 보장을 포기하게 되면 이에 따른 사회 불안 역시 피할 수 없기 때문이다.

미국은 취업 인구 대 퇴직 인구의 비율이 1950년대 16 대 1에서 현재 3 대 1로 축소됐고, 2030년에는 2 대 1로 떨어질 것으로 우려되고 있다. 미국에 견줘 노년 혜택이 많고 출산율이 한층 떨어진 유럽의 상황은 더욱 더 심각하다.

지난 5월 연금 기금 보유액이 다음 달 연금 급여 지출액의 7%인 10억 유로에 불과했던 독일은 9월엔 20년 만에 처음으로 4억5천만 유로의 적자를 기록할 것으로 전망된다. 이탈리아는 2030년에 0.7명 대 1명꼴이 돼, 납세자보다 연금 수혜자가 많게 되는 기현상도 예상된다. 다른 유럽 나라들이나 일본과 캐나다 쪽 상황도 별로 다르지 않다. 하지만 일찌감치

공적 연금을 대폭 축소해 재정 부담으로부터 자유로운 영국에서는 이미 노후 불안이 큰 사회문제로 떠오르고 있다.

많은 유럽 국가들은 엄청난 사회적 저항과 갈등을 겪으면서도 대체로 '적게 내고 많이 받는' 체계에서 '많이 내고 적게 받는' 쪽으로 연금 제도 개혁에 나서고 있다. 또 스웨덴을 비롯한 북유럽 국가들은 오히려 출산과 양육에 대한 사회적 지원을 대폭 강화해 출산율을 높이는 한편 연금에만 의존하던 노후 보장을 일반 복지 제도로 분산시켜 문제를 해결해 가고 있다.

자료 : 한겨레신문 2005년 8월 16일자

반면에 적립 방식은 연금 가입자들이 낸 보험료를 적립해서 기금을 만들고 이것을 운영하여 나오는 수익으로 연금 급여를 지급하는 방식이다. 이러한 방식은 민간 보험 회사의 연금 상품과 운영 방식이 비슷하다고 하겠다. 적립 방식은 부과 방식과 달리 노령화의 영향을 별로 받지 않는다는 장점이 있다. 하지만, 적립된 기금의 수익률이 낮은 상황이 지속되면 기금 고갈 문제가 발생할 가능성이 높다.

물론 현실 세계에서는 완전 부과 방식이나 완전 적립 방식은 거의 존재하지 않는다. 대부분의 나라가 연금 제도 초기에는 부분 적립 방식으로 시작했다가 기금이 고갈되면서 부과 방식으로 전환하는 길을 걸어 왔다. 따라서 서구 선진국의 현행 연금 제도는 거의 예외 없이 부과 방식을 채택하고 있다. 이와 반대로 한국처럼 연금 제도의 역사가 짧고 노령화의 정도가 상대적으로 낮은 나라들은 대부분 부분 적립 방식을 채택한다.

한편, 연금 급여의 지급 방식에는 확정 급여 방식(defined benefit formula)과 확정 기여 방식(defined contribution formula)이 있다. 확정 급여 방식은 문자 그대로 은퇴 후의 연금 급여가 얼마가 될 것인지를 미리 확정해 두는 방식이다. 예컨대, 연금 급여의 지급 수준을 은퇴 전 평균 소득의 50%가 되도록 정하는 따위가 바로 그것이다. 이 제도 하에서 가입자는 자신의 은퇴 후 급여 수준을 알고 있기 때문에 자신의 노후를 안정적으로 설계할 수 있다. 반면에 확정 기여 방식에서는 가입자의 기여액/기여율을 미리 정해 둔다. 은퇴 후의 급여 수준은 적립된 기여액과 그것을 운영해서 얻은 수익금에 따라 정해진다. 따라서 가입자는 은퇴 후 자신의 연금액이 얼마나 될 것인지를 미리 알 수 없다. 이런 방식은 노후 소득 보장의 원칙에 충실하다고 보기 어렵다. 공적 연금은 대부분 확정 급여 방식을 채택하고 있다. 이것이 노후 소득 보장 원칙에 더 충실한 제도이기 때문이다. 이와 대조적으로 민간 보험에서 판매하는 연금 상품은 모두 확정 기여 방식을 채택한다.

확정 급여 방식의 공적 연금은 나라에 따라 다양한 급여 형태를 취하는데 대략 다음과 같은 세 가지 방식으로 나눌 수 있다(World Bank, 1994).

▶**보편 정액 급여(universal flat benefits)**: 소득 수준이나 근로 경력과 상관없이 일정한 나이 이상의 모든 사람에게 동일한 액수의 급여를 지급한다.

▶**자산 조사 방식의 급여(means-tested benefits)**: 자산 조사를 거쳐 소득이 낮은 사람에게는 더 많은 급여를 지급한다.

▶**소득 연계 방식의 급여(earnings-related benefits)**: 사회 보험 방식의 공적 연금은 소득 수준이 높을수록 더 많은 보험료를 내도록 되어 있다. 그리고 급여 수준 역시 기여 수준에 따라 달라지도록 되어 있다. 따라서 보험료를 많이 낸 사람들(즉, 소득이 높은 사람들)이 더 많은 급여를 받게 된다.

대다수 선진국에서는 이 세 가지 방식을 혼용한다. 즉, 보편 정액 급여나 자산 조사 방식의 급여를 일종의 기초 연금으로 삼고 여기에 소득 연계 방식의 급여를 첨가하는 방식이 보편적이다. 요컨대, 서구 복지국가의 공적 연금은 기초 연금과 소득 연계 연금의 두 가지 요소로 이루어진다고 볼 수 있다.

2) 직업 연금

직업 연금(occupational pension)은 고용 관계나 직업을 토대로 제공되는 사적 연금의 일종이다. 나라에 따라서는 직업 연금이 공적 연금보다 오래된 경우도 있다. 또한 직업 연금이 공적 연금을 도입하는 데 모태가 되기도 하였다. 직업 연금은 산업화의 역사가 긴 서구에서 발달된 제도이다. 한국처럼 산업화의 역사가 짧은 나라에는 직업 연금이 아직 도입되지 않은 상태이다. 그러나 한국에서 사실상의 공적 연금으로 분류되고 있는 군인 연금이나 공무원 연금도 엄밀히 말하면 직업 연금이라고 할 수 있다.

직업 연금의 대표적인 예는 기업 연금이다. 기업 연금은 고용주가 자발적으로 제공하기도 하고 노사 간 단체 협약에 의해 만들어지기도 한다. 고용주가 자발적으로 기업 연금을 제공하는 목적으로는 종업원의 애사심 고취, 이직 방지, 생산성 제고 등을 들 수 있을 것이다. 최근에는 기업 연금의 도입과 운영 과정에 정부가 개입하는 경우도 늘고 있다. 정부의 이런 개입은 공적 연금의 역할을 부분적으로 기업 연금에 떠넘기려는 의도에서 비롯되기도 한다.

기업 연금은 기업의 독자적인 제도로 운영되는 경우도 있고 해당 기업이 속한 산업 차원(industry-wide)에서 운영되는 경우도 있다. 단일 기업 차원의 연금 제도는 주로 앵글로 색슨 국가에서 시행하는 반면에 산업 차원의 연금 제도는 대체로 유럽 대륙 국가에서 채택하는 경향을 보인다.

기업 연금은 공적 연금과 달리 절대 다수가 적립 방식과 확정 기여 방식을 선호한다. 그리고 연금 기금의 적립에 노동자들의 기여를 요구하는 경우도 적지 않다. 또 노동자들이 일정 기간 이상 근무/기여하여 연금 급여의 '소유권'을 획득하기 전에 회사를 그만두거나 직장을 옮길 경우에는 수급 자격이 상실되는 것이 일반적이다. 또한 고용주들은 기업 연금 제도를 중단할 수 있는 권리도 갖고 있다. 게다가 확정 기여 방식에 의존하는 기업 연금은 투자 위험이 높기 마련이다. 적립한 기금의 투자 수익이 낮을 경우에 은퇴 노동자들의 연금 급여 역시 낮아진다. 최악의 경우 연금 기금의 투자를 모두 상실하는 경우도 없지 않다. 이러한 특징들은 기업 연금이 노후 소득 보장 제도로 적절하지 않다는 비판을 불러일으킨다.

3) 다층 보장 체제

선진 복지국가의 노후 소득 보장은 기본적으로 공적 연금에 의존하고 있지만 이것에 대한 의존도는 점차 낮아지는 추세이다. 최근의 노후 소득 보장 제도는 공적 연금 외에도 기업 연금과 개인 저축을 포함하는 다층 보장 체제(multi-tiered system)로 진화하는 추세를 나타내고 있다. 이러한 다층 보장 체제는 한편으론 노후 보장 수준을 높여 달라는 사회적 욕구가 높아지는 추세에 적극적으로 대응하기 위한 방법으로 제시되었고, 다른 한편으론 공적 연금의 과부하를 덜기 위한 소득 보장의 다변화 방안으로 제시되기도 한다. 아울러, 다층 보장 체제는 단층 보장 체제의 약점과 한계를 보완할 수 있는 제도로 여겨져 세계은행을 비롯한 여러 국제기구의 지지를 얻고 있다.

일반적으로 노후 보장의 다층 체제는 공적 연금과 기업 연금 그리고 개인 저축의 3층으로 이루어진다. 이것은 노후 보장의 주체가 각각 국가(공적 연금), 기업(기업 연금), 개인(개인 저축)으로 분산되어 있다는 점을 시사한다. 이 세 주체의 비중은 나라에 따라 다르다. 대체로 유럽에서는 영국과 미국에 견주어 공적 연금의 비중이 높고 기업 연금과 개인 저축의 비중은 상대적으로 낮다. OECD(2001)의 자료에 따르면, 65세 이상 노인의 소득원 가운데 공적 연금의 비중이 높은 나라들은 스웨덴(81.7%), 독일(73%), 이탈리아(65.2%) 등이었다. 반면에 일본(29.7%), 미국(30.6%), 영국(42.9%)과 같은 나라들은 공적 연금의 비중이 전체 소득의 절반 이하를 차지하고 있다. 한편, 공적 연금인 국민연금이 아직 성숙 상태에 이르지 못한 한국의 경우에는 2000년 현재 65세 이상 노인의 소득원에서 차지하는 공적 연금의 비중이 1.7%에 불과한 것으로 나타났다(김수완 · 조유미, 2005). 공적 연금의 비중이 지극히 미미한 것과 대조적으로 사적 이전[2](private transfer)의 비중은 무려 50.1%나 돼서 한국 노인들에게 공적 연금은 아직 '먼 나라 이야기'임을 입증하고 있다.

3. 한국의 노후 소득 보장 제도

1) 국민 연금

(1) 현황

국민 연금은 한국의 대표적인 공적 연금 제도로 1988년에 도입되었다. 도입 당시에는 상시 근로자 10인 이상의 사업장에 근무하는 피용자만이 적용 대상이었다. 이후 적용 대상은 점차 확대되어 1999년 4월에는 드디어 모든 국민을 대상으로 하는 노후 소득 보장 제도로 발전하였다. 2003년 7월부터는 1인 이상 사업장도 적용 대상으로 포함되었다.

① 적용 대상

국민 연금은 강제 가입을 기본 원리로 하는 사회 보험의 일종이기 때문에 국내에 거주하는 18세 이상 60세 미만의 국민은 누구나 다 가입해야 한다. 다만, 공무원과 군인 그리고 사립학교 교직원은 별도의 특수 직역 연금 제도의 적용을 받고 있으므로 적용 대상에서 제외된다. 가입자는 크게 사업장 가입자와 지역 가입자로 나뉜다. 사업장 가입자

2) 사적 이전은 가족, 친지, 사회단체 등에서 제공받은 소득을 가리킨다.

는 직장에 고용된 임금 근로자를 가리키고 지역 가입자는 도시 자영업 종사자와 농어민 가입자를 총칭하는 말이다. 이러한 의무 가입자 외에도 가입 의무가 없는데도 본인의 의사에 따라 국민 연금에 가입할 수 있다. 이런 사람들은 크게 임의 가입자와 임의 계속 가입자로 구분한다. 임의 가입자는 전업 주부처럼 별도의 소득이 없지만 국민 연금의 혜택을 받기 원해서 스스로 가입한 사람들이다. 임의 계속 가입자는 연금 급여 개시 연령인 60세까지 가입하고 있어도 최소 가입 연수를 채울 수 없는 경우에 65세까지 임의로 가입 기간을 연장하는 사람들을 뜻한다.

② 재원

국민 연금도 사회 보험의 일종이므로 모든 가입자에게는 다달이 일정 액수의 보험료를 납부할 의무가 주어진다. 가입자가 이렇게 보험료를 납부하는 것을 기여(contribution)라는 용어로 표현한다. 국민 연금은 가입자가 낸 보험료로 기금을 만들고 이것을 바탕으로 얻은 수익금을 합쳐 연금 재정을 충당하는 이른바 적립 방식을 채택하고 있다.

사업장 가입자, 즉 일반 직장에 다니는 피용자의 기여율은 표준 소득 월액[3]의 4.5%로 책정되어 있다. 여기에다 고용주는 피용자의 기여율만큼 더 보태도록 법에 정해져 있기 때문에 사업장 가입자의 총 기여율은 9%가 된다. 지역 가입자의 경우에는 처음에 3%로 책정되어 있었지만, 이후 점차 늘어나 2005년부터는 9%를 내도록 되어 있다. 1998년에 통과된 국민 연금법 개정안은 연금 재정의 안정을 위해 5년마다 기여율을 조정할 수 있도록 규정해 놓았다. 따라서 현재의 기여율 9% 수준은 앞으로 더 올라갈 가능성이 높다.

3) 표준 소득 월액은 간단히 말해 국민 연금 제도에서 규정한 가입자의 월 소득이라고 할 수 있다. 그런데 왜 이렇게 복잡한 표현을 사용하는가? 그것은 가입자의 소득 가운데는 보험료 징수 대상에서 제외되는 부분이 있기 때문이다.

③ 급여

국민 연금 제도에 규정된 급여에는 노령 연금, 장애 연금, 유족 연금과 반환 일시금이 있다. 노령 연금은 10년 이상 가입하고 60세가 되었을 때 지급하는 연금이고 장애 연금은 가입 중에 발생한 질병 또는 부상으로 장애가 남아 있을 때 지급된다. 연금 가입자나 수급자가 사망한 경우에 그 유족에게 지급되는 것이 유족 연금이다. 한편 이러한 연금 급여의 수급 요건을 충족하지 못하고 중도에 자격을 상실하거나 사망한 경우에는 본인 또는 그 유족에게 반환 일시금이나 사망 일시금이 주어진다. 이 가운데 우리의 관심사인 노령 연금에는 완전 노령 연금, 감액 노령 연금, 조기 노령 연금 등이 있다. 노령 연금 급여의 종류와 상세한 내용은 〈표 6-1〉에 요약해 놓았다.

〈표 6-1〉 국민 연금 급여의 주요 내용

종류	수급 요건	급여 내용과 수준
완전노령연금	가입 기간 20년 이상으로 60세에 달한 사람 (65세 미만인 사람은 소득이 없어야 함)	기본 연금액 100% + 가급 연금액
감액노령연금	가입 기간이 10년 이상 20년 미만인 사람으로 60세에 달한 사람	가입 기간에 따라 기본 연금액을 감액하고 여기에 가급 연금액을 합친 액수
조기노령연금	가입 기간이 10년 이상이고 55세 이상으로 소득이 있는 업무에 종사하지 아니한 사람이 60세에 도달하기 전에 연금 수급을 원할 경우	다음 액수에 각각 가급 연금액을 합친 액수 59세: 기본 연금액 47.5% × 95% 58세: 기본 연금액 47.5% × 90% 57세: 기본 연금액 47.5% × 85% 56세: 기본 연금액 47.5% × 80% 55세: 기본 연금액 47.5% × 75%
특례노령연금	가입 기간 5년 이상으로 60세에 달한 사람	가입 기간이 5년인 경우 기본 연금액 25% + 가급 연금액

그런데 과연 국민 연금 급여의 실제 액수는 얼마나 될까? 물론, 개인의 연금 급여 수준은 가입 기간, 소득 수준, 은퇴 시기 등의 다양한 변수에 의해 결정된다. 국민 연금의 급여는 기본 연금액과 가급 연금액을 합친 액수이다. 기본 연금액은 다음과 같은 공식을 따라 정해진다.

$$\text{기본 연금액} = 1.8(A + B) \times (1 + 0.05y)$$

이 공식에서 A는 연금을 받기 시작하는 해의 직전 3년 동안에 전체 가입자가 벌어들인 평균 소득을 가리키고 B는 가입자의 가입 기간 중 평균 소득을 뜻한다. 마지막으로 y는 20년을 초과하는 가입 햇수를 나타낸다.

독자 여러분은 B, 즉 가입자의 가입 기간 중 평균 소득이 클수록(따라서 기여 금액이 많을수록) 급여가 높아지는 것을 쉽게 이해할 수 있을 것이다. 그리고 이것은 지극히 당연한 일이다. 그런데 A는 왜 공식에 들어가 있을까? 결론부터 말하자면, 이 부분은 연금 제도에 일정 정도의 재분배 효과를 내려는 의도로 삽입되었다. 사회 보험의 목표 중에는 소득 재분배도 들어 있다는 사실을 기억하자. 그렇다면 B는 어떻게 재분배 기능을 하고 있는가? 이 공식은 모든 가입자에게 적용되기 때문에 가입 기간 중의 평균 소득이 낮은 사람일수록 상대적으로 유리한 결과를 얻을 수 있다. 또한 이 부분은 국민 경제 전체의 성과를 모든 가입자에게 나눈다는 의미를 갖기도 한다. 예를 들어, 이 기간 중 경제가 활발히 성장해서 전체 가입자의 평균 소득이 상승했다면, B는 이 성장의 열매를 상대적으로 낮은 소득을 기록한 사람들에게도 나누어 줄 수 있는 근거가 되는 것이다.

연금 급여의 수준이 얼마나 되는가를 나타내는 척도로 흔히 소득 대체율(income replacement rate)이라는 용어가 사용된다. 이것은 연금 수급자가 받는 급여를 자신이 은퇴하기 전의 평균 소득으로 나눈 비율이다. 만일 어떤 사람의 은퇴 전 소득이 오로지 근로 소득으로만 이루어졌다면, 연금 급여의 소득 대체율이 100%일 경우에 이 사람의 소득 수준에는 아무런 변화도 없게 된다. 현행 국민 연금 제도는 도입 당시 40년 동안 가입한 평균 소득자의 소득 대체율이 70%가 되도록 설계되었다가, 1998년의 재정 개혁에 의해 60%로 하향 조정되어 현재에 이르고 있다.

(2) 문제점

① 재정 불안정

우리나라의 국민 연금 제도는 수정 적립 방식으로 운영되고 있다. 이러한 방식의 연금 제도는 언젠가는 기금이 고갈되는 것을 전제로 설계된다. 따라서 재정 운영에서 가장 중요한 과제는 기금 고갈 시점을 최대한 늦추는 일이다. 국민 연금 발전 위원회(2003)가 추계한 바에 따르면, 현재 기여율 9%와 소득 대체율 60% 수준을 유지할 경우에 2036년부터 적자가 발생하기 시작하고 2047년에는 기금이 완전히 고갈될 것으로 예상된다(〈그림 6-1〉 참조).

〈그림 6-1〉 현행 국민 연금의 장기 재정 추계

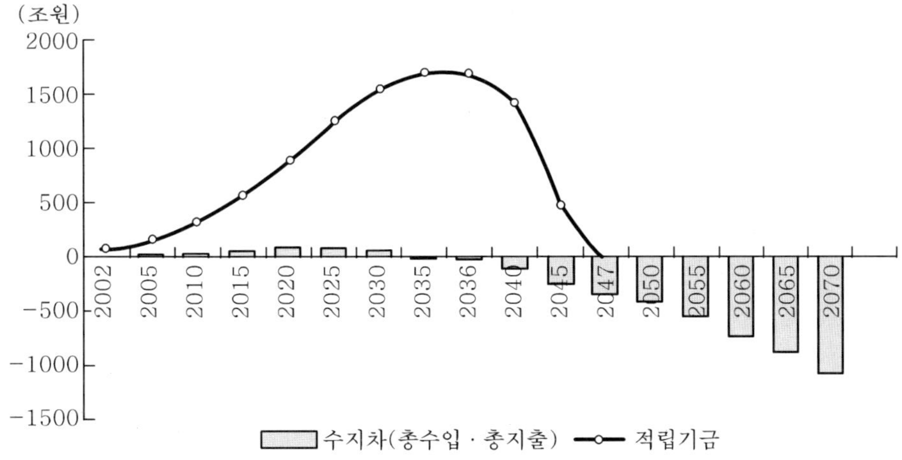

자료: 이용하, 2004.

그러나 기금의 고갈 문제는 정립 방식의 연금 제도가 갖는 성격상 불가피한 것이다. 따라서 최근 제기되고 있는 기금 고갈 논란의 대부분은 제도의 성격을 제대로 이해하지 못하거나 아니면 정치적·파당적 이유로 접근하기 때문에 생기는 경우가 많다. 가령, 아직 제도가 충분히 성숙하지도 않아서 2005년 현재 완전 노령 연금을 받는 수급자가 한 명도 없는 상태에서(2008년이 되어야 첫 수급자가 나옴), 기금 고갈을 운운하며 연금 무용론을 펼치는 일부 언론의 태도는 매우 심각한 문제가 아닐 수 없다.

국민 연금의 재정 불안정 문제는 크게 두 가지 원인에서 출발한다. 하나는 제도 도입 당시에 "적게 내고 많이 받는" 저부담·고급여 체제를 채택했다는 사실이다. 다른 하나는 우리 사회의 노령화 속도가 예상보다 훨씬 빠르게 진행되고 있는 점과 관련이 있다. 이런 상황을 타개하는 한 가지 방법은 지속적으로 부담 수준(즉 기여율)을 높이고 급여 수준(즉 소득 대체율)을 낮추는 것이다. 그러나 이와 같은 재정 개혁을 시도하는 것 자체가 결코 쉬운 문제가 아니다. 이해 당사자들의 저항과 반발이 일어날 것임은 불을 보듯 뻔하다. 게다가 기여율을 올리는 것도 한계가 있기 때문에 궁극적인 해결책이 될 수 없다는 지적이 많다. 또 적절한 급여 수준이 무엇이냐에 관한 논란도 결코 간단한 문제가 아니다.

이런 상황을 감안하여 일부에서는 기초 연금제의 도입을 주장하고 있다. 기초 연금 제도는 현행 국민 연금과 달리 재원을 일반 조세로 충당하며 모든 노인에게 동일한 금액을 연금으로 지급하는 제도이다. 기초 연금제를 주장하는 쪽에서는 기초 연금에다 개인의 소득 수준과 연계한 소득 비례 연금을 첨가하고 그 위에다 기업 연금과 같은 사적 연금을 덧붙여 이른바 3층 보장 체제(three-pillar system)를 구축하는 것이 근본적인 해결책이라고 믿고 있다. 그러나 기초 연금제 자체가 엄청난 재원을 필요로 한다는 점에서 그 실효성에 의문을 제기하는 사람들도 많다.

한편, 세계은행과 같은 일부 국제기구에서는 아예 공적 연금의 비중을 줄이고 사적 연금과 개인 저축의 비중을 늘리는 방법을 선택하라고 촉구하고 있다. 그러나 이와 같은 방법은 연금 재정 문제는 해결할 수 있을지 모르나, 사회 보장의 기본 의의를 훼손하기 때문에 결코 수용할 수 없는 제안이다.

결론적으로, 연금 재정을 둘러싼 논란은 전통적인 방식의 공적 연금 제도에 대해 심각한 도전이 되고 있다. 이러한 도전은 한국에서만 볼 수 있는 현상이 아니다. 사실, 연금 제도의 역사가 100년 가까이 된 서구에서는 이미 오래 전에 연금 재정 문제가 제기되었고, 노후 보장 방식을 어떻게 개혁할 것인가 하는 과제를 놓고 각양각색의 논쟁이 전개되어 왔다. 그럼에도 아직까지는 그 어느 나라에서도 묘책을 만들어내지 못한 상태이다. 일부에서는(가령, 칠레) 연금 제도의 민영화를 시도해 보았지만 이것 역시 예기치 않은 문제로 어려움을 겪고 있다. 민영화가 대안이 아닌 것은 이러한 실례를 굳이 거론하지 않더라도 쉽게 알 수 있다. 따라서 사회 보장의 원리와 의의를 유지하면서도 지속 가능한 노후 소득 보장 제도를 만드는 것은 여전히 모든 나라의 공통된 과제라고 할 것이다.

② 사각 지대 문제

현행 국민 연금 제도는 제도의 혜택이 닿지 않는 이른바 사각 지대를 폭넓게 가지고 있다는 지적을 받아 왔다. 사각 지대 문제는 제도 내부에서 발생하는 것과 제도 외부에서 발생하는 것으로 대별된다. 먼저 제도 내부에서 발생하는 사각 지대 문제의 핵심은 납부 예외자와 보험료 미납자 문제이다. 국민 연금 가입자는 소득 신고 여부를 기준으로 소득 신고자와 납부 예외자로 구분된다. 그리고 소득 신고자 가운데 보험료를 내지 않는 사람이 보험 미납자이다. 실직이나 미취업 등의 이유로 보험료를 낼 형편이 되지 못하는 사람들은 자신의 소득 활동이 재개될 때까지 보험료의 납부를 미룰 수 있다. 이런 사람들을 납부 예외자라고 한다.

대부분의 납부 예외자와 미납자는 지역 가입자이다. 최근 자료에 따르면, 2004년 6월 현재 지역 가입자의 절반이 납부 예외자이고 소득 신고자의 절반이 보험료 미납자라고 한다(이용하, 2004). 전국적으로 납부 예외자의 수는 약 480만 명에 이른다. 이토록 많은 납부 예외자와 미납자가 존재한다는 사실은 현행 국민 연금 제도에 커다란 구멍이 뚫려 있다는 증거이다. 특히, 납부 예외자는 공공 부조 대상자도 아니고 국민 연금의 실질 가입자도 아니기 때문에 이들의 노후 보장 문제는 향후 우리 사회에 큰 부담을 지울 가능성이 높다.

한편, 연금 제도 밖에서 발생하는 사각 지대 문제는 더욱 구조적이다. 여기에 속하는 사람들 중에는 제도의 적용 대상에서 제외된 전업 주부나 기존 노년층이 있다. 이러한 문제는 현행 연금 제도가 소득 활동을 전제로 하기 때문에 발생한다. 특히 기존의 노년 세대는 60-70년대 산업화의 주역으로 오늘날의 경제 번영에 공헌한 장본인들인데도 불구하고 노후 보장에서 제외되었기 때문에 사회적 형평성에도 어긋난다는 지적이 많다.

③ 형평성 논란

형평성(equity)은 공평성이라고도 하는데, 그 뜻을 간단히 말하면 기여에 따라 몫이 주어지는 상태를 의미한다. 국민 연금을 예로 든다면, 소득이 많은 사람이 적은 사람보다 더 많은 보험료를 내고 그 결과로 더 많은 급여를 받는 것이 형평성의 원칙과 부합한다. 따라서 소득이 많은 사람이 소득이 적은 사람과 비슷한 보험료를 내거나 심지어 적게 내는 일이 일어난다면, 당연히 형평성에 문제가 있다는 비판이 제기될 것이다. 이런 면에서 현행 국민 연금은 여러 가지 형평성 문제를 안고 있다는 지적을 받아 왔다.

그 중에 가장 많은 논란을 일으키는 것이 사업장 가입자(즉 임금 근로자)와 자영자가 많은 지역 가입자 사이의 형평성 문제이다. 문제의 핵심은 소득 파악 비율이다. 임금 근로자들의 소득은 흔히 '유리 지갑'이라는 표현이 보여 주듯 그 내용이 낱낱이 드러난다. 반면에 자영자가 절대 다수(약 70%)를 차지하는 지역 가입자들의 소득 파악 비율은 매우 낮은 수준에 머물러 있다. 자영자들의 소득 신고가 정직하지 않기 때문이다. 이러다 보니 지역 가입자의 소득 수준이 사업장 가입자의 60%에도 미달하는 것으로 나타났다(전병목, 2003).

이와 같은 상화에서는 국민 연금 제도에 내재된 소득 재분배 기능에 따라 사업장 가입자의 소득이 지역 가입자에게 재분배되는 결과를 초래한다. 그런데 문제는 지역 가입자의 대부분을 차지하는 자영자 가운데는 의사, 변호사, 회계사 등의 고소득 전문 직종 종사자도 상당수 포함되어 있다는 사실이다. 또 지역 가입자 중에는 상당한 수준의 매출을 기록하는 자영업자도 적지 않다. 이들의 소득 수준이 사업장 가입자들보다 높을 것임은 말할 필요조차 없다. 그런데도 이들은 소득을 낮게 신고하여 보험료를 적게 내는 한편, 급여는 상대적으로 많이 받을 수 있으니 형평성 문제가 제기되는 것은 지극히 당연한 일이다.

형평성 논란과 관련된 또 하나의 이른바 표준 소득 상한선 제도이다. 현행 국민 연금 제도는 보험료를 부과하기 위한 근거로 소득 수준을 45개 등급으로 나누어 놓았다. 그런데 최고 등급인 45등급에 해당하는 소득이 월 평균 360만원이다. 따라서 360만원이 넘는 소득은 모두 동일한 등급으로 분류된다. 다시 말해서 매달 360만원을 버는 사람과 그 열 배인 3,600만원을 버는 사람이 똑같은 보험료를 내고 있는 것이다. 이 얼마나 비합리적인 제도인가. 360만원이라는 상한선은 1995년에 만들어진 이래 2005년 현재까지 그대로 유지되어 왔다. 지난 10년 간 근로자의 평균 임금은 4배나 올랐다. 결국, 그 동안 저소득층이 고소득층에 비해 상대적으로 많은 부담을 져 왔다는 말이 된다.

2) 경로 연금

(1) 현황

경로 연금은 공적 연금의 혜택을 받을 수 없는 현재 노년 세대의 소득 보장을 위해 1998년 7월에 도입한 것으로 과거의 노령 수당 제도를 흡수 통합하였다. 경로 연금은 현행 국민 연금의 적용 대상에서 제외된 기존 저소득 노년층에게는 일종의 무기여(無寄與) 노령 연금으로서의 의미를 띠고 있고, 기초 생활 보장 수급자에게는 부가 급여로서의 역할을 하고 있다. 경로 연금은 노인 복지법에 따라 지급되며 그 재원은 전액 국가가 부담한다.

2004년 3월 현재 65세 이상의 경로 연금 수급자는 62만 명 정도로 65세 이상 전체 노인 인구의 약 15%에 해당한다. 이 가운데 절반가량은 경로 연금과 기초 생활 보장 급여를 동시에 받고 있다.

① 적용 대상

경로 연금의 수급 대상은 65세 이상의 국민 기초 생활 보장 제도의 수급자이거나 이른바 차상위 소득 계층에 속하는 노인 가운데 1933년 7월 1일 이전에 출생한 사람이다.[4] 공적 연금 수급자는 적용 대상에서 제외된다. 저소득 노인의 수급 자격은 본인과 부양 의무자의 소득을 합친 금액이 가계 소득과 가구원 수를 기준으로 대통령령(大統領令)이 정하는 금액 이하이고 그 재산을 합한 금액이 대통령령 이하인 경우에 주어진다.

② 급여

노인 복지법 10조에 따르면 경로 연금의 급여액은 국민 연금 중 특

---

4) 저소득 노인의 적용 대상을 1933년 7월 1일 이전으로 한정한 것은 경로 연금이 도입된 1998년 7월 1일 기준으로 만 65세 이상인 노인에게만 수급 자격이 부여되었기 때문이다.

례 노령 연금의 최저 지급액을 감안하여 결정하도록 되어 있다. 이에 따라 국민 기초 생활 보장 수급자의 경우에는 80세 이상은 월 5만원, 80세 미만은 월 4만 5천원을 받는다. 저소득 노인들은 혼자인 경우에는 월 3만 5천원, 부부 수급자인 경우에는 각각 월 26,250원을 받고 있다.

③ 재원

경로 연금의 재원은 중앙 정부가 70%, 지방 자치 단체가 30%를 충당하도록 되어 있다. 다만, 특별시(서울)의 경우에는 50: 50의 비율로 분담한다.

(2) 문제점

경로 연금을 도입한 기본 목적은 국민 연금 제도의 도입 당시 이미 노년기에 접어들어 적용 대상에서 제외된 저소득 노인들에게 연금 혜택을 주기 위한 것이었다. 그러나 수급자의 비율이 65세 이상 노인의 15%에 불과해 도입 취지가 무색해졌다. 더구나 급여 수준이 월 5만원 이하로 노후 소득 보장이란 말이 민망할 지경이다.

그렇다고 해서 적용 대상을 늘리거나 급여 수준을 올릴 수도 없는 내재적 한계를 경로 연금은 지니고 있다. 가장 큰 이유는 경로 연금이 국민 연금에서 배제된 기존 노년층의 일부를 겨냥한 한시적 무기여 연금 제도로 도입되었기 때문이다. 향후 국민 연금이 제도적으로 성숙해지면서 무기여 연금 제도로서의 성격은 사라지고 기초 생활 보장 수급 노인에 대한 부가 급여로서의 성격만 남게 된다. 또한 경로 연금의 낮은 급여 수준도 문제로 자주 지적되고 있지만, 이것 역시 국민 연금의 특례 노령 연금 수급자의 급여 수준보다 낮아야 한다는 원칙에 비추어 올릴 여지가 별로 없어 보인다. 요컨대, 경로 연금은 노후 보장 제도로서의 성격과 역할이 모호하여 제도의 발전 방향과 위상을 정립하는 데 많은 어려움을 던지고 있다(석재은, 2002).

3) 국민 기초 생활 보장 제도

(1) 현황

2000년 10월부터 시행된 국민 기초 생활 보장 제도는 일반 공공 부조 제도이기 때문에 노후 소득 보장 자체를 목적으로 하고 있지는 않다. 그러나 수급자의 25%가량이 노인들이고 65세 이상 노인 인구 중 기초 생활 보장 수급자의 비율이 8-9% 가까이 되는 현실을 감안하면, 이 제도가 현행 노후 소득 보장 체계에서 무시할 수 없는 비중을 차지하고 있다고 하겠다.

① 적용 대상

국민 기초 생활 보장법 제 5조에 따르면, 수급자는 "부양 의무자가 없거나, 부양 의무자가 있어도 부양 능력이 없거나 부양을 받을 수 없는 자로, 소득 인정액이 최저 생계비 이하인 자"로 규정하고 있다. 따라서 수급자로 선정되기 위해서는 부양 의무자 기준과 소득 인정액 기준을 동시에 충족해야 한다. 최저 생계비는 법에 따라 5년 단위로 계측하여 중앙 생활 보장 위원회의 심의와 의결을 거쳐 보건복지부 장관이 발표한다. 부양 의무자의 범위는 수급자의 배우자와 직계 혈족(조부모, 부모, 자녀) 그리고 수급자와 생계를 함께 하는 2촌 이내의 혈족(형제, 자매)으로 규정되어 있다. 부양 의무자의 부양 능력은 부양 의무자의 실제 소득이 부양 의무자 가구의 최저 생계비의 120% 이상인 경우를 기준으로 결정된다. 또한 부양 의무자의 재산을 소득으로 환산한 재산 소득 환산액 기준도 부양 능력 여부를 결정하는 데 적용하도록 되어 있다.

② 급여

국민 기초 생활 보장 제도는 보충성의 원리에 따라 최저 생계비와 소득 인정액 간의 차액을 수급자에게 지급한다. 또 자립 지원 원칙에 따라 근로 능력이 있는 수급자의 경우에는 자활 사업에 참여할 것을 조건으로 급여를 지급하고 있다. 급여 종류에는 생계 급여, 주거 급여, 의료 급여, 교육 급여 등이 있는데, 이 가운데 생계 급여와 주거 급여만이 현금 급여이다. 이 밖에 자활 근로 참여를 전제로 하는 조건부 수급자에게는 자활 급여를 지급한다.

(2) 문제점

앞에서 이미 언급한 바와 같이 국민 기초 생활 보장 제도는 원래 노후 소득 보장을 목적으로 만들어진 것이 아니기 때문에, 이 제도의 문제점으로 지적된 것들이 모두 노후 소득 보장 제도로서의 문제점이라고 해석할 수는 없다. 다만, 현행 국민 연금의 도입 역사가 얼마 되지 않아서 상대적으로 경로 연금과 국민 기초 생활 보장 제도의 역할이 부각되고 있는 현실만은 간과해서 안 될 것이다. 그러나 제도 자체가 노년층을 위한 제도라기보다는 일반 빈곤층을 위한 최후 사회 안전망으로 고안된 것이니 만큼 노후 소득 보상 제도로서의 역할을 크게 기대하기는 어렵다.

4) 퇴직 급여 제도

(1) 현황

퇴직금이란 말 그대로 임금 노동자가 직장을 그만둘 때, 즉 고용 관계가 종료될 때 사용자가 지급하는 급여이다. 한국의 퇴직금 제도는 근로기준법에 규정된 것으로 다른 나라에서는 유례를 찾아보기 힘들다. 퇴직금 제도는 1961년 근로자 30인 이상 사업장을 대상으로 도입된 이후 점차 확대되어 오다가 1989년에는 5인 이상 사업장까지 포함하게 되었다.

퇴직금 제도는 이렇다 할 사회 보장 제도가 없던 시절에 실직자/퇴직자의 생계 안정과 노후 소득원으로 일정한 역할을 해 왔다. 그러나 고용 보험 도입으로 실직자의 생계 보호 제도가 마련되고 국민 연금 도입이 노후 소득 보장 제도로 자리를 잡아가면서 퇴직금 제도의 위상을 어떻게 정립할 것인가에 대해 여러 가지 논란이 일어나게 되었다. 더구나 퇴직금이 일시금으로 지불되기 때문에 노후 소득 보장에는 별 효과가 없다는 지적이 잇달았다. 결국 정부는 퇴직금 제도를 퇴직 연금 제도로 전환하기로 결정하였다. 퇴직 연금에 관한 법률의 이름은 〈근로자 퇴직 급여 보장법〉으로 2005년 1월에 공포되었고 2005년 12월 1일부터 시행한다.

(2) 근로자 퇴직 급여 보장법의 주요 내용

① 퇴직 급여 제도의 선택

근로자 퇴직 급여 보장법은 퇴직 연금 제도를 도입할 수 있는 법적 근거를 마련했다는 점에서 적지 않은 의의가 있다. 그러나 이 법이 기존의 퇴직금 제도를 폐지한 것은 아니다. 퇴직금 제도는 계속 운영된다. 다만, 퇴직금 제도와 퇴직 연금 제도 가운데 어느 것을 선택할 것인가 하는 문제는 노사 간 합의를 거쳐 결정하도록 되어 있다. 전환 시에는 근로자 과반수의 동의를 거쳐 연금 규약을 작성해야 한다.

② 퇴직 연금 제도의 설계

퇴직 연금 제도는 확정 기여형(defined contribution system)과 확정 급여형(defined benefit system)의 두 가지 중에서 선택할 수 있다. 확정 급여형을 선택할 경우에는 현행 퇴직금 제도에서 제공하는 금액 이상을 지급해야 한다. 확정 기여형에서는 적립금의 운용 결과에 따라 근로자마다 급여가 달라진다. 한편, 사용자의 부담 수준은 확정 급여형인 경우에는 현행 퇴직금 제도와 동일하며, 확정 기여형을 채택한 경우에는 연간 임금 총액의 1/12 이상을 기여하도록 되어 있다.

연금 급여는 가입 기간이 10년이 넘은 사람 가운데 55세 이상의 퇴직 근로자에게 지급하는데, 지급 기간은 연금 규약이 정한 바에 따라 5년 이상 분할 지급하도록 되어 있다. 이 조건을 충족하지 못한 경우에는 퇴직 일시금을 지급한다. 사용자가 퇴직 연금 기금으로 기여한 재원은 일정 요건을 갖춘 금융 기관(퇴직 연금 사업자)에 위탁하여 운용되도록 한다.

③ 적용 대상

이 법은 근로자를 사용하는 모든 사업장에 적용된다. 다만, 동거 친족만을 사용하는 사업과 가사 사용인에게는 적용하지 않는다. 그러나 5인 미만의 영세 사업장의 경우는 유예 기간(2008-2010)을 설정하여 단계적으로 적용한다.

④ 개인 퇴직 계좌

근로자의 직장 이동을 고려하여 퇴직 급여를 계속해서 적립할 수 있도록 하는 장치로 개인 퇴직 계좌 제도를 마련하였다. 가입 자격은 퇴직금과 퇴직 연금의 일시금을 수령한 퇴직자이다.

(3) 전망

퇴직 연금 제도에서는 적립금을 금융 기관에 예치하도록 되어 있어서 과거처럼 퇴직금을 떼이거나 제대로 받지 못할 가능성은 낮아졌다고 할 수 있다. 또한 직장을 옮기더라도 퇴직금을 계속해서 적립할 수 있기 때문에 노후 소득 보장에 큰 도움이 될 수 있다.

반면에, 확정 기여형 퇴직 연금의 경우에는 적립된 기금의 운용 결과가 연금 급여의 수준을 좌우하게 되어 퇴직자의 노후 보장 전망이 불투명해지는 단점도 있다. 아울러, 비정규직 노동자들의 배제 문제도 지나쳐서는 안 된다. 현재의 노동 시장에서도 정규직과 비정규직 사이에 상당한 격차 문제가 논란이 되고 있는데, 이 격차가 은퇴 후에까지 확대 재생산되는 일은 사회 전체적으로 적지 않은 부담이 될 것이다.

5) 고령자 고용 지원 제도

(1) 현황

사회적 의미에서 노인이란 개념에는 생존을 위한 소득 활동을 상시적으로 하지 않는 사람이란 뜻도 들어 있다. 거의 모든 통계에서 노인의 기준을 65세 이상의 연령 집단으로 잡고 있는 것도 65세가 노동시장에서 은퇴하여 노령 연금을 받기 시작하는 가장 일반적인 나이로 정해져 있기 때문이다. 따라서 사람들은 대체로 노인 취업을 경제적 목적보다는 사회적 참여의 일환으로 생각하는 경향을 보여 왔다. 즉, 돈을 버는 것이 노인 취업의 목적이 아니고 노인들로 하여금 사회 활동에 참여하면서 보람을 느끼게 하는 것이 더욱 중요하다는 해석이었다.

이러한 경향은 최근 들어 빠르게 바뀌는 추세를 보이고 있다. 특히 노령화 비율이 높은 서구의 경우 연금과 의료비 상승이 복지국가의 큰 부담으로 작용하면서 노년층에 대한 사회정책의 틀을 새롭게 짜야 할 상황에 직면한 것이다. 새로운 노인 정책의 내용에는 정년 연장과 폐지, 연금 수급 연령의 상향 조정, 고령자 취업 촉진 등이 포함되어 있다(OECD, 2003). 전문가들은 노년에 대한 이와 같은 새로운 접근 시각을 흔히 생산적 노년(productive ageing) 또는 적극적 노년(active ageing)이라는 개념으로 담기도 한다.

서구 복지국가와 달리 노후 소득 보장 제도의 역사가 짧은 우리나라에서는 노령에도 생계를 위해 취업 활동을 해야 하는 사람들의 비율이 선진 복지국가에 견주어 높게 나타난다(방하남 외, 2004). 그러나 이러한 자료는 농어촌에 거주하는 노인들이 대부분 취업으로 간주되기 때문에 나온 결과라는 사실을 간과해서는 안 된다. 실제로 비농가 인구 중 65세 이상 노인의 경제 활동 참가율은 농가 노인 인구의 1/4에도 미치지 못하는 것으로 나타났다. 이렇게 노후 소득 보장 제도가 제대로 뿌리를 내리지도 못한 상황에서 노인들의 경제 활동 참가율이 낮다고 한다면, 그 결과가 어떠할지는 물어볼 필요조차 없는 것이다. 우리나라의 노인 빈곤율이 높은 이유가 바로 여기에 있다.

그러므로 노인들의 취업 또는 재취업을 지원하는 여러 가지 정책은 넓게 보아 소득 보장 정책의 범주에 포함해도 무방할 듯하다. 한국과 같이 공적 연금 제도의 역사가 짧을 뿐만 아니라 사적 연금 제도도 발달하지 않은 사회에서는 특히 그러하다고 하겠다. 이러한 점을 감안하여 정부는 90년대 이후 고령자 취업을 촉진하기 위해 여러 가지 제도와 정책을 시행해 왔다. 이 가운데 대표적인 것이 고령자 고용 촉진법에 따른 고령자 고용 촉진 정책과 노인 복지법에 기초를 둔 각종 노인 취업 지원 정책이라고 하겠다. 사회적 일자리 창출 사업의 일환으로 최근 시작된 노인 일자리 창출 사업도 노인 복지법에 따라 노인들의 취업 기회를 확대하기 위한 범정부적 프로젝트이다.

① 고령자 고용 촉진법에 따른 취업 지원 정책

1992에 도입된 후 여러 차례의 개정을 거친 고령자 고용 촉진법에 따르면, 정부는 고령자의 고용 촉진과 직업 안정을 도모하기 위해 고령자 고용 촉진 대책의 수립과 시행 그리고 직업 능력 개발 등의 필요한 시책을 종합적이고 효과적으로 추진할 의무를 갖는다.[5] 이 법에 명시된 구체적인 고령자 고용 촉진 대책으로는 고령자 고용 정보 센터 운영, 고령자 기준 고용률 이행 계획 수립, 세제 지원, 우선 고용 직종 선정 등의 내용이 있다.

고령자 기준 고용률 제도는 정부가 상시 근로자 300인 이상을 고용하는 사업장의 사업주에게 일정 비율 이상의 고령자를 고용하도록 권고할 수 있도록 하는 제도이다. 2003년 7월에 개정된 대통령령에 따르면, 고령자 기준 고용률은 제조업 2%, 운수업과 부동산 임대업은 6%, 나머지 산업은 3%로 규정되어 있다. 정부는 이 기준 고용률을 초과하

5) 고령자 고용 촉진법에 규정된 고령자는 55세 이상, 준고령자는 50세 이상인 사람이다.

여 고령자를 고용한 사업주에게 조세를 감면해 주는 한편, 초과 고용한 고령자 수에 비례하여 일정 기간 고용 지원금을 지급할 수 있다.

고령자 고용 촉진법 제15조에 따르면, 노동부 장관은 고령자와 준고령자의 고용에 적합한 직종을 선정하고 이것을 고시해야 한다. 그리고 중앙 정부, 지자체, 정부 투자 기관, 정부 출연 기관 등의 장은 해당 기관의 우선 고용 직종에 고령자와 준고령자를 우선적으로 채용하도록 되어 있다. 고령자 고용 촉진법에 의거해 노동부 장관이 2003년 7월에 고시한 고령자 우선 고용 직종은 공공 부문 70개, 민간 부문 90개로 모두 160개에 이른다.

② 노인 복지법에 따른 취업 지원 정책

노인 복지법 제23조는 국가와 지방 자치 단체가 "노인에게 적합한 직종을 개발과 그 보급을 위한 시책을 강구하며 근로 능력 있는 노인에게 일할 기회를 우선적으로 제공하도록 노력해야 한다."고 규정하고 있다. 이런 규정에 따라 노인 취업 알선 센터, 노인 공동 작업장, 노인 인력 지원 기관(과거의 지역사회 시니어 클럽) 등이 설치되어 노인 인력의 활성화를 꾀하고 있다.

노인 취업 알선 센터(과거의 노인 능력 은행)는 보건 복지부의 지원으로 대한 노인회가 위탁 운영하는 기관이다. 2004년 현재 70여 개소가 운영 중이고 한 곳에 다달이 50만원씩 지원한다. 주요 사업 내용은 노인 취업 상담, 취업 알선과 사후 관리, 노인 공동 작업장 설치 운영 등이다. 이와 유사한 사업으로 서울시가 노인 복지관 등 노인 복지 관련 시설에 위탁해서 운영하는 고령자 취업 알선 센터와 노동부가 위탁을 주어 운영하는 고령자 인재 은행이 있다.

노인 공동 작업장은 1986년부터 보건복지부의 지원으로 시작된 사업인데, 노인의 적성에 맞는 일거리를 제공하여 노인들에게 여가 선용과 소득 획득 기회를 제공하는 것을 목적으로 한다. 주된 작업 내용은 제품의 조립과 가공, 농산물 재배, 수공예, 봉투 제작 등이다. 2004년 현재 노인 공동 작업장은 경로당, 노인 복지관 등의 시설에 630여 개가 설치되어 있다.

노인 인력 지원 기관은 2001년에 지역사회 시니어 클럽(CSC)이라는 이름의 사업으로 시작되었다가 2004년에 현재의 이름으로 바뀌었다. 2004년 현재 전국적으로 30개소가 운영 중이다. 노인 인력 지원 기관의 사업은 65세 이상의 노인을 우선 대상으로 하고 필요에 따라 55세 이상의 고령자를 포함한다. 단, 55-64세 참여자의 비율이 50%를 넘지 않도록 하는 것이 기본 원칙이다. 주요 사업 내용으로는 노인에 맞는 일자리 개발·보급과 유지·관리, 노인 인력에 대한 일자리 교육·훈련, 지역사회 유관 기관과 사업의 연계·조정, 노인 취업 알선과 상담 등이 있다.

노인 인력 지원 기관의 지정과 운영에 관한 기본 사항은 보건 복지부 장관이 정하도록 되어 있다. 노인 인력 지원 기관의 운영 경비는 국가와 지자체의 보조금, 법인 전입금, 당해 센터가 운영하는 사업으로부터의 수익금, 기타 수입으로 충당한다. 지정 기관에 대한 국고 보조율은 50%(서울), 70%(지방), 100%(직능 단체)이다.

노인 일자리 창출 사업은 2003년 4월에 발표된 것으로 2007년까지 총 30만 개의 일자리 개발을 목표로 추진되고 있다. 사업 주관 부서는 보건 복지부와 지자체이며 사업 수행은 지자체, 노인 복지 회관, 노인 인력 지원 기관 등 노인 일자리 관련 기관이 맡는다. 사업 추진 절차를 보면, 보건 복지부에서 노인 일자리 사업 기본 계획을 수립하고 각 시·도에 이것을 통보한다. 각 시·도 지사는 이 계획에 따라 해당 지역의 여건과 특색을 고려한 시도별 노인 일자리 실행 계획을 수립하여 기초 자치 단체에 통보하면 기초 자치 단체장은 세부 사업 계획을 세우고 수행 기관을 선정하도록 되어 있다(〈그림 6-2〉 참조).

〈그림 6-2〉 노인 일자리 창출 사업의 추진 절차

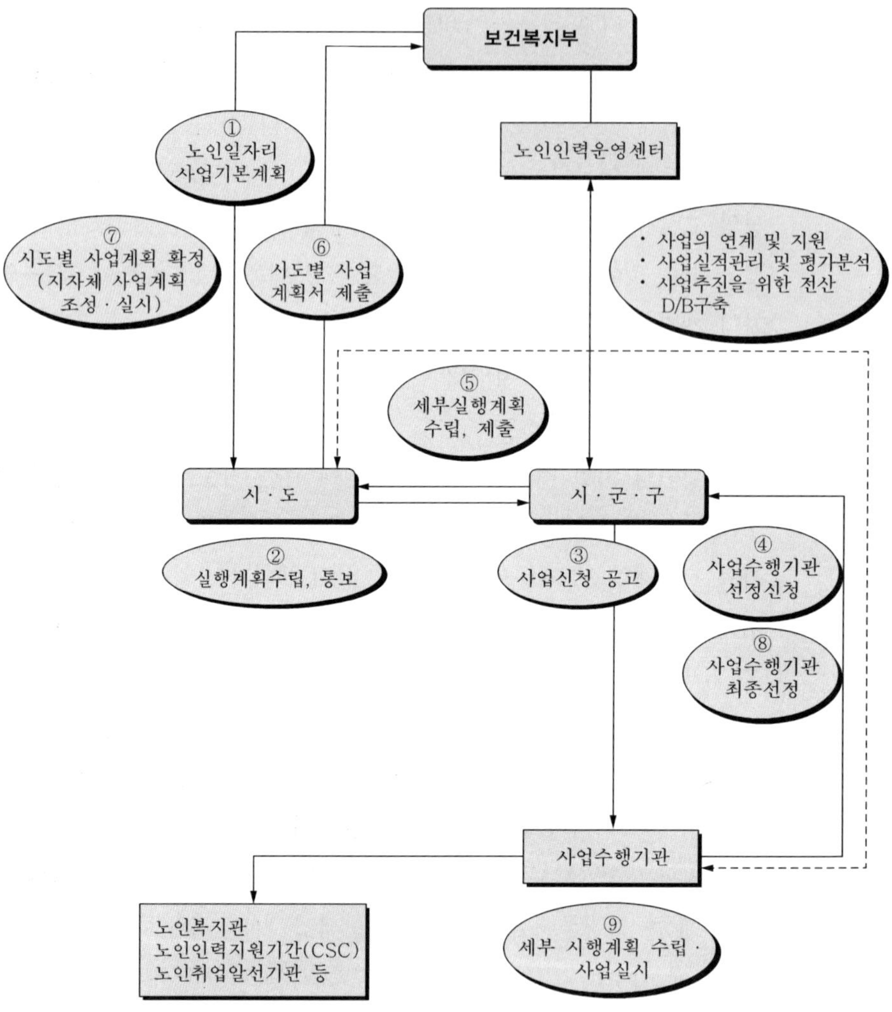

사업 참여 대상은 65세 이상의 노인으로 하되, 사업의 성격상 시장 경쟁력이 낮다고 판단되는 경우에는 55세 이상의 참여도 허락할 수 있다. 참여자는 하루에 3-4시간, 주당 3-5일을 근무하는 일종의 시간제 노동자로 4대 사회 보험의 가입 대상이 아니다. 개인별 참여 기간은 6개월 단위로 계약하며 임금은 월 20만원 이내에서 지급한다. 사업 유형은 애초에 시장 참여형, 사회 참여형, 공공 참여형으로 나뉘었으나 2005년에는 자립 지원형, 교육·복지형, 공익형의 세 가지로 바뀌었다. 세 가지 사업 유형의 상세 내용은 〈표 6-2〉와 같다.

〈표 6-2〉 노인 일자리 사업의 유형

구 분		정 의	일자리 예시	담당 기관	참여 기간
공익형		ㅇ지방자치단체의 고유사업(환경, 행정, 교통 등)영역 중 노인에게 적합한 일자리를 창출·제공함으로써 공공의 이익을 도모하는 일자리	- 자연환경정비, 거리환경개선, 교통질서계도, 방범순찰, 행정기관보조 등	지자체	최장 6개월 이내
교육복지형	교육형	ㅇ특정분야 전문지식·경험 소유자가 복지시설 및 교육기관 등에서 강의하는 일자리	- 숲생태 및 문화재 해설사 사업 - 교육강사 파견사업(1·3세대연계) ·복지시설 및 교육기관 강사, 건강관리(상담사)등	노인 복지 회관	최장 5개월 이내
	복지형	ㅇ사회활동이 어려운 소외계층의 생활안정과 행복추구를 지원하는 일자리	- 독거노인, 고령 및 중증노인, 장애인 등 보호		
자립지원형	인력파견형	ㅇ지역사회 내 수요처를 발굴하고, 맞춤형 교육을 실시, 인력 풀(Pool)을 구성·파견하는 일자리 - 보수는 수요처에서 부담	- 주유원, 판매원, 운전원, 급식지도원, 식당보조원, 주례, 가사도우미, 공원관리원, 매표원, 화장실 청소원, 주차관리원, 간병인, 식당보조원, 학교 내 학습장 관리 등	노인 인력 지원 기관	-
	시장형	ㅇ소규모 사업을 공동으로 운영하거나, 기업을 공동으로 창업하여 운영하는 일자리 - 시장에서 경쟁을 통한 수익창출	- 지하철 택배, 세탁방, 도시락 사업, 재활용품점, 번역·통역 사업단, 유기농사업, 실버용품점 운영, 실버대리운전, 간병인 등		-

자료 : 보건복지부, 2005d.

(2) 문제점

현행 고령자 고용 지원 제도의 가장 큰 문제점은 법적 기반이 미흡하다는 사실이다. 고령자 고용 촉진법과 노인 복지법은 대부분 선언적 조항만을 담고 있어서 실효성이 없다는 비판을 자주 받는다.[6] 예컨대, 고령자 고용 촉진법에 따른 고령자 우선 고용 직종의 선정은 형식에 그치고 있다. 다음과 같은 언론 보도가 이 사실을 생생하게 보여 준다.

급속한 고령화 진행에 대한 사회적 관심이 높아지고 있는 가운데 정부가 고령자의 고용을 외면하고 있는 것으로 나타나 문제점으로 지적됐다. 국회 산자위 소속인 서갑원 의원이 24일 산업 자원부로부터 자료를 분석한 결과 산업 자원부와 산하 29개 소속기관의 2004년 현재 '고령자 우선고용 직종' 수는 6천189개에 달하지만 실제 고령자가 고용된 직종은 1천292개(20.9%)에 불과한 것으로 집계됐다. 특히 특허청은 고령자 우선고용직종 수가 103개에 달하지만 고령자 고용실적이 전무했고 한국수출보험공사, 한국특허정보원, 에너지관리공단도 1~18개의 고령자 우선고용직종이 있음에도 고용실적이 '제로'(0)로 나타났다. 산자부의 경우도 5개의 우선고용직종에 단 1명의 준고령자(50~55세)만을 고용한 것으로 나타났다. 또 고령자고용촉진법이 우선고용직종을 신설, 확대해 신규인력을 채용하거나 인력 보충을 할 경우, 고령자를 우선 고용토록 하고 있음에도 이들 30개 기관이 지난해 고령자 우선고용직종에 신규 고용한 238명 중 실제 고령자는 13명(5.5%)에 그쳤다. 이와 함께 고령자고용촉진법'이 정부기관이나 민간사업체를 대상으로 정년을 60세 이상으로 권고하고 있음에도 이들 30개 공공기관의 경우, 5급 이상은 60세, 5급 이하는 57세로 정년을 규정한 공무원법의 영향으로 직원 정년이 평균 56세에 불과한 것으로 나타나 문제점으로 지적됐다.

자료: 연합뉴스 2005년 2월 24일자

정부와 기업이 모두 고령자 고용을 외면하고 있는 것으로 드러났다. 이 같은 사실은 노동부가 국회 환경 노동 위원회 장복심 의원에게 제출한 '고

6) 게다가 고령자 고용 촉진법은 고령자를 55세 이상으로 규정하고 있어서 '실제' 노인들의 고용 촉진과는 거리가 멀다.

령자 우선 고용 직종의 고용 현황'이라는 국감 자료에서 3일 밝혀졌다. 이 자료에 따르면 국가 기관 52개 중 기획 예산처 여성부 공정 거래위 국가 인권위 노사정위 법제처 소방 방재청 청소년 보호위 등 8개 기관은 우선 고용 직종에 고령자를 전혀 고용하지 않은 것으로 나타났다. 또한 대통령 비서실 국민 고충 처리위 국정 홍보처 부패 방지위 식품 의약품 안전청 등 5곳을 제외한 32개 기관의 고령자 우선 고용 직종 고용률도 저조한 것으로 파악됐다. 우선 고용 직종의 고용률이 낮기는 지방 자치 단체(36.5%), 정부 투자 기관(27.7%), 정부 출연 기관(36.8%), 교육청(13.9%), 헌법 기관(28.3%), 정부 출자 기관(39.4%), 정부 위탁 기관(21.2%)도 마찬가지였다. 아울러 100대 기업 중 고령자 우선 고용률을 지킨 사업장은 한 곳도 없으며 삼성 계열사 3곳 등 5개 사업장은 고령자를 단 한 명도 고용하지 않은 것으로 나타났다.

자료 : 국민일보 2005년 10월 3일자

둘째, 정부의 고령자 고용 지원 정책이 양적인 측면에만 치우쳐 노인들의 개별 욕구를 담아내기에는 대단히 부족한 실정이다. 많은 노인들이 취업을 원하고 정부에서도 각종 취업 프로그램들을 실행하고 있지만 실제로 취업해서 소득 활동을 하고 있는 노인의 수는 매우 적다. 즉, 현재 실시 중인 노인 취업 관련 정책이나 프로그램들이 취업을 원하는 노인의 욕구를 제대로 따라가고 있지 못하다는 증거다. 여기서 한 가지 염두에 두어야 할 점은 노년 인구가 이제 더 이상 동일한 욕구를 갖고 있는 단일 집단이 아니라는 사실이다. 노인들의 건강 상태와 경제 상태에 따라 취업 욕구도 다양하게 나타난다는 점에 주목해야 한다. 특히 교육 수준이 높고 전문 기술을 지닌 노인들의 욕구에 맞는 직종들은 거의 전무한 실정이다. 일을 하면서 사회적 관계망과 경제력을 유지하고자 하는 노인의 숫자는 점점 늘어나고 있으나, 이에 상응하는 정책과 프로그램의 미비로 노인 고용 수준은 제자리걸음을 계속하고 있는 것이다.

셋째, 노인 일자리의 대부분이 저임금이어서 경제적 실익이 별로 없다는 점도 문제가 아닐 수 없다. 가령, 정부가 역점을 두어 추진 중인 노인 일자리 창출 사업만 해도 사업 내용의 70%를 단순 일거리인 공익형 일자리가 차지하여 공공 근로의 연장이라는 비판을 받고 있다.[7] 반면에 자립 지원형은 7.9%에 불과하여 노인 일자리의 질 문제가 심각한 수준임을 보여 준다. 이와 같이 열악한 일자리가 노후의 소득 보장에 별 도움이 되지 못할 것임은 자명하다.

넷째, 궁극적으로 노인 고용 정책은 정년 제도를 철폐하고 고용 관행에서 연령 차별을 없애는 데 초점을 맞추어야 한다. 현재의 한국처럼 개인의 능력이나 의지를 감안하지 않고 일률적인 정년의 잣대로 한창 일할 수 있는 사람들을 노동시장 밖으로 몰아내는 사회에서는 급속히 진행되는 노령화의 부정적인 측면이 극대화될 가능성이 매우 높다. 이것은 복지국가의 지속 가능성(sustainability) 추구라는 시대의 흐름에 비추어 보아도 잘못된 현상임이 틀림없다.

6) 노후 소득 보장 제도의 과제와 개편 방향

지금까지 우리나라의 공적 노후 소득 보장 제도를 살펴본 바에 따르면, 노년층을 위한 현행 소득 보장 체계는 많은 문제점을 내포하고 있는 것으로 밝혀졌다. 가장 큰 문제점은 현행 공적 소득 보장 제도가 매우 미흡하고 불안정한 상태에 놓여 있다는 사실이다. 그렇다고 해서 사적 보장 제도가 잘 갖추어진 것도 아니다. 절반 이상의 노인 가구들이 개별적으로 특별한 준비 없이 노후를 맞고 있으며 퇴직금 제도의 노후 소득 보장 기능도 미흡하기는 마찬가지이다. 따라서 현행 노후 소득 보장 체계를 크게 정비할 필요가 있다는 각계의 의견이 꾸준히 나오고 있다.

개편 방안은 크게 두 가지로 요약된다. 하나는 기존의 제도 틀을 유지하면서 문제점을 고쳐 나가는 점진적 개편이고 다른 하나는 아예 제도적 틀 자체를 구조적으로 바꾸자는 것이다. 앞의 방안은 흔히 모수

7) 2005년도 보건 복지부 국정 감사 자료.

개혁(parametric reform)이라고 하고 뒤의 것은 패러다임 개혁(paradigmatic reform)이라고 한다. 정부는 모수 개혁을 선호하고 있는 반면에 상당수 전문가와 시민운동 단체 그리고 정치권 일각에서는 패러다임 개혁을 요구하고 있다. 모수 개혁의 예로는 연금 급여 수준 인하 또는 연금 보험료 인상 등이 있다. 패러다임 개혁은 다양한 형태로 나타나지만, 가장 보편적인 개혁 방향은 다층 보장 체계의 구축이다.

노후 소득 보장 제도의 개혁 방안이 모수 개혁이어야 하는지 아니면 패러다임 개혁이어야 하는지에 대해서는 관점에 따라 다양한 의견이 존재한다. 더구나 개론서인 이 책에서 그 내용을 자세히 소개할 수는 없는 일이다. 다만, 현행 노후 소득 보장 제도를 개편하는 과정에서 반드시 짚고 가야 할 몇 가지 문제를 정리하는 것으로 논의를 끝내겠다.

첫째, 적용 대상의 포괄성(comprehensiveness) 문제이다. 노후 소득 보장 제도가 제 구실을 하려면 제도와 제도 사이의 이른바 사각 지대를 없애야 한다. 그러나 사회 보험 방식의 연금 제도 아래에서는 적용 대상에서 누락되는 사람이 나올 수밖에 없기 때문에 조세 방식의 기초 연금제가 도입되어야 한다는 주장이 차츰 설득력을 얻고 있다.

둘째, 급여 수준의 적절성(adequacy) 문제이다. 연금 급여의 수준이 얼마가 되어야 적절한 것인가 하는 물음은 결코 간단히 대답할 수 있는 성격의 문제가 아니다. 이것은 선진 복지국가에서도 가장 다루기 힘든 문제로 여겨져 왔다. 우리나라에서도 연금의 소득 대체율을 둘러싼 논란은 계속되고 있다. 일부 전문가들은 현행 급여 수준이 너무 높다고 주장하고 있는가 하면, 이런 견해에 대해 숫자 놀음에 불과하다고 비판하는 사람들도 있다. 결국, 급여의 적절성 문제는 재정 변수와 사회적 합의에 의해 결정될 수밖에 없겠으나, 그 과정은 매우 복잡하고 험난할 것으로 예상된다.

셋째, 제도의 지속 가능성(sustainability) 문제이다. 이것은 인구 노령화의 추세를 감안하여 재정적으로 가장 건강한 제도를 만드는 문제로 요약할 수 있다. 지속 가능한 제도를 만들기 위해서는 급여나 보험료 수준과 같은 모수 조정은 물론, 연금 제도의 근본적 개혁 조치도 고려해야 한다.

넷째, 형평성(equity) 문제이다. 형평성 문제는 기여와 급여에서의 형평성은 물론 세대 사이의 형평성까지도 고려되어야 한다. 기여와 급여에서의 형평성은 한 마디로 많이 버는 사람이 많이 내고, 많이 낸 사람이 많이 받는다는 원리이다. 여기에 소득 재분배 기능이 적절히 작동해야 노후 소득의 지나친 격차를 줄일 수 있다. 아울러 세대 간 형평성도 무시할 수 없는 문제이다. 현재의 노년 세대에게 소득 보장을 해 주기 위해 다음 세대의 경제력을 마구 훼손한다면 세대 간 갈등이 커지고 제도의 지속 가능성도 담보할 수 없다. 이런 사태를 방지하기 위해서는 세대 간의 지속적인 대화와 타협이 필요하다.

마지막으로, 고령자 고용을 확대하기 위한 실효성 있는 법적·제도적 기반을 마련해야 한다. 고령자 고용 확대는 노령화로 인한 사회경제적 부담뿐만 아니라 노인들의 사회·심리적 고립감을 아울러 줄여 이른바 적극적 노년을 구현할 수 있는 매우 효과적인 길이기 때문이다.

제7장

건 강 보 장

1. 개념과 의의

건강하게 사는 것은 모든 사람의 공통된 소망이다. 대다수 사람들은 오래 사는 것보다 사는 날까지 건강하게 사는 것을 선호한다. 과거에는 건강을 지키는 일은 사적인 문제로 여겨졌다. 그러다 보니 건강이란 그것을 지킬 수 있는 능력과 자원을 가진 사람들의 전유물처럼 되어 버렸다. 건강을 지킬 능력과 자원이 없는 사람들에게 건강은 단지 '타고난 선물'로만 주어질 뿐이었다. 이 타고난 선물로 건강을 받지 못한 사람은 평생 질병과 그것의 필연적 부산물인 빈곤에 시달리며 살 수밖에 없었다.

복지국가의 출현은 건강 유지의 책임이 개인에게만 있는 것이 아니라 사회의 집합적 책임이라는 인식을 새롭게 심어 주었다. 이것은 질병이 생물학적인 요인뿐만 아니라 사회적 요인에 의해서도 발생한다는 주장과도 맥을 같이 하는 흐름이라고 할 수 있다. 이렇게 개인의 건강 문제를 사회의 집합적 노력으로 예방하고 해결하는 일을 건강 보장(health security)이라고 한다. 건강 보장은 현대 복지국가의 핵심 요소 가운데 하나로 자리를 잡았다. 이것은 개인의 건강을 사적인 문제로만 여기지 않고 국가가 함께 책임을 지는 공적인 문제로 다루겠다고 하는 의지의 표명이라고 할 수 있다.

건강 보장의 개념과 관련하여 염두에 두어야 할 것은 이것이 의료 보장(medical security)보다 적극적이고 넓은 의미의 개념이라는 사실이다. 일반적으로 의료 보장의 개념은 의료 서비스에 대한 접근권을 중심으로 설명할 수 있다. 이와 대조적으로 건강 보장은 결과(outcome)로서의 일정한 건강 상태와 수준을 획득 또는 유지하기 위한 사회의 집합적 노력을 가리킨다. 이렇게 볼 때 의료 보장은 건강 보장의 하위 개념이자 핵심 구성 요소로서의 성격을 갖는다.

노년기는 일생에서 가장 많은 건강 문제가 발생하는 시기이다. 게다가 노년기 질병은 대부분 만성적이고 퇴행적이어서 장기 치료와 요양을 필요로 한다. 노년기 질병의 이러한 성격은 개인적으로나 사회적으로 막대한 의료비의 부담을 야기한다. 하지만, 대다수 노인들은 별도의 소득 활동에 종사하지 않고 연금과 같은 최소한의 수입에 의존해서 살아가기 때문에 의료비 부담은 빈곤으로 이어질 가능성이 높다. 더구나 장기 수발을 요하는 상황에 직면할 경우에는 경제적 부담은 물론, 종종 가족 구성원 간에 긴장과 갈등을 유발하기도 한다.

노년기의 건강 역시 과거에는 사적인 문제로 여겨져 왔다. 특히 한국처럼 유교 윤리가 지배적인 사회에서는 노년기 건강과 이것을 유지하는 일을 가족의 당연한 책임으로 간주했다. 그러나 인구 노령화가 심화되면서 노인의 건강 문제는 가족의 사적인 일이 아니라 사회 전체가 관심을 가져야 할 사회적 의제로 떠올랐다. 오늘날 노년 인구에 대한 건강 보장은 모든 복지국가의 기본 과제로 여겨지고 있다.

2. 형식과 내용

1) 건강관리의 세 가지 모델

현대 사회에서 건강관리(health care)가 이루어지는 방식은 크게 의료 모델(medical model)과 사회적 모델(social model) 그리고 총체론적 모델(holistic model)의 세 가지로 나눌 수 있다.

의료 모델은 질병 치료에 초점을 둔 것으로 치료 과정은 전적으로 의사가 통제한다. 가장 좁은 의미의 건강관리 방식이다. 의료 모델에서는 외과 수술, 투약, 화학 요법 등의 치료 방식을 선호한다. 상담이나 교육과 같은 건강관리의 사회적 요소에는 큰 관심을 기울이지 않는다. 의료 모델은 단기 치료에서 가장 많이 쓰인다.

사회적 모델은 의료 서비스를 건강관리의 일부분으로 간주한다. 즉, 의료 서비스의 제공은 질병을 고치고 건강을 유지하는 데 필요조건일 뿐이지 충분조건은 아니라고 믿는 것이다. 따라서 사회적 모델의 건강관리를 실현하기 위해서는 의사는 물론 환자 본인과 환자 주위의 다양한 인적 연결망 그리고 사회복지사를 비롯한 여타의 전문가들이 함께 개입해야 한다. 사회적 모델은 특히 장기 요양을 필요로 하는 분야에서 선호하는 모델이다.

총체론적 모델의 건강관리는 단순한 질병 치료가 아니라 가장 넓은 의미의 건강 유지에 초점을 맞춘다. 여기서 말하는 건강이란 단순히 질병이 없는 상태를 넘어서 심리적으로나 사회적으로 편안하고 행복한 상태를 포함하는 매우 적극적인 개념이다. 총체론적 모델에서는 질병의 치료보다는 예방을 강조한다. 아울러 질병의 사회경제적인 원인을 예방하는 일에도 관심을 갖는다.

2) 의료 보장의 두 가지 모델

건강 보장 문제는 실제 현실에서는 의료 보장 문제로 좁게 다루어지는 경우가 많다. 건강 보장이 아직은 이상과 당위성의 영역에 머물러 있다는 말이다. 의료 보장 방식은 크게 사회 보험 방식과 국민 보건 서비스(national health service, NHS) 방식으로 나뉜다. 사회 보험 방식은 우리나라를 비롯한 대부분의 나라에서 시행되고 있는 것으로 사회 보험 가입자의 일정한 기여를 재정 운영의 토대로 삼아 질병 발생 시 의료 서비스와 질병 급여(sickness benefit)를 지급한다.[1] NHS 방식은 재원을 가입자의 보험료가 아닌 일반 세금으로 충당하며 모든 국민에게 보편적인 의료 서비스를 제공한다.

3. 한국의 노후 건강 보장 제도

1) 국민 건강 보험

(1) 현황

사실, 현행 국민 건강 보험은 노인 인구의 건강 보장을 주목적으로 만들어진 제도는 아니다. 그러나 별도의 노인 건강 보험 제도가 없기 때문에 이 제도의 의의는 결코 과소평가할 수 없다. 현행 국민 건강 보험의 모태인 의료 보험 제도는 1977년에 500인 이상 사업장을 대상으로 도입되었다. 1979년에는 공무원과 사립학교 교직원이 의료 보험에

1) 질병 급여는 질병으로 인해 소득 상실이 발생했을 경우에 이것을 보상해 주는 현금 급여이다. 우리나라의 현행 국민 건강 보험에는 질병 급여 제도가 아예 없다.

포함되었고 1989년에는 적용 대상이 모든 국민으로 넓혀졌다. 또한 관리 방식도 이른바 통합 방식으로 바뀌어 2000년 7월에 현행 국민 건강 보험으로 일원화되었다. 2003년 7월에는 재정 통합도 이루어졌다.

① 적용 대상

국민 건강 보험 제도의 적용 대상은 모든 국민이다. 총 대상자는 2005년 현재 4,740만 명(인구의 97%)이며 직장 가입자와 지역 가입자 이렇게 두 부류로 나뉜다. 직장 가입자(55%)는 근로자, 사용자, 공무원·교직원과 그 부양가족이고, 지역 가입자(45%)는 직장 가입자를 제외한 사람들이다. 건강 보험 대상에서 제외되는 157만 명(인구의 3%)은 국가로부터 보호를 받는 의료 급여 대상자이다.

② 급여

보험 급여에는 현물 급여와 현금 급여가 있다. 현물 급여는 요양 급여와 건강 검진으로 나뉜다. 요양 급여는 가입자와 피부양자의 질병과 부상에 대한 예방과 치료에 따르는 제반 서비스를 총칭한다. 우리가 병원에 가서 받는 일반적인 의료 서비스가 바로 이 요양 급여이다. 건강 검진은 질병의 조기 발견을 위해 실시하는 것으로 2년마다 한 번 이상 하도록 되어 있다.

현행 건강 보험에서 제공하는 현금 급여에는 요양비와 장제비 등이 있다. 요양비 중에는 요양 기관(예컨대, 병원) 이외의 장소에서 출산을 한 경우에 지급되는 출산비 같은 것이 포함된다. 장제비는 가입자(피부양자)가 사망한 때에 그 장례를 치른 사람에게 지급된다. 건강 보험을 시행하는 대부분의 나라에서 대표적인 현금 급여는 질병 급여이지만, 우리나라에서는 이 제도를 도입하지 않았다.

③ 재원

사회 보험인 국민 건강 보험의 재정 부담은 원칙적으로 가입자가 지게 되어 있다. 임금 근로자인 직장 가입자는 보험료로 월정 보수의

4.31%(2005년 현재)를 본인과 사용자가 50%씩 납부한다. 지역 가입자에게는 소득, 재산, 자동차, 가구원 수 등을 종합한 점수를 토대로 보험료가 부과된다. 지역 가입자의 보험료 가운데 절반은 국가에서 보조하도록 되어 있다.

④ 관리 운영

보건복지부가 건강 보험에 필요한 제도와 정책을 결정하고 그 정책을 국민 건강 보험 공단이 집행한다. 구체적으로 국민 건강 보험 공단은 대상자의 자격을 관리하고 보험료를 거두어들이며 진료비를 병·의원에 지급하고 잘못 지급된 부분에 대해서는 환수 조치를 취한다. 한편, 병·의원이 청구한 진료비가 적정한지를 심사하는 기구로 건강 보험 심사 평가원이 있다. 마지막으로 보험료와 수가(진료 가격)를 결정하는 기구가 건강 보험 정책 심의 위원회이다. 이것은 국민 대표 8인, 병·의원 대표 8인, 공익 대표 8인, 이렇게 총 24명의 위원으로 이루어진다. 이 기구는 2001년에 구성되어 2004년 말에 최초로 보험료와 수가를 조정하고 합의했다.

(2) 문제점

현행 건강 보험 제도의 문제점은 여러 전문가들이 숱하게 지적한 바가 있다. 여기에서는 건강 보험 제도의 일반적인 문제점보다는 노인들을 위한 건강 보장 제도로서의 문제점에 초점을 맞추기로 한다.

현행 건강 보험 제도의 가장 큰 문제점은 아마도 본인 부담 비용이 너무 높다는 사실일 것이다. 현재 본인 부담 비율은 입원인 경우 진료비 총액의 20%, 외래 진료인 경우에는 30-55%에 이른다. 그러나 지정 진료 제도를 시행하고 있는데다 비급여 항목이 많기 때문에 실제 부담 비율은 이것보다 훨씬 높다. 이런 문제점은 입원할 때 특히 두드러진다. 따라서 입원이 잦은 노인들에게는 부담이 더욱 클 수밖에 없다. 게다가 급여 구조가 치료비가 많이 드는 중증 장기 질병보다는 경증 질환에 유리하도록 설계되어 있기 때문에 만성 퇴행성 질환에 시달리는 노인들의 의료비 부담은 기하급수적으로 늘어나기 마련이다.

최근 몇 년 동안 건강 보험의 재정 적자 문제는 심각한 우려의 대상이었다. 원래 현행 건강 보험의 구조 자체가 저부담·저급여 체제로 설계되었기 때문에 급여 증대는 바로 재정 적자로 이어지게 되어 있다. 의약 분업 제도의 도입 이후에는 재정 적자의 규모가 더욱 커졌다. 이런 상황에서 노령화로 인한 노인 의료비의 급속한 증가는 건강 보험의 재정 적자에 더욱 나쁜 영향을 끼칠 것으로 예상된다. 실제로 전체 의료비에서 65세 이상 노인 의료비가 차지하는 비중은 해마다 빠른 속도로 늘어나고 있다(〈표 7-1〉 참조).

〈표 7-1〉 65세 이상 노인 의료비의 증가 추이

(단위: 백억 원, %)

구분 \ 연도	1990	2000	2001	2002	2003	2004
전체 의료비	222	1,314	1,782	1,906	2,053	2,236
노인 의료비	24	229	317	368	437	511
구성 비율	10.8	17.4	17.8	19.3	21.3	22.9

자료: 건강보험 심사평가원, 2005.

2) 의료 급여

(1) 현황

의료 급여는 생활이 어려운 사람들에게 의료 보장을 제공하기 위해 공공 부조의 일환으로 도입된 제도이다. 과거에는 의료 보호 제도라고 했으나 국민 기초 생활 보장 제도의 도입 이후 의료 급여라는 이름으로 바뀌었다.

① 적용 대상

국민 기초 생활 보장법에 의한 수급자에게는 자동으로 의료 급여 수급 자격이 주어진다. 그 밖에 이재민이나 독립 유공자 등에게도 의료 급여가 제공된다. 2003년 현재 수급자 수는 약 145만 명이다. 수급자는 근로 능력을 기준으로 1종 수급자와 2종 수급자로 나뉜다. 1종 수급자에 해당하는 사람들은 근로 능력이 없는 65세 이상 노인과 중증 장애인 등이다.

② 급여

1종 수급자에게는 급여비 전액이 지급된다. 2종 수급자의 경우는 입원비의 80%를 지원한다. 2차와 3차 기관에서 외래 진료를 받는 경우에는 진료비의 80%를 지원하고, 1차 기관 외래 진료인 경우에는 본인 부담금 1,000원을 제외한 나머지를 지원한다.

③ 재원

의료 급여 제도는 공공 부조의 일종이므로 일반 조세로 소요 재정을 충당하는 것이 마땅하지만, 실제로는 각 시도에 설치한 의료 급여 기금에서 필요 경비를 대고 있다. 의료 급여 기금의 재원은 국가 보조금, 지방 자치 단체의 출연금 등으로 충당한다.

④ 관리 운영

의료 급여 수급자를 선정하고 급여증을 발부하는 등의 사례 관리는 기초 자치 단체(시 · 군 · 구)의 몫이다. 그 밖의 모든 업무는 건강 보험과 동일하게 처리된다.

(2) 문제점

의료 급여 수급자의 상당수는 65세 이상의 노인이기 때문에 만성 퇴행성 질환으로 인한 장기 입원 환자가 많다. 그런데도 재정은 일반 조세가 아니라 특별 기금에 의존하고 있어서 근본적인 재정 문제 해결이 요구된다. 뿐만 아니라 수급자의 의료 욕구를 신속히 파악해서 적절히 대처할 수 있는 전문 인력과 관리 체제가 미흡하다. 더구나 노인 수급자가 급증하는 상황에서 노인 전담 관리 인력이나 체제는 전무한 실정이다.

3) 노인 건강 진단

(1) 현황

노인 건강 진단 사업은 기초 생활 수급자들을 대상으로 1983년부터 펼치고 있는 것으로 저소득 빈곤 노인들의 건강을 지키는 데 일조하고 있다. 지난 몇 년 동안의 통계 자료를 보면, 해마다 25,000명 안팎의 노인들이 1차 건강 진단에 참여한 것으로 나타났다.

① 적용 대상

시 · 군 · 구 관할 구역에 거주하는 65세 이상 국민 기초 생활 보장 대상자와 차상위 노인 가운데 건강 진단 희망자가 건강 진단 사업의 적용 대상이다. 그 밖에 건강 진단이 필요하다고 보건소장이 인정하는 노인들도 대상에 포함된다.

② 사업 내용

건강 진단은 매년 실시되며 1차와 2차 진단으로 구분하여 이루어진다. 1차 건강 진단은 1차 건강 진단 전 항목을 대상으로 실시하되, 의사의 판단이나 노인이 원하지 않는 경우(예 : 채혈 등)에는 이를 생략할 수 있다. 1차 진단 결과 유소견자는 해당 질환별로 2차 진단을 받는다. 1차 진단은 기본 진료와 혈액 검사 그리고 기타 검사로 이루어지며 2차 진단은 흉부 질환, 순환계 질환, 간 질환 등 9개 항목으로 이루어진다. 자세한 건강 진단 항목은 〈표 7-2〉에 나와 있다.

한편, 노인 건강 진단과 연계된 사업으로 노인 안 검진과 개안 수술이 있다. 이것 역시 저소득층 노인에 대한 건강 보장 프로그램의 일환으로 시행되고 있는데, 노인들의 안질환을 조기 발견 · 치료함으로써 노인들의 시력 향상과 실명 사태를 예방하는 것을 목적으로 삼는다. 이 사업의 시행 주체는 한국 실명 예방 재단이다.

〈표 7-2〉 노인 건강 진단 항목

1차 건강 진단		
기본 진료	혈액 검사	기타 검사
1. 진찰(시진, 청진, 촉진, 문진) 2. 체위 검사 (신장, 체중, 근거리 및 원거리 시력, 청력, 혈압) 3. 치과 검사 (우식증, 결손치, 치주질환)	1. 혈색소 2. 총콜레스테롤 3. 혈청 지오티 4. 혈청 지피티 5. 혈당	1. 요검사(요당, 요단백, 요잠혈) 2. 안검사(정밀안저검사, 양측) 3. 흉부 X선 간접 촬영 4. 간이 정신 상태 검사(MMSE-K)

2차 건강 진단										
기본 진료	흉부질환 기타 흉부질환	순환계질환		간질환	신장 질환	빈혈	당뇨 질환	안질환	치매	골다공증검사
		고혈압	고지혈증							
1. 진찰 (시진, 청진, 촉진, 문진)	1. 흉부X선 직접촬영 2. 결핵균 집균도말 검사	1. 혈압 2. 정밀 안전 검사 (양측) 3. 심전도 검사	1. 혈압 2. 트리그리세라이드 3. HDL 콜레스테롤	1. 총단백 2. 알부민 3. 알카라인포스파타제 4. 총빌리루빈 (총·직접) 5. 유산탈수효소 (LDH) 6. 알파휘토단백	1. 요침사 현미경 검사 2. 요산 3. 크레아티닌 4. 요소·질소	1. 헤마토크리트 2. 백혈구수 3. 적혈구수	1. 식전 혈당 (FBS) 2. 식후 혈당 (PPS) 3. 정밀 안저 검사 (양측)	1. 안압 검사 2. 각막 곡률 검사 3. 굴절 및 조절 검사	1. 치매 척도 검사 (GDS 또는 CDR)	1. 양방사선 (광자) 골밀도 검사

자료: 보건복지부, 2005a.

③ 재원

노인복지법 제45조에 따르면, 노인 건강 진단에 소요되는 비용은 대통령령에 의거하여 국가 또는 지방 자치 단체가 부담하도록 되어 있다. 이 조항은 2005년 7월에 개정되었지만, 이에 대한 대통령령은 아직 만들어지지 않았다. 따라서 현행 건강 진단 사업은 지방 자치 단체의 예산 사정에 따라 내용과 범위가 다르게 진행되고 있다.

④ 관리 운영

노인 건강 진단 사업의 관리 운영은 시 · 군 · 구의 장과 보건소장이 담당하도록 되어 있다. 이들 기초 자치 단체의 장은 건강 진단 사업이 원활하게 이루어질 수 있도록 소요 예산을 확보하고 검진 기관을 선정하며 충분한 홍보를 해야 할 책임과 의무를 갖는다.

노인 건강 진단 사업을 완료한 기초 자치 단체장(또는 보건소장)은 광역 자치 단체장에게 그 결과를 보고하고 광역 단체장은 이것을 다시 보건복지부 장관에게 보고한다.

(2) 문제점

노인 건강 진단 사업의 가장 큰 문제점은 대상 범위가 너무 제한적이라는 점이다. 이 사업의 적용 대상은 기초 생활 보장 수급자와 일부 차상위 계층에 속하는 65세 이상의 노인으로 한정되어 있어서, 65세 미만의 저소득층 노인은 검진 대상에 포함되지 못한다. 노인 건강 진단의 목적이 저소득층 노인들로 하여금 건강한 노후 생활을 누릴 수 있도록 하는 것이라면, 상대적으로 젊은 나이인 60세 정도부터 검진을 시작하는 것이 더욱 효과적이다. 또한 차상위층에 속하는 노인들은 특별한 경우가 아니면 검진 대상에서 제외되고 있는데, 이것 역시 문제가 아닐 수 없다. 차상위 계층의 노인들은 의료 급여나 기타 보건 사업에서 제외되어 의료 접근도가 낮은 상태이기 때문에 이들도 검진 대상에 포함해야 한다.

두 번째 문제점은 노인 특성에 적합한 검진 항목이 부족하다는 점이다. 치매나 노인성 우울증 등 노인 다발 질병과 노인들이 원하는 검진 항목이 빠져 있다.

셋째, 검진 후 질병을 가진 것으로 판명된 노인들에 대한 실제적인 사후 관리가 미흡하다는 점도 자주 지적된다. 검진 결과 유질환자로 판명된 노인들에게 치료비 지원 등의 실제적 지원이 없기 때문에 노인 건강 진단 사업에 대한 노인들의 반응이 미온적이다. 반면에, 무료 안 검진의 경우에는 무료 개안 수술로 이어지고 있어서 노인들의 호응이 높다.

넷째, 검진 수가가 낮아서 검진 서비스를 기피하는 의료 기관이 많다. 이에 따라 노인들이 선호하는 병원에서 검진을 받기가 어렵다는 비판이 끊임없이 제기되고 있다.

마지막으로, 사업 전달 체계의 이원화 문제이다. 현행 노인 건강 진단 사업은 보건소와 시 · 군 · 구 사회복지과로 사업 실시 주체가 이원화되어 행정적 혼란을 초래하기가 쉬우며 행정 기관 사이의 연계가 원활하게 이루어지지 못할 가능성이 크다.

4) 치매 상담 센터

(1) 현황

치매 상담 센터는 지역사회의 치매 관리 사업을 원활히 수행하기 위해 노인·복지법 제29조와 지역 보건법 제9조에 따라 보건소에 설치된 것으로 1997년부터 사업을 시작하였다. 전국의 치매 환자 수는 2005년 현재 35만 명 정도로 추산되는데, 치매 상담 센터에 등록된 인원은 2만 5천 명으로 전체 환자 수의 10%도 되지 않는다.

① 주요 업무

치매 상담 센터의 주요 업무는 다음과 같다.

- 치매 노인 등록과 관리
- 치매 노인 및 그 보호자에 대한 상담 및 지원
- 치매의 예방 및 치매 노인의 간병 요령 등에 관한 교육 실시
- 재가 치매 노인에 대한 방문 · 관리
- 치매 노인의 노인 전문 요양 시설 입소 안내

② 관리 운영

치매 상담 센터는 보건소에 설치되며 기초 자치 단체의 장은 보건소에 배치된 의사, 간호사, 정신 보건 전문 요원 중에서 치매 상담 전문 요원 1인 이상을 배치하도록 되어 있다. 치매 상담 전문 요원은 한국 보건 복지 인력 개발원에서 실시하는 상담 요원 교육 과정을 이수하여 치매 노인에게 더 나은 서비스를 제공하도록 노력해야 한다. 또한 보건 소장은 보건소, 관내 병원, 노인 복지 시설 등과 연계하여 치매 노인 서비스를 도모하여야 하며, 이를 위해 관내에 치매 관련 전문의나 사회복지사 등으로 자문 인력을 둘 수 있다.

(2) 문제점

치매 상담 센터는 도입한 지 10년이 다 되어 오지만, 아직도 치매 관리의 중추 기관 노릇을 제대로 해내지 못하고 있다. 무엇보다도 먼저 지적해야 할 점은 치매 환자의 절대 다수가 관리 대상으로 등록되어 있지 않다는 사실이다(보건복지부, 2005b). 2004년 현재 치매 상담 센터에 등록된 치매 환자의 비율은 겨우 7.5%에 지나지 않는다. 그리고 2004년 한 해 동안 전체 치매 환자 가운데 19%만이 치료를 받은 것으로 나타났다. 국가의 치매 관리가 매우 부실하다는 얘기다.

게다가 전국의 10개 보건소에는 센터 자체가 설치되어 있지 않은 상태이다. 여기에는 양양이나 평창과 같이 노령화 정도가 매우 높은 농촌 지역도 포함되어 있다. 치매 상담 센터가 지역 사정을 충분히 고려하여 설치된 것이 아니라는 증거다. 뿐만 아니라, 많은 센터가 치매 상담 전문 요원의 부족으로 어려움을 겪고 있으며 전문 요원에 대한 교육도 미흡하다는 지적을 자주 받고 있다.

5) 노인 장기 요양 보호 제도

(1) 개념

장기 요양 보호(long-term care)란 나이와 상관없이 장애를 가진 모든 사람들의 물리적, 사회적, 정서적 욕구를 충족하기 위한 종합적이고 장기적인 서비스의 제공을 의미한다(Vierck and Hodges, 2003: 192). 장기 요양 보호는 질병을 치료하는 데 목적을 두는 것이 아니라, 환자로 하여금 가능한 최상의 기능을 유지하도록 돕는 데 목적을 두고 있다는 점에서 여타의 건강 서비스와 구분된다.

장기 요양 보호 제도의 적용 대상은 크게 장애인과 노인으로 나뉜다. 장애인에 대한 요양 보호 제도는 이 책의 범위 밖이므로 여기에서는 노인에 대한 장기 요양 보호 제도, 그 중에서도 공적 보장 제도에 집중하기로 한다.

노인 요양 보호 제도는 치매나 중풍과 같은 노인성 질환으로 다른 사람의 도움이 없으면 살아가기 어려운 노인에게 간병, 수발, 목욕, 간호, 재활 등의 요양 보호 서비스를 제공하는 제도를 가리킨다. 여기서 말하는 요양 보호 서비스는 신체적, 지적, 정신적 질병 등으로 인해 의존 상태에 놓여 있는 노인 또는 생활상의 장애를 지닌 노인에게 장기간(보통 6개월 이상)에 걸쳐 일상생활 수행 능력을 도와주기 위해 제공하는 보건, 의료, 복지의 종합적 서비스라고 할 수 있다.

(2) 필요성

현재 우리나라에는 공공 부문에서 운영하는 노인을 위한 공적 장기 요양 보호 제도가 도입되지 않은 상태이다. 이 제도의 필요성은 다음과 같이 정리할 수 있다.

첫째, 평균 기대 수명의 연장으로 노년기가 길어지면서 이로 인한 만성 퇴행성 질환이 많아지게 되었다. 그 결과 노년기의 상당 부분을 다른 사람의 도움을 받아 생활해야 하는 경우가 급격히 늘고 있다. 이는 장기 요양 보호에 대한 수요 증대로 이어지고 있다. 2005년 현재 요양 보호 서비스를 필요로 하는 인구는 65세 이상 노인의 12.1%(약 53만 명)로 추정된다(보건복지부, 2005c).

둘째, 증가하는 요양 보호 수요와 욕구를 충족할 비공식적 자원은 지속적으로 줄어들고 있다. 가장 큰 요인은 가족 구조의 변화이다. 최근 핵가족화가 빠르게 진행되면서 가족 구성원의 수가 현저히 감소하고 있는데, 이러한 변화는 요양 보호를 담당할 가족 인력의 부족을 야기하고 있다. 게다가 여성들의 사회경제적 참여가 활발해지면서 요양 보호 주체로서의 가족의 역할은 더욱 축소될 수밖에 없는 실정이다.

셋째, 그럼에도 공식적인 장기 요양 보호 체계는 전무하다. 일부 저소득층을 대상으로 하는 요양 제도가 있긴 하지만, 대부분의 노인 인구는 서비스 대상에서 제외된다. 그 결과 개별 가족은 요양 보호에 들어가는 경제적 비용을 홀로 부담해야 하는 어려운 상황에 놓여 있다. 또한 요양 보호의 책임을 둘러싼 가족 구성원 간의 갈등은 가족 위기로 이어질 가능성을 내포하고 있다.

넷째, 만성 질환을 앓고 있는 노인 인구의 급증으로 노인 의료비 역시 급증하고 있는데, 현행 건강 보험 체제로는 이것을 감당하기가 어렵다. 두루 아는 바와 같이 현행 건강 보험의 모태인 의료 보험 제도는 노령화 수준이 매우 낮은 시기에 만들어진 것이다. 이후 여러 차례 제도 개편이 있었지만, 기본적으로 노령화 추세를 염두에 둔 개편은 아니었다. 그렇기 때문에 현재의 건강 보험 제도는 급증하는 노인 요양 보호 서비스의 수요를 제대로 대처하지 못하고 있는 것이다.

(3) 현황

노령화가 급속히 진행되면서 노인을 위한 장기 요양 보호 제도를 도입해야 한다는 목소리가 최근 몇 년 동안 부쩍 높아졌다. 정부도 이런 요구를 반영하여 공적 장기 요양 보호 제도를 도입하기 위해 여러 가지 작업을 해 왔다. 2003년에는 〈공적 노인 요양 보장 추진 기획단〉이 구성되었고 2007년부터 공적 노인 요양 보장 제도를 시행하는 것을 목표로 2004년에는 제도의 모형을 개발하는 작업이 이루어졌다. 그리고 2005년 7월부터는 일부 지역에서 시범 사업을 시작하였다.

이와 같이 노인 요양 보장 제도를 추진하던 정부는 원래의 계획을 수정하여 공적 노인 요양 보장 제도의 이름을 "노인 수발 보장 제도"로 바꾸면서 그 내용과 범위도 크게 축소한 법률안을 2005년 가을에 내놓았다. 이 법이 2005년 가을 정기 국회에서 통과되면 노인 수발 보장 제도는 2008년 7월부터 부분적으로 시행되며 전면적인 시행은 2010년 7월부터 이루어질 것이다.[2)]

(4) 노인 수발 보장 법률(안)의 주요 내용

① 적용 대상

노인 수발 보장 제도의 가입 대상자는 국민 건강 보험에 가입한 모든 국민이다. 그 밖에 공공 부조 수급자도 2010년부터는 가입 대상자가 된다. 수발 인정을 신청할 수 있는 대상은 65세 이상의 노인과 치매, 뇌혈관성 질환 등 대통령령이 인정하는 노인성 질병을 가진 64세 이하의 국민이며, 이 가운데 일상생활에 상당한 장애가 있어 6개월 이상 타인의 지속적인 도움이 필요하다고 인정된 사람이 수발 급여를 받을 수 있다.

② 급여

수발 급여는 재가 수발 급여, 시설 수발 급여, 수발 수당, 특례 수발비, 요양 병원 수발비 등 여섯 가지로 하고, 급여는 현물을 원칙으로 하되 보완적으로 현금을 지급한다.

---

2) 이렇게 축소된 노인 수발 보장 법률안에 대해서는 반대 의견이 상당하기 때문에 법률안이 국회를 통과하지 못하거나 그 내용이 달라질 가능성도 있다.

③ 재원

노인 수발 보장 제도는 사회 보험 방식을 따르기 때문에 가입자는 소정의 보험료를 납입해야 한다. 보험료의 납부 대상자는 건강 보험 가입자와 동일하다. 공공 부조 수급자의 보험료는 정부가 전액을 부담한다. 수발 보험료는 건강 보험료에 수발 보험료율을 곱해 산정하도록 한다.

노인 수발 보장 제도의 재원에는 가입자의 보험료 말고도 정부의 재정 지원(총 재정의 약 30-40% 수준)과 수급자의 일부 부담금도 포함된다.

④ 관리 운영

수발 보험의 관리 운영은 기본적으로 국민 건강 보험 공단이 맡는다. 다만, 수발 대상 노인의 심신 상태에 관한 조사, 평가, 수발 등급 판정 등의 전문적인 업무 수행을 위해 노인 수발 평가 관리원을 둔다. 한편, 수발 보험료율, 수발 수당 지급 기준, 수발 시설 비용 등에 관한 사항은 노인 수발 보장 위원회에서 결정하도록 한다.

6) 노후 건강 보장 제도의 과제와 개편 방향

우리나라의 현행 노후 건강 보장 제도의 문제점은 한마디로 노년층의 의료 욕구/필요와 공급 체계 사이에 구조적인 괴리가 존재한다는 사실로 요약할 수 있다. 이것을 좀더 자세히 설명하면 다음과 같다.

첫째, 현행 국민 건강 보험은 그 목적과 내용 면에서 노후 건강 보장 제도로 적절하지 못하다. 노인성 질환은 대체로 복합적인 질병일 뿐만 아니라 치료(cure)보다는 요양(care)을 필요로 한다는 점에서 여타의 인구 집단과 다른 특성을 지닌다. 그러나 국민 건강 보험은 단기 치료에 목적을 두고 있다는 점에서 노후 건강 보장 제도로서의 성격이 약하다. 별도의 노인 요양 보장 제도가 필요한 가장 중요한 이유가 바로 여기에 있다. 노인 요양 보장 제도의 도입은 현재 국민 건강 보험 제도가 안고 있는 노인 의료비 증가로 인한 재정 부담 문제도 상당 부분 해결해 줄 것으로 보인다.

둘째, 노인 요양과 치료 서비스를 위한 시설과 인력이 크게 부족하다. 65세 이상 노인 가운데 장기 요양 서비스를 필요로 하는 노인이 2003년 59만 명(전체 노인의 14.8%)에서 2010년에는 79만 명으로 늘어날 것으로 예상된다. 이 가운데 시설 요양 서비스가 필요한 노인은 2003년 7만 9천 명에서 2008년에는 9만 9천 명으로 늘어날 것으로 보이나, 2003년 현재 시설 보호 충족률은 31.5%에 불과하다(대통령 비서실 고령 사회 대책 및 사회 통합 기획단, 2004).

장기 요양 서비스의 제공을 위한 전문 인력도 턱없이 부족하다. 장기 요양 서비스가 필요한 모든 대상 노인을 기준으로 할 때, 간병 전문 인력은 10만 명 이상이 필요한 것으로 추정된다. 하지만, 우리나라의 현재 간병 인력은 대부분 전문 훈련을 받지 못한 사람들이다. 앞으로 노인 수발 보장 제도가 실시되면 전문 요양 인력의 부족 문제가 더욱 심각해질 것이 뻔하다. 따라서 사례 관리와 재활 치료 서비스를 제공할 수 있는 전문 보건 의료 인력을 시급히 양성해야 한다. 아울러, 요양 시설의 확충을 포함한 종합적이고 효율적인 노인 요양 서비스의 전달 체계를 구축하는 데 온 힘을 기울여야 한다.

셋째, 노인 건강 검진 제도가 부실해서 질병 예방 제도로서의 실효성이 매우 낮다. 현재 노인 복지법에 의한 건강 검진은 65세 이상 기초 생활 보장 수급자를 대상으로 무료로 실시하고 있으나, 실제 수검 노인의 수는 전체 기초 생활 보장 수급 노인의 11%에 지나지 않는다. 그나마 낮은 검진 수가 때문에 의료 기관이 검진을 기피하는 현상마저 발생하고 있다. 한편, 국민 건강 보험법에 의한 건강 검진은 2년에 한 번 실시하고 있지만, 대체로 수검률이 저조한 편이다.

이러한 문제점을 개선하기 위해서는 먼저 무료 건강 검진 대상자를 단계적으로 확대하고 검진 수가를 건강 보험의 검진 수가와 일치하도록 올려야 한다. 다음으로는 건강 검진에 필요한 재원을 충분히 확보하여 노인 건강 검진 제도의 내실화를 꾀하여야 한다.

넷째, 의료 서비스에 대한 접근성 측면에서 지역과 계층에 따른 격차가 너무 크다는 사실이다. 이런 점에서 가장 큰 불이익을 받고 있는 집단은 농촌에 거주하는 노인들일 것이다. 노령화 비율로 볼 때 농촌은 이미 노령 사회 내지 초 노령 사회에 진입한 경우가 많다. 그럼에도 의료 시설의 절대 다수는 도시에 몰려 있다. 또한 농촌 노인들은 대부분 소득 수준이 낮다. 따라서 농촌 노인들의 의료 접근도는 상대적으로 떨어질 수밖에 없다. 이런 문제는 단기적으로 해결하기에는 매우 어려운 문제이기에 우선 농촌 지역에 소재한 보건소의 시설과 인력을 크게 보강하고 재가 복지 서비스를 확충하는 등의 방법으로 농촌 노인들의 의료 서비스 접근도를 높여 나가야 할 것이다.

마지막으로, 노후 건강 보장은 삶의 질을 높이는 차원에서 접근해야 한다. 앞에서 이미 언급한 바와 같이 그것은 단순한 의료 보장을 넘어서는 개념이다. 그렇게 하기 위해서는 노인들의 삶 자체가 건강한 것이 되도록 생활 체육, 사회 참여, 경제 활동 등의 제반 영역에 이른바 적극적 노년(active aging)의 개념이 폭넓게 반영되어야 한다.[3)]

3) 적극적 노년이란 종래의 수동적이고 부정적 이미지의 노년을 벗어나 개인적으로는 삶의 질을 높이고 사회적으로는 연금과 의료비의 부담을 줄이는 노인들의 다양한 역량 제고와 건강 유지 활동을 가리키는 개념이다(Commission of the European Community, 2004). 세계 보건 기구(WHO)는 적극적 노년의 세 가지 요소로 건강, 참여, 경제적 보장을 지적하고 있다(World Health Organization, 2002).

제8장

주 거 보 장

1. 개념과 의의

집은 우리 삶의 터전이자 안식처이다. 때대로 집은 가정과 동일한 의미로 쓰이기도 한다. 실제로 집은 물리적인 동시에 사회적인 개념이기도 하다. 우리가 주거 보장을 제대로 이해하기 위해서는 주거권(housing right)이라는 개념을 먼저 이해해야 한다. 오늘날 국제 사회는 주거를 사람의 기본 권리의 하나로 인정하고 이 권리의 실현을 위해 노력하고 있다. 1948년의 〈세계 인권 선언〉은 '인간의 권리' 내용에서 가장 중요한 것의 하나가 '적적한 주거에 대한 권리(the right to adequate housing)'라고 밝혔다. 또한 1966년의 〈경제적, 사회적, 문화적 권리에 관한 국제 규약(International Covenant on Economic, Social and Cultural Rights)〉과 1976년 및 1996년의 〈유엔 인간 정주(定住) 회의(HABITAT Agenda)〉에서도 주거권의 실현이 국가의 책무임을 강조한 바 있다.

이러한 국제기구의 정의에 따르면, 주거권은 주거의 안정성에 대한 법적 보장, 주거 관련 시설의 편리한 이용, 공평하고 적정한 가격의 주택 공급, 안락한 주거 환경, 문화적 정체성을 유지할 수 있는 권리 등을 포함한다(김종일 · 엄명용 · 최경구, 2004). 그리고 주거권을 복지국가의 맥락에서 사회 보장의 일환으로 인정하고 제도화하는 것을 주거 보장이라고 할 수 있다. 선진 복지국가에서는 이미 오래 전부터 주거권을 사회 보장 제도에 반영해 왔다.

그렇다면 노인에게 주택의 의미와 가치는 어떠한 것인가? 첫째, 노인에게 주택은 생물학적 생존의 기본 터전이 된다. 물론, 주택이 생존의 기본 터전이라는 사실이 단지 노인에게만 적용되는 것은 아니지만, 신체적으로 쇠약한 노인에게는 이 점이 더욱 부각될 수밖에 없다. 둘째, 외부 활동과 사회적 연결망의 축소가 보편화되는 노년기에 주택은 가장 중요한 생활공간이자 외부 활동의 토대라는 의미를 지닌다. 그러므로 주택의 구조와 기능이 노인에게 적합한 것이어야 할 필요성이 제기된다. 셋째, 노동시장에서 은퇴하고 소득원이 고갈되는 노후에 주택은 마지막 경제적 지지대로 작용한다. 최악의 상황에서 노인들은 자신들의 주택을 임대하거나 처분하는 등의 방법으로 경제력을 보강할 수 있다. 넷째, 노년기에 주택은 자율성과 프라이버시를 보장해 주는 공간이다. 인간은 늙어갈수록 삶에 대한 자율성이 약해지고 그 결과로 프라이버시를 잃어버릴 가능성이 높아진다. 자신의 주택은 이러한 흐름을 어느 정도 제어하는 역할을 한다. 결론적으로, 주택의 의미와 가치는 외부 활동이 활발한 청 · 장년기보다는 노년기에 훨씬 중요하다.

이토록 중요한 가치와 의미를 지닌 노년기의 주거 보장 문제를 국가가 주도적으로 해결하지 않으면 안 될 여러 가지 요인이 최근 들어 두드러지게 나타나고 있다. 첫째는, 두루 아는 바와 같이, 한국의 노령화 속도가 매우 빠르다는 사실이다. 노인 인구가 급속도로 증가하면서 노인 주택에 대한 욕구와 수요가 아울러 늘어나는 것은 지극히 당연한 현상이다. 둘째, 가족 구조와 기능의 급속한 변화로 자녀와 따로 사는 노인 세대가 빠르게 증가하고 있다. 1990년에는 65세 이상 노인의 25.8%가 자녀와 따로 살았는데 2000년에는 이 비율이 44.9%로 크게 높아졌다(〈표 8-1〉 참조).[1] 이 비율은 앞으로도 계속 높아질 것으로 보인다. 자녀들과 따로 사는 노인 세대가 늘고 있다는 사실은 장차 노인 주거 문제가 더욱 심각하게 대두될 가능성을 예고한다고 하겠다. 셋째, 만성 퇴행성 질환의 유병률이 높은 노인들의 특성상 노인 인구의 급증 현상은 노인의 특성을 감안한 주거와 관련 시설에 대한 수요와 욕구를 지속적으로 증대시킬 것이다.

이와 같은 요인의 상승 작용으로 노인 주택에 대한 욕구와 수요는 날로 늘어날 터인데 이것을 시장에 맡겨 두기에는 여러 가지로 문제가 많다. 가장 큰 문제는 우리나라의 주택 시장이 실제 수요자와 공급자를 잇는 메커니즘이라기보다는 일종의 투기장처럼 운영되어 왔다는 사실이다. 노인 주택이라고 해서 예외가 아니다. 한동안 붐을 이루었던 이른바 실버 주택 단지의 조성 사업이 대부분 중도에 포기된 것도 실제 수요가 아닌 투기 수요의 작동 때문이었다. 이렇게 투기장으로 전락한 주택 시장이 시장으로서의 구실을 제대로 수행하지 못하는 상황에서는 국가의 적절한 개입이 꼭 필요하다.

또 하나의 문제는 주택의 구입 또는 임대가 저소득 계층은 물론 중산층에게도 적지 않은 부담을 안겨 줄 뿐만 아니라 빈부 격차의 주요 원인으로 작용하고 있다는 점과 관계가 깊다. 따라서 삶의 기본 터전인 주거 문제를 스스로 해결하기 어려운 계층에게 국가가 사회 보장의 일환으로 사회 주택을 짓거나 주거비를 보조하는 정책은 거의 모든 선진국이 채택하고 있다. 하물며 소득원이 고갈된 노인들에게 적절한 주거 환경을 마련해 주는 일은 현대 복지국가가 마땅히 해야 할 의무가 아닐 수 없다.

1) 이 수치는 1세대 가구 비율과 1인 가구 비율을 합친 것이다.

〈표 8-1〉 65세 이상 인구의 세대 구성별 분포

(단위 : %)

	1990년	2000년			
			65~69세	70~79세	80세 이상
계	100.0	100.0	100.0	100.0	100.0
1세대 가구	16.9	28.7	35.5	27.5	12.8
2세대 가구	23.4	23.9	27.3	19.9	26.5
3세대 이상 가구	49.6	30.8	23.2	33.3	45.1
1인 가구	8.9	16.2	13.7	18.9	15.0
비혈연 가구	1.2	0.4	0.4	0.5	0.5

자료 : 통계청, 2004a.

2. 형식과 내용

현대 복지국가에서 주거 보장의 형식은 크게 사회 주택(social housing)과 주거 수당(housing benefit, housing allowance)으로 나눌 수 있다. 일반적으로 사회 주택은 정부가 집을 지어 무료 또는 싼 값으로 저소득층에게 임대하는 것을 가리킨다. 영국의 council housing, 프랑스의 HLM(*habitation à loyer modéré*), 독일의 *sozialwohnung*, 네덜란드의 *woningcorporaties* 주택 등이 대표적인 사회 주택의 예이다(Clapham, Kemp and Smith 1990; Tester, 1996). 주거 수당은 가계 지출에서 임대료가 차지하는 비율을 일정 수준 이하로 유지하기 위해 도입되었다. 다시 말해서, 주거 수당은 주거비의 상승으로 중하위층의 가처분 소득이 줄어드는 것을 방지하기 위한 제도라고 할 수 있다.

노인에 대한 주거 보장 정책은 이러한 방식 외에 건강, 경제력, 활동 능력과 같은 노인들의 특수 상황을 고려해야 한다. 노인들의 특수 상황을 고려한 주거 보장 방식으로는 특별 시설 주택(amenity housing), 보호 주택(sheltered housing), 양로원(nursing home) 등이 있다. 또한 영국을 비롯한 일부 국가에서는 노인들이 살고 있는 일반 주택을 노인들의 생활에 편리하도록 개조해 주는 정책(care and repair scheme)도 펼치고 있다. 특별 시설 주택은 노인이나 장애인처럼 특별한 욕구를 지닌 사람들에게 알맞게 적절히 개조한 주택을 말한다. 보호 주택은 특별 시설 주택과 비슷한 설비를 갖추고 있는 작은 규모의 집(방 1-2개, 부엌, 화장실)으로 사회적 서비스를 아울러 제공한다. 보호 주택은 보통 30채 정도가 함께 모여 있고 경보 체계와 관리인(warden)을 둔다. 보호 주택은 집 내부의 시설이 노인의 욕구에 맞게 개조되어야 함은 물론, 대중교통, 우체국, 가게 등의 편의 시설을 이용하는 데 편리한 곳에 위치하고 있어야 한다.

3. 한국의 노후 주거 보장 정책

1) 현황

현재 우리나라에는 서구 복지국가에서 시행하고 있는 것과 같은 다양한 형태의 노인 주거 보장 정책은 도입되어 있지 않다. 몇 가지 선언적인 법 조항과 약간의 세제 혜택과 같은 잔여적 제도가 운영되고 있지만, 엄밀히 말해서 한국에는 노인을 위한 주거 보장 정책은 전무하다고 해야 옳을 것이다. 우리나라의 노인 주거 정책을 편의상 노인 부모와의 동거를 장려하는 정책과 노인 주거 관련 제도로 나누어 살펴보자.

(1) 노인 부모와의 동거 장려 정책

노인 부모를 자녀들이 모시고 살도록 장려하는 정책에는 양도소득세 면제, 주택자금 우대지원, 주택분양권 우선 제공 제도 등이 있다(박신양, 2003). 양도소득세 면제는 부모와 자녀가 살림을 합쳐 하나의 주택으로 이사했을 때, 처분한 주택에 대한 양도소득세를 면제해 주는 제도이다. 주택자금 우대 지원 제도는 65세 이상 노인을 부양하는 세대주가 전월세 보증금을 빌릴 때 금리를 낮추어 준다. 집을 새로 짓거나 사는 경우에는 신축 또는 구입 자금을 다른 사람들보다 더 많이 빌려 준다. 한편, 직계 존속 부양자 주택 우선 공급 제도에 따르면, 65세 이상의 직계 존속을 3년 이상 부양한 사람에게는 공공기관이 건설하는 주택 공급량의 10% 범위 이내에서 우선적으로 분양권 또는 임대권을 제공한다.

(2) 노인 주거 관련 제도

노인 복지법 제8조에는 "국가 또는 지방 자치 단체는 노인의 주거에 적합한 기능 및 설비를 갖춘 주거용 시설의 공급을 조장하여야 하며, 그 수거용 시설의 공급자에 대하여 적절한 지원을 할 수 있다."라고 규정하고 있다. 그리고 노인 복지법은 노인 복지 시설의 유형을 노인 주거 복지 시설, 노인 의료 복지 시설, 노인 여가 복지 시설, 재가 노인 복지시설로 세분화하면서, 노인 주거 복지 시설 중 노인 복지 주택에 관한 규정을 주택법 관련 규정을 준수하도록 규정하고 있다. 이것이 노인 주거와 관련된 사실상의 유일한 법조문이다.

그렇다면, 노인 복지법에 언급된 유일한 노인주거 관련 제도인 노인 주거 복지 시설에 대해 알아보자. 노인 복지법 제32조에 따르면, 노인 주거 복지 시설에 속하는 것은 무료 양로 시설, 실비 양로 시설, 유료 양로 시설, 그리고 노인 복지 주택이다. 그 내용과 목적은 다음과 같다.

▶ **양로 시설** : 노인을 입소시켜 무료 또는 저렴한 가격으로 급식을 비롯하여 일상생활에 필요한 편의를 제공한다.

▶ **실비 양로 시설** : 양로 시설과 내용과 목적이 같으나 무료가 아니라 저렴한 요금을 받는다는 것이 다르다.

▶ **유료 양로 시설** : 양로 시설과 같으나 모든 비용을 입소자에게 부담하게 한다는 점에서 양로 시설 및 실비 양로 시설과 다르다.

▶ **실비 노인 복지 주택**: 보건 복지부 장관이 정하는 일정 소득 이하의 노인에게 저렴한 비용으로 분양 또는 임대하는 방법을 통해 주거의 편의, 생활 지도, 상담, 안전 관리 등 일상생활에 필요한 편의를 제공한다.

▶ **유료 노인 복지 주택**: 실비 노인 복지 주택과 그 내용과 목적이 같으나 비용 일체를 입주 노인이 부담한다.

이들 노인 주거 복지 시설과 그 입주자에 대한 정부의 지원 내용은 〈표 8-2〉에 정리되어 있다.

〈표 8-2〉 노인 주거 복지 시설에 대한 정부의 지원 현황

유형	입소 자격	지원 내용
양로 시설	- 국민기초생활보장법상의 수급 대상 노인 - 65세 이상 노인 중 부양 의무자로부터 적절한 부양을 받지 못하는 사람	- 국가, 지자체, 복지 재단이 건설함 - 종사자 인건비에 대한 국고/지방비 지원 - 입소 인원 1인당 연 4,039천원 지원 - 시설 기능 보강 사업 지원 - 증축 또는 개축 시 지원
실비 양로 시설	- 본인과 배우자, 부양 의무자의 월 소득이 도시 근로자 가구의 월 평균 소득액 이하인 자로서 일상생활에 지장이 없는 65세 이상 노인	- 복지 재단이 건설함 - 종사자 인건비 50% 범위 안에서 정부 지원 - 입소 인원 1인당 연 2,053천원 지원 - 월별 비용 수납 한도액 제도가 있음
실비 노인 복지 주택	- 실비 보호 대상자로서 단독 취사 등 독립된 주거 생활을 하는데 지장이 없는 65세 이상 노인	- 사업 주체에 대한 규정이 없음 - 보조금 지원 규정 없음.
유료 양로 시설	- 일상생활에 지장이 없는 60세 이상의 노인	- 개인과 민간 건설 회사가 건설함 - 정부 지원 없음
유료 노인 복지 주택	- 단독 취사 등 독립된 주거 생활을 하는데 지장이 없는 60세 이상의 노인	- 위와 같음

자료: 보건 복지부, 2005a.

(3) 문제점

① 노인 주거 복지 시설의 문제점

보건 복지부(2005e)에 따르면, 2004년 12월 말을 기준으로 전국의 무료와 실비 노인 주거 복지 시설은 총 139개소이고 입주자는 7,067명(정원 9,420명)이다(〈표 8-3〉 참조). 이 가운데 무료 양로 시설이 78개소로 대부분을 차지하며 3,835명(정원 4,972명)이 입소해 있다. 전국의 저소득 노인의 수가 20만 명이 훨씬 넘는 것을 감안하면 턱없이 부족한 숫자가 아닐 수 없다. 실비 시설의 경우는 양로원 12개소가 전부이며 입주자는 230명에 불과하다. 유료 양로 시설은 41개소에 1,959명이 살고 있다. 유료 복지 주택은 8개소가 있고 1,043명이 입주해 있다.

〈표 8-3〉 전국 노인 주거 복지 시설 현황

(단위: 개소, 명)

구분	무료 시설	실비 시설	유료 시설		계		
	양로	양로	양로	주택	양로	주택	합계
개소 수	78	12	41	8	131	8	139
정원	4,972	363	2,853	1,232	8,188	1,232	9,420
현재 인원	3,835	230	1,959	1,043	6,024	1,043	7,067

자료: 보건복지부, 2005e.

무료/실비 시설의 가장 큰 문제점은 시설 수가 절대적으로 부족하다는 것이다. 무료 시설은 입주 자격이 까다롭기 때문에 현재의 정원도 제대로 채우지 못하고 있다. 실비시설은 그나마 12개에 불과하다. 실비 노인 복지 주택은 아예 공급 사례조차 없다. 앞으로도 그러할 가능성이 높다. 이러한 까닭은 실비 시설에 대한 정부 지원은 보잘것없는데 비해 시설 운영에 대한 규제와 간섭이 심하기 때문이다. 특히 실비 시설의 경우 입주자에게 부과할 수 있는 금액이 매우 적어 적자를 벗어나기 어렵다고 한다. 아울러 시설 생활에 대한 부정적 이미지와 질이 낮은 서비스 그리고 전통적 가치관에 따른 시설 입소 기피 등의 요인도 입소율을 낮추는 원인으로 지적된다(박신양, 2003).

한편, 유료 시설은 2004년 12월 기준으로 양로 시설과 유료 노인 복지 주택을 합하여 49개소이며 정원은 4,085명으로 집계되었다. 하지만, 실제 입소자는 3,002명으로 정원의 73.5%에 지나지 않는다. 유료시설에 입소하기 위해서는 보증금, 임대료, 월 이용료 등 많은 돈이 들어간다. 전문가들은 유료 시설에 입소하는 데 필요한 자산이 적어도 1억 원 이상, 월평균 소득이 100만 원 이상(1인), 부부인 경우 150만원은 되어야 할 것으로 추산한다(박신양, 2003).

유료 시설조차 이처럼 입소율이 낮은 이유는 무엇일까?

첫째, 유료 노인 복지 주택에 관심을 가지는 노인 인구가 아직은 그렇게 많지 않은 것으로 보인다. 한국의 사회문화적 전통에 비추어 볼 때, 은퇴촌(retirement village)의 성격을 갖는 유료 노인 복지 주택은 아무래도 생경한 것으로 여겨지기가 쉽다.

둘째, 현재 운영 중인 유료 시설이 대부분 도시에서 벗어난 지역에 자리 잡고 있으나, 우리나라 노인들은 도시에서 벗어난 전원형의 은퇴촌보다는 도시 내 시설을 선호하는 경향이 강하다. 현재의 유료 시설들은 이 점을 제대로 반영하지 못하고 있다.

셋째, 입소 비용에 비해 유료 시설의 장점이 크게 부각되지 않는다는 점도 입소율을 낮추는 원인이라고 할 수 있다. 일반 주택에 견주어 월등하게 좋은 조건을 갖춘 유료 시설의 입소 비용은 일반 서민에게는 그림의 떡이다. 가령, 삼성 생명이 운영하는 노블카운티의 2005년도 입소 비용은 1인의 경우 최하가 보증금 3억 원에 월 생활비 134만 원, 부부 입소인 경우에는 보증금 3억 8천 만 원에 월 생활비 228만 원에 이른다. 이런 곳에 입소하는 사람들은 일부 부유층에 국한될 수밖에 없는데, 이들은 사실 주거 선택의 여지가 많기 때문에 굳이 여럿이 모여 사는 시설에 입소하지 않아도 되는 사람들이다.[2] 그렇다고 해서 민간 운

2) 실제로 최근의 연구에 따르면, 최고 소득 계층에 속하는 사람들일수록 자녀와

영자들에게 저렴한 입소 비용을 받아서 일반 주택보다 월등한 조건을 제공하라고 요구하기는 현실적으로 불가능하다.

② 현행 노인 주거 관련 정책의 문제점

현재 우리나라 노후 주거 보장 정책의 가장 큰 문제점은 종합적인 노후 주거 정책이 없다는 사실이다. 건설부는 주택 정책, 보건 복지부는 복지 정책으로 이원화되어 있어서 노인 주거 정책이 종합적으로 다루어지지 못하고 있다. 주택 정책의 대상인 일반 주택의 경우에는 택지 공급, 국민 주택 기금 지원, 조세 지원 등의 지원이 있지만, 노인 주택 건설에 대한 별도의 지원은 마련되어 있지 않다(윤주현 · 강미나 · 송하승, 2004). 물론, 공공 임대 주택의 일부를 노인 가구에 우선적으로 분양하는 정책이 있으나, 이것은 노인 주거 정책이라기보다는 취약 계층에 대한 주거 지원 정책의 성격이 강하다.

둘째, 노인 가구의 주거 실태와 수요에 대한 파악이 제대로 이루어지지 못하고 있기 때문에 정책의 기초가 매우 허술하다는 비판도 제기된다. 정책의 효과성을 높이려면 양실의 자료에 토대를 두어야 한다. 하지만, 우리나라에는 아직 노인 주거에 관한 기초 통계 자료가 없는 실정이다.

2) 노후 주거 보장 제도의 과제와 개편 방향

사실상 아무런 노후 주거 보장 제도가 없는 우리나라 현실에서 가장 필요한 과제는 정부가 노인들의 주거 생활을 방치할 것이 아니라 적극적으로 개입해야 한다는 것이다. 정부가 노령 사회에 대비한다고 발표하는 숱한 대책 어디에서도 주거 문제를 체계적으로 다루겠다는 의지가 담긴 내용을 찾아보기 어렵다. 노년기의 주거 안정이 노후 생활에

동거하는 비율이 높게 나타났다. 최고 소득 계층의 경우 97.3%가 자녀와 동거하고 있다(윤주현 · 강미나 · 송하승, 2004).

얼마나 중요한 것인가를 정부가 모르지 않다면, 노후 주거 문제에 대한 정부의 무책임한 태도는 미래에 큰 사회 문제를 야기할 가능성이 높다.

정부의 노후 주거 보장 정책에 대하여 박신양(2003)은 다음과 같은 원칙을 따를 것을 제시하고 있다.

첫째, 거주의 연속성이다. 노후에 여러 가지 이유로 오랫동안 살아왔던 지역과 집을 떠나 낯선 주거 환경으로 옮겨가는 것은 노인들에게 심리적으로나 육체적으로 좋지 않은 결과를 초래할 수 있다. 따라서 될 수 있는 대로 자신이 살던 지역사회와 집에서 노후를 보낼 수 있도록 주거의 연속성을 보장해 주는 것이 매우 중요하다. 주거의 연속성은 사회복지에서 폭넓게 통용되는 정상화(normalization) 이념과도 궤를 같이한다.[3)]

둘째, 주거의 안전성이다. 아무리 자신의 집에서 살고 싶어도 주택 구조가 생활하기 어렵게 되어 있고 안전사고의 위험이 높은 경우에는 오히려 시설에 입소하는 것이 나을 터이다. 따라서 안전하고 편리한 주거를 보장하는 주택이 많이 공급되어야 한다.

셋째, 주거의 건강성이다. 고령자 주거 실태를 보면, 낡고 좁은 집에서 생활하는 경우가 많다. 게다가 채광, 통풍, 소음 등의 문제로 적절한 휴양이나 휴식을 취하지 못해 건강이 나빠지는 노인도 적지 않다. 노인들의 주거 공간은 이런 문제가 없도록 건설해야 한다.

넷째, 주거가 요양과 재활에서 중요한 역할을 수행해야 한다. 지역사회 보호(community care)라는 시대의 흐름에 따라 자택에서 생활하는 노인이 늘어나면서 집안에서 요양이나 재활을 하게 되는 경우도 아울러 늘어나고 있다. 따라서 향후의 노인 주거 정책은 집에서 요양이나 재활을 가능하게 하는 구조와 공간을 제공하도록 노력해야 한다.

---

3) 정상화란 개념을 최초로 사용한 사람은 덴마크 정신 장애인 협회 회장인 뱅크 미캘샌(Bank-Mikkelsen)으로 “지능이 떨어지는 장애인의 생활을 가능한 한 통상의 생활 상태에 접근하게 하려는 것”으로 정의하였다. 이후 1950년대 말 스웨덴 정신 장애인 협회 사무국장 니르제(nirje) 등에 의하여 체계화되어 1967년 스웨덴의 장애인 복지정책에 활용되었다. 그 후 이 이념은 여러 선진국에 널리 퍼졌으며 70년대부터 사회복지의 기본 이념으로 쓰이고 있다.

이러한 원칙을 토대로 노후 주거 보장 정책은 다음과 같은 방향으로 나아가야 할 것이다(윤주현 · 강미나 · 송하승, 2004).

첫째, 노인 주거 정책의 기반 구축이다. 이를 위해서는 무엇보다도 노인 주거의 실태를 체계적으로 파악하는 일이 시급하다. 다음으로는 관계 정부 부처 사이에 상호 유기적인 정책 공조가 이루어져야 한다. 아울러 노후 주거 보장을 위한 장기적인 실천 계획이 마련될 필요가 있다.

둘째, 노인 주택의 공급 정책을 재정비해야 한다. 기본적으로는 노인 주택의 건설 기준을 강화하고 노인 주택을 건설할 경우에 정부의 지원이 제공되어야 한다. 중 · 장기적으로는 다양한 노인 주택을 공급하여 노인의 주거 선택이 폭넓게 이루어질 수 있도록 도와야 한다. 그러나 대부분의 노인들이 여러 형편상 기존의 주택에 머물러 살 수밖에 없기 때문에 이들에 대한 지원책이 별도로 마련될 필요가 있다. 영국에서 시행하고 있는 노인 주택에 대한 개보수 지원 제도(care and repair schemes) 같은 것을 적극적으로 도입해야 한다. 일본에서도 이와 비슷한 정책을 시행하고 있다. 우리나라의 상당수 노인들도 주택 개조를 원하고 있는 것으로 나타났다.

국토 연구원이 지난 해 말 조사한 바에 따르면 우리나라 노인 가구의 자가 거주율은 76.0%로 일반 가구의 54.2%보다 높은 것으로 나타났다. 특히 농촌 읍 · 면의 경우 자가 거주율이 96.6%로 아주 높았다. 도시의 경우는 66.6%였다. 노인 가구의 자가 거주율은 높지만 환경은 열악하다. 방당 거주인 수는 노인 가구가 1.33명으로 일반 가구 0.92명에 비해 조밀했고, 부엌 시설이 기준 미달인 비율도 노인 가구가 37.4%로 27.2%의 일반 가구에 비해 높은 수준으로 집계됐다. 노인용 손잡이를 설치하고 바닥의 단차를 제거하는 등 장애 제거(Barrier-free)는 고사하고 주거 필수 시설도 미흡한 실정이다.

2004년 <고령화 및 미래 사회 위원회> 자료에 따르면 노인들은 선호하는 주거 공간으로 개조한 현재의 주택을 꼽았다. 특히 농촌에 사는 노인 가운데 41.3%가 주택 개조를 바라는 것으로 나타났다. 노인들은 그 다음으로 의료 서비스 등이 제공되는 노인 전용 주택을 원했다. 양로원에 들어가고 싶다는 응답은 7.4%에 불과했다.

전문가들은 노인 복지 시설이 저소득층과 상류층으로 양극화되는 것을 피하려면 기존 주택을 노인 생활에 적합하도록 고치는 방안을 마련해야 한다고 지적한다. 선진국들이 일찍부터 기존 주택을 노인 생활에 맞게 개조하는 것에 초점을 맞춘 것은 이 때문이다. 주택 공사가 지난해 말 <고령화 및 미래 사회 위원회>에 제출한 보고서에 따르면, 일본 후생노동성은 2000년부터 20만 엔(200만원) 한도 내에서 손잡이 설치, 바닥 단차 제거, 바닥재 교체, 미닫이로 문 교체 등 개조비를 지원하고 있다. 또한 국토교통성은 '리폼 론(Reform loan : 주택 개조 대출, 사망 시 일괄 상환 조건)'이라는 형태로 500만 엔을 빌려준다. 노인들은 복도와 출입구의 폭을 넓히고 욕실과 주택 내 계단을 고치는 데 이 자금을 사용한다. 영국도 노인들이 거주하는 주택의 안전도를 높이거나 침실 접근도 제고, 화장실과 부엌 시설의 사용 편리성 제고, 난방·조명·전기 시스템 설치 등을 위해 2만 5,000파운드까지 지원하는 내용의 법률을 시행하고 있다.

이에 반해 우리나라는 지난 1998년부터 '장애인, 노인, 임산부 등의 편의증진에 관한 법률'에 따라 공동 주택 단지 내에 장애 제거 개념을 도입했지만 개별 주택 내부에 대한 기준이나 지원은 없는 상황이다. 주택 공사는 "주택을 개조하는 등의 환경적 지원을 통해 독립적인 노후 생활을 최대한 연장하는 동시에 각 기관이 실시하고 있는 목욕 서비스나 이동 서비스 등 재가 복지 서비스를 효율적으로 연계해야 한다"고 제안했다. 이를 통해 노인들의 시설 입소를 예방하거나 지연시켜 장기적으로 사회 부양에 대한 정부의 부담을 줄이는 효과를 볼 수 있다는 주장이다.

자료 : 내일신문 2005년 10월 26일자

셋째, 공공부문이 노인 주택의 건설과 운영을 주도하도록 정책 방향을 설정해야 한다. 우리나라의 주택 공급은 세계에서 유례가 없을 정도로 시장에 의존하는 형태를 유지해 왔다. 그 결과는 주기적인 부동산 투기와 집값 상승으로 이어져 대다수 서민들의 생활을 고단하게 만들었다. 이런 악순환이 노인 주거 분야에서도 반복된다면 조만간 다가올 노령 사회에 큰 재앙이 될 것이다.

제9장

사회복지 서비스

1. 개념과 의의

사회복지 분야에서 '사회복지 서비스(social welfare services)'라는 단어는 매우 모호한 개념 가운데 하나이다. 우리나라 사회보장 기본법 제3조는 사회복지 서비스를 "국가와 지방 자치 단체 그리고 민간 부문의 도움을 필요로 하는 모든 국민에게 상담, 재활, 직업 소개 및 지도, 사회복지 시설 이용 등을 제공하여 정상적인 사회생활이 가능하도록 지원하는 제도"로 정의하고 있다. 그러나 영국에서는 이러한 의미로 개별 사회 서비스(personal social service)라는 용어를 사용한다. 이것은 본질적으로 사회적 보호 또는 돌봄(social care)의 제공이라는 뜻으로 해석된다(Alcock, Erskine and May, 2002: 179-182). 한편, 미국에서는 사회복지 서비스라는 용어보다는 사회적 서비스(social services)라는 용어가 널리 쓰인다. 사회복지 서비스란 말이 이렇게 쓰일 때 그것은 사회복지나 사회보장보다 하위의 개념으로 여겨진다. 그러나 나라에 따라서는 사회복지 서비스를 사회복지나 사회보장을 포함하는 가장 포괄적인 개념으로 사용하는 경우도 종종 있다.

알프레드 칸(Alfred Kahn, 1973: 16)은 사회적 서비스를 다음과 같이 정의하였다.

▶ 가족이나 개인이 제 기능을 다하도록 이들을 강화하고 회복시키는 과업

▶ 과거에 가족이 수행하던 사회화, 계발, 도움 등의 역할을 대신할 제도적인 출구를 제공하는 과업

▶ 현대의 복합적 도시 사회에서 살고 있는 개인, 가족, 집단에게 필수적인 새로운 활동이 원활하게 이루어지도록 제도적 형식을 개발하는 과업

요컨대, 사회적 서비스는 가족이나 과거의 사회적 양식이 야기하는 문제점을 교정하는 것에 머무르는 것이 아니라 새로운 사회적 상황에 대처하는 모든 사회적 노력이라는 의미를 갖는다.

칸은 이러한 정의를 바탕으로 노인을 위한 사회적 서비스를 다음과 같이 규정하였다.

▶ 노인의 일반적이고 발전적인 욕구를 충족시키는 과업

▶ 일시적이거나 항구적인 적응 문제의 해결을 돕는 과업

▶ 노인이 법률적, 사회적 지위를 유지할 수 있도록 돕는 과업

이와 같은 정의를 부연하자면, 노인복지 서비스는 노인으로 하여금 가능한 한 지역사회의 일원으로 정상적인 삶을 유지할 수 있도록 삶의 모든 측면에서 노인의 복지(well being)를 제고하는 일체의 보호와 돌봄이라고 요약할 수 있다.

사회적 외연이 줄어들고 각종 퇴행성 질환에 시달리는 노년기는 생애 주기에서 가장 집중적인 사회적 서비스를 필요로 하는 시기이다. 더구나 노령화된 현대 사회에서 사회적 서비스를 국가가 보장해야 하는 당위성은 갈수록 커지고 있다. 특히 한국처럼 사회 변동과 노령화의 속

도가 매우 빠른 사회에서는 더욱 그러하다.

2. 형식과 내용

1) 시설 보호와 재가 서비스

노인에 대한 사회복지 서비스는 크게 시설 수용자를 위한 사회복지 서비스와 재가 대상자를 위한 사회복지 서비스로 나눌 수 있다 (Higgins, 1984). 시설 보호(institutional care)는 보호 대상 노인을 입소시켜 급식과 치료 그리고 기타 편의를 제공하는 보호 서비스를 의미한다. 양로원(nursing home)이 시설 보호의 대표적 보기라고 할 수 있다. 시설 보호는 서비스 제공만을 목적으로 사회로부터 완전히 격리된 시설에서 제공하는 서비스와 수용 시설이면서도 지역사회와 통합된 시설에서 제공하는 보호(residential care)로 대별된다. 후자는 시설 거주 노인에게 가능한 한 지역사회의 생활 방식을 최대한 허용하려는 목적을 지니고 있다.

한편, 재가 대상자를 위한 보호는 서비스가 제공되는 장소에 따라 지역사회 보호(community care)와 재가 보호(domiciliary care)로 구분한다. 전자는 주간 보호(day care)와 단기 보호(respite care) 서비스 등을 포함하며, 후자는 자택에 살고 있는 노인의 가정을 방문하여 제공하는 가정 간호(home nursing)와 가정 봉사원 서비스(home helper service) 등을 아우른다. 요컨대, 지역사회 보호는 가정 밖에서 이루어지는 것이고 재가 보호는 가정 안에서 이루어진다는 점이 다르다. 하지만, 양자 모두 노인이 자기 집에 머물면서 보호를 받는다는 점에서 넓은 의미의 재가 노인 서비스라고 할 수 있다. 〈표 9-1〉은 이것을 정리한 것이다.

〈표 9-1〉 서비스 제공 장소에 따른 노인 복지 서비스의 분류

<table>
<tr><th colspan="3">유형</th><th>보기</th><th>서비스 유형</th><th>서비스 기간</th></tr>
<tr><td rowspan="2">시설 보호</td><td colspan="2">격리 시설 보호</td><td>병원
격리 수용 시설</td><td>시설 수용 서비스</td><td>단기/일시 보호</td></tr>
<tr><td colspan="2">지역사회 내 시설 보호</td><td>병원식 호스텔
양로원, 요양원
복합 주거 시설</td><td>시설 수용 서비스</td><td>장기/영구 보호</td></tr>
<tr><td rowspan="3">재가 보호</td><td colspan="2">이용 시설 중심 지역사회 보호</td><td>단기/주간 보호
낮 병원
노인 식당
외래 진료</td><td>시설 이용 서비스</td><td rowspan="2">장기 보호
정기/시간제 보호</td></tr>
<tr><td rowspan="2">재가 보호</td><td>공식적 재가보호</td><td>가정의
지역 정신의료 간호사
식사 서비스</td><td>공공/비영리 기관 제공 재가 서비스</td></tr>
<tr><td>비공식적 재가보호</td><td>목욕/용변/식사 시중
취사/쇼핑/여가 등의
원조 서비스</td><td>가족/친지/이웃 제공 재가 서비스</td><td>장기/전일제 보호</td></tr>
</table>

자료: Higgins. 1984.

역사적으로 시설 보호와 지역사회 보호는 때에 따라 상호 대체적 또는 보완적인 관계를 유지해 왔다. 시설 보호는 가족의 보호가 어려운 노인을 위한 보호 형태로 오래 전부터 존재해 온 것인데, 사회가 노령화되면서 보호 수요가 늘어나자 양로원과 같은 시설에서의 서비스가 증대되었다. 그러나 시설 보호는 시설 안에서 전문적 서비스를 제공할 수 있는 등의 장점이 있긴 하지만, 비용 증대와 이른바 시설병의 문제가 불거지면서 시설 보호에 대한 비판적 견해가 제기되기 시작하였다.

지역사회 보호는 시설 보호의 문제점과 한계에 대한 반성으로 등장하였다. 영국에서는 1950년대 후반부터 시설 생활의 부정적 결과에 주목하는 연구가 쏟아져 나왔다. 익숙한 환경과 관계로부터의 단절, 모멸적인 입소 절차, 엄격한 규칙에 대한 복종, 자기 결정권 상실 등이 부정적 결과의 주요 내용이었다. 시설 보호의 또 다른 문제점은 비용 상승이었다. 많은 사람을 하나의 시설에 모아놓고 '관리'하는 것이 비용 면

에서 효율적이라고 판단했지만, 현실은 그렇지 않았다. 서비스와 행정 비용은 물론 낡고 오래된 건물을 유지·보수하는 비용도 막대하였다. 이러한 문제가 드러나면서 서구에서는 탈시설화(deinstitutionalization) 바람이 불게 되었다. 지역사회 보호는 이러한 탈시설화 흐름의 산물이라고 해도 과언이 아니다.

지역사회 보호는 사회적 연결망과 자원 봉사자를 활용하여 노인이 살고 있는 지역사회 안에서 사회복지 서비스를 제공하는 사회복지 실천이자 제도이다(Popple, 1995: 55). 일부에서는 지역사회 보호의 핵심을 지역사회 안에서의 보호(care in the community)가 아닌, 지역사회에 의한 보호(care by the community)라고 강조한다(Johnson, 1987: 65-69). 다시 말해서, 지역사회 보호의 요체는 서비스 공간으로서의 지역사회가 아니라 서비스 제공 주체로서의 지역사회라는 것이다.[1] 그러나 다수의 견해는 지역사회 보호를 서비스의 주체보다는 서비스의 물리·사회적 환경을 중심으로 정의한다. 즉, 보호의 주체가 누구이든 상관없이 노인의 일상적인 삶이 펼쳐지는 지역사회 안에서 서비스가 제공된다면, 그것을 지역사회 보호로 간주하는 것이다.

2) 재가 서비스의 내용

재가 보호 서비스는 나라와 제공자에 따라 그 내용과 범위가 다양하다. 그렇지만 노인들에게 제공되는 서비스의 내용은 대상 노인의 욕구에 따라 다음 네 가지로 나눌 수 있다(Tester, 1996: 83-84). 첫째는 기초적 보호(basic care) 서비스이다. 여기에는 노인들의 취사, 세탁, 쇼핑, 목욕 등을 가정에서 도와주는 서비스가 포함된다. 둘째, 물리적·정

1) 이러한 주장은 서비스의 부담을 가족이나 지역사회의 비공식 부문에 떠넘겨 정부의 사회복지 지출을 줄이려는 보수주의적 사회 정책의 흐름과 궤를 같이 한다. 여성주의자(feminists)들은 이와 같은 견해에 대해 지역사회에 의한 보호는 가족에 의한 보호나 다름이 없으며 종국에는 여성에 의한 보호로 귀착될 것이라고 비판하였다(Alcock, Erskine, and May, 2002: 42).

신적 건강 보호(physical and mental health care)로 각종 건강 관련 치료 및 보호 서비스가 여기에 해당한다. 셋째, 상담과 정서적 지지(emotional support) 서비스의 제공이다. 넷째, 비공식 보호자(informal carer)에 대한 지지인데 보호(돌봄) 책임을 맡은 가족이나 친지의 물리적 · 정신적 부담을 덜어주는 서비스가 여기에 속한다. 마지막으로, 정보와 조언 제공 서비스이다. 〈표 9-2〉는 이것을 요약해 놓은 것이다.

〈표 9-2〉 노인을 위한 재가 서비스의 종류와 내용

서비스의 종류	서비스의 내용	서비스 사례와 제공 주체
기초적 보호	취사, 세탁, 쇼핑, 목욕, 용변 등에 관한 지원	가정 봉사원, 가정 간호사, 식사 배달 서비스 등
물리적/정신적 건강 보호	발 관리, 치료요법, 투약, 주사, 건강관리 등	가정의, 가정 간호사, 정신 보건 간호사, 물리 치료사 등
상담과 정서적 지원	- 질병, 장애, 죽음 등의 문제를 극복할 수 있도록 지원 - 사회적 방문과 접촉 - 비상 접촉	사회복지사, 카운슬러, 자원 봉사자, 전화 서비스, 경보 서비스 등
비공식 보호자 지원	돌봄 노동과 보호자로서의 책임감으로 인한 물리적/정신적 피로와 소진 상태를 극복할 수 있도록 지원	사회복지사, 보호자 모임, 가정 봉사원, 야간 간호사 등
정보와 조언 제공	수급 가능한 복지 급여와 서비스에 대한 정보/조언 제공	사회복지사, 대중매체, 자원 봉사 단체, 사회복지 공무원

자료: Tester, Susan. 1996.

3. 한국의 재가 노인 서비스 제도

1) 현황

우리나라에서 재가 노인 복지 사업이 시작된 것은 1980년대 후반에 이르러서였다. 1987년 한국 노인 복지회에서 서울시 거택 보호 노인을 대상으로 가정 봉사원 파견 사업을 시범적으로 실시한 것이 재가 노인 복지 사업의 효시였다. 1989년에는 사회복지관 설치 운영 규정에 따라 가정 봉사원 파견을 통한 목욕 서비스와 식사 서비스 등의 재가 노인 복지 사업이 법정 사업으로 규정되었다. 같은 해 12월에는 노인 복지법을 개정하여 가정 봉사원 파견 사업을 노인 복지 사업에 포함시켰다. 가장 중요한 사건은 1992년에 전국의 사회복지관, 노인 복지 센터, 장애인 복지관, 지역사회 복지 협의회 부설로 144개의 재가 복지 봉사 센터가 설치된 것이다. 이때부터 노인을 비롯한 사회의 취약 계층 가정을 직접 방문하여 필요한 서비스를 제공하는 사업이 본격적으로 시작되었다. 1993년의 제2차 노인 복지법 개정 때에는 가정 봉사 서비스 외에 주간 보호와 단기 보호 서비스를 재가 노인 복지 사업의 일환으로 제공할 수 있는 근거 기준이 마련되었다. 한편, 서울시에서는 1996년부터 전국 최초로 유료 가정 봉사원 제도인 '가정 도우미' 사업을 시작하였다. 2003년부터는 서민과 중산층을 위한 실비 주간 보호 사업을 시행하고 있다.

(1) 가정 봉사원 파견 사업

① 목적

정신적 · 신체적인 이유로 독립적인 일상생활을 영위하기 어려운 노인이 있는 가정에 봉사원을 파견하여 필요한 각종 서비스를 제공한다.

② 서비스 대상자

▶ 일상생활 수행 능력(ADL : Activities of Daily Living)에 지장이 있는 사람

▶ 노인성 질환 또는 노쇠로 인해 심신의 장애가 있는 사람

▶ 일반 질환으로 인해 일시적인 일상생활 서비스가 필요한 사람ㅁ

▶ 독거노인으로서 일상생활 서비스가 필요한 사람

③ 서비스 내용

▶ 신체적 수발에 관한 사항

- 식사하기, 화장실 이용하기, 옷 갈아입기, 목욕하기, 머리감기 등

▶ 일상생활 지원에 관한 사항

- 가사 지원 서비스 : 취사, 생활필수품 구매, 청소·주변 정돈 등의 서비스
- 개인 활동 서비스 : 외출 시 동행·부축 등 개인 활동에 관한 서비스
- 우애 서비스 : 안부 전화 및 방문, 말벗, 편지 전달, 생활 상담 등

▶ 노화, 질병, 장애 관리에 관한 사항

- 노화, 질병, 장애 관리를 위한 보조와 사회서비스
- 생활 지도와 일상 동작 훈련 등 심신의 기능 회복과 강화를 위한 서비스

▶ 상담과 교육에 관한 사항

- 지역사회 내에서 노인의 자립 생활에 관한 상담 서비스
- 질환과 장애를 지닌 노인 가족을 위한 상담과 교육

▶ 지역사회 복지 자원 발굴과 네트워크 구축에 관한 사항

- 무의탁 노인 후원을 위한 결연 사업(1인당 월 10,000원 이상을 3월 이상 계속하여 지원하는 결연사업)

- 지역사회 자원 봉사자 등 인적 자원 발굴 사업

④ 비용 부담

▶ 무료 대상자: 65세 이상의 국민 기초 생활 보장 수급권자 또는 65세 이상의 저소득 노인으로 부양 의무자에게서 적절한 부양을 받지 못한 자로서 시 · 군 · 구청장이 재가복지 시설에 이용을 의뢰한 사람은 국고 지원 시설을 이용할 수 있다. 또한 시 · 도지사 또는 시장 · 군수 · 구청장은 65세 미만의 노인에 대하여도 노쇠 현상이 현저하여 특별히 보호할 필요가 있다고 인정할 때에는 시설 이용을 허가할 수 있다(노인복지법 제28조 제2항).

▶ 실비 대상자: 65세 이상 저소득 노인(도시 근로자 월 평균 소득 미만인 가구의 65세 이상 노인)은 서비스 내용에 따라 국고 지원 시설을 실비로 이용할 수 있다.

▶ 유료 대상자: 60세 이상의 노인으로 무료와 실비 대상에서 제외된 사람은 국고 또는 지방비의 지원이 없는 시설을 유료로 이용한다.

⑤ 재정

과거에는 서울시 가정 도우미 파견 사업을 제외한 나머지 재가 노인 복지 시설에 대해서는 국고 40%, 지방비 60%의 비율로 운영비를 지원했으나, 2005년부터 재가 노인 복지 사업의 재정은 전적으로 지방 자치 단체가 부담하도록 바뀌었다. 지방 자치 단체는 재가 노인 복지 사업의 인건비와 운영비 일부를 지원하고 이것을 초과하는 부분은 운영 주체가 자체적으로 부담한다.

⑥ 인력 배치 기준

인력 배치 기준은 1개 시설 당 서비스 대상 노인 80명을 기준으로 한다.

▶ 시설의 장, 사회복지사 1인, 사무원 1인

▶ 무급 가정 봉사원: 이용 대상자 1-5명당 1인

▶ 유급 가정 봉사원: 이용 대상자 8명당 1인

(2) 주간 보호 사업

① 목적

▶ 가족의 보호를 받을 수 없는 심신이 허약한 노인과 장애 노인을 낮 동안 시설에 입소시켜 필요한 각종 서비스를 제공한다.

▶ 노인과 부양가족의 생활 안정을 돕는다.

② 서비스 대상자

가정 봉사원 파견 사업과 기본적으로 동일하되 낮 동안 주간 보호 서비스가 필요한 노인이 대상자로 명시되어 있다.

③ 서비스 내용

▶ 생활 지도와 일상 동작 훈련 등 심신 기능 회복과 강화를 위한 서비스

▶ 급식과 목욕 서비스

▶ 취미, 오락, 운동 등 여가 생활을 위한 서비스

▶ 이용 노인의 가족에 대한 상담과 교육

▶ 지역사회 복지 자원 발굴과 네트워크 구축에 관한 사항

④ 비용 부담

가정 봉사원 파견 사업의 경우와 같다.

⑤ 재정

가정 봉사원 파견 사업의 경우와 같다.

⑥ 인력 배치 기준

인력 배치 기준은 시설 당 이용 노인 5인을 기준으로 책정되었다.

▶ 시설의 장

▶ 사회복지사: 1인(이용 정원이 10인 미만인 시설은 두지 않아도 무방)
▶ 생활 지도원: 이용자 10인 당 1인(단, 치매와 중풍 노인이 주로 이용하는 시설인 경우에는 이용자 5인 당 1인)
▶ 물리 치료사 또는 간호사(간호조무사): 1인
▶ 조리원: 1인
▶ 사무원: 1인(이용 정원이 10인 미만인 시설은 두지 않아도 무방)
▶ 보조원 또는 운전수: 1인

(3) 단기 보호 사업

① 목적

불가피한 사유로 가족의 보호를 받을 수 없어 일시적인 보호가 필요한 장애 노인과 심신이 허약한 노인을 시설에 단기간 입소시켜 보호하고 필요한 서비스를 제공한다.

② 서비스 대상자

▶ 일상적인 생활 능력에 지장이 있는 사람
▶ 노인성 질환 또는 노쇠로 인해 심신의 장애가 있는 사람
▶ 일반 질환으로 인해 단기간 일상생활 서비스가 필요한 사람
▶ 독거노인으로서 단기간 일상생활 서비스가 필요한 사람

③ 서비스 내용

서비스 내용은 가정 봉사원 파견 사업 및 주간 보호 사업과 동일하며 보호 기간은 최장 45일이다.

④ 비용 부담

가정 봉사원 파견 사업의 경우와 같다.

⑤ 재정

가정 봉사원 파견 사업의 경우와 같다.

⑥ 인력 배치 기준

인력 배치 기준은 시설 당 이용 노인 5인을 기준으로 책정되었다.

- ▶ 시설의 장
- ▶ 사회복지사: 1인
- ▶ 생활 지도원: 이용자 5인 당 1인(단, 치매와 중풍 노인이 주된 이용 대상인 경우에는 이용 노인 3인당 1인)
- ▶ 물리 치료사: 1인(이용자 30인 이상 시설의 경우에만 해당)
- ▶ 간호사 또는 간호조무사: 이용자 25인 당 1인(치매와 중풍 노인이 주된 이용 대상인 경우에는 이용자 20인 당 1인)
- ▶ 조리원: 1인
- ▶ 위생원: 1인(이용자 50인 이상의 시설만 해당)

2) 문제점

현행 재가 노인 복지 사업의 문제점은 한두 가지가 아니다. 무엇보다도 먼저 재가 노인 복지 사업의 개념 정의가 명확하지 않아서 대상자의 선정 기준 역시 모호하다는 지적이 많다. 노인 복지법 시행 규칙에 재가 노인 복지 시설의 이용 대상자로 규정된 "신체적 · 정신적 장애로 일상생활을 영위하기 곤란한 자"가 구체적으로 무엇을 뜻하는지 불분명하다. 이러한 모호함 때문에 서비스 내용과 대상자를 선정하는 데 적지 않은 문제를 야기하고 있다. 가령, 전문적 치료가 필요한 질병이 있는 노인인 경우에는 가정 봉사원 수준에서의 서비스라는 것이 사실상 의미가 없다. 또한 지속적인 수발과 간병이 필요한 노인에게 주 1-2회의 방문으로는 충분한 서비스를 제공하기 어렵다. 게다가 대부분의 무급 가정 봉사원들은 고도의 수발이 필요한 노인들을 꺼리고 있어서 이런 노인들은 가정 봉사원 파견 사업 대상에서 제외되는 것이 현실이다.

이와는 반대로 아무런 신체적 장애가 없으면서도 단지 국민 기초 생활 보장 수급자라는 이유 하나로 가정 봉사원 파견 사업의 대상자로 선정되는 경우가 허다하다. 이들에게 제공되는 서비스라는 것이 대부분 말동무 노릇을 하는 것과 같은 대단히 초보적인 서비스이기 때문에 전문적인 사회복지 서비스로서의 의미를 지니지 못하고 있다.

사업의 내용도 많은 문제점을 드러낸다. 먼저, 가정 봉사원 파견 사업이 역점을 두는 것이 가사 지원 서비스와 간병 서비스인데, 이 사업이 자원 봉사 인력에 크게 의존하고 있어서 간병 서비스가 제대로 이루어지지 못하고 있는 실정이다. 결국, 가정 봉사원 파견 사업은 사실상 가사 지원 서비스(그 중에서도 말동무)에 치중하고 있다는 얘기다. 그러나 인구 노령화와 가족 구조의 변화에 대처하기 위한 가장 필수적인 노인 복지 서비스가 간병과 수발이라는 점을 고려하면, 가사 지원에 치중한 현재의 가정 봉사원 파견 제도는 문제가 아닐 수 없다.

인력 문제도 심각하다. 가장 큰 문제는 절대 인원 자체가 부족하다는 사실이다. 현행 인력 배치 기준은 시설의 물리적 유지조차 힘들 정도의 열악한 수준이다. 이와 같은 인력 배치 기준은 직원들의 부담을 가중시켜 서비스의 전문성을 떨어뜨리는 주요 원인이 된다. 특히 가정 봉사원 파견 사업의 경우 사회복지사 1인이 최소 80명의 노인을 담당하도록 기준을 세운 것은 사회복지 서비스의 기본을 무시한 처사가 아닐 수 없다.

3) 한국 재가 노인 서비스 제도의 과제와 개편 방향

(1) 재가 노인 복지의 목표와 이념의 재설정

현행 재가 노인 복지 서비스 제도는 이념과 목적이 모호한 상태에서 형식적인 서비스 제공에 그치고 있다. 먼저, 선 가족 부담·후 국가 지원 형태로 나타나는 현재의 재가 서비스 이념이 새롭게 설정되어야 한다(이혜원, 1999). 저소득층 노인 위주의 제한된 사회 서비스 제공 정책의 배후에는 노인 부양은 궁극적으로 가족의 몫이라는 가족주의 이데올로기가 자리 잡고 있다. 국가는 불가피한 경우에 최소한의 지원만 하겠다는 태도에서 나온 정책이다. 그러나 이러한 소극적인 정책은 세계에서 가장 빠른 속도로 노령화되고 있는 한국 사회의 미래에 어두운 그림자를 드리우고 있다. 정부는 노인에 대한 소득 보장이나 건강 보장과 마찬가지로 사회적 서비스 역시 보편적인 보장이 필요하다는 사실을 직시하고 가족주의 이데올로기에서 벗어나야 한다. 이런 의미에서 최근 정부가 추진 중인 노인 수발 보장법은 사회적 서비스의 보편적 보장으로 나아가기 위한 매우 중요한 결단이라고 할 수 있다.

또한 재가 노인 복지의 목적을 명확히 설정할 필요가 있다. 현행 재가 노인 복지 사업 지침에 제시된 목적은 추상적이고 모호하다. 다음과 같은 내용으로 재가 노인 복지 사업의 목적을 재구성하는 것이 좋을 것이다(선우덕 2002).

첫째, 가정과 지역사회에서의 자립 기능을 회복·유지·향상시켜 삶의 질을 높인다.

둘째, 이렇게 함으로써 장기 요양 시설의 조기 또는 부적절한 입소를 예방한다.

셋째, 대상 노인들에게 체계적인 기초적 지지 서비스(basic support services)를 제공한다.

여기에서 기초적인 지지 서비스는 보건 의료와 복지 서비스 이외에 주택 수리와 개선 등의 서비스도 포함하는 개념이다. 이러한 서비스들은 가정과 지역사회에서의 자립 기능을 회복·유지·향상시키는데 효과적으로 이용될 수 있도록 연계 또는 통합적으로 제공하는 것이 필요하다. 이렇게 되면 노인들은 가능한 한 자신의 삶의 터전인 자택에서 지속적으로 살 수 있으므로 조기에 장기 요양 시설에 입소한다든지 또는 원치 않는 시설 입소를 하지 않아도 된다. 예컨대, 일본의 공적 장기 요양보험인 개호 보험은 고령자 장기 요양 정책의 기본 이념으로 고령자의 자립 지원을 설정하였고, 이러한 목적을 달성하기 위한 서비스가 제공될 수 있도록 법에서 규정하고 있다.

(2) 대상자 선정 기준 개선

앞에서 이미 지적한 바와 같이 현행 제도는 재가 서비스 대상 노인을 선정하는 기준이 매우 모호하고 자의적이다. 현재의 선정 기준은 일상생활 동작 수준이나 부양가족의 부양 가능 유무만으로 서비스 대상자를 선정하고 있는데, 앞으로 중산층에게까지 대상자 확대가 이루어질 것이고 또한 공적 요양 보장 제도 하에서 재가 노인 복지 서비스를 제공한다면 포괄적이고 종합적인 사정 도구가 절대적으로 필요하다(선우덕, 2002). 가장 먼저 필요한 것은 노인의 서비스 욕구 실태를 면밀히 조사하여 이것을 토대로 한 선정 기준을 작성하는 일이다. 더구나 앞으로 노인 수발 보장 제도가 도입될 예정이므로 정확한 실태 조사는 더욱 중요하다.

(3) 서비스 내용의 확대

매우 제한적인 내용의 서비스만을 제공하고 있는 현행 재가 노인 복지 사업은 진정한 의미의 사회적 서비스라고 하기 어렵다. 현재의 재가 노인 서비스 사업은 양적인 확대와 질적인 제고가 절실히 요구된다. 사업별로 다음과 같은 내용의 개선 작업이 이루어져야 한다(선우덕, 2002).

먼저, 가정 봉사원 사업은 크게 가사 지원 서비스와 간병 서비스로 나눌 수 있는데, 현재는 거의 대부분의 가정 봉사원 파견 시설이 가사 지원 서비스에 역점을 두고 있다. 이것은 가정 봉사원 파견 시설이 무급 자원 봉사자 위주로 운영되고 있어서 고도의 전문적인 간병 기술을 필요로 하는 간병 서비스를 제공하기가 어렵기 때문이다. 따라서, 앞으로 도입될 노인 수발 보장 제도까지 감안한다면, 현재의 가정 봉사원 운영 체제를 유급 가정 봉사원 위주의 시설로 전환할 필요가 있다.

주간 보호 시설의 경우에는 생활 지도와 일상생활 동작 훈련 등 심신의 기능 회복을 위한 서비스를 제공하도록 되어 있는데, 여기에서 기능 회복의 정도를 어디까지 상정해 놓고 있는지가 불분명하다. 만일 기능 회복에 중점을 둔다면, 적정한 재활 치료 인력의 확보가 필수적이고, 그렇지 않은 경우에는 소수의 상근 재활 치료 인력 또는 시간제 인력만으로도 가능할 것이다. 따라서 기능 회복에 중점을 두는 경우에는 이에 부합하는 주간 재활 시설이 필요하고, 기능 유지에 중점을 둔다면 현재와 같은 주간 보호 시설이 적당하다고 할 수 있다. 이러한 주간 재활 시설은 노인 요양 병원이나 보건소에 부설로 설치해야 효과를 극대화할 수 있다.

아울러 재가 노인 사업의 내용을 대상 노인의 욕구와 건강 상태에 따라 전문화해야 한다(이혜원, 1999). 가령, 가정 봉사원 파견 사업에서 경증의 장애 · 질환 노인은 시간제 무급 가정 봉사원이 담당하고 중증 이상의 장애 · 질환 노인은 전일제 유급 가정 봉사원이 맡도록 하는 것이 좋다. 주간 보호 사업과 단기 보호 사업에서는 노인의 건강 상태에 따라 인지 기능, 사회 적응 기능, 여가 등을 개발할 수 있는 프로그램과 가족 교육 및 상담 프로그램을 다양하게 강화하는 한편 이를 담당할 인력을 충분히 확보하여야 한다.

(4) 서비스 인력의 개발과 교육

양질의 사회적 서비스는 양질의 서비스 인력에서 나온다. 그러나 현행 재가 노인 서비스 제도는 자원 봉사자 위주의 형식적인 서비스에 국한되어 있는 실정이다. 따라서 서비스 인력의 개발과 교육 강화가 절실히 요청된다. 더구나 노인 수발 보장 제도를 도입하는 것을 감안하면, 간병과 수발 인력을 포함한 재가 서비스 인력의 확충은 무엇보다도 시급한 과제가 아닐 수 없다.

서비스 인력의 확충만이 아니라 이들의 전문성을 제고하기 위한 교육과 훈련의 강화도 함께 이루어져야 한다. 외국의 재가 서비스 인력(home helper)에 비해 현재 우리나라의 가정 봉사원 인력은 양적으로

나 질적으로 현저히 낙후되어 있다. 이렇게 하기 위해서는 전국적인 차원에서 재가 서비스 인력 양성에 필요한 표준 교재 개발과 전문가 양성이 무엇보다도 먼저 이루어져야 한다.

(5) 전달 체계의 통합

현재 우리나라 재가 노인 서비스 제도는 복잡한 행정 체계와 제공 주체의 난립으로 가뜩이나 열악한 제도를 더욱 비효율적인 것으로 만들고 있다. 이런 상황에서 앞으로 공적 노인 요양 보장 제도가 도입된다면 상황은 더 어려워질 것으로 보인다. 따라서 노인 수발 보장 제도의 도입을 고려한 재가 노인 서비스 전달 체계의 근본적인 개편이 속히 이루어져야 한다.

노인 수발 보장 제도의 도입을 감안한 재가 노인 서비스 전달 체계의 개편 방안으로는 가칭 '재가 노인 요양 지원 센터'의 설치가 논의되고 있다(선우덕 · 조추용, 2005). 이것은 하나의 시설 안에 통합적인 서비스를 제공할 수 있는 인력을 갖춘 것으로 현재의 파편화된 서비스 제도를 시정하는 데 효과적인 대안이 될 수 있다. 가령, 현재의 가정 봉사원 파견 센터에는 간호사가 배치되어 있지 않기 때문에 가정 간호 서비스의 필요가 있는 노인에게는 보건소나 일반 병원(가정 간호 팀)에 연락해서 도움을 구할 수밖에 없다. '재가 노인 요양 지원 센터'는 이러한 문제점을 해결해 준다. '재가 노인 요양 지원 센터'에는 사회복지사, 가정 봉사원, 가정 간병인(가칭), 가정 간호사 또는 노인 전문 간호사, 재활 치료사 등의 인력이 기본적으로 배치되어 장기 요양 대상 노인이 가정에서 지속적인 요양을 할 수 있도록 지원한다. 서비스의 내용은 배치 인력의 업무에 상응하는 가사 지원 서비스, 신체 수발(간병) 서비스, 가정(방문) 간호 서비스, 재활 치료 서비스, 주택 수리 개선 서비스 및 요양 계획 수립과 작성 등으로 한다.

제 4 부

노인을 위한 사회복지 실천

제10장

노 인 상 담

1. 노인 상담의 개념

상담이란 다양한 학문 영역으로부터 얻어진 지식을 근거로 발전된 다학제적 특성을 갖는다(전진화, 1993). 노인 상담의 개념적 정의를 위하여 상담과 노인 상담에 대한 몇몇 학자들의 정의를 소개하였다. 우선 버크와 스테플레(1979: 14)는 "상담이란 훈련된 상담자와 내담자 사이의 관계 형성이라고 할 수 있다. 두 사람의 관계는 때로는 두 사람 이상이 포함될 수 있기는 하지만 언제나 일 대 일의 대면 관계이다. 상담은 내담자에게 그들의 삶의 터전에 대한 견해를 이해하고 분명하게 하도록 도우며 의미 있고 신중한 선택과 정서적 또는 상호성에 근거한 문제 해결을 통하여 자기 결정의 목표에 도달하는 법을 학습하도록 계획된 것"이라고 정의하고 있다. 버크와 스테플레의 정의는 상담자와 내담자 사이의 대면 관계를 강조함으로써 여타 매체를 이용한 상담을 배제하여 상담의 범위를 제한하였다.

김태현(1997)은 노인 상담을 "도움을 필요로 하는 노인이 상담자와 전문적인 원조 관계를 형성하여 은퇴 문제, 개인과 가족 문제, 경제와 건강상의 문제를 해결하고 감정, 사고, 행동 측면의 성장을 도모하여 성공적인 노후 생활을 영위하기 위하여 노력하는 과정"으로 정의하고 있다. 이장호(1996)는 노인 상담을 "도움을 필요로 하는 노인이 전문적인 훈련을 받은 사회복지사와의 관계에서 일상 생활에서 경험할 수 있는 문제를 보다 효과적으로 해결하도록 돕는 과정"이라고 정의하고 있다. 노인 상담의 제공자는 임상심리사, 정신과 의사, 목회자, 그리고 사회복지사 등 다양한 영역의 전문가일 수 있으나 이 책이 사회복지실천방법으로써 노인 상담을 소개하고 있다는 점에서 노인 상담 제공자를 사회복지사로 명기한 이장호의 정의대로 노인 상담을 이해하고자 한다.

2. 노인 상담의 목적

노인 상담의 목적 또한 학자의 견해에 따라 다양하게 제시된다. 현외성을 비롯한 연구자들은 노인 상담의 목적을 네 가지로 설명한다(현외성 · 조추용 · 박차상 · 김혜경 · 김용환, 2002). 우선 노인 상담은 노인들의 사회적 지지망을 확대하고 지지망의 기능을 높이는 목적을 갖는다. 배우자 형제 · 자매 그리고 친구의 죽음으로 인한 비공식 지지 체계의 축소를 경험하는 노인에게 노인 상담은 정서적 지지와 문제해결의 기회를 제공함으로써 축소된 사회적 지지망을 확대하고 구축된 지지망이 노인의 욕구에 반응적일 수 있도록 돕는다. 둘째, 노인 상담은 노인들의 적응 능력과 대처 능력의 향상을 목적으로 한다. 노인들은 노년기에 경험하게 되는 신체적, 심리적, 그리고 사회적 노화에 적응해야 하는 과제를 안고 있다. 또한 인간 발달단계 상의 변화에 대한 적응뿐만 아니라 사회적 변화에 적응하고 대처해야 한다. 노인 상담은 노인이 이와 같이 다양한 적응 과제를 성공적으로 수행하도록 돕는다. 셋째, 노인 상담은 노인의 욕구 파악을 목적으로 한다. 노인은 자신의 문제나 욕구를 표현하는 것에 소극적이다. 상담은 전문적 관계를 이용하여 노인의 숨은 욕구를 탐색하고 노인이 자신의 욕구를 인식하도록 돕는다. 넷째, 노인 상담은 가족과 노인의 상호작용 개선을 목적으로 한다. 가족은 일반적으로 노인부양의 일차적 책임을 지니고 있다는 점에서 노인의 안녕에 결정적 요인으로 작용한다. 노인 상담은 가족이 노인을 이해하고 노인의 주부양자로써 건강하게 기능할 수 있도록 가족을 지지하고 원조하는 것을 목적으로 한다.

쏠맨(1995)은 노인 상담의 목적을 다섯 가지로 파악한다. 노인 상담은 첫째, 노인의 자아 존중감 증진을 목적으로 하며 둘째, 문제 해결 능력을 높이며 셋째, 상실에 대처할 수 있도록 원조하며 넷째, 위기를 극복하고 다섯째, 스트레스를 감소하고 이를 효과적으로 다루는 능력을 높이는 것을 목적으로 한다. 쏠맨이 제시한 노인 상담의 목적은 상담의 심리적 기능을 중심으로 재고되었다는 점에서 특징적이다.

벌링앰(1995)은 노년기 발달과업에 근거하여 노인 상담의 여덟 가지 목적을 제시하였다. 첫째, 노인 상담은 노인이 욕구에 부합하는 의료·심리·사회적 자원을 발굴하고 효과적으로 이용하도록 돕는다. 둘째, 노인 상담은 노인이 자신의 신체적 노화에 적응하고 현재의 신체적 기능을 강화하도록 돕는다. 셋째, 노인에게 적절한 주거환경을 제공함으로써 노인의 주거욕구가 충족되도록 돕는다. 넷째, 공식적 역할을 대체할 새로운 역할을 찾을 수 있도록 돕는다. 다섯째, 가족, 친척 및 지역사회와 건강한 관계를 형성하도록 돕는다. 여섯째, 배우자나 친구의 죽음으로 인한 상실에 적응하도록 돕는다. 일곱째, 은퇴를 비롯한 노년기의 재정적 상황에 대처하도록 돕는다. 그리고 끝으로 노인 상담은 노인이 자신의 삶을 주도해 가는 통제력을 유지하도록 돕는 것을 목적으로 한다.

현외성과 동료(2002)들 그리고 쏠맨(1995)이 제시한 노인 상담의 목적이 노인의 심리내적 변화에 초점을 두고 있는 것과 달리 벌링앰(1995)은 노인 상담의 목적을 노인의 사회·경제적 상황의 개선을 포함하는 환경의 변화로 확대하고 있다는 점에서 긍정적이다.

3. 노인 상담의 특성 및 노인 상담의 원리

1) 노인 상담의 특성

노인을 대상으로 한 상담은 노년기의 인간이 경험하게 되는 특성으로 인해 비노인을 대상으로 한 상담과 몇 가지 점에서 차별적이다. 우선 노인 상담은 노인의 삶에 대한 지지에 초점을 둔다. 일반적으로 상담이 치료 또는 문제해결을 강조하는 것과 달리 노인 상담은 지지에 중점을 둔다. 둘째, 노인 상담은 실천적 성격이 강하다. 즉 상담을 통해 이룬 성과를 일상에 적용하는 것을 강조한다. 셋째, 노인 상담은 방어기제에 허용적이다. 이는 체면을 중시하는 노인의 정서를 고려하기 때문이다. 끝으로 노인 상담에서 종결은 매우 중요하게 다루어진다. 여타의 상담과 달리 노인 상담은 갑작스런 노인의 사망 또는 시설 입소 등으로 계획되지 않은 종결을 맞게 되는 경향이 높기 때문에 종결에 대한 특별한 주의가 요구된다(Burlingame, 1995).

2) 노인 상담의 원리

노인 상담은 여섯 가지의 상담 원리를 갖는다. 첫째, 노인 상담자는 개별화의 원리에 충실하여 노인과 그 가족의 개별적 상황에 따라 상담을 진행해야 한다. 개별화란 '클라이언트 개개인의 독특한 자질을 알고 이해하는 일이며 보다 나은 적응을 위한 원조에 있어서 각 개인마다 상이한 원리나 방법을 활용하는 것이다'(이영분 · 김기환 · 윤현숙 · 이원숙 · 최현미 · 홍금자, 2002 :104). 상담자는 노인에 대한 편견이나 선입견을 배재하고 노인에 대한 충분한 이해에 근거하여 상담을 진행해야 한다. 노인은 노화의 진행 정도에 따라 신체 · 심리 · 정신 · 사회적 기능에 차이를 보이며 동일한 개인도 영역에 따라 노화의 진행정도가 상이하게 나타난다. 따라서 상담자는 노인개인의 신체 · 심리 · 정신 · 사회적 능력에 맞추어 상담을 이끌어가는 세심한 배려를 잊지 말아야 한다.

둘째, 노인이 부정적 감정을 표현하도록 격려하고 부정적 감정을 긍정적 감정으로 전환하도록 이끌어야 한다. 전통적 가치관이 강한 노인들은 자신의 문제나 욕구의 표현에 수동적인 폐쇄적 특성을 보인다. 폐쇄적 특성은 여성노인보다 남성노인에게서 더욱 강하게 나타난다. 따라서 상담가가 노인들이 편안하게 자신의 문제와 욕구를 개방할 수 있는 환경을 조성하는 것이 중요하다. 이를 위해 상담가는 노인들의 감정을 서시하기보다 부정적 감정의 표현도 격려하고 노인의 상황에 수용적인 태도를 취해야 한다. 특히 노인 상담은 여유 있고 편안한 상담을 위해 상담 시간을 충분히 할애해야 한다.

셋째, 노인의 감정을 수용해야 한다. 상담자와 노인은 세대차로 인한 심리 · 사회적 차이를 갖는다. 노인 상담자는 노인과의 세대차로 인한 감정과 인식의 차이를 인정하고 이에 대해 수용적인 태도를 유지해야 한다.

넷째, 노인의 의사를 존중하고 노인이 자신의 문제 해결에 주도적 역할을 수행하도록 지지해야 한다. 노인은 일생 동안 자기인생의 주체로써 기능해온 창조적 존재이다. 노화로 인한 기능감소가 노인자신의 삶에 대한 자기 결정과 통제력의 상실을 의미하지는 않는다. 따라서 노인 상담가는 노인이 스스로의 능력을 이용하여 자신의 삶을 변화하는데 주체적 역할을 수행하도록 지지해야 한다.

다섯째, 노인의 태도, 행동, 가치에 대해 비심판적이어 한다. 상담자의 비심판적 태도는 문제나 욕구의 원인이 클라이언트로부터 비롯된 것인지 또는 문제의 책임이 클라이언트에게 있는지를 심판하지 않는다는 원칙이다(이영분 외, 2002). 폐쇄적이며 도움을 요청하는 것에 소극적인 노인의 특성상 상담가를 찾은 노인은 심리적으로 불안정하며 외부의 비난에 민감하다. 따라서 노인 상담가의 심판적 태도는 노인과 상담자 사이의 전문적 관계형성을 어렵게 하여 이후의 상담서비스 제공에 부정적으로 작용한다.

끝으로 상담가는 노인이 죽음에 대한 불안에 대처하고 생의 마지막 시기를 정리할 수 있는 자아통합의 기회를 제공해야 한다. 자아 통합은 노년기의 발달 과업으로 삶의 마지막 발달 단계를 경험하고 있는 노인이 이루어야 할 가장 중요한 과제이다. 따라서 상담가는 노인 상담의 목적일 수 있는 자아 통합의 기회를 노인들에게 제공할 수 있도록 노력해야 한다(현외성 외, 2002).

4. 노인 상담의 유형

노인 상담은 대상자의 형태에 따라 개인 상담, 가족 상담, 집단 상담으로 분류되며 상담의 매체에 따라 대면 상담, 전화 상담, 인터넷 상담으로 유형화된다(박차상 외, 2005).

1) 대상자의 형태에 따른 분류

(1) 개인 상담

개인 상담은 상담자가 내담자인 노인 한 명을 대상으로 노인의 개인적인 문제 해결과 심리적 지지를 목적으로 진행되는 전문적인 원조과정이라 정의할 수 있다. 다음과 같은 경우 다른 형태의 상담보다 개인 상담이 유용하다(김태현, 1997; 이장호 · 김정희, 1998).

① 노인이 자신의 문제를 다른 사람에게 알리는 것을 원하지 않을 때

② 문제가 위급할 때

③ 문제의 원인과 해결이 복잡할 때

④ 노인의 심리적 특성상 집단 상담이 적합하지 않을 때

그러나 개인 상담은 노인이 개별적으로 상담실을 찾는 것이 쉽지 않기 때문에 보편적으로 사용되지 못하고 있다.

(2) 가족 상담

가족 상담은 노인의 문제를 가족전체의 문제로 접근한다는 점에서 다른 형태의 상담과 구별된다(권중돈, 2004). 가족 상담은 노인을 포함한 가족 전체의 기능, 문제 해결 방법, 가족성원 간의 관계 형성 방법을 개선함으로써 노인이 경험하는 문제를 해결하거나 개선하고자 한다. 세대 간의 심리 · 경제적 상호 의존성이 높은 한국가족의 특성상 가족 상담의 필요성이 특히 강조된다(김태현, 1997). 다음의 사례가 보여주는 바와 같이 가족상담은 황혼이혼 등을 통해 드러나는 노년기 부부 갈등의 문제나 경제적 부양과 노인 수발에 따른 세대 간의 갈등문제를 해결하는데 적합한 상담 형태이다(권중돈, 2004). 가족 상담 프로그램에는 노인과 자녀, 노인 부부, 노인을 포함한 가족 전체를 대상으로 한 심리 상담, 가족 치료, 가족을 위한 교육 · 훈련 프로그램, 사례 관리, 지역사회 조직, 그리고 클라이언트 옹호 기술 등의 다양한 프로그램이 포함된다(김영화 · 이진숙 · 이옥희, 2003).

가족 상담 사례

저는 공무원이고 아내는 전업주부입니다. 저는 아내와 결혼 전에 홀로 계신 제 어머니를 당연히 모실 것을 조건으로 하였습니다. 제 어머니는 당시 연세가 70살이셨고 저는 장남이라 결혼하면 모시는 것은 당연하다고 생각하였습니다. 그래서 결혼하면 무조건 같이 사는 것을 조건으로 하였고 아내도 동의하여 결혼하였습니다. 그런 조건으로 결혼하였는데 한 달 만에 아내가 친정으로 가출하였습니다. 이유는 한 달 동안 제 어머니와 그렇게 싸우는 것입니다. 싸우는 이유는 여러 가지가 있지만 주된 것은 어머니 살림을 며느리가 마음대로 만진다고 시어머니가 뭐라고 자꾸 하시고 아내는 그것을 못 참아 뭐라고 하고 그렇게 하여 싸워대는 것입니다. 결국 결혼한 지 한 달 조금 넘어 분가하여야 했습니다. 분가하면서 1주일에 한 번씩 어머니 집에 가기로 약속하였습니다. 6개월 정도는 그렇게 해주더군요. 그런데 6개월이 넘어가면서 2주일에 한 번씩 가더니 결혼 2년차 넘어가니까 설날, 추석, 어버이 날 등 이런 날만 가더군요. 버스로 40분 거리도 안 되는데요. 전화도 몇 달에 한 번씩 하고요. 몇 년이 흘러 어느덧 결혼 9년차가 되었는데요. 이제 제 어머니 77살, 고혈압이 있으시고 관절염, 감기 한 번 걸리면 몇 달은 가고..이렇게 몸이 안 좋으십니다. 저는 미칠 지경입니다. 제 어머니....77살이면 손자들 재롱 보시면서 며느리가 해주는 밥 먹으면서 장남 곁에 있으시면서 제가 항상 보호하여야 될 것 같은데 아직도 혼자 고독하게 계십니다. 어머니는 사교성도 없으셔서 다른 할머니들하고 잘 어울리지도 못하고 맨날 집에서 혼자 틀어박혀서 성경책이나 읽으며 지내십니다. 언제 어느 때 제 어머니 갑자기 쓰러지실지 너무나 걱정되고 어머니가 불쌍해서 미칠 지경입니다. 그래서 아내한테 “내가 장남이니까 어머니 모셔야 된다. 모시자”고 그러면 죽어도 같이 못산다고 이혼하자고 그럽니다. 모든 게 불만입니다. 별것도 아닌 일도 시집일이면 불평불만입니다. 아내는 시집 일만 아니면 착한 여자입니다. 저는 아내한테 다른 것은 불만이 없습니다. 단지 시집에 너무 못하는 것에 대해 불만이지요. 아내가 시어머니에게 잘하게 하려면 처가에 잘하라는 말이 있습니다. 그래서 저는 처가에도 잘해 봤습니다. 그러나 아내는 변함이 없더군요. 제가 처가에 잘해도 장모님에게 전화 1주일에 한번씩 하고 한 달에 한번정도 찾아뵈도 아내는 시어머니한테 전화 안하고 가지 않는 것은 변함없더군요.

자료 : 한국가족상담문제연구소 http://www.consult.or.kr/

(3) 집단 상담

집단 상담에 대한 이형득(1989)의 정의에 기초하여 노인을 대상으로 한 집단 상담의 개념은 6에서 12명[2]의 비교적 정상적인 인지기능을 유지하는 노인들이 한 명 또는 여러 명의 상담 전문가의 지도아래 집단 혹은 상호 관계성의 역학을 토대로 하여 신뢰성 있고 수용적인 분위기 속에서 노인의 태도와 행동의 변화 혹은 노인의 개인적 성장 발달 및 인간 관계 형성 능력을 개선시키려는 목적으로 이루어지는 전문적이고 역동적인 과정으로 정리될 수 있다. 집단 상담은 집단 성원인 노인 개개인의 발달 문제나 태도와 행동의 변화를 목적으로 한다. 따라서 집단 내에서 다루어지는 주제나 내용보다는 노인 개인의 행동 및 인식 변화에 초점을 두는 특징을 갖는다. 그러나 지나치게 적대적이거나 심한 정서적 장애를 경험하고 있는 노인은 집단 상담에 적합하지 않기 때문에 모든 노인이 집단 상담을 통해 긍정적 경험을 얻을 것이라는 단순한 사고는 경계해야 한다. 또한 집단 상담에 참여한 뒤 노인의 생활 양식이나 가치관의 변화가 생겨 개인의 안정감을 상실할 가능성이 있다는 사실 역시 주지해야 한다(이형득, 1989).

2) 상담 매체에 따른 분류

(1) 대면 상담

대면 상담은 상담자가 내담자인 노인과 직접 얼굴을 마주하고 진행하는 상담으로 정의될 수 있다. 대면 상담의 장점은 우선 상담자가 노인의 언어적 표현과 함께 비언어적 표현을 직접 관찰할 수 있어, 전달되는 정보를 정확히 이해할 수 있다는 점이다. 또한 대면 상담은 매체를 이용한 상담에 비해 깊이 있는 정보를 얻을 수 있다. 반면, 대면 상

2) 집단 상담을 위한 집단의 크기는 15명 이하 또는 5명에서 15명 내외 등 연구자에 따라 다양하게 정의하고 있다.

담은 노인의 익명성이 보장되지 않고 노인이 자신의 문제를 상담자 앞에서 말해야 한다는 점에서 심리적 부담이 상대적으로 높다는 단점을 갖는다. 대면 상담은 상담을 필요로 하는 노인이 상담 기관을 방문하는 내방 상담과 상담자가 노인의 거주지를 방문하여 상담을 진행하는 재가 상담의 형태가 있다. 많은 노인들이 거동이 불편하거나 교통체계에 익숙하지 않으며 적극적으로 자신의 문제를 해결하려는 동기가 낮기 때문에 내방 상담은 매우 제한적으로 이루어지고 있다(박차상 외, 2005).

(2) 전화 상담

전화 상담은 노인이 전화를 통해 자신의 문제를 말하고 상담자 역시 전화를 통해 노인의 문제 해결을 돕는 전문적인 원조 과정으로 정의될 수 있다. 전화 상담은 내담자의 익명성이 보장되므로 노인이 자신의 문제를 드러내는데 대한 부담이 상대적으로 낮다. 또한 전화 상담은 직접 상담 기관을 방문하거나 복잡한 인터넷 기술을 필요로 하지 않고 어디서든 편리하고 즉각적으로 쉽게 접근할 수 있다는 장점을 갖는다. 그러나 상담자가 오로지 음성을 통해 전해지는 정보에만 의존해야 하고, 상담자가 노인이나 노인의 문제에 대한 사전 정보 없이 상담을 진행한다는 점에서 부담감이 높으며, 노인이 전화를 끊음으로써 상담이 일방적으로 종결될 수 있다는 문제점을 갖는다. 무엇보다도 전화 상담은 일회 상담으로 끝나는 단회적 성격이 강하다는 단점이 있다. 그러나 전화 상담은 문제가 발생한 즉시 위치한 곳에서 편리하게 이루어질 수 있다는 특성으로 인해 위기 상담에 적합하다(현외성 외, 2002).

(3) 인터넷 상담

인터넷 상담은 상대적으로 오래지 않은 역사를 갖고 있으나 미래형 상담으로 주목된다. 인터넷 상담은 웹사이트 상의 상담 공간을 이용한 상담, 상담자의 전자 우편을 이용한 상담, 채팅 프로그램을 통한 실시간 상담, 그리고 인터넷 카페를 통한 노인 동료간의 상담 등 다양한 형태가 있다(권중돈, 2004).

인터넷 상담 역시 익명성을 보장받을 수 있으며 실시간 상담이 가능하고 상담 내용이 문자로 기록되는 만큼 상담 내용을 보관할 수 있다는 장점이 있다. 반면 인터넷 상담은 컴퓨터를 비롯한 장비가 구비되어야 하고 노인이 인터넷 사용법을 숙지하고 있어야 한다는 어려움이 있다. 또한 교육적 경험이 부족하거나 인지 능력의 손상을 경험하고 있는 노인들의 경우 자신의 생각을 글로 충분히 정리해 내는 것이 불가능할 수 있다. 따라서 노인들의 정보화 능력 부족으로 인터넷 상담은 매우 제한적으로 이루어지고 있다.

〈표 10-1〉 한국 가족 상담 문제 연구소의 사이버 상담실

번호	제 목	성 명	자 성 인	조 회
855	도움이 되셨으면 합니다.	마인드	05/09/30	4
853	아버지의 언어폭력	김○○	05/09/26	27
852	시댁문제	임○○	05/09/16	46
851	홀시아버지와의 갈등...	궁금함	05/09/13	47
850	가정폭력으로 인한 상처	정○○	05/09/09	83
849	가정폭력으로 인한 상처	상담실	05/09/25	27
848	고부갈등, 부부갈등	어쩌죠	05/05/29	284
847	가족간에 행복해지기 위해선...	민○○	05/02/22	126
845	27살 딸의 귀가시간	수선화	05/02/12	158

자료 : 한국 가족 상담 문제 연구소, http://www.consult.or.kr/

〈표 10-1〉에 제시된 한국 가족 상담 문제 연구소의 사이버 상담실 웹 페이지에서 보여주는 바와 같이 시아버지와의 갈등, 고부간의 갈등은 며느리는 물론 노인도 함께 공유하고 있는 문제임에도 불구하고 대부분의 상담 의뢰자는 며느리이고 노인 자신이 상담을 의뢰한 경우는 찾아보기 어렵다.

5. 노인 상담의 과정

상담을 포함한 심리적 원조는 일련의 서열적 과정을 통해서 이루어진다. 서열적 과정이 명확한 특징을 갖는 몇 개의 단계들로 구분되는 경우도 있으나 첫 면접에서부터 종결까지의 상담 전과정에 걸친 서열성은 명확하게 구획되기 어렵다(정원식·박성수, 1994). 노인 상담의 과정은 상담자 측면에서의 과정과 내담자인 노인 측면에서의 과정으로 구분하여 살펴볼 수 있다.

1) 상담자 측면에서의 상담 과정

(1) 접수 및 관계 형성

접수는 상담을 원하는 노인의 문제와 욕구를 확인하는 원조의 첫 과정이다. 접수 및 관계 형성 단계에서 상담자가 달성해야 할 구체적인 과업은 세 가지로 정리된다. 첫째, 노인의 문제와 욕구의 확인이다. 상담자는 노인이 상담을 원하는 동기가 무엇인지 파악해야 한다. 어떤 문제를 해결하고자 노인이 상담을 요청하게 되었는지 확인하고 문제가 발생한 배경에 대해서도 바르게 이해해야 한다. 구체적으로 문제가 시작된 시점 및 문제의 지속 기간도 확인하고 그 동안 노인이 문제에 대처해온 방식이나 문제 해결을 위해 했던 노력들은 무엇인지 알아보아야 한다(엄명용·김성천·오혜경·윤혜미, 2005).

둘째, 노인과의 신뢰 관계(rapport)형성 및 노인의 참여 유도이다. 라포(rapport)란 치료자와 병자 간에 교감되는 역동적 에너지를 묘사하기 위해 19세기 최면 시술자들에 의해 사용된 용어로 이후 상담자와 내담자간의 상호 교류적이고 신뢰감 있는 관계를 의미하는 개념으로 사용

되었다. 신뢰감 있는 전문적인 관계 형성을 위해 상담자는

① 노인에 대한 상담자의 진정어린 관심과 노인을 도우려는 열망이 노인에게 전달되도록 해야 하고
② 노인의 마음을 읽고 노인의 시각에서 문제를 바라보며
③ 노인에 대한 존경심과 함께 보살피고자 하는 생각을 갖고 있음을 전달할 수 있어야 하고
④ 노인이 자신의 생각과 감정을 구체적으로 표현하도록 격려하며
⑤ 진실되고 일관성 있는 태도로 노인과의 관계를 발전시켜야 한다.

셋째, 상담의 구조화이다. 상담의 구조화란 상담의 본질, 제한점, 목표를 규정하고 상담자와 노인과의 역할, 책임 그리고 가능한 약속 등의 윤곽을 명확히 하는 것을 의미한다(정원식 · 박성수, 1994). 상담의 구조화를 통해 상담자와 노인 사이에 상담 전반에 대한 이해를 공유할 수 있으며 상담이 목표에 초점을 두고 일관성 있게 진행될 수 있다.

(2) 사정

사정이란 상담자와 노인 사이의 역동적이고 상호작용적인 과정으로 상담자가 노인이 생활하는 환경 내에서 노인의 신체 · 심리 · 사회적 기능의 질에 관한 정보를 수집하고 분석하며 종합하는 과정을 말한다.

노인 내담자를 위한 사정은 네 가지를 목적으로 이루어진다. 첫째, 노인의 강점과 장애물을 파악하기 위함이다. 사정이란 노인이 일상의 삶 속에서 직면하는 어려움과 장애를 파악하는 것은 물론 노화의 과정 중에도 여전히 잔존해 있는 노인들의 능력과 강점은 무엇인지 확인하는 과업을 포함한다. 둘째, 사정은 노인의 잔존 능력을 유지하고 지지하기 위한 방법들을 찾아내는 것을 목적으로 한다. 노인복지에서 가장 중시되는 원칙의 하나는 노인의 독립적 기능을 최대화하고 인간으로써의 존엄성을 유지하는데 있다. 이와 같은 원칙에 따라, 사정은 노인들

이 원조를 통해 독립적인 기능을 유지할 수 있는 영역에 초점을 두어야 한다. 예를 들면, 노화로 인한 시력 약화로 운전을 중단하기로 결정한 노인이 노인 복지관 프로그램 참여를 통한 사회적 활동을 지속할 수 있도록 차량 운행 서비스가 필요하다는 것을 파악해 내는 것에 집중되어야 한다. 셋째, 손상된 기능을 회복시키기 위한 개입 방법을 파악해야 한다. 사정은 어떤 기능들이 보완되어야 하고 그 능력들을 재건하기 위해 어떤 서비스들이 제공되어야 하는지 파악하도록 한다. 넷째, 손상된 기능을 대체하기 위해 필요한 원조는 무엇인지 파악해야 한다. 사정은 노인이 상실한 능력을 대체하기 위해 필요한 것이 무엇인지를 명료화하는데 도움이 된다(McInnis-Dittrich, 2002).

상담자는 노인을 대상으로 사정을 진행할 때 특히 다음의 사항들을 고려해야 한다. 첫째, 독립과 의존 사이의 균형이다. 노인들은 자신의 기능 손상으로 인해 지역 사회에서의 독립적인 생활을 떠나 시설에 입소하게 될 것에 대해 두려움을 가지고 있다. 독립성 상실에 대한 노인의 두려움은 자신의 기능적 손상을 부정하거나 오랜 기간 동안 숨길만큼 크고 강하다. 노인 내담자를 사정하는 전문가는 노인이 이러한 두려움을 가지고 있으며 그 두려움의 힘이 어떤 것인지를 인지하는 것이 필요하다. 둘째, 사정이 누구의 요청에 의해서 이루어졌는가를 고려해야 한다. 사정은 노인 자신, 노인의 가족, 노인의 수발자, 이웃, 또는 경찰과 같은 공공 서비스 영역에 종사하는 전문가의 요청에 의해 이루어질 수 있다. 노인이 자발적으로 사회복지 기관의 도움을 요청한 경우, 노인은 삶의 질을 개선하기 위해 사회적 도움을 구할 만큼 최소한의 자기 동기화는 되어 있는 상황으로 판단할 수 있다. 또한 노인이 서비스 기관을 찾아와 상담이 시작된 경우, 서비스 욕구를 파악하는 일은 보다 진솔한 과정이며 노인은 서비스 계획과 관련된 자기 결정의 과정에 적극적으로 관여하게 된다. 반면, 사정이 노인 자신의 요청이 아닌 가족 구성원, 이웃, 또는 공공 서비스 인력에 의해 요청되는 경우 사정의 목적이 명료하지 않은 경우가 많다. 상담가는 누구의 입장에서 목적이 언급되었는지에 대해 분명히 이해한 후 사정에 임하는 것이 바람직하다. 사회복지사의 개입에 노인이 동의했는지 혹은 사회복지사의 개입이 노인의 의지와 대립하는 것은 아닌지 등에 대해 명확히 해야 한다. 셋째, 노인 집단의 이질성이다. 노인 인구는 매우 이질적이다. 따라서 사정을 위한 사회복지사의 접근은 노인 각자마다 개별적이어야 한다. 감각 기능이 손상된 노인들의 위하여 보청기, 돋보기 등의 보조 기구를 비치하고 질문은 가능한 대화채의 문구를 사용하는 것이 친근감을 높일 수 있다. 전문 용어의 사용은 노인을 심리적으로 긴장시킬 수 있으므로 사용하지 않는 것이 좋다. 또한 왜 그와 같은 내용의 질문을 하는지 질문의 목적을 설명하는 것이 바람직하다(McInnis-Dittrich, 2002).

(3) 개입

개입 과정은 사정을 통해 발견한 노인의 문제와 욕구 해결을 목적으로 실질적인 상담 행위가 수행되는 실천적 단계를 의미한다. 개입 과정에서 상담자의 주된 과업은 노인의 문제를 해결하기 위한 구체적인 변화 전략을 수립하는 것이다(엄명용 외, 2005). 노인을 대상으로 한 상담자의 개입 활동은 주로 다음과 같다.

① 노인의 사회적 기능을 지원하는 활동
② 노인과 다른 사람의 사회적 기능을 조절하는 활동
③ 노인과 다른 사회체계와의 관계를 발전시키는 활동
④ 노인자신의 문제 상황을 주변 환경과의 관계 속에서 이해하도록 돕는 활동
⑤ 문제를 분석하고 대안을 모색하는 활동
⑥ 계획을 위한 활동
⑦ 노인이 자신의 상황을 개선하기 위해 필요한 자원이 무엇인지 인식하고 자원을 적극적으로 활용하도록 하는 활동
⑧ 위기 상황에 적절히 대처하도록 하는 활동에 집중된다(Johnson,

1986).

상담의 궁극적 목적을 달성하기 위한 개입 활동은 일련의 구체적인 과정으로 세분화하는 것이 효과적이다. 세분화된 매 단계마다 과정목표를 두고 일련의 과정 목표를 차례대로 달성해 가는 것이 목표달성의 가능성을 높일 수 있다(권중돈, 2004).

노인에 대한 개입 과정에서 상담자는 두 가지 사안에 주목해야 한다. 첫째, 노인에 대한 개입은 노인의 생활 방식에 대한 이해를 바탕으로 이루어져야 한다. 노인은 생의 과정에서 경험한 문제들을 해결하거나 대처하기 위한 자신만의 독특한 접근법을 발전시켜 왔다. 따라서 효과적인 개입을 위해 상담가는 노인의 가치와 신념체계 그리고 일반적인 문제 해결 방법 등에 대해 바르게 파악하고 이를 근거로 적절한 개입 전략을 선택해야 한다. 둘째, 개입 과정에서 발생하는 노인의 저항을 성공적으로 해결해야 한다. 변화에 대한 압력과 불안으로 노인은 저항감을 나타낼 수 있다. 과거의 생활 방식과 사고 유형을 고집하는 강한 경직성을 보이는 노인의 심리적 특성상 새로운 사고와 행동 방식으로의 변화를 강조하는 개입과정은 노인들에게 강한 저항감을 갖게 할 수 있다. 노인의 저항감을 줄이기 위해 상담가는 지지적이며 비지시적인 태도, 우호적인 상담 분위기, 변화에 대한 유연하고 인내심 있는 태도를 취해야 한다(권중돈, 2004).

(4) 종결 및 평가

종결이란 상담의 마지막 과정으로 상담자와 노인 사이의 전문적 원조관계가 공식적으로 완료되었음을 의미한다. 종결 과정에서 상담자는 다음의 과제를 수행해야 한다(조휘일 · 이윤로, 2003). 첫째, 상담자는 노인이 상담 과정에서의 경험을 평가하도록 도와야 한다. 상담 과정에서의 긍정적 그리고 부정적 경험들은 무엇이었는지 살펴보고 상담을 통해 노인의 삶에 어떤 긍정적인 변화들이 일어났는지 인식하도록 격려해야 한다. 둘째, 종결에 대한 감정을 해결하도록 돕는다. 상담이 진행되는 과정동안 상담자와 친밀한 관계를 발전시켜 온 노인에게 상담자와의 이별을 의미하는 종결은 복합적인 감정을 갖게 한다. 노인은 슬픔, 상실감, 배신감, 분노, 불안 등의 정서를 경험할 수 있다. 상담자는 노인과 종결에 대한 노인의 부정적 정서에 대해 충분히 논의함으로써 상담이 종결되기 전에 노인이 부정적 정서를 해결하도록 도와야 한다. 셋째, 종결 후에도 상담을 통해 얻은 긍정적인 변화들이 안정적으로 지속되도록 돕는다. 노인이 달성한 건설적인 변화들이 좌절되거나 방해받을 수 있는 상황을 열거하고 각각의 상황에 적절한 대처법을 검토해 봄으로써 노인이 달성한 긍정적 변화들이 일시적인 변화에 그치지 않도록 한다. 넷째, 노인의 새로운 문제나 욕구를 해결하기 위한 추후 서비스를 모색한다. 종결 과정에서 새로운 문제나 욕구가 발견된다면 이를 위한 적절한 서비스를 제공받을 수 있도록 한다. 추가적인 서비스를 위해 다른 기관이나 전문가에게 의뢰해야 한다면

① 도움이 될 수 있는 기관과 서비스에 대한 정보를 제공하고
② 의뢰할 기관에 노인의 문제와 욕구에 대한 문자화된 정보를 제공하고
③ 의뢰 기관에 대한 객관적인 정보를 제공하고
④ 의뢰 기관에 노인과의 면접을 예약해 준다. 노인이 필요로 하는 경우, 가능하다면 기관까지 동행해 주는 것이 바람직하다(Weissman, 1976).

2) 노인 측면에서의 과정

상담의 과정은 내담자인 노인의 측면에서도 정의될 수 있다. 성공적인 상담을 위해 노인의 자기 고백 표현을 통한 일련의 과정들이 순차적으로 진행되어야 한다(Zastrow, 2003).

(1) 문제의 인식

상담의 초기 단계인 문제 인식의 단계에서 노인에게 기대되는 자기 고백은 "나는 문제가 있고 나의 현재 상황을 위해서 무엇인가 조처가 필요하다"이다. 자신에게 문제가 있다는 것을 인식하는 노인들은 변화의 필요성을 느끼고 문제 해결을 위해 충분히 동기화되어 있다. 반면 자신이 문제가 있다는 것을 부정하거나 인식하지 못하는 노인들도 있다. 자신의 문제에 대해 부정적인 노인들에게 상담자는 문제에 대한 부정에 초점을 두어 노인이 자신에게 문제가 없다고 생각하는 이유가 무엇인지 탐색하고 노인에게 문제가 있다는 것을 객관적으로 보여줄 수 있는 자료들을 모아 제시하는 것이 도움이 될 수 있다. 노인이 자신의 문제에 대해 인식하고 인정하기 전에는 문제 해결을 위한 긍정적이고 건설적인 변화를 기대하기 어렵다. 자신의 문제를 인식한 후 노인에 따라서는 문제를 외부의 도움 없이 스스로 해결하기를 원할 수도 있다. 상담자는 노인의 결정을 존중해야 하며 필요한 경우 상담자에게 언제든지 도움을 요청할 수 있다는 사실을 강조할 필요가 있다(Zastrow, 2003).

(2) 관계 형성

상담이 효과적이기 위해서 노인이 "이 상담가는 나를 도울 수 있는 자질이 있어"라고 자기 고백을 할 수 있어야 한다. 상담의 전과정을 통해 상담가는 노인과 맺고 있는 관계의 성격을 알고 관심을 기울여야 한다. 노인 내담자와 생산적인 관계를 형성하기 위한 지침은 다음과 같다.

노인과의 생산적인 관계형성을 위한 지침

- 노인이 한 인간으로 받아들여진다고 느끼며 자신의 문제에 대해 열린 대화를 할 수 있다고 느낄 수 있는 위협적이지 않고 편안한

분위기를 만들도록 노력해라

- 노인과의 초기접촉에서, 상담가는 노인에게 도움이 되어 드릴 수 있고 또 이를 위해 노력하는, 충분한 지식과 이해심을 가진 사람으로 보여져야 한다.
- 노인이 자신의 문제에 대해 마음을 열고 이야기하기 시작할 때에 웃거나 충격을 받는 듯한 감정적 표현을 자제하고 침착하게 평정심을 유지하라.
- 노인의 가치를 존중하고 비심판적인 태도를 취하되 성인군자처럼 행동하지 마라.
- 노인을 상담자의 도움을 구하는 내담자로 우열의 관계 속에서 이해하지 말고 상담자와 동등한 위치에 있는 사람으로 이해하라.
- 노인이 이해할 수 있는 평이한 언어를 사용해라.
- 노인의 감성을 염려하고 충분히 공감하고 있다는 느낌이 전달될 수 있는 음색으로 이야기하라.
- 노인의 비밀을 보장해 주어야 한다. 만일 노인이 자신과 상담자 사이에서 오고 갔던 사적인 이야기들이 노출되었다는 것을 알게 되면 생산적인 원조 관계를 유지하는 것이 불가능하다.

(3) 동기화

노인이 변화를 위해 충분히 동기화되지 않았다면 긍정적인 변화는 일어나기 쉽지 않다. 변화에 대한 노인의 동기화는 "나는 현 상황을 개선하기를 원하며 이를 위해 기꺼이 노력하겠어"와 같은 자기 고백을 필요로 한다. 의욕이 없거나 변화에 무관심한 노인에게 동기를 부여하는 가장 훌륭한 수단은 상담자 자신이 노인을 위한 격려자가 되는 것이다.

(4) 문제의 개념화

"내 문제는 손댈 수 없을 만큼 엉망이지는 않아 단지 몇 가지 문제를 수정할 필요가 있을 뿐이야"라는 자기 고백을 통해 노인이 자신의 문제를 인식하는 과정이 필요하다. 노인 내담자는 종종 자신이 처한 상황을 매우 복잡하게 바라본다. 이로 인해 불안해하며 감정적으로 압도되어 자신의 문제가 해결될 수 있다는 사실을 직시하지 못한다. 상담자는 노인과 함께 노인의 문제를 심도 있게 탐색함으로써 노인이 자신의 문제를 인식하도록 도울 수 있다.

(5) 해결 전략의 탐색

문제를 깊이 있게 탐색한 다음 과정은 해결책을 모색하는 것이다. 노인이 문제를 해결하기 위해 이전에 시도해 보았던 방법들은 무엇인가에 대해 질문하는 것이 해결 전략을 탐색하는데 도움이 된다. 이 질문을 통해 상담가는 노인이 이미 시도해 보았으나 효과가 없었던 대안들이 무엇인지 알 수 있다. 또한 상담가가 미처 생각하지 못했으나 노인에게는 매우 효과적인 대안들을 발견하게 된다. 각 대안의 장점과 단점이 충분히 검토되고 논의되어야 한다. 노인이 "내 문제를 해결하기 위해 내가 해야 할 일련의 행동들이 무엇인지 알고 있다"라고 자기 고백을 할 수 있다면 문제 해결을 위한 전략의 탐색이 효과적으로 이루어졌다는 것을 의미한다.

(6) 전략의 선택

가능한 해결 전략의 효과와 결과에 대해 검토한 후 노인 내담자가 "이 접근법이 도움이 될 거야. 그리고 나는 기꺼이 이 전략을 시도할 거야"라는 자기 고백을 할 수 있어야 한다. 노인은 문제 해결을 위해 어떤 행동을 취할 것인가를 선택할 자기 결정권을 갖는다. 상담자의 역할은 노인에게 적절한 문제 해결의 대안을 선택하거나 충고하는 것에 있지 않다. 그러나 상담가는 노인이 각 문제해결 대안이 갖는 결과에 대해 명확히 알고 이해하도록 도와야 한다.

(7) 개입

개입의 단계에서 노인에게 기대되는 자기 고백은 "이 전략은 나에게 도움이 되기 시작했어"이다. 만일 노인이 해결 전략이 도움이 되지 않는다고 판단하는 경우, 상담가는 노인과 함께 문제 해결 전략이 효과적이지 못했던 원인은 무엇인지 조사해 보아야 한다. 문제 해결 방안의 이행 방법에 관한 몇 가지 지침은 문제 해결을 위해 노인이 취해야 할 행동을 성공적으로 이행하도록 원조하는데 도움이 된다. 우선, 명확하고 현실적인 계약의 체결이다. 문제 해결을 위한 대안을 선택했을 때, 노인은 개입의 목적, 수행해야 할 과업, 과업 수행 방법 등을 명확히 알고 있어야 하며 계약을 통해 노인과 상담자 상호간의 합의가 명시적으로 이루어져야 한다. 둘째, 상담은 노인과 함께하는 것이며 노인을 대상으로 하거나 또는 노인을 위해 하는 것이 아니다. 따라서 노인은 문제 상황을 개선하기 위해 요구되는 과업을 수행해야 하는 책임을 갖는다. 셋째, 노인이 경험이 없거나 자신감이 부족한 과업은 역할극을 시도하는 것이 효과적이다.

(8) 평가 및 종결

긍정적인 변화가 오랫동안 지속되고 안정화된다면 노인은 "이 방법은 많은 노력과 시간을 필요로 했지만 가치가 있었어"라는 자기 고백을 하게 된다. 노인으로부터 이와 같은 자기 고백을 얻어내지 못한다면 다른 대안적인 해결 전략들이 검토되고 이행되어야 한다.

목적 달성의 여부와 관계없이 상담자는 관계 종결에 특별한 주의를 기울여야 한다. 종결 단계에서 상담자는 노인에게 충분한 관심을 보임으로써 노인이 상담자로부터 거부당했다는 느낌을 받지 않도록 주의해야 한다. 노인이 해결되지 않은 문제를 갖고 있다면 적절한 기관이나 다른 상담가에게 의뢰해야 한다. 상담가는 노인에게 또 다른 문제가 있는가를 반드시 묻고 도움이 필요한 경우 언제든지 상담가를 다시 찾을 수 있다는 것을 알려주어야 한다.

〈표 10-2〉 학자별 상담의 과정

학자	Zastrow	Brammer	Tosi	권중돈	윤경아
1단계	문제 인식	준비와 시작	인식	접수 및 관계 형성	사정
2단계	관계 형성	명료화	탐색	자료 수집 및 사정	개입
3단계	동기화	구조화	몰입	개입	평가
4단계	문제의 개념화	관계의 심화	지능 발전	종결 및 평가	
5단계	해결 전략의 탐색	탐색	지능 세련		
6단계	전략의 선택	견고화	변화 또는 방향의 재설정		
7단계	개입	계획			
8단계	평가	종결			

6. 노인 상담의 기법

어떤 상담 이론에 근거했는가에 따라 다양한 종류의 상담 기법들이 노인 상담에 적용될 수 있다. 대표적인 상담 이론인 행동주의 상담 이론, 인지주의 상담 이론, 합리적-정서적 상담 이론, 이성적-지시적 상담 이론에서 제안하는 상담의 기법에 대해 살펴보자

1) 행동주의 상담 이론

행동주의 상담 기법은 학습의 원리를 적용하여 노인의 행동을 바람직한 방향으로 변화하고 수정하고자 한다.

(1) 행동 계약법

행동 계약법은 상담자와 노인이 행동 수정을 위한 특정조건에 합의한 후 합의된 내용을 근거로 행동 변화를 유도해 가는 기법이다. 노인과 상담자는 행동 계약을 통해 어떤 행동을 하면 정적 강화를 받고 어떤 행동을 하면 정적 강화를 철회하는지에 대해 사전 합의를 이루어야 한다. 행동 계약을 효과적으로 사용하기 위해 계약에 포함되어야 하는 사항은 다음과 같다(Dustin · George, 1973).

① 행동 계약의 목적을 분명하고 객관적으로 진술한다.
② 목적은 노인이 달성할 수 있는 수준으로 설정해야 한다.
③ 어떤 행동을 하면 보상받을 것인가를 정한다.
④ 언제 바람직한 행동이 완성된 것으로 볼 것인지 그리고 언제 보상 받을 것인지를 정한다.
⑤ 바람직한 행동을 하지 않았을 때는 어떤 대가를 치를 것인지를 명확히 한다.
⑥ 노인이 바람직한 행동을 일정 기간 유지할 경우 추가 보상을 제공하는 것이 효과적이며 이를 계약 내용에 포함해야 한다.

(2) 모방 학습

모방 학습은 노인이 취해야 할 바람직한 행동을 제시함으로써 노인이 그 행동을 쉽게 습득하도록 한다. 상담자는 노인이 학습해야 할 행동을 모델을 통해 보여주고 연습하게 함으로써 새로운 행동을 배울 수 있게 한다. 영화나 녹화를 통한 모방 학습은 인지적 문제를 갖고 있는 노인에게 효과적이고 실제 인물을 이용한 모방 학습은 사회적 문제가 있는 노인에게 효과적이다.

(3) 자기 통제

노인이 자신의 행동을 통제할 때 사용하는 기법을 자기 통제 기법이라 한다. 자기 통제 기법은 노인이 상담을 통해 배운 기법들을 자신의 행동에 적용시켜 스스로 행동을 관리하는 것을 목적으로 한다. 대표적인 자기 통제 기법으로 자극 통제와 자기 강화가 있다.

① 자극 통제

특정 자극과 인간의 행동 사이에 어떤 연관성이 있을 수 있다. 자극과 행동 사이의 연합 구조를 밝혀 노인의 행동 수정을 꾀하는 기법이 자극 통제 기법이다.

② 자기 강화

자기 강화는 노인이 자신의 행동 결과에 대해 스스로 보상을 하도록 하여 자신을 강화할 수 있는 자유를 갖게 하는 것이다. 자기 강화는 두 단계의 절차를 밟는다. 우선 노인은 강화에 필요한 반응 요건을 결정해야 한다. 그리고 노인은 반응 요건을 만족할 때마다 얼마만큼의 강화를 제공할 것인가를 스스로 결정해야 한다. 자기 강화를 위해서 노인은 자신의 행동이 보상을 받을 만한 반응 요건을 만족했는가를 판단하기 위해 자신의 행동을 계속 관찰하고 기록해야 한다. 자기강화는 자신의 행동에 대한 계속적인 관찰을 필요로 하는 만큼 인지적 기능에 큰 문제가 없는 노인에게 적합하다.

2) 인지주의 상담 이론

인지주의 상담은 노인의 이성과 인지적 능력을 활용하여 노인의 심리적 문제를 해결하는 다양한 치료 이론과 기법들을 말한다. 인지주의 상담 이론은 인간의 행동과 정서는 인간이 자신이나 주변에서 일어나는 일을 지각하고 그것에 의미를 부여하는 방식에 의해 결정된다고 전

제한다(Freeman, 1987).

인지주의 상담에서 상담자는 노인의 생각을 조사하고, 노인의 감정과 행동을 결정하는 생각을 밝히고, 사고의 타당성을 점검하고, 노인의 행동과 정서에 부정적인 영향을 미치는 사고를 기능적인 사고로 전환하거나 대치할 수 있는 대안적인 사고를 습득하도록 한다(정원철, 2005).

(1) 인지적 전략

상담가는 노인에게 그들 인지의 현실성을 검증하도록 돕기 위해 다양한 인지적 전략들을 활용한다(송재홍, 1993). 인지치료에서 역기능적인 사고를 현실 검증하는 주요 기법은 다음과 같다(Persons, 1989).

① 기이한 의미

노인이 사용하는 용어나 진술의 의미가 무엇인지 직접 질문하여 명료화한다.

② 근거에 대한 의문

노인을 포함한 모든 인간은 나름대로의 이유에 근거하여 특정한 신념을 유지한다. 노인들이 특정한 신념을 지니고 강화하게 된 근거가 무엇인지를 물음으로써 노인 스스로 자기 신념의 근거를 재인식하고 근거의 타당성을 검증하게 한다.

③ 재귀인

'모든 것이 나의 잘못이다'라는 태도를 보이는 노인의 인식을 변화하기 위해 사용되는 기법이다. 치료자는 문제의 원인이 노인에게 집중되어 있는 것이 아니라 문제를 둘러싼 모든 부분들이 문제가 유발되는데 일정 부분 책임이 있음을 인식하도록 함으로써, 노인이 문제에 대한 책임을 배분할 수 있도록 돕는 기법이다.

④ 선택권과 대안의 검토

자살을 고려하는 노인은 자신이 모든 선택권을 상실했다고 인식한다.

노인은 자신의 선택권과 대안이 매우 제한적이며 자살이 가장 간단한 것이라고 생각한다. 이러한 경우 상담의 목표는 노인이 부가적인 선택권을 찾아내도록 하는 것이다. 상담자는 '다른 방법은 없을까요?'와 같은 질문을 통해 노인이 다른 대안들을 고려하도록 격려한다.

⑤ 탈파국화

노인에게 치명적인 상황이 발생했다면 상담자는 "만일 이런 상황이면 어떨까요?"라는 기법을 사용하여 노인이 치명적 상황을 극단적인 파국으로 받아들이는 것을 피할 수 있다.

이외에도 인지적 기법들로 환상적 귀결, 장점과 단점, 혐오사실을 이롭게 전환, 왜곡의 명명, 역설 또는 과장, 척도화, 대체 상상력, 음성의 외현화, 인지적 시연 등이 있다(송재홍, 1993).

3) 현실 치료

현실 치료는 노인의 행동, 여기-지금, 그리고 책임을 강조한다는 점에서 전통적인 상담이론과 구별된다. 현실 치료는 노인이 책임성에 근거하여 합리적인 행동을 선택하도록 하는데 강조점을 둔다. 현실 치료에서 상담자의 역할은 노인이 현실을 직시하도록 하는 것이다. 즉 노인이 책임감을 갖고, 자신의 행동을 객관적으로 평가하도록 원조하는 것이 상담자의 역할이다. 현실 치료는 변화에 대한 동기가 낮거나 인지적 손상이 있는 노인에게는 적용하기 어렵다는 한계를 갖는다(정원철, 2005). 현실 치료에서 사용하는 기본 전략은 다음과 같다.

첫째, 유대 관계를 확립한다. 유대 관계의 확립은 모든 상담 이론에 공통적인 특성이지만 노인의 책임성과 현실 직시를 강조하는 현실 치료의 특성상 더욱 강조된다. 둘째, 여기-지금에 집중한다. 노인은 과거를 통해서 현재의 불행이나 실패를 설명하려 한다. 이때 상담자는 노인에게 현재와 미래를 강조함으로써 노인이 현재에 집중하도록 해야 한다. 셋째, 상담자 스스로가 현실치료의 원칙들을 실천해야 한다. 상담자 자신이 현실 치료의 원칙들을 삶 속에서 적용하고 그 효과를 경험해야 노인에게 현실 치료를 바르게 적용할 수 있다. 넷째, 긍정적인 태도를 가져야 한다. 상담자는 노인이 여기-지금의 건설적이고 긍정적인 생각과 태도를 갖고 이를 위해 노력하도록 격려해야 한다. 다섯째, 노인에게 직면하라. 상담자는 노인에게 책임감을 요구하고 행복은 책임감 있는 행위를 통해 얻어질 수 있음을 강조해야 한다. 여섯째, 의식적 측면을 다루어라. 현실 치료는 현재의 의식적인 활동에 초점을 둔다. 따라서 노인이 문제의 원인을 무의식적 행동에서 찾고 있다는 것을 인식하고, 그런 자신의 비합리성을 깨닫도록 돕는다. 일곱째, 내담자가 자신을 이해하고 평가할 수 있도록 돕는다. 노인의 자기이해와 평가는 현실치료의 핵심이다. 상담자는 다양한 질문을 통해 노인이 자신을 객관적으로 이해하고 평가하도록 돕는다. 여덟째, 책임감 있는 행동을 계획하라. 상담자는 노인이 보다 책임감 있게 행동하도록 원조해야 한다. 노인의 행동 계획은 실현가능하며, 노인이 독립적으로 실행할 수 있고, 구체적인 행동 단계들로 구성되어 있으며, 노인과 합의하에 결정되고 문서화되어야 한다(장혁표 외, 1995).

청력 손실이 있는 노인과의 의사소통을 위한 단서(Administration on Aging, 1995)

- 노인을 정면으로 바라보고 명확하게 이야기한다.
- 채광이 좋고 소음이 적은 장소를 선택하라.
- 천천히 그리고 분명하게 말하라.
- 손으로 입을 가리지 말고 음식물을 먹거나 씹지 말아라.
- 이야기의 내용을 이해하는데 도움이 되는 표정이나 몸동작을 사용해라.
- 필요하다면 이야기한 문장을 되풀이하라.
- 인내심을 갖고 긍정적이고 편안한 상태를 유지하라.

- 이야기를 보다 잘 이해하기 위해 어떤 도움을 필요로 하는지 물어라.
- 노인 관중을 대상으로 이야기하는 것이라면 마이크를 사용해라.

제11장

노인을 위한 집단 활동

집단 활동은 사회복지 실천의 전통적 방법이다. 집단을 통한 개입은 모든 연령의 클라이언트에게 적용될 수 있다. 노인의 특성을 바르게 이해한다면 집단 활동은 노인인구에게 역시 효과적인 실천 전략으로 사용될 수 있다.

1. 노인 집단 활동

1) 개념 및 목적

집단 활동은 '목적을 가진 집단 경험을 통해서 사회적 기능을 향상시키며 개인, 집단, 지역사회의 문제를 좀더 효과적으로 해결하며 살 수 있도록 개인들을 도와주는 사회사업의 한 방법으로 정의된다(문인숙, 1988; 15)'. 이에 근거하여 노인 집단 활동은 동일한 목적을 가진 노인들이 집단 경험을 통해서 사회적 기능을 향상시키며 노인 자신이나 또는 지역 사회 문제에 좀더 기능적이고 적응적으로 살 수 있도록 노인을 도와주는 사회 사업의 한 방법으로 개념화될 수 있다. 노인 집단 활동의 목표는 집단에 따라 다양하며 궁극적인 목표는 노인들의 삶의 개선을 위한 기술 습득에 있다(McInnis-Dittrich, 2002).

2) 유형

노인을 대상으로 한 집단은 목적에 따라 크게 치료 집단, 성장 중심 집단, 그리고 사회 행동 중심 집단으로 분류된다. 치료 집단은 노인 개인의 정신적, 심리적 또는 사회적 문제 해결을 목적으로 한 집단이다. 우울이나 불안 등의 정신적 문제로 고통받는 노인이나 치매를 비롯한 인지적 기능의 상실로 인해 어려움을 겪고 있는 노인에게 치료적 집단 활동을 통해 정신적, 심리적, 사회적 기능을 증진하고 문제를 해결하고자 한다. 노인 병원, 노인 요양원을 중심으로 미술 요법, 회상 요법, 음악 요법을 적용한 노인 집단 활동이 치료집단의 예에 해당한다. 치료 집단은 집단의 특성상 신체적 또는 정신적 기능이 감소된 의존적 노인을 중심으로 형성된다.

성장 중심 집단은 집단 구성원이 자신의 개인적 성숙 또는 발전과 자아 실현을 목적으로 형성된 집단이다. 대표적인 예로 노인복지관이나 노인 대학과 같은 노인 교육 기관을 중심으로 운영되고 있는 컴퓨터 교실, 어학 교실, 서예 교실 등의 노인 문화 교실을 들 수 있다. 성장 중심 집단은 인지적 기능이나 신체적 기능에 큰 문제가 없어 독립적인 생활이 가능한 건강한 노인들을 중심으로 이루어진다.

2. 노인 집단의 전개 과정

사리와 갈린스키(Sarri · Galinsky, 1967)는 집단의 발달을 일곱 단계로 설명한다. 집단이 구성되는 기초 단계, 집단 성원들이 상호 관련성을 추구하는 형성 단계, 집단의 결속이 생기고 집단의 목적이 명료화되는 제1 중간단계, 기존 집단 조직에 대한 의의 제기와 재편성이 이루어지는 재구성 단계, 집단 결속이 강해지고 집단이 안정화되는 제2 중간단계, 집단의 문화가 확장되는 성숙 단계, 그리고 집단의 목적이 달성되거나 기타의 이유로 집단이 해산되는 종결의 단계이다.

노인 집단의 발달 단계 역시 일반적인 집단의 발달 단계와 유사하게 나타난다. 단, 노인이라는 구성원의 특성으로 인해 매 단계마다 주의할 만한 특성들이 나타난다. 노인집단의 발달 단계를 집단 형성 및 개입의 단계, 실행기, 그리고 종결기의 3단계로 크게 분류하여 단계별 노인집단의 특성과 유의해야 할 점을 살펴보았다.

1) 집단 형성 및 개입의 단계

집단 형성의 단계에서 집단에 참여하는 노인들은 자신을 집단 구성원의 한사람으로 깊게 인식하지 못한다. 집단 활동에 대한 기대, 호기심, 두려움, 때론 혼란이 집단 형성 단계에 경험하는 지배적인 감정들이다.

집단의 형성 단계에서 집단 지도자에게 중요한 과업은 집단구성원에게 집단 참여에 따른 긍정적 결과들을 보여줌으로써 집단 참여에 대한 동기를 부여하는 것이다. 특히 노인을 대상으로 한 집단 활동의 경우 집단 성원들에게 집단 활동의 목적과 앞으로 수행할 집단 활동의 내용

그리고 집단 활동에 대한 잠재적 이익을 명확히 하는 것이 중요하다. 노인들이 집단의 목적, 어떤 활동들을 언제 어디서 할 것인지, 또 누구와 얼마동안 하게 될 것인지에 대해 구체적으로 이해할 수 있도록 해야 한다.

집단 구성원이 확정된 이후 집단 참여는 긍정적인 결과들을 보이기 시작하며 노인들은 자신을 집단 구성원으로 인식하기 시작하고 집단과정에 동참하게 된다. 이 시기에 집단 지도자는 집단에 대한 기대와 염려 또는 관심이 무엇인지 노인들이 인식하도록 도와야 한다. 그리고 노인들이 언어적 상호작용에 관한 집단의 규정을 명확히 하도록 도와야 한다(McInnis-Dittrich, 2002).

2) 실행기

실행기는 노인들이 실질적인 집단 활동에 참여함으로써 시작된다. 실행기 단계에 있는 집단은 집단 규범을 수립하고 집단성원간의 응집력을 발전시킨다. 실행기 단계에서 집단 구성원의 관계가 발전됨에 따라 집단 지도자와 집단구성원간의 상호작용은 감소하고 집단 구성원들 간의 상호작용은 상대적으로 증가하게 된다.

집단 지도자는 실행기에 있는 집단에서 흔히 발생하는 내부적 갈등을 해결해야 한다. 실행기 단계에 있는 집단의 구성원들은 집단내의 권력과 지위를 놓고 크고 작은 갈등을 경험하게 된다. 그러나 집단 과정이 집단의 목표를 향해 계속 발전되고 있다면 집단의 갈등을 의식적으로 피할 필요는 없다. 노인들이 집단에서 경험하는 갈등은 미묘한 형태이기 때문에 포착하기가 쉽지 않다. 노인의 특성상 갈등을 외적으로 표현하고 드러내기보다 집단 지도자를 개인적으로 피하거나, 다른 노인을 방해하거나, 또는 집단에서 탈퇴하는 형식으로 나타난다.

이 단계에서 집단 지도자는 집단 성원들의 참여를 독려하고, 소극적이고 주변적인 태도를 보이는 노인의 참여를 이끌어내며, 집단의 상호작용을 다른 노인을 배재하는 방향으로 이끌어 가는 노인을 조율하는 과업을 수행해야 한다(McInnis-Dittrich, 2002).

3) 종결기

집단의 목적이 달성되었거나 계획한 활동을 모두 마쳤을 때에 집단의 종결이 이루어진다. 집단 지도자는 종결기 단계에서 다음의 과업들을 수행해야 한다. 집단 구성원에게 종결에 대해 주기적이고 반복적으로 알림으로써 노인들이 집단의 종결에 대해 준비하도록 해야 한다. 종결에 따른 아쉬움이나 상실감과 같은 부정적 감정들을 정리하고 집단 종결을 자축하기 위해 종결파티와 같은 특별한 행사를 이용하는 것도 집단 종결의 좋은 수단이 될 수 있다. 특히 배우자, 형제, 친구의 상실을 경험한 노인들에게 집단 종결이 또 다른 형태의 상실로 받아들여져 정서적 어려움을 겪지 않도록 모든 노인이 집단의 종결에 따른 감정을 정리할 수 있는 기회를 제공해야 한다. 집단 지도자는 집단 참여를 통해 노인들의 삶에 어떤 변화가 생겼는가를 개별적으로 이해해야 하며 집단 활동을 통해 얻은 사회적 기술들을 집단 밖에서의 사회적 관계에서도 적용해 보도록 노인들을 격려해야 한다(McInnis-Dittrich, 2002).

3. 노인을 위한 집단 활동의 계획

노인을 대상으로 한 집단 활동의 경험이 없는 사회복지사의 경우 노인을 대상으로 한 집단 활동을 계획하고 실행하기 위해 무엇부터 시작해야 하는지, 어떤 사안들이 검토되어야 하는지에 대해 구체적인 생각들을 갖고 있지 못하다. 노인을 대상으로 한 집단 활동은 노인들의 신체·심리·사회적 특성을 고려하여 계획되어야 한다. 노인을 대상으로 한 집단 활동을 계획하고 운영하기 위해 필요한 실질적 지침을 살펴보았다.

1) 초기 계획을 위한 의사 결정

집단에 참여 할 노인의 기능 수준과 관계없이, 집단의 초기 계획 단계에서 집단 지도자는 다음의 10가지 사안에 대해 질문해 보고 또 스스로 해답을 갖고 있어야 한다.

- 이 집단 활동을 하나의 프로그램에 포함된 한 모듈로 계획할 것인가? 혹은 독립된 집단 활동으로 계획할 것인가?
- 참여 노인의 연령 범주는 무엇인가?
- 남성 노인과 여성 노인이 모두 참여하는 혼성 집단인가? 혹은 성에 따라 분리된 집단인가?
- 집단 구성원의 정신적 상태는 동등한 수준인가? 인지적 기능에 손상이 없는 노인, 인지적 기능이 저하된 노인, 그리고 정신병적 소견이 있는 노인을 한 집단으로 구성하는 것은 복잡하고 그 효과성 또한 기대하기 어렵다.
- 집단 구성원을 활동 장소까지 안전하게 모셔오기 위해 직원이 추가로 필요하지는 않은가?
- 집단 활동이 쓰기, 읽기, 신체적 활동, 그리고 청취력이 관련된 활동들을 요구하는가?
- 신체적 기능이 제한된 노인을 위해 어떤 보완이 이루어질 수 있는가?
- 집단은 개방 집단인가? 또는 폐쇄 집단인가? 얼마동안 지속될 것인가?
- 집단 활동의 목적은 무엇인가?
- 집단 지도자에게 어떤 수준의 기술과 경험이 요구되는가?

이상의 질문에 대한 해답을 명료화한 뒤 집단 활동 계획의 다음 단계를 진행하는 것이 바람직하다(Erwin, 1996).

2) 장소

집단 활동을 위한 프로그램실의 위치와 설비는 매우 중요하다. 집단 활동을 위한 최적의 장소를 선택하기 위해 집단 활동의 초기에 집단구성원에게 희망하는 장소를 설문을 통해 조사하는 것도 하나의 방법일 수 있다.

인지 능력이 제한적인 노인들을 대상으로 한 집단 활동의 장소는 강당처럼 넓은 장소는 적합하지 않다. 인지 능력이 손상된 노인들은 집단 활동에 집중하거나 자리에 앉아 계시기보다 자리를 떠나 배회할 위험이 높기 때문에 간혹 집단 지도자가 프로그램의 진행보다 배회하는 노인을 자리로 돌아가시도록 하는데 필요이상의 시간과 에너지를 사용하기도 한다. 따라서 인지 능력이 제한적인 노인들을 대상으로 한 집단 활동은 작고 출입이 제한된 안정된 분위기의 장소가 적합하다. 또한 이 노인들은 익숙한 환경을 벗어나는 것을 꺼리시는 경향이 강하기 때문에 시설에서 진행되는 집단 활동의 경우 가능하다면 노인들이 주로 활동하시는 같은 건물이나 같은 층에 위치한 장소를 이용하는 것이 바람직하다.

반면 인지 능력에 손상이 없는 노인들을 대상으로 한 집단 활동은 충분한 수의 의자와 휠체어가 들어갈 수 있는 넓은 장소가 좋다. 집단 활동의 내용상 노인의 사생활의 일면을 드러내야 하는 경우, 공개된 장소보다는 문을 닫아 일정한 정도의 폐쇄성을 유지할 수 있는 장소가 효과적이다(Erwin, 1996).

〈그림 11-1〉 노인 집단 활동을 위한 프로그램실

3) 스탭의 협조 구하기

집단 활동에 대한 기관 스탭들의 태도는 집단 활동의 성패를 결정하는 주요한 요인이다. 성공적인 집단 활동을 위해 집단 지도자는 시설이나 기관내의 다른 스탭들과 전문적이고 협력적인 관계를 형성해야 한다. 다음의 소개할 전략들은 기관 스탭과 협조적인 관계를 형성하는데 도움이 될 수 있다.

집단 지도자는 기관의 스탭들에게 도움이 되는 주제의 강의를 마련함으로써 기관 스탭들과 협력적 관계를 시작할 수 있다. 인지적 능력이 손상된 노인들과 대화하는 법, 수발자의 소진 다루기, 노인들의 사회적 소외를 감소하기 위한 집단의 역할 등이 집단 지도자와 기관의 스탭에게 도움이 되는 주제일 수 있다.

집단 지도자는 치료 팀의 일부가 되어 치료 팀의 회의에 정기적으로 참석해야 한다. 기관이나 시설의 사회 서비스팀 또는 활동 담당자와도 정기적인 회의를 갖고 향후 일정계획에 대해 논의해야 한다. 기관의 일정을 미리 숙지함으로써 기관의 설비나 장소 사용 문제로 집단 활동이 방해받는 것을 최소화할 수 있다. 집단 지도자는 스탭들에게 정규적인 집단 참여의 중요성을 인식시켜야 한다. 스탭들이 집단 참여의 효과를 공감할 수 있을 때 집단 활동에 보다 협력적일 수 있다(Erwin, 1996).

4) 가족의 협조 구하기

대부분의 노인들은 의료적 또는 경제적 의사 결정을 다른 가족 구성원에게 의존한다. 따라서 간혹 노인이 집단참여를 희망함에도 불구하고 가족의 경제적 지원이 제한됨으로써 노인의 집단참여가 좌절될 수 있다.

가족의 협조를 이끌어 내기 위한 효과적인 방법은 가족을 기관이나 시설로 초대하여 프로그램에 대한 간단한 설명회를 마련하는 것이다. 참여가 곤란한 가족을 위해서 프로그램의 내용과 효과 등을 담은 간단한 안내서를 발송하는 것도 도움이 될 수 있다. 가족의 협조를 유지하기 위해 집단의 진행 과정을 편지형식으로 정기적으로 알리거나 기관의 소식지(Newsletter)를 이용하는 것도 바람직하다. 집단 활동의 결과를 보여주기 위한 전시회나 작은 발표회 등의 행사에 가족을 초대하여 집단 활동의 성과를 함께 나누는 것도 가족들의 협조를 유지할 수 있는 좋은 전략의 하나이다(Erwin, 996).

5) 집단 활동 계획의 틀

다음은 집단 활동을 계획하기 위한 가장 기초적인 틀이다. 정리된 기본 틀은 집단 활동을 계획할 때에 가장 먼저 구체화되어야 할 5개의 항목으로 구성되어 있다. 집단 지도자의 재량에 따라 제시된 기본틀은 수정될 수 있다.

(1) 집단 활동의 제목

집단 활동의 제목과 주제를 명확히 하는 것은 집단 성원과 집단 지도자에게 집단 활동의 방향을 제시한다. 집단 프로그램의 주제에 대해 간략이 정리된 초록을 작성하는 것이 도움이 된다.

(2) 집단 활동의 목적

집단 활동의 목적을 명료화하지 않는다면 집단 활동이 목적에 초점을 두고 일관성 있게 진행되기를 기대할 수 없다. 집단 지도자는 집단과 집단구성원 개인을 위한 목적을 명확히 할 책임을 갖는다.

(3) 집단 활동의 과정

집단 활동의 과정은 집단참여자의 개인적 성장과 변화를 향한 일련의 과정이다. 집단성원의 기능과 집단의 목적달성에 적합한 과정을 선택하는 것이 효과적이다.

(4) 집단 활동의 결과

집단 지도자는 집단 활동의 계획 단계에서부터 집단 활동을 통해 기대되는 긍정적 결과와 발생 가능한 부정적 결과에 대해서도 숙지해야 한다. 또한 집단 활동의 계획단계에서 집단 활동의 결과를 측정하기 위한 구체적인 평가계획이 수립되어야 한다. 집단이나 집단 성원에 대한 변화를 일화적(anecdotal)으로 서술하기보다 계량화된 사회척도를 이용하여 측정하는 것도 좋은 방법일 수 있다.

4. 노인 대상별 집단 활동

1) 장기 요양 시설 거주 노인을 위한 집단 활동

장기 요양 시설에 거주하는 노인들은 일반적으로 사회적 고립의 극복, 언어적 의사 소통의 증가, 심리적 우울의 완화, 그리고 자존감 증진 등의 욕구를 갖는다. 이외에 초기 면접을 통해 노인들의 개인적인 감정과 욕구를 탐색할 수 있으며 이는 개인의 집단 활동 목표로 발전될 수 있다. 초기면접에서 자주 등장하는 노인들의 관심은 일반적으로 요양시설의 목적에 포함된다.

요양 시설에 거주하는 노인들은 집단 활동이 동일한 주제로 여러 주에 걸쳐 진행되는 경우보다 매우 새로운 주제로 집단 활동이 진행될 때 다양성을 즐기고 보다 규칙적으로 참여하는 경향을 보인다.

2) 인지적 기능이 제한적인 노인을 위한 집단 활동

인지적 기능이 손상된 노인들을 위한 집단 활동을 계획할 때에 고려해야 하는 가장 중요한 요소는 노인들의 인지적 기능수준과 표현된 관심에 따라 집단형식을 조정해야 한다는 점이다. 집단 활동은 인지적 장애를 최소화하고 잔존해 있는 노인들의 인지적 기능을 강화하도록 구성되어야 한다(Lindeman · Downing · Corby · Sanborn, 1991). 노인들을 위한 집단 활동은 매 세션의 활동소개에 앞서 처음 시작의 몇 분을 간단한 소개와 현실적응 연습으로 할애해야 한다. 예비의 차원에서 노인들이 즐기는 활동을 하나 이상 준비하는 것이 필요하다. 그리고 만일 노인들이 주요 활동(modality)에서 쉽게 흥미를 잃는다면, 지도자는 긍정적인 분위기에서 세션을 마쳐야 한다.

3) 지역사회 거주 노인을 위한 집단 활동

지역사회 거주 노인은 장기 요양 시설에 거주하며 인지 능력에 문제가 없는 노인들의 심리·사회적 욕구와 유사한 욕구를 갖게 된다. 나이로 인한 차별이나 사회적 장애등 노인들의 정서적 상태에 영향을 미치는 어떤 주제도 집단의 주제로 선정될 수 있다.

지역사회 거주 노인들은 일반적으로 더 활동적이며 자기-통제적이다. 노인들의 이 같은 특성상 집단 활동 프로그램은 흥미롭고, 접하기 쉽고, 그리고 신뢰할 수 있어야 한다. 주제에 대한 노인들의 호기심을 자극하거나 집단의 사회화를 강조하는 것이 노인들의 흥미를 유발할 수 있다. 주차시설이나 휠체어 보관 장소로부터 가깝고 찾기 쉬우며 안전한 승강기를 설치하여 노인들의 접근성을 높여야 한다. 신뢰할 수 있는 프로그램은 노인들에게 학습, 상호작용, 그리고 복지증진의 현실적 기회를 제공해야 한다.

5. 노인 집단 활동의 특성

1) 신체적 그리고 감각적 제한

노인은 노화로 인한 신체·감각적 기능의 제약을 갖게 된다. 제약의 정도는 노인에 따라 큰 차이를 보인다. 걷고 뛰는 활동에 어려움이 없는 노인들로부터 보행 보조기에 의존해 걷거나 주로 침대에 누워 지내는 와상노인에 이르기까지 신체적 수행정도가 다양한 노인 모두가 노인 집단 활동의 대상이 될 수 있다.

따라서 노인을 대상으로 한 집단 활동은 참여하는 노인들의 신체적 기능수준을 고려하여 구성되어야 하며 노인들의 활동을 보조하기 위한 물리적 장치들이 세심하게 배려되어야 한다. 예를 들어 관절념이나 골다공증을 앓고 있는 노인은 장시간 앉아 있기가 힘들다. 노인은 화장실 사용이 잦기 때문에 집단 활동의 장소에서 가까운 곳에 화장실이 위치해 있는가 또한 고려해야 한다. 시각과 청각 기능이 제한적인 노인을 위해 시각적 자료이용을 보조하기 위한 도구나 말소리를 확대하는 도구를 사용하는 것이 효과적이다. 노인들의 신체·감각적 기능저하를 고려하여 프로그램을 계획하고 물리적 환경을 구성함으로써 집단 활동에 대한 노인들의 참여를 높이고 프로그램의 효과성 또한 높일 수 있다.

2) 집단 지도자의 역할

노인을 대상의 한 집단 활동의 또 다른 특성은 집단 지도자의 역할이다. 집단 활동을 이끌어가는 지도자의 역할은 리더십의 강도, 리더십의 지속성, 관계의 속성 등에서 비노인을 대상으로 한 집단 지도자의 역할과 구분된다. 우선, 노인집단의 지도자는 매우 적극적이고 지시적인 리더십이 요구된다. 특히 인지기능이 제한적인 노인집단이나 우울 등의 심리적 문제를 겪고 있는 노인집단을 운영하는 지도자는 더욱 강한 리더십을 발휘해야 한다. 노인집단의 지도자에게 요구되는 적극적이고 지시적인 리더십은 집단 형성의 초기부터 집단 활동이 종결되는 시점까지 지속적으로 유지되어야 한다. 비노인을 대상으로 한 집단 활동의 경우 지도자는 집단 활동의 과정이 진행됨에 따라 초기의 지시적이고 활동적인 리더십에서 점진적으로 비지시적이고 소극적인 리더십으로 전환한다는 점에서 노인집단의 지도자와 차이를 보인다. 노인집단의 지도자는 전문가 또는 지도자이기보다 정중하고 공손한 참가자로서 노인과 관계를 형성하는 것이 바람직하다. 이를 위해 주어진 집단시간 외에 노인들과 개별화된 관계 형성을 위한 별도의 시간을 할애하는 각별한 노력이 필요하다(McInnis-Dittrich, 2002).

3) 집단의 진행 단계

노인 집단의 전개 속도는 비노인 집단과 비교해 상대적으로 느리다. 노인 집단의 경우, 집단의 목적, 집단구성원의 신체 · 정신적 건강에 따라 집단의 역동과 집단 상호작용의 수준이 결정된다. 집단 지도자는 집단의 전개가 느리게 진행되는 것으로 인해 집단의 목적 달성이 좌절될까 우려하거나 주목할 만한 변화가 관찰되지 않아 조급해할 수 있다. 그러나 노인들의 특성상 집단의 전개속도는 상대적으로 천천히 진행될 수 있으므로 집단 구성원의 특성으로 인한 자연스러운 현상으로 받아들일 수 있다(McInnis-Dittrich, 2002).

6. 노인 집단 활동의 유용성

1) 집단 역동의 개입 효과

노인 집단을 통한 사회사업적 개입은 사회복지사의 치유적 기술뿐 아니라 집단의 역동을 사용한다는 점에서 개별적 접근과 차이를 갖는다. 노인 집단 활동의 가장 중요한 치유 요인은 상호작용이 일어나는 집단에 대한 연대의식이다. 집단 구성원들은 집단 내에 구성된 관계망을 통해 사회적 지지와 자원을 얻게 된다. 이러한 연대 의식은 노인들에게 소속감과 목적 의식을 갖게 한다. 노년기가 사회적 관계의 축소를 통한 지위와 역할의 상실로 특징되는 만큼 집단 활동이 노인들에게 제공하는 연대감과 삶의 목적의식은 중요하다. 집단 역동의 힘은 다른 노인과의 상호작용을 꺼리는 소극적 노인들이 동료 노인들과 함께하도록 자극하며 노인들에게 상호작용이 활발한 환경을 제공한다(McInnis-Dittrich, 2002).

2) 효율성

집단 활동의 효율성은 서비스 전달상의 효율성에서 찾아볼 수 있다. 노인개인을 대상으로 한 실천과 비교해 노인 집단 활동은 동시에 많은 수의 노인들에게 서비스를 제공할 수 있는 장점을 갖는다(Toseland, 1995). 따라서 제한된 수의 사회복지사가 다수 노인들의 욕구를 충족해야 하는 노인요양시설, 노인복지관, 주간보호소에서는 집단 활동이 효율적인 개입전략일 수 있다.

3) 효과성

집단 활동은 노인들의 심리·사회적 욕구를 효과적으로 충족시킬 수 있는 실천 방법이다. 집단 활동을 통한 프로그램의 효과성은 국내외 선행연구를 통해 꾸준히 검증되어 왔다. 회상, 미술, 원예와 같은 다양한 요법을 이용한 집단 활동은 노인들의 자아 통합감, 생활 만족, 자아 정체감 등의 심리·사회적 요인들에 의미 있는 긍정적 변화를 이끌어 내는 것으로 주장되어 왔다(김명자, 1995; 이가옥·이현송, 2004; 정영, 1994; Webster·Young, 1988).

4) 사회화

노인 집단 활동은 노인들의 사회적 관계 축소와 새로운 사회적 관계 형성의 가능성에 관한 문제와 깊이 관계된다. 집단 활동은 노인들이 집단 밖에서 새로운 사회적 관계망을 형성하기 위해 필요한 사회적 기술들을 발전시킬 기회를 제공한다(Toseland, 1995). 또한 집단 활동은 노인들이 새로운 기술과 행동을 배우고 재현해 볼 수 있는 안정된 분위기를 제공한다. 집단 활동은 개인적 고통과 상실에 압도되어 다른 사람과의 상호작용이 자신의 문제 해결에 갖는 가치와 의미를 깨닫지 못한 노인들에게 신체·사회적 상실 속에서 또 다른 의미 있는 타인들과 관계를 맺고 삶의 즐거움을 발견하게 한다.

5) 합의된 타당성

합의된 타당성은 토즈랜드(1995)에 의해 소개된 개념으로 삶의 현 시점에서 느끼고 경험하는 것이 나만의 느낌과 경험이기보다 다른 사람들과 함께 나누는 공유되어진 것이라는 감정을 말한다. 노인들은 집단 활동을 통해, 배우자 상실로 인한 슬픔, 신체·심리적 상실감에 대한 분노와 비애 등의 정서적 어려움에 대한 합의된 타당성을 갖게 된다.

6) 의미 있는 삶의 역할을 재수립

집단 활동에 참여함으로써 노인들은 자신의 경험과 삶의 지혜를 나누는 기회를 얻게 된다. 노인은 일생 동안 자신의 직업과 경험을 통해 각자 서로 다른 영역에서 나름대로의 전문성을 발전시켜 왔다. 전문적 능력의 유지 또는 감소 여부와 관계없이 노인이 자신의 능력을 사용할 기회를 갖기란 쉽지 않다. 집단 활동은 노인들이 자신의 전문성을 함께 나누고 발휘할 수 있는 기회를 제공함으로써 노인이 신체적 기능감퇴와 상실이 아닌 잔존해 있는 자신의 능력에 집중하게 한다. 보유 능력을 발휘함으로써 노인은 자존감을 높이고 새로운 역할 수행에 대한 자신감을 얻게 된다. 이러한 일련의 과정은 노인에게 새로운 삶의 역할과 의미를 부여한다.

제12장

노인과 사례 관리

노인은 신체·심리·사회·경제의 전 영역에 걸쳐 다양하고 복합적인 욕구를 갖는 반면 필요한 서비스에 대한 정보를 얻고 서비스에 접근하는 능력은 상대적으로 제한적이다. 이와 같은 노인 클라이언트의 문제를 해결하고자 도입된 방법론이 사례 관리이다(허남순, 1998). 1990년대 사회복지학과 간호학 분야를 중심으로 확대된 사례 관리는 노인과 정신 장애인을 대상으로 한 재가 복지 사업에 주로 활용되었다(장인협·우국희, 2004). 이 장에서는 노인을 대상으로 한 사례 관리의 개념, 목적, 특성, 구성 요소, 과정, 개입 기술, 그리고 자원 개발에 대해 살펴보고자 한다.

1. 사례 관리의 개념 · 목적 · 기능

1) 사례 관리의 개념

사례 관리(case management)는 '임상적 의미가 강한 사례(case)와 행정적 의미가 강한 관리(management)가 결합된 용어로서 통합적 사회복지 실천의 성격이 강하다(권중돈, 2004; 468).' 사례 관리는 보호 서비스에 초점을 두는 보호 관리(care mangement)와 건강 보호 영역에서 발전된 관리된 보호(managed care)의 용어와 혼용되기도 한다(Rose · Moore, 1995).

사례 관리의 개념은 학자에 따라 다양하게 정의된다. Moore(1990)는 사례 관리는 임상적 개입을 위한 사회복지 실천의 한 방법이며 동시에 지역사회를 비롯한 사회적 거시 체계에 관심을 갖는 개념으로 정의한다. O'Conner(1988)는 사례 관리를 지역사회 자원과 조직에 대한 행정 · 관리와 직접적인 실천행동을 포괄하는 개념으로 소개하고 있다. Moxley(1989)는 사례 관리를 클라이언트의 복지향상과 서비스의 효율성 증진을 목적으로 클라이언트의 비공식적 자원과 공식적 자원을 발굴, 연계 그리고 조정하는 일련의 활동으로 정의한다.

이상에서 살펴본 사례 관리의 정의에 기초하여 노인 클라이언트를 위한 사례 관리는 '한 사람의 사례 관리자가 복합적 욕구를 가진 노인 클라이언트에게 다양한 서비스 자원을 연결시켜 노인 클라이언트가 사회 생활상의 어려움을 극복할 수 있도록 돕는 사회복지 실천의 한 방법이다(정순둘, 2005; 13)'로 정의될 수 있다.

2) 사례 관리의 목적

노인을 위한 사례 관리의 궁극적 목표는 노인을 대상으로 한 보호 서비스의 질적 향상이다. 사례 관리는 다음 다섯 가지의 실천적 목적을 통해 보호 서비스의 질적 향상을 담보하고자 한다(김통원 · 김용득, 1998).

첫째, 보호 서비스의 지속성 확보이다(Bachrach, 1992). 노인 클라이언트는 복합적 욕구 해결을 위해 하나 이상의 기관에 의뢰되는 경우가 많다. 한 기관에서 다른 기관으로 의뢰되는 과정이나 거주지 이전으로 인해 제공받던 서비스가 중단되지 않고 지속적으로 연계될 수 있어야 한다.

둘째, 서비스 체계들의 조정을 통한 서비스의 연계성 증진이다. 분산되어 있는 서비스를 체계적으로 연계하여 서비스 연결성을 높이는데 초점을 둔다.

셋째, 노인의 개별적 욕구와 특성에 근거한 서비스의 제공이다. 사례 관리는 클라이언트만의 고유한 문제를 해결하기 위해 노인의 개별적 상황과 특성을 최대한 고려하여 맞춤 서비스를 제공하고자 한다.

넷째, 서비스의 포괄성이다. 사례 관리는 서비스가 노인의 다차원적 욕구에 모두 대응할 수 있는 포괄적인 서비스를 제공하고자 한다.

다섯째, 효과적인 자원의 개발과 분배이다(정순둘, 2005). 사례 관리의 초점이 서비스자원의 연결과 조정에 있는 만큼 잠재적 자원을 개발하고 분배하는 것 역시 사례 관리의 주요 목표이다.

3) 사례 관리의 기능

사례 관리의 기능은 학자나 사례 관리의 모델에 따라 차이를 보인다. 일반적으로 합의된 사례 관리의 기능은 사정, 계획, 연결, 모니터링, 조정, 상담 및 문제 해결, 그리고 옹호로 정리될 수 있다(Fiorentine · Grusky, 1990; Hagen, 1994; Robinson, 2000). 노인을 대상으로 한 사례 관리는 우선 노인 클라이언트의 심리 · 사회 · 신체 · 경제적 기능과 공식 · 비공식 자원을 파악하는 것으로부터 시작된다. 사례 관리를 위한 사정은 노인의 욕구와 문제에 대한 사정을 벗어나 노인이 사용할 수 있는 가용 자원과 자원 동원의 능력까지 확대되어야 한다.

둘째, 사례 관리자는 사정을 통해 수집된 정보를 토대로 노인의 욕구와 문제 해결을 위한 포괄적인 서비스 계획을 수립해야 한다. 노인이 필요로 하는 자원 확보를 위해 공적 서비스의 제공 계획이 작성되어야 하며, 가족과 친구를 비롯한 비공식적 지지망을 확대하고 체계화하며 지지망의 기능적 상호작용 촉진을 위한 계획도 포함되어야 한다.

셋째, 사례 관리는 연결의 기능을 갖는다. 노인클라이언트는 복합적인 욕구를 갖는 만큼 필요로 하는 서비스와 서비스의 제공 기관 역시 다원적이다. 따라서 노인 클라이언트가 기관과 기관으로 의뢰되거나 이동하는 과정 동안 노인에게 요구되는 공식 · 비공식적 자원이 단절되지 않고 계속적으로 연결되어야 한다. 서비스 연결의 장애가 되는 요인들을 분석하고 제거하는 과업 또한 사례 관리의 연결기능에 포함되어야 한다.

넷째, 서비스의 전달 여부와 적합성 정도를 지속적으로 점검하는 과업이 사례 관리의 모니터링 기능이다. 사례 관리자는 서비스 제공자 또는 노인 클라이언트와 정기적인 접촉을 통해 계획된 서비스가 차질 없이 제공되고 있는지 검토해야 한다. 또한 노인 클라이언트 문제의 개선 정도도 지속적으로 점검되어야 한다(김통원 · 김용득, 1998).

다섯째, 사례 관리는 공식적 서비스 제공자들 간의 교류와 협력에 관한 조정 기능을 수행해야 한다. 노인 클라이언트와 가족을 위한 서비스 공급자는 공공 행정기관, 의료 기관, 사회복지 관련 기관, 비영리 민간 단체 등 다양하다. 그러나 이들 기관간의 교류나 협력을 주도하는 구심점 역할을 수행하는 기관이나 조직체가 존재하지 않는다. 따라서 다양한 서비스 공급자간의 교류와 협력은 제한적이고 비공식적으로 진행되어 왔다(함철호, 2003). 사례 관리는 서비스 제공 기관간의 정보와 자원 교류, 상호 의뢰, 인력과 서비스의 공동 개발과 같은 기관간 협력을 촉진하여 노인과 가족이 필요로 하는 서비스를 효율적으로 제공해야 한다.

여섯째, 사례 관리는 서비스 제공 기관에 접근하고 자원을 획득하는 것과 관련된 노인의 능력 향상을 위해 상담기술을 비롯한 직접적인 서비스를 제공한다. 사례 관리자는 노인 클라이언트에게 기관과의 접촉을 위한 기술, 가족 관계 개선을 위한 기술, 문제 해결을 위한 동기화, 문제 해결 기술과 같은 실천적 기술을 지도함으로써 전반적인 문제해결 능력을 강화할 수 있다.

마지막으로 옹호의 기능이다. 서비스 제공 기관이 노인 클라이언트의 욕구에 민감하게 반응하지 않을 때 서비스 수혜자로서 노인의 권리가 침해받게 된다. 이와 같은 경우 자신의 권리를 조직적이고 효과적으로 항변하기 어려운 노인을 대신하여 정부나 서비스 제공 기관을 상대로 노인들의 권리를 변호하고 옹호해야 한다.

〈표 12-1〉 사례 관리의 기능별 내용

	Gottesman	Monk	Moxley
사정	• 클라이언트의 현재 기능에 관하여 광범위하게 사정을 실시한다.	• 보건, 심리, 사회적 상황에 경제, 환경, 사회적 지원의 영역을 포함하는 사정을 실시한다.	• 클라이언트의 서비스 욕구, 사회적 네트워크의 역량, 서비스 제공자의 역량을 사정한다.
계획	• 클라이언트의 문제, 달성해야 할 목표, 필요한 서비스에 대해 사회복지사와 클라이언트가 문서화된 서비스 계획을 수립한다.	• 문서화된 서비스를 계획한다.	• 포괄적인 서비스를 계획한다.
연결	• 계획된 서비스를 찾고 연결한다.	• 서비스 공급자와 연결한다.	• 클라이언트에게 영향을 미치는 체계에 개입한다.
감시	• 서비스의 개선을 확인하는 사후관리를 실시한다. • 클라이언트의 기능을 재검토하기 위한 정기적인 재평가와 현재의 욕구를 충족하기 위하여 계획이나 서비스를 변경한다.	• 사례를 재조사하고 정기적으로 점검한다. • 필요한 경우 계획을 수정한다.	• 제공된 서비스를 점검한다. • 서비스 계획이나 그 실시상황에 대한 효과를 측정한다.

자료 : 조추용 · 권현주, 2003.

2. 사례 관리의 구성 요소

사례 관리는 사례 관리자, 사례 관리 대상자, 사회적 자원과 환경, 그리고 사례 관리를 실시하는 과정의 4가지 요소로 구성되어 있다.

(1) 사례 관리자

사례 관리자는 대상자의 욕구를 파악하고, 사례 관리를 위한 계획을 수립하며, 사회적 자원을 확보, 연결, 조정, 점검하는 역할을 수행한다(홍선미, 2004). 사례 관리자는 사례 관리팀과 주관리자로 구분하여 살펴보아야 한다. 노인을 위한 사례 관리팀은 다학제적(multi-disciplinary) 특징을 갖는다. 일반적으로 노인 클라이언트를 위한 사례 관리 팀은 의사, 간호사, 사회복지사, 임상 심리사, 재활 치료사, 영양사, 주거 환경 전문가 등 다양한 영역의 전문가와 간병인, 가사 도우미 등의 보조 인력으로 구성된다. 주관리자(key worker)는 사례 관리를 주도하는 핵심 인력으로 사례 관리팀의 리더와 책임자의 역할을 수행한다. 사례 관리자 한명이 담당하는 사례 수는 노인의 기능 정도에 따라 차이를 보인다. 일반적으로 사례 관리자 한명이 20명에서 30명 가량의 노인 클라이언트를 담당하지만 치매와 같은 중증 노인의 경우, 담당 사례 수는 10명 이내로 조정되어야 한다(권중돈, 2004).

(2) 사례 관리 대상자

사례 관리를 필요로 하는 대상자는 복합적인 욕구를 갖고 있으며 서비스 접근에 어려움을 보인다는 점에서 일반 클라이언트와 구별된다. 노인은 노년기에 경험하게 되는 다양한 기능 저하와 손상으로 인해 복합적인 욕구와 문제를 갖게 된다. 반면 많은 노인들이 서비스에 대한 정보 부족과 신체·인지적 능력의 제한으로 서비스 접근에 어려움을 겪는다. 이와 같은 이유에서 사례 관리는 노인 클라이언트에게 가장 적합한 실천 방법의 하나이다(조추용·권현주, 2003). 노인 클라이언트를 위한 사례 관리의 일차적 대상은 노인 자신이며 필요한 경우 가족으로까지 확대될 수 있다.

〈표 12-2〉 사례 관리자에게 요구되는 사회복지의 실천적 요소들

가치	기초적인 지식	대인 관계 기술	인지 기술
도덕성	신체적 노화	민감성	창의적 사고
정직성	심리적 노화	이해심	수평적 사고
신뢰성	사회적 노화	온정성	분석적 문제 해결
비심판성	노년기 가족 관계	온화함	조직적 사고
수용성	장애	자기 인식의 균형	논리적 사고
공정성	사정	유머감각	융통성 있는 사고
헌신성	지역사회 자원	자신감	
	자원의 조직		

자료 : 김통원 · 김용득, 1998.

(3) 사회적 자원과 환경

사례 관리의 제3의 구성 요소는 사회적 자원과 환경이다. 사회적 자원은 자원의 소재지, 조직성, 그리고 실재성에 따라 내 · 외적 자원, 공식 · 비공식 자원, 그리고 실재 · 잠재적 자원으로 분류된다(권중돈, 2004). 자원의 종류에 따른 구체적인 자원의 예를 〈표 12-3〉에 정리하였다.

〈표 12-3〉 사례 관리를 위한 사회적 자원

기준	자원의 종류	자원의 예
소재지	내적 자원	자존감, 적응력, 잔존 기능, 기술, 경험, 지혜
	외적 자원	가족과 친척, 친구, 이웃, 자원 봉사자, 사회복지 기관, 공공 행정 기관, 의료 기관, 종교 사회 단체
조직성	비공식적 자원	가족과 친척, 친구, 이웃,
	공식적 자원	자원 봉사자, 사회복지 기관, 공공 행정 기관, 의료 기관, 종교 사회 단체
실재성	실재적 자원	지지적 가족과 친척, 친구, 이웃, 현존하는 사회복지 기관, 공공 행정 기관, 의료 기관, 종교 사회 단체
	잠재적 자원	잠재적 능력, 비지지적 가족과 친척, 친구, 이웃

자료 : 권중돈, 2004.

(4) 사례 관리의 과정

사례 관리의 과정이란 사례 관리자가 사례 관리 대상자를 처음 접촉하여 종결하기까지 사례 관리의 지식, 기술, 가치를 적용하여 실천하는 일련의 절차로 정의될 수 있다. 학자마다 사례 관리의 과정을 분류하는 방식은 다양하다.

3. 사례 관리의 과정

다음에서는 Moxley(1989)의 사례 관리의 5단계를 정순둘(2005)이 수정한 방식에 따라 각 단계의 특성을 구체적으로 살펴보았다.

1) 사정

사정이란 노인의 신체·심리·사회·경제적 욕구와 자원을 사정 도구를 이용하여 구체화하고, 분석, 종합하는 과정이다(Holt, 2000). 사정은 노인의 자원과 욕구를 파악하여 노인의 미충족 욕구(unmet needs)를 구체화하는 것을 목적으로 한다. 사정을 근거로, 노인의 욕구 충족, 능력증가와, 그리고 자원 확보를 위한 계획이 수립된다. 노인 클라이언트를 위한 사정은 세 개 차원의 여덟 개 영역에서 이루어진다.

(1) 사정의 차원

① 노인의 능력과 욕구에 대한 사정

노인 클라이언트를 위한 사정의 일차적 차원은 노인 클라이언트의 능력과 욕구에 대한 사정이다. 노인의 능력과 욕구 사정을 위해 영양, 건강, 신체적 기능, 일상 생활 수행 능력, 문제 해결 능력, 심리적 특성,

교육 정도, 과거 직업 활동과 관련된 경험, 사회 참여적 활동 정도, 경제 · 사회적 자원 등이 파악되어야 한다.

② 노인의 비공식적 자원과 자원의 유용성

노인 클라이언트의 비공식적 지지원을 파악하는 것은 사정의 중요한 차원이다. 노인과 관계되어 있는 비공식적 원조자를 찾아내고 이들이 노인에게 제공하는 도움의 유형, 도움이 되는 정도, 동기화의 정도 등을 밝혀야 한다.

③ 노인의 공식적 자원과 자원의 유용성

노인 클라이언트가 현재 도움을 받고 있거나, 앞으로 도움을 받을 수 있는 사회복지 기관, 공공 행정 기관, 종교 및 사회 단체 등을 파악하고 이들 공식적 자원으로부터의 원조가 노인의 욕구에 어느 정도 적합한지를 사정해야 한다.

(2) 사정의 영역

노인 클라이언트를 위한 사정은 신체적, 심리적, 인지적, 사회적 기능, 일상 생활 기술, 지지체계의 부양 부담, 서비스 이용, 그리고 환경 자원의 여덟 개 영역에서 이루어져야 한다. 각 영역에서 살펴보아야 한 구체적인 항목은 〈표 12-4〉에 제시되었다.

〈표 12-4〉 사정의 영역

영 역	항 목
신체적	신체적 질병, 유병 기간, 복용 약물, 고통 정도, 전반적 건강 상태
심리적	심리적 진단, 불안, 우울, 고독, 자살 위험, 알코올과 약물 의존도, 미래 지향성, 흥미
인지적	지각, 기억, 판단, 추리, 지능
사회적	가족 구성, 가족과의 관계, 고용, 취미, 사회 참여 활동, 수입, 재산
일상 생활 기술	걷기, 이동, 목욕, 옷 입기, 화장실 이용, 음식 먹기, 요리, 청소, 세탁, 운전, 돈 관리, 전화하기, 약 복용
지지 체계의 부양 부담	신체적 부담, 심리적 부담, 사회적 부담, 경제적 부담
서비스 이용	가족과 친구로부터의 도움의 형태와 빈도, 공적 자원으로부터의 도움의 형태와 빈도, 서비스의 만족도, 서비스의 안정성
환경 자원	주거 환경의 안정성, 편리성, 서비스의 제공 가능성, 서비스의 접근성

자료 : Kane, 1990.

2) 서비스 계획

서비스 계획 단계는 사정에 기초하여 노인의 욕구 충족을 위한 서비스 목표를 설정하고, 목표 달성을 위해 서비스를 구조화하는 과정이다. 서비스의 구조화란, 필요한 서비스를 파악하고 서비스 제공자를 구체화하는 작업이다. 서비스 목표는 장기와 단기 목표로 구분하여 설정한다. 장기목표는 사례 관리가 종결된 후 얻고자 하는 상태이며 단기 목표는 노인의 욕구와 문제 해결을 위한 직접적인 목표이다(Hawkins · Veeder · Pearce, 1998). 목표는 명료하고 실현 가능해야 하며 수립된 목표에 대해 클라이언트와 동의가 이루어져야 한다(정순둘, 2005).

3) 실행 및 모니터링

(1) 실행

실행이란 개별화된 서비스 계획이 실천적 행위로 구현되는 과정을 의미한다. 서비스 계획은 직접적 개입과 간접적 개입을 통해 실현된다. 직접적 개입은 노인의 서비스 접근과 이용능력 및 기술 향상을 목적으로 사용하는 기술이다. 자기 표현과 자기 옹호 기술을 가르치는 것이 직접적 개입에 해당한다. 간접적 개입은 노인의 공식·비공식적 자원과 환경에 개입하는 것이다. 노인을 위한 사회적 자원의 양·질적 개선, 노인과 서비스 제공자의 연결, 서비스 제공자간의 중재, 그리고 노인을 옹호하는 활동 등이 간접적 개입의 구체적 예이다(정순둘, 2005).

(2) 모니터링

모니터링은 계획된 서비스가 지속적으로 제공되는지 그리고 제공된 서비스가 노인의 욕구를 충족하는가에 대해 사례 관리자가 노인과 노인 가족 그리고 서비스 제공자와의 접촉을 통해 정기적으로 점검하는 과정을 의미한다(Holt, 2000). 노인과 같이 복합적인 욕구를 가진 대상자는 기능의 쇠퇴가 장기간에 걸쳐 꾸준히 진행되기 때문에 지속적인 관찰이 중요하다(정순둘, 2005). 따라서 노인 클라이언트를 위한 사례 관리에서 모니터닝의 중요성은 더욱 강조된다.

성공적인 모니터링을 위해 사례 관리자는 다양한 출처를 통해 정보를 확보하고, 상담을 통한 노인의 내적 부분과 노인의 행동 관찰을 통한 외적 영역에 대해 모니터링을 실시하고, 서비스 전달의 적절성을 함께 평가해야 한다(Rothman · Sager, 1998).

〈표 12-5〉 사례 관리 모니터링 양식

노인 이름 :

서비스 진행(서비스 제공자용)					서비스 점검(주사례 관리자용)		
서비스명	기관/ 서비스담당자	서비스 제공일자	처리 내용	필요한 서비스	서비스 지원 정도	지원기관 서비스 제공자 협력정도	클라이언트 만족도
		○월○일 ○시부터 ○시까지			① 계획보다 잘 지원되지 않는다 ② 계획대로 지원된다 ③ 계획보다 잘 지원되고 있다	① 전혀 협력이 이루어지지 않는다 ② 협력이 적다 ③ 협력하고 있다 ④ 매우 협력적이다	① 매우 불만족스럽다 ② 불만족스럽다 ③ 만족스럽다 ④ 매우 만족스럽다

자료 : 정순둘, 2005.

4) 종결 및 평가

(1) 종결

종결은 사례 관리의 최종 단계로 개입의 완료를 의미하며 사례 관리자와 노인과의 전문적 원조 관계가 끝나게 되었음을 뜻한다. 사례의 종결은 첫째, 성공적 개입으로 계획이 완료되어 노인의 미충족 욕구가 해결되었을 때 둘째, 기관이 노인에게 제공할 수 있는 서비스가 고갈되었을 때 셋째, 사례 관리자가 노인과의 관계 형성에 실패한 경우에 이루어진다.

종결의 단계에 다루어져야 하는 과업은 첫째, 사례에 대한 재사정이다. 노인의 개인적 여건 및 환경 요인은 사례 관리가 진행되는 동안에 지속적으로 변화한다. 따라서 종결의 시점에 새로운 욕구가 발생하여 부가적인 서비스를 필요로 하지 않는가에 대한 재사정이 이루어져야 한다. 둘째, 사후 조사에 대한 계획이 수립되어야 한다. 사후 관리를 시행할 것인가에 대한 여부와 시행할 경우 시행시기와 횟수 등을 구체화해야 한다. 셋째, 종결에 따른 서비스 중단이 노인에게 미칠 영향을 고려해야 한다. 그리고 끝으로 사례 관리자나 서비스 제공자와의 관계 단절로 인해 노인이 갖게 될 심리적 불안이나 공허감에 대해 다루어야 한다. 사례 관리자는 종결로 인한 노인의 심리적 상태를 노인이 적극적으로 이야기하도록 격려하고 의존적 상태에서 벗어나도록 심리적 역량을 강화해야 한다.

(2) 평가

평가란 사례 관리의 전 과정에 대한 효과성과 효율성에 관한 종합적 판단을 의미한다. 사례 관리의 평가는 노인, 노인에게 제공된 서비스, 그리고 서비스 전달 과정의 세 영역에서 이루어져야 한다. 사례 관리의 과정동안 노인에게 일어난 긍정적 변화 또는 목적 달성의 정도가 평가되어야 한다. 노인에게 제공된 서비스의 질, 유용성, 그리고 서비스 만족도를 통해 서비스의 종합적인 평가 또한 이루어져야 한다. 끝으로 서비스 제공 주체간의 협력 정도, 서비스 제공 주체의 전문성, 그리고 전달 체계 운영의 효율성을 검토함으로써 서비스 전달 과정에 대한 평가가 이루어져야 한다.

4. 사례 관리 모형

사례 관리의 모형은 대상자 집단, 사례 관리의 주체, 목적, 활동 장소, 역할, 기능 등을 기준으로 다양하게 분류된다(Huxley · Warner, 1992).

다음은 Rubin(1987)의 분류 방식에 따른 사례 관리의 4가지 모델과 황성철(2000)이 제시한 4가지의 한국형 사례 관리 모형을 살펴보았다.

1) Rubin의 4모델

(1) 확장–중개자 모형

확장-중개자 모형은 사례 관리의 연계와 조정 기능이 강화된 모형이다. 사례 관리자는 노인의 욕구사정과 서비스의 연계를 중심으로 개입한다. 사례 관리자가 노인을 대상으로 직접적인 서비스를 제공하지 않는다는 점에서 특징적이다. 노인을 위한 서비스 인프라가 견고하게 구축되어진 지역사회에서는 적용 가능한 모형이나, 사례 관리자가 직접적인 서비스 제공자의 역할을 수행할 수 없다는 점에서 서비스 인프라가 부족한 지역사회에는 적용하기 부적절한 모형이다.

(2) 클라이언트 강점 모형

클라이언트 강점 모형은 노인의 능력을 사정하고, 강점을 강화할 수 있는 환경을 조성하여, 노인이 목적을 달성하도록 개입하는 모형이다. 사례 관리자의 주된 역할은 노인이 필요로 하는 자원을 획득하도록 원조하고, 결국 원하는 자원을 스스로 획득하도록 노인의 역량을 강화하는 것이다.

(3) 재활 모형

재활 모형은 노인의 약점에 초점을 둔다. 노인에게 부족한 기술이나 능력을 사정하고, 부족한 기술과 능력을 증진하기 위한 직접적인 서비스를 제공한다. 재활 모형은 특히 노인의 목적과 욕구를 중심으로 개입이 이루어진다.

(4) 완전 지지 모형

완전 지지 모형은 가장 일반적으로 적용되고 있는 모형이다. 완전지지모형에서 사례 관리자는 직접적인 서비스 제공자, 서비스 중개자, 조정자, 그리고 지지자의 역할을 담당한다.

2) 한국형 모형

황성철(2000)에 의해 제시된 한국형 사례 관리 모형은 단순형, 기본형, 종합형, 그리고 전문 관리형의 4가지이다.

(1) 단순형

단순형은 지역사회의 자원과 서비스를 노인에게 연계하는 것을 목적으로 한다. 따라서 사정, 사례 관리 계획, 그리고 서비스 연계와 점검의 과업이 이루어진다. 사례 관리자는 준전문가 또는 비전문가로 자원과 서비스 중개자의 역할을 수행한다. 사례 관리자는 자율적인 결정권을 갖고 있지 않으며 비교적 많은 수의 노인 클라이언트를 담당한다.

(2) 기본형

기본형의 목적은 노인에게 상담과 조언의 제공, 지역사회 자원과 서비스의 연계에 있다. 전문가 또는 준전문가인 사례 관리자가 중개자, 상담자, 교육자, 지지자, 서비스 점검자의 역할을 수행하며 사례 발굴, 사정, 사례 계획과 개입, 서비스 연계, 서비스 점검, 그리고 상담과 관련된 과업을 수행한다. 사례 관리자는 비교적 자율적인 결정권을 갖고 있으며 30개 이내의 사례를 담당하여 주로 개별적인 접근을 한다.

(3) 종합형

종합형은 지역사회 자원과 서비스의 연계 그리고 심층 상담 또는 치료를 목적으로 한다. 경력이 많은 전문가가 10개에서 20개 정도의 사례를 담당하여 자원과 서비스 중개자, 상담 또는 치료자, 교육자, 그리고 옹호자의 역할을 통해 노인을 돕는다. 사례 관리자의 자율적인 의사 결정이 보장되며 사례 관리자 1인에 의한 개별적인 접근이 주로 사용된다.

(4) 전문 관리형

전문 관리형은 직·간접적 서비스 제공과 서비스의 관리를 목적으로 한다. 사례 관리자는 전문가 수준의 전문성을 갖춘 인력으로 각 분야별 전문가가 팀을 이루어 일한다. 팀별 사례 수는 10 사례 미만으로 사례 관리자는 연계자, 상담자, 치료자, 교육자, 그리고 관리자의 역할을 수행한다. 전문 분야별 자율성은 보장되나 많은 경우 공동의 합의가 요구된다.

〈그림 12-1〉 사례 관리의 구성 요소

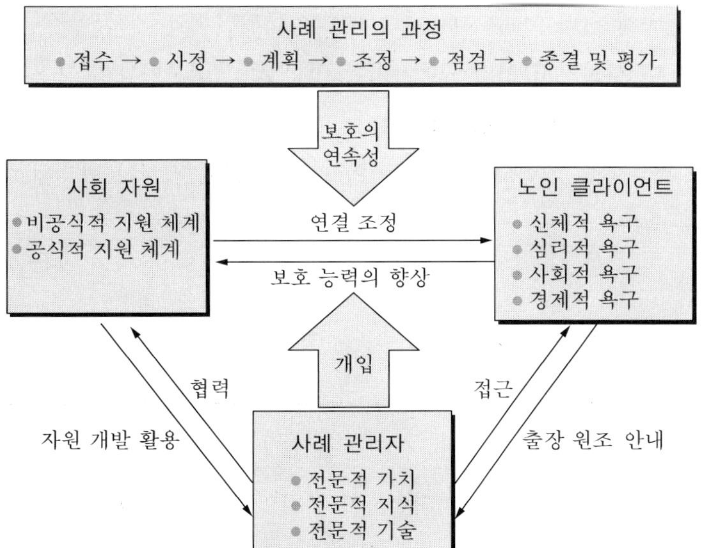

자료 : 이근홍, 1998.

제13장

노인과 임파워먼트 실천

임파워먼트 패러다임은 1970년 소개된 이 후, 사회복지 정책, 사회복지 프로그램, 그리고 사회복지 실천의 영역에 중요한 이론적 시각을 제공해 왔다(Shera · Page, 1995). 임파워먼트의 개념은 주로 사회복지사나 사회복지 서비스 이용자가 아닌 사회 이론가들의 연구를 통해 정형화되어 왔다(Staple, 1990). 이 장에서는 임파워먼트의 개념, 과정, 실천의 요소, 개입의 차원, 실천의 과정, 그리고 실천적 적용에 대해 살펴보았다.

1. 임파워먼트의 개념

사회복지에서 임파워먼트란 하나의 시각이자 이론이며 때론 구체적 실천 모델을 지칭한다. 사회복지에서의 임파워먼트는 사회복지 실천을 중심으로 발전되어 왔다. 사회복지 실천에서의 임파워먼트는 사회복지

실천을 위한 이론과 방법론을 포괄하는 광의의 개념으로 정의된다. 그러나 1976년부터 1991까지 사회복지 정기 간행물에 등장한 임파워먼트에 관한 논문의 내용을 분석한 연구결과에 의하면(Gutierrez, 1994), 임파워먼트에 관한 대부분의 선행 연구들은 미시적 수준의 임파워먼트에 초점을 두고 있는 것으로 나타났다.

사회복지 실천에서의 임파워먼트는 몇 가지 핵심 개념으로 수렴된다. 짐멀만, 이스라엘, 슐츠, 그리고 체코웨이(1992)는 임파워먼트 개념이 갖는 상호작용적 특성을 강조한다. 그들은 임파워먼트의 상호 감정 이입적(mutually empathic) 관계와 연결에 주목한다. 또한 루버스타인과 로우러(1990)는 개인적 임파워먼트와 임파워먼트가 이루어지는 관계적 맥락이 동시에 고려되어야 한다고 주장한다. 한편 일부 사회복지사들은 임파워먼트 개념의 핵심을 자발성에 둔다. 임파워먼트의 개념에 대한 사회복지사들의 이해를 살펴본 애컬슨(2000)의 연구에 의하면 사회복지사들은 임파워먼트를 자기 결정의 가치와 유사한 것으로 개념화한다. 임파워먼트의 자발적 특성을 강조한 시각에 따르면, 임파워먼트는 사용자 집단의 자조 운동 그리고 서비스에 대한 사용자의 참여로 정의된다(Thomas · Pierson, 1995). 또한, 다른 연구들은 지역사회, 조직, 그리고 정치적 임파워먼트의 다른 측면을 탐구하거나, 집단적 임파워먼트를 강조하기도 한다.

이상의 시각에 근거하여 미국 사회복지사 협회는 '사회사업 실천 현장에서 임파워먼트는 개인과 가족, 집단, 그리고 지역사회가 개인적, 인간관계적, 사회 · 경제적, 그리고 정치적 잠재력을 증진하고 그들의 환경을 개선하는데 영향을 미치도록 돕는 것이다'로 정의하고 있다.

살펴본 바와 같이, 사회복지 실천에서의 임파워먼트는 일반적으로 개인이 그들 삶을 통제할 수 있도록 돕는 과정으로 정의되어 왔다. 그러나, 임파워먼트가 지시되는 수준과 옹호자의 정치적 성향에 따라 임파워먼트 개념에 대한 상이한 의견을 보인다. 사회복지 실천에서의 임파워먼트에 대한 개인주의적 접근은 일부 학자에 의해 비판받고 있다. 랭건은 임파워먼트는 사회적 관계를 개인적 관계로 축소함으로써 사회구조 속에서 진정한 권력구조를 모호하게 하는 개인주의적 관점을 의미한다고 비판한다. 또한 랭건은 임파워먼트의 개인주의적 관점은 개인의 능력 고취에 주목할 뿐 억압적 사회구조의 변화는 간과하고 있다고 지적한다. 이와 같은 거시적 시각에 근거하여, 임파워먼트는 상대적으로 권한이 박탈된 개인과 집단이 상생 전략(win-win strategy), 상호이익이나 영합 전략(zero-sum strategy)을 통해 권한 관계에서의 상호권한의 차이를 감소시키기 위한 과정 또는 그 결과로 정의된다.

학자들은 서로 다른 철학·이념적 위치에서 임파워먼트 개념을 사용한다. 와이즈는 임파워먼트에 내재해 있는 기본 철학에 주목하여, 임파워먼트를 다양한 형태의 구조적 억압이 개인의 삶에 어떻게 영향을 미치는가에 대해 이해하고 개인이 삶에 대한 통제력을 되찾을 수 있도록 억압된 개인을 격려하는 헌신으로 정의한다. 신보수주의자들은 임파워먼트를 사회주의 또는 여성주의의 중심 개념으로 이해한다. 또한 와드와 뮬랜더(1991)는 억압과 불의에 맞서 싸우고 도전하는 헌신과 임파워먼트의 연계성에 대해 강조하는 급진적 시각을 소개한다.

이 장에서는 노인복지의 실천적 방법론으로써의 임파워먼트에 대해 살펴보고자 한다. 실천적 방법론으로써 임파워먼트는 자조성을 강조한다. 임파워먼트는 서비스에 대한 사용자 참여와 사용자가 독립적으로 또는 전문가와 연계하여 능동적으로 행동하는 자조 운동으로 이해될 수 있다(Thomas·Pierson, 1995). 따라서 노인복지 실천 방법으로써의 임파워먼트는 노인 개인, 노인 집단, 그리고 노인 공동체가 그들의 환경을 통제하고 목적을 달성함으로써 삶의 질을 최대화하기 위해 자신과 타인의 자조를 목적으로 행동할 수 있게 하는 수단을 의미한다(Adams, 2003).

2. 임파워먼트의 과정

임파워먼트는 힘의 획득 능력을 강화하는 것에 초점을 둔다. 힘 즉 권력을 얻는 능력은 구체적인 일련의 과정을 통해 변화한다(Cox · Parsons, 1994; Simon, 1994).

1) 태도, 가치, 그리고 신념

임파워먼트의 과정은 노인의 자기 효능감[1]에 대한 믿음에 영향을 받는다. 심리학에서는 자기효능감에 대한 믿음을 임파워먼트의 유일한 요인이자 목적으로 강조한다. 그러나 사회복지실천에서의 임파워먼트는 노인의 개인적인 통제감을 증진하는 것을 초월하여 보다 거시적인 사회 체계에 영향을 미치는 것으로까지 확대된다.

2) 집단적 경험을 통한 정당화

집단적 경험에서, 자아와 타인은 공유한 경험들을 인식하게 된다. 이와 같은 인식은 집단적 시각을 형성하는데 기여한다. 집단적 시각은 자기 비난을 감소하고, 개인적 실패를 문제의 원인으로만 바라보지 않으며, 공동 운명의 의식을 부여한다. 집단적 경험은 노인이 개인적 차원을 넘어 가족과 공동체 수준에서의 변화를 추구하도록 동기화한다.

1) 자신의 이익을 위한 행동을 촉진하는 자아감, 자신의 가치에 대한 신념, 그리고 통제감을 의미한다.

3) 비판적 사고와 행동을 위한 지식과 기술

집단 내에서의 나눔과 지지를 통해 노인은 문제의 내적 그리고 외적 측면에 대해 비판적으로 생각할 수 있게 된다. 노인들은 자신이 어떤 과정을 통해 현재의 가치, 믿음, 그리고 태도들을 습득하게 되었으며 이러한 가치, 믿음, 그리고 태도가 문제에 어떻게 영향을 미쳤는가를 탐색한다. 또한 노인들은 거시적 수준의 사회 구조와 이들의 영향을 이해할 수 있다. 권력 즉 힘의 증진은 비판적 사고, 정보 접근, 행동하기를 배우고, 실제적으로 행동을 취하며, 그 결과를 평가하는 과정들을 포함한다. 문제를 사회 정책적 맥락에서 이해하는 과정을 통해 노인은 자기 비난적 사고로부터 자유로워지며, 문제의 근원이 사회적 차원에 있다는 것을 이해하게 된다.

4) 행동

노인의 자기 성찰적 사고는 노인의 내·외적 구조에 영향을 미치는 자원, 지식, 그리고 기술을 배양하고 행동 전략들을 발전시킨다. 심리적으로, 노인은 자신의 행동에 대한 책임감을 인식하고 행동적으로 공공의 목적과 사회적 변화를 달성하기 위해 다른 사람들과 기꺼이 함께 행동하게 된다.

3. 임파워먼트 실천의 요소

실천적 모델로써 임파워먼트는 가치 원리, 개입에 대한 재가, 노인과 사회복지사의 관계에 대한 지침과 실천을 이끄는 이론적 원리, 그리고 원조 활동의 조직화를 위한 실천적 틀로 구성된다.

1) 가치 원리

임파워먼트의 실천에서 강조되는 가치는 다음의 세 가지로 정리된다. 첫째, 환경 조정과 창조의 가치이다. 노인과 사회복지사는 인간의 욕구와 조화로운 환경 창조에 효과적으로 관여해야 한다. 이 가치는 사회복지사 윤리 강령에 반영되어 있는 바와 같이, 사회 정의를 촉진하기 위한 사회복지사의 책무와 조화된다. 둘째, 자기 결정과 자기 실현의 가치이다. 윤리 강령에 강조되어 있는 자기결정과 자기실현의 전문가적 책무는 임파워먼트 실천에 중요한 역할을 한다. 끝으로, 주체적 참여의 가치이다. 노인은 자신의 삶의 계획과 통제에 최대한 개입함으로써 최대한의 자기 발전 기회를 만들어 낸다.

2) 개입을 위한 재가

임파워먼트를 위한 재가는 다양한 출처로부터 나온다. 사회복지사의 전문가적 가치 원리, 법, 규범, 기관의 규칙, 그리고 노인의 요구 등이 임파워먼트를 위한 재가의 출처이다.

3) 이론 근거

임파워먼트 실천이 사회 과학의 이론적 기초위에 형성되었지만 임파워먼트의 뿌리는 정치·경제적 관점에 있다. 정치·경제적 관점에 의하면 사회 문제는 사회체계의 각 수준에서 발생하고 다양한 정도의 힘과 이해 갈등을 갖고 있는 집단 속에 존재한다(Gutierrez, 1994; Parsons·Jorgensen·Hernandez, 1994). 이와 같은 시각에 의하면 임파워먼트 실천은 서로 다른 집단의 욕구와 기대 만족을 목적으로 하기보다 다양한 집단의 욕구, 자원, 그리고 기대가 서로 조화될 수 있도록 조정하는 투쟁의 일부이다.

임파워먼트 실천에서 힘은 세 개의 차원에서 발생한다. 첫째, 개인적 수준으로, 노인이 자신의 문제를 해결하고 영향을 미치는 능력에 대한 인식의 차원이며 둘째, 대인적 수준으로 문제 해결을 돕는 다른 사람들과의 경험의 차원이며 셋째, 환경적 수준으로, 노인의 자조적 노력을 저해하거나 또는 촉진하는 사회적 제도의 차원이다(Pinderhughes, 1989).

(1) Fi-focal vision

임파워먼트는 인종, 성, 계층 그리고 집단 정체성의 문제가 원조 관계에 영향을 미칠 수 있다는 것을 보여줌으로써 체계론적 접근의 한계를 극복하였다. 리이(2001)는 노인을 비롯해 억압된 집단과 함께 일하는 사회복지사는 'fi-focal vision'을 유지해야 한다고 제안한다. fi-focal vision은 다음의 다섯 가지 시각을 포함하는 포괄적 시각을 말한다. 첫째, 억압된 집단과 관계된 사회 정책의 발달을 포함하여 억압에 대한 역사적 시각을 유지해야 한다. 둘째, 개인적 적응, 권력, 권력의 남용과 보류, 구조적 불평등, 그리고 사회·경제적 오염에 관한 지식을 포괄하는 생태적 관점을 가져야 한다. 셋째, 인종 차별주의와 계급 차별주의 그리고 이들 간의 상호작용의 효과에 대한 통찰력을 제공하는 민족 계급(ethnoclass)적 시각을 소유해야 한다. 넷째, 여성주의적 관점을 지녀야 한다. 여성주의적 시각은 특별히 여성에 대한 억압을 강조하고 독창적 어조로 여성 억압에 대한 현상을 개념화한다. 다섯째, 모든 형태의 억압을 비판하고 개인과 사회적 변화를 연계하는 전략들을 발전시키기 위한 비판적 시각을 필요로 한다. Fi-focal vision은 사회복지사가 다양한 단계와 다양한 개입의 수준에서 실천을 이행하는데 유용한 시각을 제공한다.

(2) 사회복지사와 노인과의 관계를 위한 지침

사회복지사와 노인 클라이언트 사이에 형성된 관계는 개입의 성공을 위한 열쇠이다. 임파워먼트에 기초한 실천은 원조 과정과 원조 관계의 재정의를 필요로 한다. 임파워먼트 실천에서의 원조 관계는 '공유된 힘,' '함께한 힘,' '참여자로부터 나온 힘' 등으로 정의될 수 있으며 전문가는 지시자이기보다 촉진자 또는 자원의 역할을 한다(Barr · Cochran, 1992).

임파워먼트 실천에서 노인과 사회복지사는 파트너의 관계에 있다. 노인과 사회복지사와의 평등주의적 또는 균형을 이룬 파트너 관계는 임파워먼트 실천의 핵심이다. 파트너 관계는 노인과 사회복지사가 모두 자원이라는 가정에 기본을 둔다. 그러나 파트너 관계는 사회복지사가 노인의 태도, 행동, 결정을 무조건적으로 수용해야 함을 의미하지는 않는다. 반면 임파워먼트 실천은 사회복지사와 노인이 현재 상황을 다양한 차원에서 분석하고 논의할 수 있는 대화와 비판적 분석의 관계를 제안한다.

파트너 관계를 이루기까지 충분한 시간이 필요하며 균형 있는 파트너 관계를 형성하는 과정에 다음의 6가지 요인들이 영향을 미친다. 첫째 요인은 역할에 대한 선입견이다. 사회복지사는 모든 지식을 갖추고 있어야 하며 노인의 문제 해결에 모든 책임을 져야 한다는 믿음 역시 역할에 대한 선입견이다. 도움을 구하는 것은 노인의 나약함 또는 병리성의 신호라는 인식은 노인과 사회복지사의 평등주의적 관계형성을 어렵게 한다. 사회복지사와 노인 클라이언트의 역할에 대한 전통적 시각에 익숙한 사회복지사는 평등주의적 관계를 받아들이는 것이 상대적으로 더욱 어렵게 생각될 수 있다.

둘째, 지위와 힘은 전문가적 인식과 관계된다는 가치와 믿음이다. 평등주의적 관계에서의 힘은 상대방을 이기거나 억압하기 위한 것이 아니고, 개인적 그리고 정치적 목적을 달성하기 위한 집단적 힘으로 이해되어야 한다(Rees, 1991).

셋째, 서로의 강점을 알고 인정하는 사회복지사와 노인의 능력이다. 서로의 강점을 이해하기 위해서 공동 관심사에 대한 공유된 경험과 지식이 필요하다. 사회복지사는 노인이 겪고 있는 문제의 맥락, 문화적 요인, 노인의 일상의 문제, 문제의 과거력, 그리고 노인만이 알고 있는 문제의 복잡한 측면들에 대해 이해해야 한다(Saleebey, 1992). 노인 또한 사회복지사의 전문적 훈련과 개인사를 이해하는 것이 도움이 된다.

넷째, 다양성을 인정하고 존중하는 사회복지사와 클라이언트의 능력이다. 다양성에 대한 존중은 사회적 구조 속에서 노인, 사회복지사, 그리고 그들의 위치가 문제, 과정, 그리고 가능성에 어떻게 영향을 미치는가에 대해 이해하는 것을 포함한다.

다섯째, 서로의 약점을 수용하는 능력이다. 상대방의 강점에 대한 존중과 상대방의 외형적 약점에 대한 비심판적 접근을 필요로 한다.

끝으로, 제기된 관심사와 문제의 정책적 차원에 대한 사회복지사와 노인의 공유된 관심이다. 문제의 정책적 차원에 대한 사회복지사와 노인의 공동 관심은 문제 의식이 성장하고 노인의 개인적 문제와 사회정책과의 연계성이 명확해짐에 따라 분명해진다.

4) 실천을 위한 틀

임파워먼트 실천에서, 사회복지사와 노인은 자료를 모으고 평가하며 문제의 내·외적 요인과 문제의 맥락을 분석하기 위해 함께 일한다. 노인의 경험, 전문성, 문제에 대한 시각, 그리고 노인이 원하는 것들이 분석의 주된 주제가 된다(Compton · Galaway, 1994).

〈그림 13-1〉 실천 모델의 구성 요소

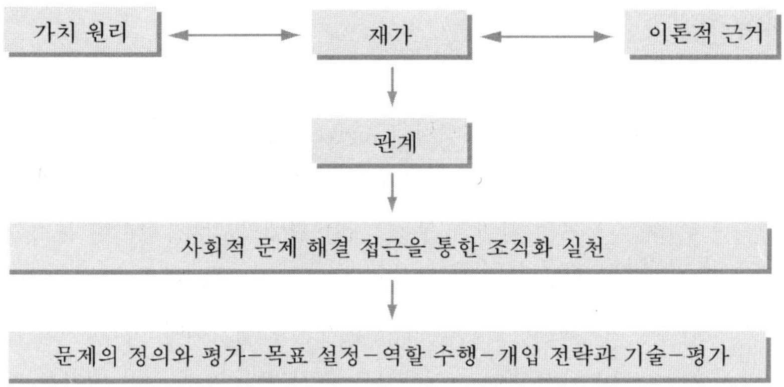

자료 : Gutierrez · Parsons · Cox, 1998.

시회복지시와 노인은 변증법적 과정을 시작하고, 문제를 설정하기 위해서 파트너로 일하며, 문제를 이해하기 위해 행동을 점검하고 전략을 세운다. 이 과정에서 사회복지사와 노인은 문제에 영향을 미치는 개인, 가족, 동료를 포함하는 미시 체계와 서비스의 전달, 정치 제도와 구조를 포함하는 거시 체계를 모두 분석해야 한다. 사회복지사는 노인과 환경의 약점과 강점을 모두 고려해야 하지만 분석은 노인과 환경의 강점에 초점을 두어야 한다(Cowger, 1994).

4. 임파워먼트 개입의 차원

임파워먼트 실천은 노인이 경험하는 문제의 개인적, 대인적, 그리고 정치적 요인들의 연속성에 중점을 둔다. 요인의 초점이 변동적이다. 그러나 모든 요인은 포괄적 분석과 문제 해결을 위한 임파워먼트의 실천 과정에 매우 중요하다. 임파워먼트 실천을 위한 개입은 네 개의 차원에서 이루어진다. 각 차원은 개인적인 것에서 사회 · 정치인 것에 이르는 클라이언트의 활동들을 나타낸다.

1) 일차적 차원

개입은 노인자신, 찾아나섬(outreach), 또는 초기 면접자에 의해 도움이 필요하다고 인정된 노인과의 초기 작업으로 구성된다. 개입을 필요로 하는 문제는 자원의 부족, 대인 관계의 갈등, 정서적 문제, 특히 환경적 문제에서 비롯된다. 사회복지사는 노인과 임파워먼트 실천을 위한 관계를 형성하고 노인의 욕구와 자원을 평가해야 한다. 특히 사회복지사는 노인의 욕구와 개입목적을 결정하기 위해 초기 평가를 실시해야 한다. 초기 단계에서, 자신이 처한 환경과 조건의 전지구적(global) 측면에 대한 노인의 의식은 매우 제한적이거나 또는 절박한 욕구에 가려져 있을 수 있다. 문제에 대한 노인의 시각과 자신과 가족의 문제에 대한 노인의 자각 수준을 평가해야 한다.

2) 이차적 차원

이차적 차원에서의 개입 목적은 규명된 문제를 다루는데 필요한 지식과 기술의 제공이다. 이차적 차원을 위한 수단으로 회의, 워크숍, 강의, 소집단 활동 등을 이용할 수 있다. 이차적 차원의 개입에서, 힘의 역동에 대한 평가는 좀더 상위 체계의 수준에서 이루어진다. 이차적 차원에 이르면 노인은 자신의 문제가 다른 노인들도 경험하는 공통적인 문제라는 것을 이해하기 때문에, 자신의 문제를 좀더 광범위하게 정의한다. 공통적인 문제 또는 관심사에 대한 이해는 자조 활동과 집단적 행동을 이끌어 낸다. 이차적 차원에서, 노인이 경험하는 문제의 공적 속성과 인과 관계의 정치적 속성에 대한 인식이 증진된다.

3) 삼차적 차원

삼차적 차원에서의 개입은 근접 환경의 변화나 조정에 초점을 둔다. 사회적 서비스, 건강 관리 자원, 그리고 서비스와 자원에 대한 접근법을 학습하는 것이 주된 활동이다. 삼차적 차원은 노인과 사회복지사의 개인적 문제에 영향을 미치는 환경에 대한 지속적인 탐색을 통해 도달할 수 있다.

4) 사차적 차원

사차적 차원에서의 개입은 노인을 노인 문제의 정치적 측면에 관여하도록 하는 것이다. 즉 이 단계에서의 개입은 노인의 문제에 영향을 미치는 환경적 힘을 변화하기 위한 집단적 노력이나 사회적 행동을 포함한다. 이 차원에서의 지식 기반은 참여자들의 집단적 지성과 국가·사회적 행동 집단 그리고 학문적 제도와 같은 제도적 지식의 원천으로 구성된다.

〈표 13-1〉 네 차원별 주요 문제 해결 활동

	일차적 차원	이차적 차원	삼차적 차원	사차적 차원
목표	• 사회복지사와 노인과의 관계 형성 • 당면 욕구의 충족	• 교육 • 기술 개발 • 자조	• 자원 확보 • 체계에의 접근	• 사회적 행동 • 정치적 변화 • 국가·사회적 개입
문제 해결 활동	• 개인/가족을 기존 서비스에 연계 • 의식 고취 과정의 시작 • 자원 발견과 요구에 대한 사실적 학습	• 지식증진 • 문제 해결의 신체적, 심리적, 그리고 사회적 측면 • 옹호와 중재 등의 새로운 기술 개발 • 선정된 문제에 대한 구체적 지식 • 공동 문제와 문제 해결을 위한 집단의 사용 • 타인 원조를 통한 자조 • 상호적 문제 해결 기술	• 자원과 조직에 대한 지식 증진 • 전문가, 조직과의 의사 소통 기술 개발 • 조직과 공동체 변혁을 위한 기술 개발 • 조직적 변화에 참여 • 의사 결정 위원회 참여 • 공식적인 자조 프로그램과 조직에 참여	• 정치 경제 체계와 국가 현안에 대한 지식 증진 • 국가 현안의 상정 그리고 조직 다루기에 관한 기술 개발 • 개인 문제의 정치적 속성에 대한 명료화 • 편지 쓰기/운동 전개, 협장, 중재 • 로비
참석자	• 개인 • 가족 • 사회복지사	• 개인/가족 • 소집단 • 사회복지사	• 개인/가족 • 소집단/대집단 • 문제 중심적 망	• 개인/가족 • 소집단/대집단 • 공동체 • 지방 정부/국가
변화 대상	• 개인 • 가족	• 개인/집단의 상황 • 공동 문제의 해결	• 조직 • 기관 • 개인 • 공동 문제	• 대집단 • 공동체 • 입법/정책 • 지방 정부/국가

자료 : Gutierrez · Parsons · Cox, 1998.

5. 노인과 임파워먼트 실천의 과정

노인 클라이언트를 대상으로 한 임파워먼트의 실천은 대화, 발견, 그리고 발전의 세 과정으로 이루어진다(Miley · O'Melia · DuBois, 1998). 대화의 단계는 노인과 사회복지사 사이의 관계 발전을 목적으로 한다. 발견의 단계는 계획에 따라 자원을 사용하는 과정이며, 발달의 단계는 자원의 활성화, 다른 체계와의 연계, 그리고 자원 분배의 새로운 기회를 만드는 것에 초점을 둔다(Miley · Dubois, 1999). 다음은 각 단계의 목적과 특성에 대해 살펴보았다.

1) 1단계 : 대화

(1) 대화의 과정

대화의 단계는 사회복지사와 노인 사이의 파트너십 형성, 파트너십의 명료화, 그리고 관계의 방향성 제시를 목적으로 한다. 우선 노인과의 파트너십 형성을 위해 사회복지사는 노인과의 관계에서 노인이 특권을 가지고 있다는 것을 인식해야 한다. 또한 사회복지사는 독립적인 욕구와 특성을 가진 존재로써 노인의 개별성을 존중해야 한다. 파트너십을 명료화하는 단계에서는 사회복지사와 노인사이의 관계에 도전이 되는 모든 장애 요인들을 확인하고 목적을 재검토함으로써 관계에 대한 사회복지사와 노인의 인식을 명료화해야 한다. 끝으로 관계의 방향을 결정하기 위해 사회복지사는 노인을 동기화시키고 사회복지사와의 관계가 추구하는 기본 목적을 정립해야 한다(정순둘 · 최혜지, 2004).

(2) 관계의 발전

관계의 발전은 사회복지사와 노인과의 평등주의적 파트너십 관계를 공고히 하는 과정으로 임파워먼트 실천 모델에서 가장 중요한 단계이다(Fast · Chapin, 2000). 관계 발전의 목적은 사회복지사와 노인이 임파워먼트를 위한 파트너로서 서로에 대해 잘 알아가는 것에 있다.

임파워먼트 모델은 성공적인 관계 발전에 도움이 되는 몇 가지 지침을 다음과 같이 제시하고 있다. 무엇보다도 임파워먼트 모델은 공식적인 면접의 과정보다 자연스럽고 개방적인 대화를 강조한다. 개방적이고 온화한 대화 분위기를 만들고 충분한 시간을 할애하여 노인이 솔직하고 편안하게 자신에 대한 이야기를 공개할 수 있도록 한다. 또한 사회복지사, 노인, 그리고 가족의 역할과 기대를 명확히 기술하는 것이 성공적인 관계 발전에 유용하다(Fast · Chapin, 2000).

임파워먼트 모델은 클라이언트와 사회복지사의 상호 평가(mutual assessment)를 강조한다. 기존의 모델에서 클라이언트가 면접과 평가의 대상자로 수동적 위치에 머물렀던 것에 반해 임파워먼트 모델은 클라이언트 역시 사회복지사를 면접하고 평가하도록 한다. 평가를 통해 클라이언트는 사회복지사의 전문적 배경과 인간적 면모에 대해 더 잘 이해할 수 있게 된다(Gutierrez · Parsons · Cox, 1998).

관계 발전의 단계에서 노인 클라이언트는 사회복지사가 자신을 돕는 이유가 무엇인지 이해해야 하며, 사회복지사는 노인 클라이언트가 자신으로부터 원하는 것은 무엇인지에 대해 파악해야 한다. 또한 사회복지사는 노인과의 관계 발전에 장애가 되는 요인들이 무엇인지 살펴보아야 한다(정순둘 · 최혜지, 2004).

2) 2단계 : 발견

발견의 단계는 노인의 강점 발견, 자원 동원과 획득의 가능성 분석, 그리고 자원 및 환경과의 연계를 목적으로 한다. 노인의 강점은 신체·심리·사회적 기능, 문제 상황에 대한 대처방안, 경제·사회·문화적 배경 등 다차원적으로 분석되어야 한다. 또한 노인의 내·외적 자원을 확인하고 확인된 자원의 유용성과 동원 가능성에 대해 살펴보아야 한다. 그리고 노인 클라이언트들 사이의 연계, 외적 자원과의 연계, 서비스 전달체계와의 연계가 이루어져야 한다(정순둘·최혜지, 2004).

(1) 강점의 사정

노인의 강점에 대한 사정은 노인의 성공에 대한 사정을 포함한다(DeJong·Miller, 1995). 무엇을 강점으로 볼 것인가에 대한 견해는 학자마다 다양하게 제시하고 있다. 래프(1998)는 개인의 강점을 열정, 역량, 자신감으로 설명하는 반면 정순둘과 최혜지(2004)는 희망, 인내, 역량, 자신감, 조직화로 본다. 살리비(2002)는 강점을 아래의 삼각구도 모형을 통해 설명한다. 즉 살리비는 강점이란 세 개의 p인 희망, 가능성, 그리고 긍정적 기대와, 세 개의 C인 역량, 능력, 용기 그리고 세 개의 R인 복원력, 준비, 자원으로 구성된다고 설명한다.

〈그림 13-2〉 힘의 구성

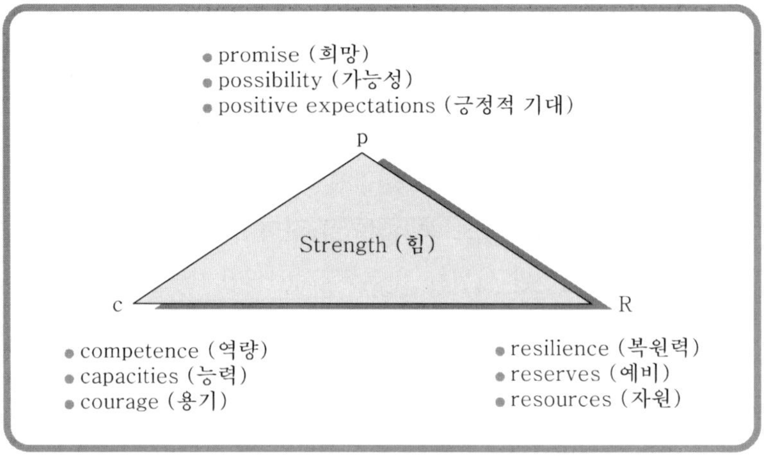

자료 : Saleebey, 2002.

노인에 대한 사정에서 고려해야 할 중요한 점은 노인의 강점을 발현하는데 방해가 되는 장애물에 대한 사정 또한 이루어져야 한다는 것이다. 장애물은 노인의 심리 내적인 특성이나 외적인 환경에서 찾아볼 수 있다. 노인의 경제적 빈곤, 노인에 대한 사회적 편견, 노인에 대한 노인 자신의 부정적 시각 등은 노인이 자신의 강점을 이끌어내는 데 저해가 되는 대표적 장애 요소이다. 이와 같은 강점 사정은 사회복지사가 노인을 총체적으로 이해할 수 있게 함으로써 노인과의 관계 형성에 도움이 된다. 또한 강점 사정을 통해 사회복지사는 노인에 대한 회의주의적 관점을 극복할 수 있는 기회를 가질 수 있다(정순둘 · 최혜지, 2004).

(2) 자원의 획득

자원은 출처와 존재의 형태에 따라 다양하게 구분될 수 있다. 자원의 출처에 따라 노인의 개인적 자원, 가족 자원, 지역사회 자원 그리고 존재의 형태에 따라, 심리적 자원, 경제적 자원, 정보적 자원, 도구적 자원, 기회 등으로 세분될 수 있다. 클라이언트의 자원을 확인하는 과정은 노인의 개인적 자원과 가족 자원을 포함한 자연적 자원을 발견하는 것으로부터 시작되어야 한다. 자연적 자원만으로 노인의 욕구 해결과 독립적 생활을 유지하는 것이 불가능한 경우, 자원 확인의 범위는 지역사회 자원으로 확대된다.

자원획득의 단계는 노인에게 잠재적 자원을 인식시키는 과업을 갖는다. 노인은 자신이나 가족이 갖고 있는 중요한 자원을 미처 인식하지 못할 수 있다. 또한 정보 접근의 기회나 기술이 상대적으로 낮기 때문에 지역사회 내에 존재하는 기존 자원을 깨닫지 못할 수 있다. 따라서 자원 획득의 단계에서는 노인이 갖고 있는 다양한 기존 자원을 획득하고 노인이 알지 못했던 잠재적 자원에 대해 인식하고 적극적으로 활용할 수 있도록 하는 것에 개입의 초점을 두어야 한다(정순둘 · 최혜지, 2004).

(3) 연계

임파워먼트 실천에서의 연계는 세 가지 차원에서 이루어진다. 첫째는 임파워먼트의 대상인 노인 클라이언트들 간의 연계이다. 임파워먼트의 실천은 노인이 경험하는 문제를 사적인 문제로 제한하지 않고 문제와 연관된 사회 · 정치적 요인들과의 관계 속에서 다루고자 한다. 따라서 유사한 문제를 경험하고 있는 노인 클라이언트들을 연계하여 집단화하고 집단 전체의 임파워먼트를 추구하는 노력이 요구된다. 둘째, 자원과의 연계이다. 획득된 자원을 노인에게 연계하고 서비스 공급 체계에 노인을 연계하는 과업이 수행되어야 한다. 끝으로, 자원 또는 서비스 제공주체간의 연계이다. 충분한 역량을 갖추지 못한 서비스 제공주체는 노인들의 욕구에 민감하게 반응하지 못한다. 따라서 노인에게 자원이나 서비스를 제공하는 공급주체의 역량을 강화하는 것 역시 노인을 위한 임파워먼트의 실천에 포함된다. 서비스 제공 주체와 자원의 역량 강화는 서비스 제공 주체 사이의 정보 공유, 자원의 공유, 그리고 통합 등을 통해 이루어질 수 있다

3) 3단계 : 발달

발달의 단계에서는 새로운 자원과 기회를 만들고, 성공에 대해 인지하며, 성과물을 통합하는 과정이다. 노인이 알고 있으나 사용하지는 않는 자원 그리고 새롭게 알게 된 자원의 사용 가능성을 점검하는 과업이 발달의 단계에서 이루어져야 한다. 과업 수행을 위해 자원을 사용하는데 방해가 되는 장애 요인을 분석하고 제거해야 한다. 적절한 교통수단의 부재 또는 심리적 불안감 등 단순하고 사소한 사안도 노인의 적극적 자원 활용에 걸림돌로 작용할 수 있다. 또한 자원의 확장을 위해, 확보된 자원을 통해 노인의 욕구를 충족시킬 수 있는 방법을 모색해야 한다.

발달의 단계에서 이루어져야 하는 또 다른 과업은 성공에 대한 인식이다. 사회복지사는 노인과 임파워먼트 실천 과정을 점검함으로써 현재까지의 과정을 통해 노인이 얻게 된 긍정적인 결과는 무엇인지 구체화하고 노인이 이를 지각하도록 도와야 한다. 성공에 대한 인식은 노인의 자기 효능감으로 연결되어 노인에게 임파워먼트의 기회를 제공하게 된다. 성공에 대한 인식은 사회복지사에게도 적용된다. 사회복지사 역시 전문가로서 얻은 긍정적 성과물에 대해 평가하고 재인식할 수 있는 기회를 갖게 된다.

6. 노인 이슈에 대한 임파워먼트 실천의 적용

1) 노인 수발

사회복지 실천에서 임파워먼트는 궁극적으로 개인이 자신의 삶을 통제할 수 있도록 돕는 과정으로 정의된다(Pease, 2002). 이에 근거하여 노인복지 실천에서 임파워먼트란 노인이 삶의 주체로서 자신의 노년기 삶을 통제할 수 있도록 돕는 과정 또는 그로 인한 결과로 정의될 수 있다. 신체적·인지적 기능 저하로 특징되는 노년기는 노인의 권력 상실의 시기이다. 노인의 의존적 특성이 강조되고 노인은 자신의 삶의 수동적 존재로 남겨진다. 노년의 삶은 노인의 통제권을 벗어나 가족 또는 타자에 의해 결정되기도 한다. 이에 관한 대표적 예로 노인 수발 문제를 고려해 볼 수 있다.

의존적 노인을 위한 가족수발은 수발을 받는 노인과 수발을 제공하는 가족수발자의 관계로 구조화 된다. 노인은 가족 수발자에 의해 제공될 보살핌의 실질적 소비자 임에도 불구하고 자신의 수발문제에 관한 의사 결정 과정에서 배제된다. 보살핌을 제공할 가족 구성원의 선택, 보살핌을 받게 될 장소의 결정, 보살핌의 내용 등 노인 수발에 대한 핵심 사안은 노인을 제외한 채 논의된다. 따라서 노인의 의사와 관계없이 계획되고 진행되는 가족 수발을 통해 노인은 자신의 삶의 수동적 주체로 남게 되며 삶의 통제력 상실을 경험하게 된다.

노인은 자신의 수발에 관한 문제가 가족 갈등의 원인을 제공한다는 이유에서 자신의 수발에 관한 의사 결정 과정을 의도적으로 외면하고 무관심해 하는 경향이 있다. 그러나 가장 바람직한 접근은 노인 스스로가 직접 의사결정 과정에 직접 참여하여 자신의 이익을 옹호하고 자신의 삶에 대한 결정권을 회복하는 것이다. 노인의 임파워먼트를 통해, 노인 수발에 관한 의사 결정 과정에서 소외되어 온 노인을 의사결정의 주체로 재정립하고 자신의 삶에 대한 통제력을 회복할 수 있다(Parsons · Cox, 1989).

2) 대인 관계

대인 관계는 개인이 타인과의 연계를 인지할 수 있는 통합을 의미한다. 이와 같은 대인 관계는 소속감과 애정, 상호 의존 또는 부조, 그리고 친밀감과 애정 등 인간관계의 본질적인 구성 요인과 다양한 차원을 발전시키기 위한 계속적인 상호작용을 요구한다(Miller, 1986). 임파워먼트를 위한 실천적 틀은 이와 같은 구성 요소들을 포함하고 있는 대인 관계의 창조와 개인의 참여에 의존한다(Cox · Parson, 1996).

노인 여성은 노인 남성과 비교해 상대적으로 소속에 대한 욕구가 강하다. 여성 노인은 연계와 관계, 집단과 공동체 이익 등에 집착한다. 따라서 여성 노인의 임파워먼트는 통제와 독립을 성공적 노년의 상징으로 여겼던 전통적 개념에 근거한 권한의 재해석으로부터 시작되어야 한다(Browne, 1992). 권한에 대한 신개념은 사회적 지지, 우정, 공동체와의 연계, 자조, 집단적 행동, 그리고 비판적 사고 능력을 포함해야 한다. 인간 관계를 통한 임파워먼트의 신개념은 새로운 관계의 수립 그리고 상호성과 호혜성을 갖도록 과거의 관계를 재구조화 하는 것을 의미한다.

따라서 자조, 상호 부조 활동 등 대인 관계의 상호성을 강조한 실천적 적용을 통한 노인의 임파워먼트는 노년기 삶의 다양한 도전들에 대한 대처 능력을 증진하고, 의미있는 인간 관계 형성을 통한 삶의 질 증진을 가져온다(Cox · Parsons, 1996).

참고문헌

[국내 문헌]

건강보험 심사평가원. 2005. 『2004년도 건강보험 심사통계지표』.

구인회. 2002. "빈곤층의 사회경제적 특성과 빈곤 이행: 경제 위기 이후의 시기를 중심으로." 『한국사회복지학』. 제48권(봄호): 82-112.

구자순. 1992. "한국 사회노년학 연구의 이론적 발전." 『한국노년학』. 12(1): 97-113.

국민연금발전위원회. 2003. 『국민연금 재정안정화방안』.

국회 사무처 · 법제처. 2004. "고령 사회에 대비한 노인보건복지기본법 제정에 관한 연구."

권중돈. 2004. 『노인복지론』. 서울: 학지사

김명자. 1995. "노년기 회상연구에 관한 고찰." 『대한가정학회지』. 33(5): 255-267.

김수완 · 조유미. 2005. "우리나라 노인 가구 소득원의 실태 분석: 2000년 가구 소비실태 조사를 중심으로." *Working Paper 2005-01*. 국민연금연구원.

김영화 · 이진숙 · 이옥희. 2003. 『성인지적 가족복지론』. 서울: 양서원

김종일 · 엄명용 · 최경구. 2004. 『사회문제론』. 서울: 청목출판사.

김태현. 1997. 『노년학』. 서울: 교문사

김통원 · 김용득. 1998. 『사회복지실천 사례 관리』. 서울: 도서출판 지샘.

대통령 비서실 고령 사회 대책 및 사회 통합 기획단. 2004. 『저출산 · 고령 사회 대응을 위한 국가 실천 전략』. 제35회 국정과제회의 보고자료.

모선희 · 김형수 · 유성호 · 윤경아. 2005. 『현대노인복지론』. 서울: 학지사.

문인숙. 1988. 『집단사회사업방법론』. 서울: 이화여자대학교 출판부.

박시내. 2003. "독거 노인 가구의 생활 실태와 빈곤" *KLIPS Research Brief No. 2.* 한국노동연구원.

박신영. 2003. 『고령화시대 노인주거 정책』. 밝은 노후 모임 창립 5주년기념 세미나 발표문. 2003년 12월 11일, 한림대학교 서울센터.

박신영 · 김주진 · 최은희. 1999. "우리나라 노인 주택의 현황과 공급 제도의 개선 방안." 『한국 노년학』. 19(2): 129-146.

박차상 · 김옥희 · 배창진 · 엄기욱 · 이경남 · 정상양. 2005. 『한국노인복지론』. 서울: 학지사.

방하남 · 신동균 · 김동헌 · 신현구. 2004. 『고령화 시대의 노동시장 변화와 노동정책 과제』. 한국노동연구원.

보건복지부. 2004a. 『2003년 국민 기초 생활 보장 수급자 현황』.

__________. 2004b. 『2004년도 노인 일자리 사업 기본 계획』.

__________. 2005a. 『2005년 노인 보건 복지 사업 안내』.

__________. 2005b. 『2004년 치매 상담 센터 운영 실적』.

__________. 2005c. 『노인 요양 보장 제도 Q & A』.

__________. 2005d. 『2005년 노인 일자리 사업 추진 계획』.

__________. 2005e. 『2005년도 노인 복지 시설 현황』.

서봉연 · 차재호 · 조대경 · 이장호 · 원호택 · 조명한 · 이관용 · 김정오. 1984. 『심리학 개론』. 서울: 박영사.

석재은. 2002. "노령 소득 보장 체계의 재구축과 경로 연금 제도의 발전 방향." 『한국사회복지학』. 50: 235-263.

석재은 · 김태완. 2000. "노인의 소득 실태 분석과 소득 보장 체계 개선 방향." 한국보건사회연구원.

선우덕. 2002. "재가노인복지사업의 현황과 발전 방향." 서울시 재가노인복지협회 발표자료. 2002년 11월 14일.

선우덕 · 조추용. 2005. "재가노인복지 시설의 역할 재정립과 확충 방안." 재가노인복지 전달 체계 개선을 위한 노인복지정책 토론회 발표문. 2005년 5월 26일. 여성개발원.

송재홍. 1993. "인지치료와 상담." 대한상담학회. 『상담의 이론과 실제』. 서울: 중앙적성출판사.

엄명용 · 김성천 · 오혜경 · 윤혜미. 2005. 『사회복지실천의 이해』. 서울: 학지사

윤주현 · 강미나 · 송하승. 2004. "고령화 사회의 노인 주거 정책 과제." 『국토 정책브리프』. 제77호. 국토연구원.

이가옥 · 이현송. 2004. "노년기 자아통합 집단 프로그램 개발: 나의 살아온 이야기." 「한국노년학」. 24(1): 37-52.

이근홍. 1998. 『케이스 메니지먼트』. 서울: 대학출판사.

이삼식 외. 2004. "인구 고령화와 인구 대책." KDI 심포지엄 『인구 구조 고령화의 경제사회적 파급 효과와 대응 과제』 발표 논문. 11월 22일.

이상호. 2004. "고령자의 재취업 실태." *KLIPS Research Brief No. 9.* 한국노동연구원.

이영분 · 김기환 · 윤현숙 · 이원숙 · 이은주 · 최현미 · 홍금자. 2002. 『사회복지실천론』.

서울: 동인

이용하. 2004. "국민 연금 제도 개선의 가능성과 한계." *Working Paper 2004-02*. 국민연금연구원.

이장호. 1996. 『상담심리학』. 서울: 박영사

이장호・김정희. 1998. 『집단상담의 원리와 실제』. 서울: 법문사

이형득. 1989. 『집단상담의 실제』. 서울: 중앙적성출판사

이혜원. 1999. "우리나라 재가 노인 복지 사업의 현황과 과제." 한국 재가 노인 복지 협회 편. 『재가노인복지서비스』. 서울: 동인.

장인협・우국희. 2004. 『케어・케이스 메니지먼트』. 서울: 서울대학교 출판부.

전병목. 2003. "국민 연금 제도의 가입자 간 형평성 제고 방안." 『재정 포럼』. 7월호: 16-33. 한국조세연구원.

전진화. 1993. "상담이란." 대한상담학회. 『상담의 이론과 실제』. 서울: 중앙적성출판사.

정순둘・최혜지. 2004. "패러다임의 변화: 노인과 임파워먼트 실천." 미간행.

정순둘. 2005. 『사례 관리의 이해』. 서울: 학지사.

정 영. 1994. "회고요법이 노인의 죽음불안, 자아통합과 생활만족에 미치는 효과." 「가톨릭대학 의학부 논문지」. 47(2): 1009-1025.

정원식・박성수. 1994. 『카운슬링의 원리』. 서울: 교육과학사.

정원철. 2005. 『사회복지실천과 상담』. 서울: 양서원.

조추용・권현주. 2003. 『사례 관리의 이론과 실제』. 서울: 유풍출판사.

조휘일・이윤로. 2003. 『사회복지실천론』. 서울: 학지사.

최성재・장인협. 2002. 『노인복지론』. 서울: 서울대출판부.

최희경. 2004. "공공부조 수급에서 제외된 빈곤 노인의 현황과 특성." 『한국사회복지학』. 제56권(제2호): 237-259.

통계청. 2001. 『장래 인구 추계』.

______. 2003a. 『2003 고령자 통계』.

______. 2003b. 『사회 통계 조사 2002』.

______. 2003c. 『한국의 사회 지표』.

______. 2004a. 『2004 고령자 통계』.

______. 2004b. 『사회 통계 조사 2003』.

______. 2005. 『장래 인구 특별 추계 결과』.

한국보건사회연구원. 2001. 『2001 국민건강・영양 조사』.

한국재가노인복지협회. 1999. 『재가노인 복지서비스』. 도서 출판 동인.

한국가족상담문제연구소. http://www.consult.or.kr/

함철호. 2003. "지역사회복지실천에 있어서 기관간 연계의 효과성 평가."「한국사회복지학」. 55.

허남순. 1998. "과제중심모델의 적용에 관한 연구: 재가노인을 위한 사례 관리."「한국사회복지학」. 56(2): 311-326.

현외성 · 조추용 · 박차상 · 김혜경 · 김용환. 2002.『노인 상담의 이론과 실제』. 서울: 유풍출판사.

홍선미. 2004. "자활사업에서의 사례 관리 적용에 관한 탐색적 연구."「한국사회복지학」. 56(2).

황성철. 2000.「부천시 장애인 복지관 사례 관리 교육교재」.

[외국 문헌]

Ackerson, B. J., & Harrison, W. D. 2000. "Practitioners' perceptions of empowerment." *Families in Society*. 81(3).

Adams, R. 2003. *Social Work and Empowerment*. New York: Palgrave MaCmillan.

Administration on Aging. 1995. *National Institute on Aging Age Page: Hearing and Older People*. Washington, DC.

Alcock, P., Erskine, A. and M. May. eds. 2002. *The Blackwell Dictionary of Social Polcy*. Oxford: Blackwell Publishing.

Arber, S., & Ginn, J. 1995. *Connecting Gender and Aging: A Sociological Approach*. Philadelphia: Open University Press.

Atchley, R. 1972. *Social Forces in later life*. Belmont: Wadsworth.

_________. 1972. *The Social Forces in Later Life*. Belmont: Wadsworth.

_________. 1980. *The Social Forces in Later Life* (2nd). Belmont: Wadsworth.

_________. 1994. *The Social Forces in Later Life* (3rd). Belmont: Wadsworth.

Ausman, L., & Russell, R. 1990. "Nutrition and aging". In E.L. Schneider & J. W. Rowe(Eds.), *Handbook of the Biology of Aging*. New York: Academic Press.

Bachrach, L. 1992. "Case management revisited." *Hospital and Community Psychiatry*. 43(3): 209-210.

Baltes, B., & Staudinger, M. 1993. "The search for a psychology of wisdom." *Current Directions in Psychological Science*, 2: 75-80.

Barr, D., & Cochran, M. 1992. "Understanding and supporting empowerment: Redefining the professional role." *Empowerment and Family Support Networking Bulletin.* 3(2).

Bartoshuk, L., & Weiffenback, J. 1990. "Chemical senses and aging". In E. L. Schneider & J. W. Rowe(Eds.), *Handbook of the Biology of Aging.* New York: Academic Press.

Bengtson, V. 1969. "Cultural and occupational differences in level o present role activity in retirement." In r. J. Havinghurst, K. A. Munnicks, B. C. Neugarten., & H. Thomas (Eds.), *Adjustments to Retirement.* Assen: Van Gorkum.

Bengtson, V., & Allen, K. 1993. "The life course perspective applied to families over time." In P. G. Boss, W. J. Doherty, R. LaRossa, W. R. Schumm, & S. K. Steinmetz (Eds), *Sourcebook of Family Theories and Methods.* New York: Plenum Press.

Bengtson, V., Burgess, E., & Parrott, T. 1997. "Theory, explanation and a third generation of theoretical development in social gerontolgy." *Journals of Gerontology,* 52B, S72-S88.

Berg, H., Alessio, H., Mill, E., & Tong, C. 1997. "Correlates of recurrent falling in independent community dwelling older adults." *Journal of Motor Behavior.* 29: 5-16.

Brammer, L. 1973. *Helping Relationship.* Englewood Cliffs: Prentice Hall.

Browne, C. V. 1995. "Empowerment in Social Work Practice with Older Women." *Social Work.* 40(3): 358-364

Burk, H., & Stefflre, B. 1979. *Theories of Counseling.* New York: Mcgraw-Hill.

Burlingam, V. 1995. *Gerocounseling Elders and Their Families.* New York: Springer.

Calasanti, T. 1993. "Bringing in diversity". *Journal of Aging Studies.* 7: 133-150.

Center on Budget Policy and Priorities. 2005. "Social Security Lifts 13 Million Seniors above the Poverty Line: State-by-State Analysis." Feb. 24, 2005 Newsletter. Washington, D. C.

Clapham, D., Kemp, P. and S. J. Smith. 1990. *Housing and Social Policy.* London: MacMillan Education Ltd.

Commission of the European Community. 2004. *Europe's Response to World*

Ageing: Promoting Economic and Social Progress in an Ageing World. A Contribution of the European Commission to the 2nd World Assembly on Ageing. Brussel.

Compton, B., & Galaway, B. 1994. *Social Work Process.* Pacific Grove: Brooks/Cole.

Conley, J. 1985. "Longitudinal stability of personality trait." *Journal of Personality and Social Psychology.* 49: 1266-1282.

Costa, P., & McCrea, R. 1988. "Personality in adulthood." *Journal of Personality and Social Psychology.* 54: 853-863.

Cottrell, L. 1942. "The adjustment of the individual to his age and sex role." *American Sociological Review.* 7: 617-620.

Cox, E. O. & Parsons, R. J. 1994. *Empowerment-Oriented Social Work Practice with the Elderly.* Pacific Grove, CA: Brooks/Cole Publishing Comp

Cumming, E., & Henry, W. 1961. *Growing Old.* New York: Basic Books.

Dannefer, W., Perlmutter, M. 1990. "Development as a multidimensional process." *Human Development.* 33: 108-137.

Dannfer, W. 1994. "Reciprocal co-optation." Revised version on paper presented at the International Sociological Association. Bieleveld, Germany.

DeJong, P. & Miller, S. 1995. "How to interview for client strengths." *Social Work.* 40(6): 729-736.

Dobrof, Rose. 1998. "From the Editor." *Journal of Gerontological Social Work* 30(3/4).

Dowd, J. 1980. *Stratification among the Aged.* Monterey: Brooks Cole.

Dreher, B. 2001. *Communication Skilles for Working with Elders.* New York: Springer.

Dustin, R., & George, R. 1973. *Action Counseling for Behavior Change.* New York: Intext.

Economic Planning Agency, Government of Japan. 2000. *White Paper on the National Lifestyle.* Tokyo.

Elder, G. 1992. "Models of the life course." *Contemporary Sociology.* 21: 632-635.

Erikson, E., Erikson, J., & Kivnick, H. 1986. *Vital Involvement in Old Age.*

London: Norton.

Erwin, K. 1996. *Group Techniques for Aging Adults.* Washington, DC: Taylor and Francis.

Estes, C., Linkins, K., & Binney, E. 1996. "The political economy of aging." In R. H. Binstock and L. K. George, (Eds.), *Handbook of Aging and the Social Sciences.* San Diego: Academic Press.

Fast, B. & Chapin, R. 2000. *Strengths-Based Care Management for Older Adults.* Baltimore: Health Professional Press.

Fiorentine, R., & Grusky, O. 1990. "When case managers manage the seriously mentally ill." *Social Service Review.* March. 79-93.

Freeman, A. 1987. "Cognitive therapy." In A. Freeman and V. B. Greenwood (Eds.), *Cognitive Therapy.* New York: Human Sciences Press Inc.

Gates, G., Cooper, J., Kannel, W., & Miller, N. 1990. "Hearing in the elderly." *Ear and Hearing.* 11: 247-256

George, L. 1993. "Sociological perspectives on life transitions." *Annual Review of Sociology.* 19: 353-373.

George, L. 1996. "Missing links: The case for a social psychology of the life course." *The Gerontologist.* 36: 248 255.

Goldman, R. 1970. "Speculations on vascular changes with age". *Journal of American Geriatrics Society,* 18.

Goycoolea, M., Goycoolea, H., Rodriguez, L., Farfan, C., Martinez, G., & Vidal, R. 1986. "Effect of life in industrialized societies on hearing in natives on easter island." *Larngoscope.* 96: 1391-1396.

Grant, R. 1963. "Concepts f aging: An historical review". *Perspectives in Biology and Medicine.* 6: 443-478.

Gutierrez, L. 1994. "Beyond coping." *Journal of Sociology and Social Welfare.* 21(3).

Gutierrez, L. M., Parsons, R. J., Cox, E. O. 1998. *Empowerment in Social Work Practice: A Source Book.* Brooks/Cole Publishing Company: Pacific Grove, CA.

Hagen, J. 1994. "JOBS and case management." *Social Work.* 39(2): 197-205.

Hampton, J. 1991. *The Biology of Human Aging.* Dubuque: Wm C. Brown Publisher.

Hann, N., Millsap, R., & Hartka E. 1986. "As time goes by: Change and stability in personality over fifty years." *Psychology and Aging*. 1: 220-232.

Havinghurst, R. 1968. "Personality and patterns of aging." *The Gerontologist*. 38: 20-23.

Hawkins, J., Veeder, N., & · Pearce, C. 1998. *Nurse-Social Worker Collaboration in Managed Care*. New York: Springer.

Hendricks, J. 1995. "Exchange theory in aging." In G. Maddox (Eds.), *The Encyclopedia of aging*. New York: Springer.

Higgins, Joan. 1984. "Defining community care: Realities and myths." *Social Policy and Administration*. 24(1).

Holt, B. 2000. *The Practice of Generalist Case Management*. Needham Heights: Allyn and Bacon.

Hooyman, H., & Kiyak, H. 1999. *Social Gerontology*. Needham Heights: Allyn and Bacon.

Huxley, P., Warner, R. 1992. "Case management, quality of life, and satisfaction with services of long-term psychiatric patients." *Hospital and Community Psychiatry*. 43(8): 799-802.

Johnson, L. 1986. *Social Work Practice: A Generalist Approach*. Needham Heights: Allyn & Bacon.

Jung, C. 1933. *Modern Man in Search of Soul*. New York: Harcourt, brace & World.

Kahn, Alfred. 1973. *Social Policy and Social Services*. New York: Random House.

Kane. 1990. "Assessing the elderly client." in A. Monk(Ed.), *Handbook of Gerontological Services*. N.Y.: Columbia University Press.

Kart, C., Metress, E., & Metress, J. 1992. *Human Aging and Chronic Disease*. Boston: Jones & Bartlett. Finn. 1986

Kart, C., & Kinney, J. 2001. *The Realities of Aging*. Needham Height: Allyn & Bacon.

Lee, J. 2001. *The Empowerment Approach to Social Work Practice*. New York: Columbia University Press.

Levinson, D., Darrow, C., Klein, E., Levinson, M., & McKee, B. 1974. "The psychosocial development of men in early adulthood and midlife transition." In D. F. Ricks, A. Thomas, & M. Roff(Eds.), *Life History Research in Psychopathology*. Minneapolis: University of Minnesota Press.

Lindeman, D., Downing, R., Corby, N., & Sanborn, B. 1991. *Alzheimer's Day Care*. New York: Hemisphere.

Lynott, R., & Lynott, P. 1996. "Tracing the course of theoretical development in the sociology of aging." *The Gerontologist*. 36: 749-760.

Marshall, V. 1996. "The state of theory in aging and the social sciences." In R. H. Binstock and L. K. George (Eds.), *Handbook of Aging and the Social Sciences*. San Diego: Academic Press.

McCrae, R., Arenberg, D., & Costa, P. 1987. "Declines in divergent thinking with age." *Psychology and Aging*. 2: 130-137.

McCrea, R., & Costa, P. 1990. *Personality in adulthood*. New York: Guilford.

McInnis-Dittrich, K. 2002. *Social Work with Elders*. Boston: Allyn and Bacon.

Miller, S. 1965. "The social dilemma of the aging leisure participant." In A. M. Rose & W. A. Peterson (Eds.), *Older People and Their Social World*. Philadelphia: F.A. Davis.

Miller, S. 1971. "Three Ts of power." *New Society*. 16: 1208-1210.

Moody, H. 1988. "Toward a critical gerontology: The contribution of the humanities to theories of aging." In J. E. Birren and V. L. Bengtson (Eds.), *Emergent Theories of Aging*. New York: Springer.

Moore, S. 1990. *A Social Work Practice Model of Case Management*. The Case Management Grid.

Morgan, L., & Kunkel, S. 1998. *Aging : The Social Context*. Thousand Oaks: Pine Forge Press.

Moxley, D. 1989. *The Practice of Case Management*. London: Sage.

National Association of Social Workers. 1995. *Encyclopedia of Social Work, 19th Edition*. Washington, D. C.: NASW Press.

Neugarten, B., Havinghurst, R., & Tobin, S. 1968. "Personality and patterns of aging." In B. L. Neugarten (Eds.), *Middle Age and Aging*. Chicago: University of Chicago Press.

O'Conner, G. 1988. "Case management system and practice." *The Journal of Contemporary Social Work*. 69(2): 97-106.

OECD. 2001. *Ageing and Income*. Paris: OECD Publication Service.

______. 2003. *Policies for an Ageing Society: Recent Measures and Areas for Further Reform.* Economic Department Working Paper No. 369. Paris.

Overbo, B., & Minkler, M. 1993. "The lives of older women." In T. R. Cole, W. A. Achenbaum, P. L. Jakobi, and R. Kastenbaum (Eds.), *Voices and Visions of Aging: Toward a Critical Gerontology*. New York: Springer.

Palmore, Erdman. 1999. *Ageism: Negative and Positive.* New York: Springer Publishing Co.

Parsons, R. J., & Cox, E. O. 1989. "Family mediation in elder caregiving decisions: An empowerment intervention." *Social Work.* 34(2).

Parsons, R., Jorgensen, J., & Hernandez, S. 1994. *The Integration of Social Work Practice.* Pacific Grove: Brooks/Cole.

Pease, B. 2002. "Rethinking empowerment." *British Journal of Social Work*, 32.

Peck, R. 1968. "Psychological developments in the second half of life." In B. Neugarten (Eds.), *Middle Age and Aging*. Chicago: University of Chicago Press.

Persons, J. 1989. *Cognitive Therapy in Practice.* New York: W.W. Norton & Company.

Pinderhughes, E. 1989. *Understanding Race, Ethnicity and Power.* New York: Free Press.

Popple, Keith. 1995. *Analysing Community Work: Its Theory and Practice.* Buckingham: Open University Press.

Rapp, C. 1998. *The Strengths Model.* New York: Oxford University Press.

Rees, S. 1991. *Achieving Power*. North Sydney: Allen & Unwin.

Riley, M., & Riley, J. 1994. "Age integration and the lives of older people." *The Gerontologist.* 34: 110-115.

Robinson, M. 2000. "Case management for social workers." In R. L. Schneider., N. C. Kropf., and A. J. Kosor (Eds.), *Gerontological Social Work.* CA: Brooks/Cole.

Rose, A. 1965. "A current theoretical issue in social gerontology." In A. M. Rose, and W. A. Peterson (Eds.), *Older People and Their Social Worlds.* Philadelphia: F. A. Davis.

Rose, S., & Moore, J. 1995. "Case management." In R. Edwards (Eds.),

Encyclopedia of Social Work. Washington, DC: NASW.

Rosow, J. 1985. "Status and role change through the life cycle." In R. H. Binstock and E. Shanas (Eds.), *Handbook of Aging and the Social Science*. New York: Van Nostrand.

Rothman, J., & Sager, J. 1998. *Case Management: Integrating Individual and Community Practice*. Needham Heights: Allyn and Bacon.

Rubin, A. 1987. "Case management." In A Minihan (Eds.), *Encyclopedia of Social Work*. Silver Spring: NASW.

Ruth, J. 1996. Personality. In J. E. Birren (Eds.), *Encyclopedia of Gerontology*. San Diego: Academic Press.

Saleebey, D. 2002. *Strength Perspective in Social Work Practice*. Boston: Allyn & Bacon.

Sands, L., Terry, H., & Meredith, W. 1989. "Change and stability in adult intellectural functioning assessed by Wechsler item responses." *Psychology and Aging*. 4: 79-87.

Sarri, R., & Galinsky, M. 1967. *Readings in Group Work Practice*. Ann Arbor: Campus Publishers.

Schulz, R · Salthouse, T. 1999. *Adult Development and Aging Myths and Emerging Realities*. New Jersey: Prentice Hall.

Schulz, R., & Curnow, C. 1988. "Peak performance and age among superathletes". *Journal of Gerontology: Psychological Sciences*. 43: 1113-1120.

Schulz, R., & Salthouse, T. 1999. *Adult Development and Aging*. Upper Saddle River: Prentice Hall.

Shera, W., & Page, J. 1995. "Creating more effective human service organizations through strategies of empowerment." *Administration in Social Work*. 19(4): 1-15.

Simon, B. 1994. *The Empowerment Tradition in American Social Work*. New York: Columbia University Press.

Smith, A. 1996. Memory. In J. E. Birren and K. W. Schaie (Eds.), *Handbook of the Psychology of Aging*. San Diego: Academic Press.

Spirduso, W. 1995. *Physical Dimensions of Aging*. Champaign: Human Kinetics.

Staple, L. 1990. "Powerful ideas about empowerment." *Administration in Social*

Work. 14(2): 29-42.

Tester, Susan. 1996. *Community Care for Older People: A Comparative Perspective.* New York: St. Martin's Press.

Thomas, M., & Pierson, J. 1995. *Dictionary of Social Work.* London: Collins Education.

Thorman, G. 1995. *Counseling Older Persons: A Professional Handbook.* Illinois: Charles C. Thomas Publisher.

Thornstam. L. 1992. "The Quo Vadis of gerontology: On the scienctific paradigm of gerontology." *The Gerontologist.* 32: 318-326.

Tobin, S. and R. Toseland. 1985. "Models of Services for the Elderly" in *Handbook of Gerontological Services.* pp. 549-567. New York: Van Nostrand Reinhold Co.

Toseland, R. 1995. *Group Work with the Elderly and Family Caregivers.* New York: Springer.

Tosi, D. 1974. *Youth: Toward Personal Growth.* Columbus: Charles E. Merril.

Verhaeghen, P., & Salthouse, T. 1997. "Meta analyses of age-cognition relations in adulthood." *Psychological Bulletin.* 122: 231-249.

Verhaeghen, P., Marcoen, A., & Goossens, L. 1993. "Facts and fiction about memory aging." *Journal of Gerontology: Psychologial Sciences.* 48: 157-171.

Vierck, Elizabeth and Kris Hodges. 2003. *Aging: Demographics, Health, and Health Services.* Westport, CT: Greenwood Press.

Ward, D., & Mullender, A. 1991. "Empowerment and oppression." *Critical Social Policy.* 32(11) 21-30.

Webster, J., & Young, R. 1988. "Process variable of the life review." *International Journal of Aging and Human Development.* 26(4): 315-323.

Weissman, A. 1976. "Industrial social services." *Social Casework.* 57(1): 50-54.

Whitebourne, S., & Primus, L. 1996. Physical identity. In J. E. Birren (Eds.), *Encyclopedia of Gerontolgy.* San Diego: Academic Press.

Williams, M. 1995. *Complete Guide to Aging Health.* New York: Harmony Bookds.

World Bank. 1994. *Averting the Old Age Crisis: Policies to Protect the Old and Promote Growth.* New York: Oxford University Press.

World Health Organization. 2002. *Active Ageing: A Policy Framework.* Geneva.

Zastrow, C. 2003. *The Practice of Social Work.* Pacific Grove: Brooks/Cole.

Zimmerman, M., Israel, B., Schultz, A., & Chekoway, B. 1992. "Further explorations in empowerment theory." *American Journal of Community Psychology.* 20: 707-727.

부 록

1. 노인복지법
2. 노인복지법 시행령
3. 노인복지법 시행규칙

1. 노인복지법

[일부개정 2005.7.13 법률 7585호]

제1장 총 칙

제1조(목적) 이 법은 노인의 질환을 사전예방 또는 조기발견하고 질환상태에 따른 적절한 치료·요양으로 심신의 건강을 유지하고, 노후의 생활안정을 위하여 필요한 조치를 강구함으로써 노인의 보건복지증진에 기여함을 목적으로 한다.

제1조의2(정의) 이 법에서 사용하는 용어의 정의는 다음과 같다.

1. "부양의무자"라 함은 배우자(사실상의 혼인관계에 있는 자를 포함한다)와 직계비속 및 그 배우자(사실상의 혼인관계에 있는 자를 포함한다)를 말한다.
2. "보호자"라 함은 부양의무자 또는 업무·고용 등의 관계로 사실상 노인을 보호하는 자를 말한다.
3. "노인학대"라 함은 노인에 대하여 신체적·정신적·성적 폭력 및 경제적 착취 또는 가혹행위를 하거나 유기 또는 방임을 하는 것을 말한다.

[본조신설 2004.1.29]

제2조(기본이념) ①노인은 후손의 양육과 국가 및 사회의 발전에 기여하여 온 자로서 존경받으며 건전하고 안정된 생활을 보장받는다.

②노인은 그 능력에 따라 적당한 일에 종사하고 사회적 활동에 참여할 기회를 보장 받는다.

③노인은 노령에 따르는 심신의 변화를 자각하여 항상 심신의 건강을 유지하고 그 지식과 경험을 활용하여 사회의 발전에 기여하도록 노력하여야 한다.

제3조(가족제도의 유지·발전) 국가와 국민은 경로효친의 미풍양속에 따른 건전한 가족제도가 유지·발전되도록 노력하여야 한다.

제4조(보건복지증진의 책임) ①국가와 지방자치단체는 노인의 보건 및 복지증진의 책임이 있으며, 이를 위한 시책을 강구하여 추진하여야 한다.

②국가와 지방자치단체는 제1항의 규정에 의한 시책을 강구함에 있어 제2조에 규정된 기본이념이 구현되도록 노력하여야 한다.

③노인의 일상생활에 관련되는 사업을 경영하는 자는 그 사업을 경영함에 있어 노인의 보건복지가 증진되도록 노력하여야 한다.

제5조 삭제〈1999.2.8〉

제6조(노인의 날 등) ①노인에 대한 사회적 관심과 공경의식을 높이기 위하여 매년 10월 2일을 노인의 날로, 매년 10월을 경로의 달로 한다.

②부모에 대한 효사상을 앙양하기 위하여 매년 5월 8일을 어버이날로 한다.

제7조(노인복지상담원) ①노인의 복지를 담당하게 하기 위하여 시·군·구(자치구를 말한다. 이하 같다)에 노인복지상담원을 둔다.

②노인복지상담원의 임용 또는 위촉, 직무 및 보수 등에 관하여 필요한 사항은 대통령령으로 정한다.〈개정 1999.2.8〉

제8조(노인전용주거시설) 국가 또는 지방자치단체는 노인의 주거에 적합한 기능 및 설비를 갖춘 주거용시설의 공급을 조장하여야 하며, 그 주거용시설의 공급자에 대하여 적절한 지원을 할 수 있다.

제2장 경로연금

제9조(경로연금 지급대상) ①국가 또는 지방자치단체는 다음 각호의 1에 해당하는 국민에게 경로연금(이하 "연금"이라 한다)을 지급한다. 〈개정 1999.2.8, 2004.1.29〉

1. 65세 이상의 국민 중 생활보호법 제3조의 규정에 의한 보호대상자
2. 제1호에 해당하는 자외의 자로서 1998년 7월 1일 현재 주민등록법상 65세 이상이고 본인 및 부양의무자의 소득을 합산한 금액이 가계소득 및 가구원수 등을 기준으로 하여 대통령령이 정하는 금액 이하이고 그 재산을 합산한 금액이 대통령령이 정하는 금액 이하인 자

②국민연금법·공무원연금법·사립학교교직원연금법 또는 군인연금법에 의한 연금지급대상자는 이 법에 의한 연금을 지급하지 아니한다. 다만, 생활보호법 제3조의 규정에 의한 보호대상자인 경우에는 그러하지 아니하다. 〈개정 1999.2.8, 2000.1.12〉

제10조(연금지급액) 연금지급액은 국민연금법상 특례노령연금의 최저지급액을 감안하여 결정하되 본인 및 그 배우자가 모두 연금을 지급받을 권리를 가지는 경우에는 그 중 1인에 대하여는 연금액의 100분의 25를 감액한다. 다만, 본인 및 그 배우자가 생활보호대상자인 경우에는 그러하지 아니하다.〈개정 1999.2.8〉

제11조(연금의 지급) ①국가 또는 지방자치단체는 연금을 지급받고자 하는 자의 신청에 의하여 이를 지급한다.〈개정 1999.2.8〉

②연금의 신청방법·절차 및 지급 등에 관하여 필요한 사항은 보건복지부령으로 정한다.

제12조(연금의 지급기간 및 지급시기) ①연금은 제11조의 규정에 의하여 연금지급을 신청한 자가 연금을 지급받을 권리를 가지는 자(이하 "수급권자"라 한다)로 결정된 날이 속하는 달의 다음 달부터 연금을 지급받을 권리(이하 "수급권"이라 한다)가 소멸한 날이 속하는 달까지 지급한다.〈개정 1999.2.8〉

②연금은 그 지급을 정지하여야 할 사유가 발생한 때에는 그 사유가 발생한 날이 속하는 달의 다음달부터 그 사유가 소멸한 날이 속하는 달까지는 이를 지급하지 아니한다.

제13조(미지급의 연금) 연금의 수급권자가 사망한 경우에 그 수급권자에게 지급하여야 할 연금으로서 아직 지급되지 아니한 것이 있을 때에는 수급권자의 사망 당시 생계를 같이 하고 있던 부양의무자의 청구에 의하여 그 미지급 연금을 지급한다. 〈개정 2004.1.29〉

제14조(지급정지) 수급권자가 금고 이상의 형을 선고받고 그 집행이 종료되지 아니하거나 집행을 받지 아니하기로 확정되지 아니한 기간동안에는 연금의 지급을 정지한다.

제15조(연금수급권의 상실) 수급권자는 다음 각호의 1에 해당하게 된 때에는 그 수급권을 상실한다.

1. 사망한 때
2. 국적을 상실하거나 국외에 이주한 때

3. 제9조제1항 각호의 1에 해당하지 아니하게 된 때

제16조(불당이득 등의 환수) 국가 또는 지방자치단체는 수급권이 없는 자가 연금을 지급받은 경우에는 그 지급액을 환수하여야 한다.

제17조(수급권의 보호) 수급권은 이를 양도·압류하거나 담보에 제공할 수 없다.

제18조(병급의 조정) 수급권자에게 이 법 및 다른 법에 의한 2 이상의 연금급여의 수급권이 발생한 때에는 그 자의 선택에 의하여 그 중의 하나만을 지급하고 다른 연금급여의 지급은 정지된다. 다만, 생활보호법 제3조의 규정에 의한 보호대상자인 경우에는 그러하지 아니하다.〈개정 1999.2.8〉

제19조(이의신청) ①수급권자의 자격인정 기타 이 법에 의한 처분에 이의가 있는 자는 국가 또는 지방자치단체에 이의신청을 할 수 있다.

②제1항의 규정에 의한 이의신청은 그 처분이 있음을 안 날부터 90일 이내에 서면으로 하여야 한다. 다만, 정당한 사유로 인하여 그 기간 내에 이의신청을 할 수 없음을 증명한 때에는 그 사유가 소멸한 때부터 60일 이내에 이의신청을 할 수 있다.〈개정 1999.2.8〉

제20조(시효) 환수금을 환수할 국가 또는 지방자치단체의 권리와 수급권자의 권리는 5년간 행사하지 아니하면 소멸시효가 완성한다.

제21조(신고) 수급권자는 수급권의 상실사유가 발생하였을 때에는 보건복지부령이 정하는 바에 의하여 국가 또는 지방자치단체에 신고하여야 한다. 이 경우 수급권자가 사망한 때에는 호적법 제88조의 규정에 의한 신고의무자가 30일 이내에 그 사망사실을 국가 또는 지방자치단체에 신고하여야 한다.

제22조(조사·질문 등) ①국가 또는 지방자치단체는 수급권의 발생 또는 상실 등에 관한 확인을 위하여 필요하다고 인정할 때에는 본인 및 그 배우자와 부양의무자(이하 이 항에서 "본인등"이라 한다)에 대하여 필요한 서류 기타 소득·재산 등에 대한 자료의 제출을 요구하거나 소속공무원으로 하여금 본인 등의 주거 기타 필요한 장소에 출입하여 서류 등을 조사하게 하거나 관계인에게 필요한 질문을 하게 할 수 있다.〈개정 1999.2.8〉

②제1항의 규정에 의하여 출입·조사·질문을 하는 자는 그 권한을 표시하는 증표를 지니고 이를 관계인에게 내보여야 한다.

제3장 보건·복지조치

제23조(노인사회참여 지원) ①국가 또는 지방자치단체는 노인의 사회참여 확대를 위하여 노인의 지역봉사 활동기회를 넓히고 노인에게 적합한 직종의 개발과 그 보급을 위한 시책을 강구하며 근로능력있는 노인에게 일할 기회를 우선적으로 제공하도록 노력하여야 한다.

②국가 또는 지방자치단체는 노인의 지역봉사 활동 및 취업의 활성화를 기하기 위하여 노인지역봉사기관, 노인취업알선기관 등 노인복지관계기관에 대하여 필요한 지원을 할 수 있다.

제23조의2(노인일자리전담기관의 설치·운영 등) ①국가 또는 지방자치단체는 노인의 능력과 적성에 맞는 일자리의 개발·보급과 교육훈련 등을 전담할 기관(이하 "노인일자리전담기관"이라 한다)을 설치·운영하거나 그 운영의 전부 또는 일부를 법인·단체 등에 위탁할 수 있다.

②노인일자리전담기관의 설치·운영 또는 위탁에 관하여 필요한 사항은 대통령령으로 정한다.

[본조신설 2005.7.13]

第24조(지역봉사지도원 위촉 및 업무) ①국가 또는 지방자치단체는 사회적 신망과 경험이 있는 노인으로서 지역봉사를 희망하는 경우에는 이를 지역봉사지도원으로 위촉할 수 있다.

②제1항의 규정에 의한 지역봉사지도원의 업무는 다음 각호와 같다.

1. 국가 또는 지방자치단체가 행하는 업무중 민원인에 대한 상담 및 조언
2. 도로의 교통정리, 주・정차단속의 보조, 자연보호 및 환경침해 행위단속의 보조와 청소년 선도
3. 충효사상, 전통의례 등 전통문화의 전수교육
4. 문화재의 보호 및 안내
5. 기타 대통령령이 정하는 업무

第25조(생업지원) 국가 또는 지방자치단체 기타 공공단체가 설치・운영하는 공공시설안에 식료품・사무용품・신문 등 일상생활용품의 판매를 위한 매점이나 자동판매기의 설치를 허가 또는 위탁할 때에는 65세 이상의 자의 신청이 있는 경우 이를 우선적으로 반영하여야 한다.

第26조(경로우대) ①국가 또는 지방자치단체는 65세 이상의 자에 대하여 대통령령이 정하는 바에 의하여 국가 또는 지방자치단체의 수송시설 및 고궁・능원・박물관・공원 등의 공공시설을 무료로 또는 그 이용요금을 할인하여 이용하게 할 수 있다.

②국가 또는 지방자치단체는 노인의 일상생활에 관련된 사업을 경영하는 자에게 65세 이상의 자에 대하여 그 이용요금을 할인하여 주도록 권유할 수 있다.

③국가 또는 지방자치단체는 제2항의 규정에 의하여 노인에게 이용요금을 할인하여 주는 자에 대하여 적절한 지원을 할 수 있다.

第27조(건강진단 등) ①국가 또는 지방자치단체는 대통령령이 정하는 바에 의하여 65세 이상의 자에 대하여 건강진단과 보건교육을 실시할 수 있다.

②국가 또는 지방자치단체는 제1항의 규정에 의한 건강진단 결과 필요하다고 인정한 때에는 그 건강진단을 받은 자에 대하여 필요한 지도를 하여야 한다.

第28조(상담・입소 등의 조치) ①보건복지부장관, 특별시장・광역시장・도지사(이하 "시・도지사"라 한다), 시장・군수・구청장(자치구의 구청장을 말한다. 이하 같다)은 노인에 대한 복지를 도모하기 위하여 필요하다고 인정한 때에는 다음 각호의 조치를 하여야 한다.〈개정 1999.2.8〉

1. 65세 이상의 자 또는 그를 보호하고 있는 자를 관계공무원 또는 노인복지상담원으로 하여금 상담・지도하게 하는 것
2. 65세 이상의 자로서 신체적・정신적・경제적 이유 또는 환경상의 이유로 거택에서 보호받기가 곤란한 자를 노인주거복지시설 또는 재가노인복지시설에 입소시키거나 입소를 위탁하는 것
3. 65세 이상의 자로서 신체 또는 정신상의 현저한 결함으로 인하여 항상 보호를 필요로 하고 경제적 이유로 거택에서 보호받기가 곤란한 자를 노인의료복지시설에 입소시키거나 입소를 위탁하는 것

②보건복지부장관, 시・도지사 또는 시장・군수・구청장(이하 "복지실시기관"이라 한다)은 65세 미만의 자에 대하여도 그 노쇠현상이 현저하여 특별히 보호할 필요가 있다고 인정할 때에는 제1항 각호의 조치를 할 수 있다.

③복지실시기관은 제1항 또는 제2항의 규정에 의하여 입소조치된 자가 사망한 경우에 그 자에 대한 장례를 행할 자가 없을 때에는 그 장례를 행하거나 당해 시설의 장으로 하여금 그 장례를

행하게 할 수 있다.

제29조(치매관리사업) ①국가 또는 지방자치단체는 치매예방 및 치매퇴치를 위하여 치매연구 및 관리사업을 실시하여야 한다.

②제1항의 치매연구 및 관리사업의 업무내용 및 기타 필요한 사항은 보건복지부령으로 정한다.

제30조(노인재활요양사업) ①국가 또는 지방자치단체는 신체적·정신적으로 재활요양을 필요로 하는 노인을 위한 재활요양사업을 실시할 수 있다.

②제1항의 노인재활요양사업의 내용 및 기타 필요한 사항은 보건복지부령으로 정한다.

제4장 노인복지시설의 설치·운영

제31조(노인복지시설의 종류) 노인복지시설의 종류는 다음 각호와 같다. 〈개정 2004.1.29〉

1. 노인주거복지시설
2. 노인의료복지시설
3. 노인여가복지시설
4. 재가노인복지시설
5. 노인보호전문기관

제32조(노인주거복지시설) ①노인주거복시시설은 다음 각호의 시설로 한다.

1. 양로시설 : 노인을 입소시켜 무료 또는 저렴한 요금으로 급식 기타 일상생활에 필요한 편의를 제공함을 목적으로 하는 시설
2. 실비양로시설 : 노인을 입소시켜 저렴한 요금으로 급식 기타 일상생활에 필요한 편의를 제공함을 목적으로 하는 시설
3. 유료양로시설 : 노인을 입소시켜 급식 기타 일상생활에 필요한 편의를 제공하고 이에 소요되는 일체의 비용을 입소한 자로부터 수납하여 운영하는 시설
4. 실비노인복지주택 : 보건복지부장관이 정하는 일정소득 이하의 노인에게 저렴한 비용으로 분양 또는 임대 등을 통하여 주거의 편의·생활지도·상담 및 안전관리 등 일상생활에 필요한 편의를 제공함을 목적으로 하는 시설
5. 유료노인복지주택 : 노인에게 유료로 분양 또는 임대 등을 통하여 주거의 편의·생활지도·상담 및 안전관리 등 일상생활에 필요한 편의를 제공함을 목적으로 하는 시설

②노인주거복지시설의 입소대상·입소절차 및 분양·임대 등에 관하여 필요한 사항은 보건복지부령으로 정한다.

③실비노인복지주택 및 유료노인복지주택의 설치·관리 및 공급 등에 관하여 이 법에서 규정된 사항을 제외하고는 주택법의 관련규정을 준용한다. 〈신설 1999.2.8, 2003.5.29〉

제33조(노인주거복지시설의 설치) ①국가 또는 지방자치단체는 노인주거복지시설을 설치할 수 있다.

②국가 또는 지방자치단체외의 자가 노인주거복지시설을 설치하고자 하는 경우에는 시장·군수·구청장에게 신고하여야 한다. 〈개정 2005.3.31〉

③노인주거복지시설의 시설, 인력 및 운영에 관한 기준과 설치신고 등에 관하여 필요한 사항은 보건복지부령으로 정한다. 〈개정 1999.2.8〉

제34조(노인의료복지시설) ①노인의료복지시설은 다음 각호의 시설로 한다.〈개정 1999.2.8〉

1. 노인요양시설 : 노인을 입소시켜 무료 또는 저렴한 요금으로 급식·요양 기타 일상생활에 필요한 편의를 제공함을 목적으로 하는 시설
2. 실비노인요양시설 : 노인을 입소시켜 저렴한 요금으로 급식·요양 기타 일상생활에 필요한 편의를 제공함을 목적으로 하는 시설
3. 유료노인요양시설 : 노인을 입소시켜 급식·요양 기타 일상생활에 필요한 편의를 제공하고 이에 소요되는 일체의 비용을 입소한 자로부터 수납하여 운영하는 시설
4. 노인전문요양시설 : 치매·중풍 등 중증의 질환노인을 입소시켜 무료 또는 저렴한 요금으로 급식·요양 기타 일상생활에 필요한 편의를 제공함을 목적으로 하는 시설
5. 유료노인전문요양시설 : 치매·중풍 등 중증의 질환노인을 입소시켜 급식·요양 기타 일상생활에 필요한 편의를 제공하고 이에 소요되는 일체의 비용을 입소한 자로부터 수납하여 운영하는 시설
6. 노인전문병원 : 주로 노인을 대상으로 의료를 행하는 시설

②노인의료복지시설의 입소대상·입소절차 등에 관하여 필요한 사항은 보건복지부령으로 정한다.

第35조(노인의료복지시설의 설치) ①국가 또는 지방자치단체는 노인의료복지시설을 설치할 수 있다.

②국가 또는 지방자치단체외의 자가 노인의료복지시설을 설치하고자 하는 경우에는 시장·군수·구청장에게 신고하여야 한다. 다만, 노인전문병원은 의료법에 의한 의료기관을 개설할 수 있는 자(치과의사 및 조산사를 제외한다)에 한하여 시·도지사의 허가를 받아 설치할 수 있다. 〈개정 2005.3.31〉

③노인의료복지시설의 시설, 인력 및 운영에 관한 기준과 설치신고 및 설치허가 등에 관하여 필요한 사항은 보건복지부령으로 정한다. 다만, 노인전문병원의 시설 등에 관한 기준은 의료법 제32조의 규정에 의한 의료기관의 시설 등의 기준에 관한 규정중 요양병원에 관한 규정을 준용하되, 보건복지부령이 따로 정하는 경우에는 그러하지 아니하다.〈개정 1999.2.8〉

④노인전문병원에 관하여 이 법에서 규정된 사항을 제외하고는 의료법의 규정을 준용하되, 그 관리 및 운영 등에 있어서는 이를 의료법 제3조제2항의 규정에 의한 의료기관중 요양병원으로 본다.〈개정 1999.2.8〉

第36조(노인여가복지시설) ①노인여가복지시설은 다음 각호의 시설로 한다.

1. 노인복지회관 : 무료 또는 저렴한 요금으로 노인에 대하여 각종 상담에 응하고, 건강의 증진·교양·오락 기타 노인의 복지증진에 필요한 편의를 제공함을 목적으로 하는 시설
2. 경로당 : 지역노인들이 자율적으로 친목도모·취미활동·공동작업장 운영 및 각종 정보교환과 기타 여가활동을 할 수 있도록 하는 장소를 제공함을 목적으로 하는 시설
3. 노인교실 : 노인들에 대하여 사회활동 참여욕구를 충족시키기 위하여 건전한 취미생활·노인건강유지·소득보장 기타 일상생활과 관련한 학습프로그램을 제공함을 목적으로 하는 시설
4. 노인휴양소 : 노인들에 대하여 심신의 휴양과 관련한 위생시설·여가시설 기타 편의시설을 단기간 제공함을 목적으로 하는 시설

②노인여가복지시설의 이용대상 및 이용절차 등에 관하여 필요한 사항은 보건복지부령으로 정한다.

제37조(노인여가복지시설의 설치) ①국가 또는 지방자치단체는 노인여가복지시설을 설치할 수 있다.

②국가 또는 지방자치단체외의 자가 노인여가복지시설을 설치하고자 하는 경우에는 시장·군수·구청장에게 신고하여야 한다.

③노인여가복지시설의 시설, 인력 및 운영에 관한 기준과 설치신고 등에 관하여 필요한 사항은 보건복지부령으로 정한다.〈개정 1999.2.8〉

제38조(재가노인복지시설) ①재가노인복지시설은 다음 각호의 시설로 한다.

1. 가정봉사원파견시설 : 신체적·정신적 장애로 일상생활을 영위하기 곤란한 노인이 있는 가정에 가정봉사원을 파견하여 노인의 일상생활에 필요한 각종 편의를 제공하여 지역사회안에서 건전하고 안정된 노후생활을 영위하도록 하는 시설
2. 주간보호시설 : 부득이한 사유로 가족의 보호를 받을 수 없는 심신이 허약한 노인과 장애노인을 낮동안 시설에 입소시켜 필요한 각종 편의를 제공하여 이들의 생활안정과 심신기능의 유지·향상을 도모하고, 그 가족의 신체적·정신적 부담을 덜어주기 위한 시설
3. 단기보호시설 : 부득이한 사유로 가족의 보호를 받을 수 없어 일시적으로 보호가 필요한 심신이 허약한 노인과 장애노인을 시설에 단기간 입소시켜 보호함으로써 노인 및 노인가정의 복지증진을 도모하기 위한 시설

②제1항의 규정에 의한 재가노인복지시설의 이용대상 및 이용절차 등에 관하여 필요한 사항은 보건복지부령으로 정한다.

제39조(재가노인복지시설의 설치) ①국가 또는 지방자치단체는 재가노인복지시설을 설치할 수 있다.

②국가 또는 지방자치단체외의 자가 재가노인복지시설을 설치하고자 하는 경우에는 시장·군수·구청장에게 신고하여야 한다.

③재가노인복지시설의 시설, 인력 및 운영에 관한 기준과 설치신고 등에 관하여 필요한 사항은 보건복지부령으로 정한다.〈개정 1999.2.8〉

제39조의2(가정봉사원의 교육) 가정봉사원파견시설에 종사하는 가정봉사원은 보건복지부령이 정하는 바에 따라 교육을 받아야 한다.

[본조신설 1999.2.8]

제39조의3(가정봉사원교육기관의 설치) ①가정봉사원의 교육을 위한 기관(이하 "가정봉사원교육기관"이라 한다)을 설치하고자 하는 자는 시장·군수·구청장에게 신고하여야 한다. 〈개정 2005.3.31〉

②가정봉사원교육기관의 시설, 인력 및 운영에 관한 기준과 설치신고 등에 관하여 필요한 사항은 보건복지부령으로 정한다.

[본조신설 1999.2.8]

제39조의4(긴급전화의 설치 등) ①국가및 지방자치단체는 노인학대를 예방하고 수시로 신고를 받을 수 있도록 긴급전화를 설치하여야 한다.

②제1항의 규정에 의한 긴급전화의 설치·운영에 관하여 필요한 사항은 대통령령으로 정한다.

[본조신설 2004.1.29]

제39조의5(노인보호전문기관의 설치) ①국가 및 지방자치단체는 노인학대에 관한 다음 각호의 업무를 담당하는 노인보호전문기관을 설치하여야 한다. 다만, 대통령령이 정하는 범위안에서 다른

노인복지시설을 노인보호전문기관으로 지정한 경우에는 그러하지 아니하다.

1. 노인학대의 예방 및 방지를 위한 홍보
2. 학대받은 노인의 발견·상담·보호와 의료기관에의 치료의뢰 및 노인복지시설에의 입소의뢰
3. 노인학대행위자, 노인학대행위자로 신고된 자 및 그 가정 또는 업무·고용 등의 관계로 사실상 노인을 보호·감독하는 기관이나 시설 등에 대한 조사
4. 노인학대행위자에 대한 상담 및 교육
5. 그 밖에 학대받은 노인의 보호를 위하여 필요한 사항

②노인보호전문기관에 두는 상담원 등 직원의 자격은 대통령령으로, 그 설치기준 및 운영에 관하여 필요한 사항은 보건복지부령으로 정한다.

[본조신설 2004.1.29]

제39조의6(노인학대 신고의무와 절차) ①누구든지 노인학대를 알게 된 때에는 노인보호전문기관 또는 수사기관에 신고할 수 있다.

②다음 각호의 1에 해당하는 자는 그 직무상 노인학대를 알게 된 때에는 즉시 노인보호전문기관 또는 수사기관에 신고하여야 한다.

1. 의료법 제3조제1항의 의료기관에서 의료업을 행하는 의료인
2. 노인복지시설의 장 및 그 종사자
3. 장애인복지법 제48조의 규정에 의한 장애인복지시설에서 장애노인에 대한 상담·치료·훈련 또는 요양을 행하는 자
4. 가정폭력방지및피해자보호등에관한법률 제5조 및 제7조의 규정에 의한 가정폭력관련상담소의 상담원 및 가정폭력피해자보호시설의 종사자
5. 노인복지상담원 및 사회복지사업법 제14조의 규정에 의한 사회복지전담공무원

③신고인의 신분은 보장되어야 하며 그 의사에 반하여 신분이 노출되어서는 아니된다.

[본조신설 2004.1.29]

제39조의7(응급조치의무 등) ①제39조의6의 규정에 의하여 노인학대신고를 접수한 노인보호전문기관의 직원이나 사법경찰관리는 지체없이 노인학대의 현장에 출동하여야 한다.

②제1항의 규정에 의하여 현장에 출동한 자는 학대받은 노인을 노인학대행위자로부터 분리하거나 치료가 필요하다고 인정할 때에는 노인보호전문기관 또는 의료기관에 인도하여야 한다.

[본조신설 2004.1.29]

제39조의8(보조인의 선임 등) ①학대받은 노인의 법정대리인, 직계친족, 형제자매, 노인보호전문기관의 상담원 또는 변호사는 노인학대사건의 심리에 있어서 보조인이 될 수 있다. 다만, 변호사가 아닌 경우에는 법원의 허가를 받아야 한다.

②법원은 학대받은 노인을 증인으로 신문하는 경우 본인·검사 또는 노인보호전문기관의 신청이 있는 때에는 본인과 신뢰관계에 있는 자의 동석을 허가할 수 있다.

③수사기관이 학대받은 노인을 조사하는 경우에도 제1항 및 제2항의 절차를 준용한다.

[본조신설 2004.1.29]

제39조의9(금지행위) 누구든지 다음 각호의 1에 해당하는 행위를 하여서는 아니된다.

1. 노인의 신체에 폭행을 가하거나 상해를 입히는 행위
2. 노인에게 성적 수치심을 주는 성폭행·성희롱 등의 행위
3. 자신의 보호·감독을 받는 노인을 유기하거나 의식주를 포함한 기본적 보호 및 치료를 소홀

히 하는 방임행위

4. 노인에게 구걸을 하게 하거나 노인을 이용하여 구걸하는 행위

5. 노인을 위하여 증여 또는 급여된 금품을 그 목적외의 용도에 사용하는 행위

[본조신설 2004.1.29]

제39조의10(조사 등) ①보건복지부장관, 시·도지사 또는 시장·군수·구청장은 필요하다고 인정하는 때에는 관계공무원 또는 노인복지상담원으로 하여금 노인복지시설과 노인의 주소·거소, 노인의 고용장소 또는 제39조의9의 금지행위를 위반할 우려가 있는 장소에 출입하여 노인 또는 관계인에 대하여 필요한 조사를 하거나 질문을 하게 할 수 있다.

②제1항의 경우 관계공무원, 노인복지상담원은 그 권한을 표시하는 증표를 지니고 이를 노인 또는 관계인에게 내보여야 한다.

③제2항의 규정에 의한 증표의 내용·형식 등에 관하여 필요한 사항은 보건복지부령으로 정한다.

[본조신설 2004.1.29]

제39조의11(비밀누설의 금지) 이 법에 의한 학대노인의 보호와 관련된 업무에 종사하였거나 종사하는 자는 그 직무상 알게 된 비밀을 누설하지 못한다.

[본조신설 2004.1.29]

제40조(변경·폐시 등<개징 1999.2.8>) ①제33조제2항의 규정에 의하여 노인주거복지시설을 설치한 자 또는 제35조제2항의 규정에 의하여 노인의료복지시설(노인전문병원을 제외한다)을 설치한 자가 그 설치신고사항중 보건복지부령이 정하는 사항을 변경하거나 그 시설을 폐지 또는 휴지하고자 할 때에는 대통령령이 정하는 바에 의하여 시장·군수·구청장에게 미리 신고하여야 한다. 〈개정 1999.2.8, 2005.3.31〉

②노인전문병원을 설치한 자가 그 설치허가사항중 보건복지부령이 정하는 사항을 변경하고자 하는 때에는 의료법이 정하는 바에 따라 시·도지사의 변경허가를 받아야 하며, 그 시설을 폐지 또는 휴지하고자 하는 때에는 동법이 정하는 바에 따라 시·도지사에게 미리 신고하여야 한다. 〈신설 1999.2.8〉

③제37조제2항에 의하여 노인여가복지시설을 설치한 자 또는 제39조제2항의 규정에 의하여 재가노인복지시설을 설치한 자가 그 설치신고사항중 보건복지부령이 정하는 사항을 변경하거나 그 시설을 폐지 또는 휴지하고자 할 때에는 대통령령이 정하는 바에 의하여 시장·군수·구청장에게 미리 신고하여야 한다. 〈개정 1999.2.8〉

④제39조의3제1항의 규정에 의하여 가정봉사원교육기관을 설치한 자가 그 설치신고사항중 보건복지부령이 정하는 사항을 변경하거나 그 시설을 폐지 또는 휴지하고자 하는 때에는 대통령령이 정하는 바에 따라 시장·군수·구청장에게 미리 신고하여야 한다. 〈신설 1999.2.8, 2005.3.31〉

제41조(수탁의무) 제32조제1항의 규정에 의한 양로시설, 실비양로시설 및 실비노인복지주택, 제34조제1항의 규정에 의한 노인요양시설, 실비노인요양시설 및 노인전문요양시설 또는 제38조제1항의 규정에 의한 재가노인복지시설을 설치·운영하는 자가 복지실시기관으로부터 제28조제1항제2호 및 제3호, 동조제2항 또는 제3항의 규정에 의하여 노인의 입소·장례를 위탁받은 때에는 정당한 이유없이 이를 거부하여서는 아니된다.

제42조(감독) ①복지실시기관은 제31조의 규정에 의한 노인복지시설 또는 제39조의3제1항의 규정에 의한 가정봉사원교육기관을 설치·운영하는 자로 하여금 당해 시설 또는 사업에 관하여

필요한 보고를 하게 하거나 관계공무원으로 하여금 당해 시설 또는 사업의 운영상황을 조사하게 하거나 장부 기타 관계서류를 검사하게 할 수 있다.〈개정 1999.2.8〉

②제31조의 규정에 의한 노인복지시설을 설치·운영하는 자는 보건복지부령이 정하는 바에 따라 매년도 입소자 또는 이용자 현황 등에 관한 자료를 복지실시기관에 제출하여야 한다.〈신설 1999.2.8〉

③제1항의 규정에 의하여 조사·검사를 행하는 자는 그 권한을 표시하는 증표를 지니고 이를 관계인에게 내보여야 한다.

제43조(사업의 정지 등) ①시장·군수·구청장은 노인주거복지시설·노인의료복지시설 또는 가정봉사원교육기관이 다음 각호의 1에 해당하는 때에는 그 사업의 정지 또는 폐지를 명할 수 있다. 〈개정 1999.2.8, 2005.3.31〉

1. 제33조제3항·제35조제3항 또는 제39조의3제2항의 규정에 의한 시설 등에 관한 기준에 미달하게 된 때
2. 제41조의 규정에 위반하여 수탁을 거부한 때
3. 정당한 이유없이 제42조의 규정에 의한 보고 또는 자료제출을 하지 아니하거나 허위로 한 때 또는 조사·검사를 거부·방해하거나 기피한 때
4. 제46조제5항의 규정에 위반한 때
5. 이 법 또는 이 법에 의한 명령을 위반한 때

②시장·군수·구청장은 노인여가복지시설 또는 재가노인복지시설이 다음 각호의 1에 해당하는 때에는 그 사업의 정지 또는 폐지를 명할 수 있다. 〈개정 1999.2.8〉

1. 제37조제3항 또는 제39조제3항의 시설 등에 관한 기준에 미달하게 된 때
2. 제41조의 규정에 위반하여 수탁을 거부한 때(재가노인복지시설의 경우에 한한다)
3. 정당한 이유없이 제42조의 규정에 의한 보고 또는 자료제출을 하지 아니하거나 허위로 한 때 또는 조사·검사를 거부·방해하거나 기피한 때
4. 제46조제7항의 규정에 위반한 때
5. 이 법 또는 이 법에 의한 명령을 위반한 때

③제1항 내지 제2항의 규정에 의한 행정처분의 세부적인 기준은 위반의 정도 등을 참작하여 보건복지부령으로 정한다.

제44조(청문) 시장·군수·구청장은 제43조의 규정에 의한 사업의 폐지를 명하고자 하는 경우에는 청문을 실시하여야 한다. 〈개정 2005.3.31〉

제5장 비 용

제45조(비용의 부담) ①제11조의 규정에 의하여 국가 또는 지방자치단체가 부담하는 연금지급 비용의 부담비율은 국가가 100분의 70, 지방자치단체가 100분의 30으로 한다. 다만, 특별시의 경우에는 국가가 100분의 50, 특별시가 100분의 50으로 한다.

②다음 각 호의 어느 하나에 해당하는 비용은 대통령령이 정하는 바에 따라 국가 또는 지방자치단체가 부담한다. 〈개정 2005.7.13〉

1. 제23조의2제1항의 규정에 따른 노인일자리전담기관의 설치·운영 또는 위탁에 소요되는 비용

2. 제27조 및 제28조의 규정에 따른 건강진단 등과 상담·입소 등의 조치에 소요되는 비용
3. 제33조제1항·제35조제1항·제37조제1항 및 제39조제1항의 규정에 따른 노인복지시설의 설치·운영에 소요되는 비용

제46조(비용의 수납 및 청구) ①제27조 및 제28조의 규정에 의한 복지조치에 필요한 비용을 부담한 복지실시기관은 당해 노인 또는 그 부양의무자로부터 대통령령이 정하는 바에 의하여 그 부담한 비용의 전부 또는 일부를 수납하거나 청구할 수 있다.

②부양의무가 없는 자가 제28조의 규정에 의한 복지조치에 준하는 보호를 행하는 경우 즉시 그 사실을 부양의무자 및 복지실시기관에 알려야 한다.

③제2항의 보호를 행한 자는 부양의무자에게 보호비용의 전부 또는 일부를 청구할 수 있다.

④제1항 또는 제3항의 규정에 의한 부담비용의 청구 등에 관하여 필요한 사항은 보건복지부령으로 정한다.

⑤제32조제1항의 규정에 의한 양로시설, 실비양로시설 및 실비노인복지주택, 제34조제1항의 규정에 의한 노인요양시설, 실비노인요양시설 및 노인전문요양시설을 설치한 자는 그 시설에 입소하거나 그 시설을 이용하는 생활보호대상자외의 자로부터 그에 소요되는 비용을 수납하고자 할 때에는 시장·군수·구청장에게 신고하여야 한다. 다만, 보건복지부령이 정한 비용수납 한도액의 범위 안에서 수납할 때에는 그러하지 아니하다. 〈개정 1999.2.8, 2005.3.31〉

⑥삭제 〈1999.2.8〉

⑦제36조제1항의 규정에 의한 노인여가복지시설 또는 제38조제1항의 규정에 의하여 재가노인복지시설을 설치한 자 또는 편의를 제공하는 자가 그 시설을 이용하는 자로부터 그에 소요되는 비용을 수납하고자 할 때에는 미리 시장·군수·구청장에게 신고하여야 한다.

제47조(비용의 보조) 국가 또는 지방자치단체는 대통령령이 정하는 바에 의하여 노인복지시설의 설치·운영에 필요한 비용을 보조할 수 있다.

제48조(유류물품의 처분) 복지실시기관 또는 노인복지시설의 장은 제28조제3항의 규정에 의한 장례를 행함에 있어서 사망자가 유류한 금전 또는 유가증권을 그 장례에 필요한 비용에 충당할 수 있으며, 부족이 있을 때에는 유류물품을 처분하여 그 대금을 이에 충당할 수 있다.

제49조(조세감면) 제11조의 규정에 의한 수급권자가 받는 연금과 제31조의 규정에 의한 노인복지시설에서 노인을 위하여 사용하는 건물·토지 등에 대하여는 조세감면규제법 등 관계법령이 정하는 바에 의하여 조세 기타 공과금을 감면할 수 있다.

제6장 보 칙

제50조(심사청구 등) ①노인 또는 그 부양의무자는 이 법에 의한 복지조치에 대하여 이의가 있을 때에는 당해 복지실시기관에 심사를 청구할 수 있다.

②복지실시기관은 제1항의 심사청구를 받은 때에는 30일 이내에 이를 심사·결정하여 청구인에게 통보하여야 한다.

③제2항의 심사·결정에 이의가 있는 자는 그 통보를 받은 날부터 90일 이내에 행정심판을 제기할 수 있다.〈개정 1999.2.8〉

④제46조제3항의 규정에 의하여 부양의무자가 부담하여야 할 보호비용에 대하여 보호를 행한 자와 부양의무자 사이에 합의가 이루어지지 아니하는 경우로서 시장·군수·구청장은 당사자로

부터 조정요청을 받은 경우에는 이를 조정할 수 있다. 〈개정 2004.1.29〉

⑤시장·군수·구청장은 제4항의 조정을 위하여 필요하다고 인정하는 경우 부양의무자에게 소득·재산 등에 관한 자료의 제출을 요구할 수 있다.

第51조(노인복지명예지도원) ①복지실시기관은 유료양로시설, 유료노인복지주택, 유료노인요양시설 및 유료노인전문요양시설의 입소노인의 보호를 위하여 노인복지명예지도원을 둘 수 있다.

②노인복지명예지도원의 위촉방법·업무범위 등 기타 필요한 사항은 대통령령으로 정한다.

第52조 삭제 〈1999.2.8〉

第53조(권한의 위임·위탁) ①보건복지부장관 또는 시·도지사는 이 법에 의한 권한의 일부를 대통령령이 정하는 바에 의하여 각각 시·도지사 또는 시장·군수·구청장에게 위임할 수 있다.

②보건복지부장관, 시·도지사 또는 시장·군수·구청장은 이 법에 의한 업무의 일부를 대통령령이 정하는 바에 의하여 법인 또는 단체에 위탁할 수 있다.

第54조(국·공유재산의 대부 등) 국가 또는 지방자치단체는 노인보건복지관련 연구시설이나 사업의 육성을 위하여 필요하다고 인정하는 경우에는 국유재산법 또는 지방재정법의 규정에 불구하고 국·공유재산을 무상으로 대부하거나 사용·수익하게 할 수 있다.

第55조(건축법에 대한 특례) ①이 법에 의한 재가노인복지시설은 건축법 제14조의 규정에 불구하고 단독주택 또는 공동주택에 설치할 수 있다.

②이 법에 의한 실비노인복지주택 및 유료노인복지주택의 건축물의 용도는 건축관계법령에 불구하고 노유자시설로 본다.〈신설 1999.2.8〉

제7장 벌 칙

第55조의2(벌칙) 제39조의9제1호(상해에 한한다)의 행위를 한 자는 7년 이하의 징역 또는 2천만원 이하의 벌금에 처한다.

[본조신설 2004.1.29]

第55조의3(벌칙) 제39조의9제1호(폭행에 한한다) 내지 제4호에 해당하는 행위를 한 자는 5년 이하의 징역 또는 1천500만원 이하의 벌금에 처한다.

[본조신설 2004.1.29]

第55조의4(벌칙) 제39조의9제5호에 해당하는 행위를 한 자는 3년 이하의 징역 또는 1천만원 이하의 벌금에 처한다.

[본조신설 2004.1.29]

第56조(벌칙) 제33조제2항·제35조제2항의 규정에 의한 신고를 하지 아니하고 유료양로시설, 유료노인복지주택, 유료노인요양시설 또는 유료노인전문요양시설을 설치하거나 운영한 자는 2년 이하의 징역 또는 1천만원 이하의 벌금에 처한다.

第57조(벌칙) 다음 각호의 1에 해당하는 자는 1년 이하의 징역 또는 300만원 이하의 벌금에 처한다.

1. 제33조제2항·제35조제2항·제37조제2항·제39조제2항 또는 제39조의3제1항의 규정에 의한 신고를 하지 아니하고 양로시설·실비양로시설·실비노인복지주택·노인요양시설·실비노인요양시설·노인전문요양시설·노인여가복지시설·재가노인복지시설 또는 가정봉사원교육기관을 설치하거나 운영한 자

2. 제39조의11의 규정을 위반하여 직무상 알게 된 비밀을 누설한 자
[전문개정 2004.1.29]

第58조(벌칙) 허위 기타 부정한 방법에 의하여 연금을 지급받은 자는 1년 이하의 징역 또는 100만원 이하의 벌금에 처한다.

第59조(벌칙) 다음 각호의 1에 해당하는 자는 50만원 이하의 벌금에 처한다.
1. 제40조의 규정에 위반하여 신고를 하지 아니하고 노인복지시설을 폐지 또는 휴지한 자
2. 제41조의 규정에 위반하여 수탁을 거부한 자

第60조(양벌규정) 법인의 대표자나 법인 또는 개인의 대리인·사용인 기타 종업원이 그 법인 또는 개인의 업무에 관하여 제56조·제57조 또는 제59조의 위반행위를 한 때에는 행위자를 벌하는 외에 그 법인 또는 개인에 대하여도 각 해당 조의 벌금형을 과한다.

第61조(과태료) ①다음 각호의 1에 해당하는 자는 10만원 이하의 과태료에 처한다.
1. 제21조의 규정에 의한 신고를 하지 아니한 자
2. 정당한 이유없이 제22조의 규정에 의한 서류 기타 소득·재산 등에 대한 자료를 제출하지 아니하거나 허위의 자료를 제출한 자 또는 조사·질문을 거부·기피·방해하거나 허위의 답변을 한 자

②제1항의 규정에 의한 과태료는 대통령령이 정하는 바에 의하여 보건복지부장관, 시·도지사, 시장·군수·구청장이 부과·징수한다.
③제2항의 규정에 의한 과태료 처분에 불복이 있는 자는 그 처분의 고지를 받은 날부터 30일 이내에 보건복지부장관, 시·도지사, 시장·군수·구청장에게 이의를 제기할 수 있다.
④제2항의 규정에 의한 과태료 처분을 받은 자가 제3항의 규정에 의하여 이의를 제기한 때에는 보건복지부장관, 시·도지사, 시장·군수·구청장은 지체없이 관할법원에 그 사실을 통보하여야 하며, 그 통보를 받은 법원은 비송사건절차법에 의한 과태료의 재판을 한다.
⑤제3항의 규정에 의한 기간내에 이의를 제기하지 아니하고 과태료를 납부하지 아니한 때에는 국세체납처분 또는 지방세체납처분의 예에 의하여 이를 징수한다.

부칙 〈제5359호,1997.8.22〉

①(시행일) 이 법은 공포후 9월이 경과한 날부터 시행한다. 다만, 제2장(제9조 내지 제22조)의 개정규정은 1998년 7월 1일부터 시행한다.
②(노령수당에 대한 경과조치) 이 법 시행당시 종전의 노인복지법 제13조의 규정에 의한 노령수당은 1998년 6월 30일까지 지급한다.
③(노인복지시설 등에 관한 경과조치) 이 법 시행당시 종전의 규정에 의하여 설치된 노인복지시설은 이 법에 의하여 설치된 것으로 본다.
④(다른 법령과의 관계) 다른 법령에서 이 법 시행당시 노인복지법의 규정을 인용하고 있는 경우 이 법중 그에 관한 규정이 있는 때에는 이 법의 해당 조항을 인용한 것으로 본다.

부칙(행정절차법의시행에따른공인회계사법등의정비에관한법률) 〈제5453호,1997.12.13〉

제1조(시행일) 이 법은 1998년 1월 1일부터 시행한다. 〈단서 생략〉

제2조 생략

부칙 〈제5851호,1999.2.8〉

①(시행일) 이 법은 공포한 날부터 시행한다. 다만, 제39조의2·제39조의3·제40조·제42조·제43조·제46조제5항 단서·제52조 및 제57조의 개정규정은 공포후 6월이 경과한 날부터 시행한다.
②(경로연금수급권자 인정에 관한 경과조치) 이 법 시행당시 종전의 규정에 의하여 수급권자로 결정된 자는 제9조제1항제2호의 개정규정에 불구하고 종전의 규정에 의한다.
③(가정봉사원교육기관에 관한 경과조치) 이 법 시행당시 종전의 규정에 의하여 지정된 가정봉사원 교육을 위한 교육기관은 제39조의3제1항의 개정규정에 의하여 신고한 가정봉사원교육기관으로 본다.
④(노인복지시설비용수납승인에 관한 경과조치) 이 법 시행당시 종전의 규정에 의하여 시·도지사로부터 비용수납의 승인을 얻은 것은 제46조제5항의 개정규정에 의하여 비용수납에 관한 신고를 한 것으로 본다.

부칙(사립학교교직원연금법) 〈제6124호,2000.1.12〉

제1조(시행일) 이 법은 공포한 날부터 시행한다.
제2조 내지 제4조 생략
제5조(다른 법령의 개정 등) ①내지 ⑪생략
⑫노인복지법중 다음과 같이 개정한다.
제9조제2항 본문중 "사립학교교원연금법"을 "사립학교교직원연금법"으로 한다.
⑬생략
제6조 생략

부칙(주택법) 〈제6916호,2003.5.29〉

제1조(시행일) 이 법은 공포후 6월이 경과한 날부터 시행한다. 〈단서 생략〉
제2조 내지 제11조 생략
제12조(다른 법률의 개정) ①내지 ⑧생략
⑨노인복지법중 다음과 같이 개정한다.
제32조제3항중 "주택건설촉진법"을 "주택법"으로 한다.
⑩내지 〈47〉생략
제13조 생략

부칙 〈제7152호,2004.1.29〉

이 법은 공포후 6월이 경과한 날부터 시행한다.

부칙 <제7452호,2005.3.31>

제1조(시행일) 이 법은 공포 후 3월이 경과한 날부터 시행한다.

제2조(행정처분 등에 관한 일반적 경과조치) ①이 법 시행당시 종전의 제43조제1항 및 제44조의 규정에 의한 행정기관이 행한 처분은 이 법의 개정규정에 의한 행정기관이 행한 처분으로 본다.

②이 법 시행당시 종전의 제33조제2항 · 제35조제2항 · 제39조의3제1항 · 제40조제1항 및 제4항 · 제46조제5항 본문의 규정에 의한 행정기관에 대하여 행한 신고는 이 법의 개정규정에 의한 행정기관에 대하여 행한 신고로 본다.

부칙 <제7585호,2005.7.13>

이 법은 공포 후 3월이 경과한 날부터 시행한다.

2. 노인복지법 시행령

[일부개정 2004.7.30 대통령령 제18502호]

제1조(목적) 이 영은 노인복지법에서 위임된 사항과 그 시행에 관하여 필요한 사항을 규정함을 목적으로 한다.

제2조 삭제 〈1999.8.7〉

제3조 삭제 〈1999.8.7〉

제4조 삭제 〈1999.8.7〉

제5조 삭제 〈1999.8.7〉

제6조 삭제 〈1999.8.7〉

제7조 삭제 〈1999.8.7〉

제8조 삭제 〈1999.8.7〉

제9조 삭제 〈1999.8.7〉

제10조 삭제 〈1999.8.7〉

제11조(노인의 날 등의 행사) 보건복지부장관, 특별시장·광역시장·도지사(이하 "시·도지사"라 한다) 및 시장·군수·구청장(자치구의 구청장을 말한다. 이하 같다)은 매년 노인복지법(이하 "법"이라 한다) 제6조의 규정에 의한 노인의 날, 경로의 달 및 어버이날에 실시하여야 할 행사에 관한 계획을 수립·시행하여야 한다. 〈개정 2004.7.30〉

제12조(노인복지상담원의 임용) ①법 제7조의 규정에 의한 노인복지상담원(이하 "상담원"이라 한다)은 사회복지사업법 제11조의 규정에 의한 사회복지사 3급이상의 자격증 소지자중에서 시장·군수·구청장이 공무원으로 임용한다. 다만, 부득이한 경우에는 공무원외의 자로 위촉할 수 있다.

②위촉한 상담원의 임기는 3년으로 하되, 연임할 수 있다.

③시장·군수·구청장은 필요하다고 인정하는 때에는 아동복지법 제7조의 규정에 의한 아동복지지도원, 장애인복지법 제30조의 규정에 의한 장애인복지상담원 또는 사회복지에 관한 업무를 담당하는 공무원으로 하여금 상담원을 겸직하게 할 수 있다. 〈개정 1999.12.31, 2002.3.9〉

제13조(상담원의 직무) 상담원은 다음 각호의 직무를 담당한다.

1. 노인 및 그 가족 또는 관계인에 대한 상담 및 지도
2. 노인복지에 필요한 가정환경 및 생활실태에 관한 조사
3. 법 제28조의 규정에 의한 조치에 필요한 상담 및 지도
4. 노인의 단체활동 및 취업의 상담
5. 기타 노인의 복지증진에 관한 사항

제14조(상담원의 보수) 상담원(공무원인 상담원과 보수없이 봉사할 것을 자원한 상담원을 제외한

다)에 대하여는 예산의 범위안에서 지방공무원중 일반직 8급 공무원에 상당하는 보수(직무수당·기말수당·정근수당 및 기타수당을 포함한다)를 지급한다.

제15조(경로연금 지급대상자의 선정기준) ①법 제9조제1항제2호의 규정에 의하여 경로연금(이하 "연금"이라 한다) 지급대상자가 되기 위한 소득기준 및 재산기준은 다음 각호와 같다. 〈개정 1999.8.7, 2000.2.28, 2002.3.9, 2003.5.29, 2004.7.30〉

1. 소득기준 : 본인 및 그 부양의무자의 월소득을 합산한 금액을 가구원수로 나누어 얻은 1인당 월평균 소득액이 도시근로자가구의 1인당 월평균 소득액의 100분의 65이하일 것. 이 경우 본인 및 부양의무자의 소득은 국민기초생활보장법 제2조제8호의 규정에 의한 소득평가액의 산출방법에 의하여 산출한다.
2. 재산기준 : 본인 및 부양의무자의 가구(국민기초생활보장법시행령 제2조의 규정에 의한 개별가구를 말한다. 이하 같다)별 재산을 합산한 금액이 본인 및 부양의무자의 가구별 기본재산액(국민기초생활보장법 제2조제9호의 규정에 따라 보건복지부장관이 정하는 기본재산액을 말한다)의 100분의 75를 합산한 금액 이하일 것. 이 경우 본인 및 부양의무자의 가구별 재산의 범위 및 산정기준은 국민기초생활보장법 제2조제9호의 규정에 의한 재산의 소득환산액을 산출하기 위한 재산의 범위와 산정기준에 의한다.

②제1항제1호에서 "도시근로자가구의 1인당 월평균 소득액"이라 함은 통계청장이 통계법시행령 제3조제1항의 규정에 의하여 고시하는 전년도(법 제22조의 규정에 의한 본인 및 그 부양의무자에 대한 소득조사일이 속하는 해의 전년도를 말한다. 이하 이 항에서 같다) 도시근로자가구의 월평균 소득을 전년도의 평균가구원수로 나누어 얻은 금액을 말한다. 〈개정 1999.8.7, 2004.7.30〉

③보건복지부장관은 부양의무자가 국민기초생활보장법시행령 제4조 또는 동령 제5조의 규정에 해당하는 때에는 제1항의 선정기준을 완화하여 정할 수 있다. 〈신설 2002.3.9〉

제16조(연금지급액의 결정) 법 제10조 본문의 규정에 의한 연금지급액은 예산의 범위안에서 매년 보건복지부장관이 결정한다.

제17조(미지급 연금의 지급순위 등) ①법 제13조의 규정에 의한 미지급 연금을 지급받을 자의 순위는 생계를 같이 하고 있던 배우자·자녀·손자녀·부모·조부모의 순으로 한다. 이 경우 동순위자가 2인 이상인 때에는 균분하여 지급한다.

②미지급 연금의 청구방법·절차 및 지급 등에 관하여 필요한 사항은 보건복지부령으로 정한다.

제17조의2(소득 및 재산조사 등) 법 제22조제1항의 규정에 의하여 수급권 발생 등을 확인하기 위한 소득 및 재산 등에 대한 자료의 제출요구 및 재산조사를 하는 경우에는 보건복지부장관이 정하는 바에 따라 최소한의 범위 안에서 하여야 한다.

[본조신설 2002.3.9]

제18조(지역봉사지도원의 활동지원 등) ①국가 또는 지방자치단체는 법 제24조제1항의 규정에 의하여 위촉한 지역봉사지도원의 활동을 지원하고 예산의 범위안에서 활동비 등을 지급할 수 있다.

②시장·군수·구청장은 위촉한 지역봉사지도원이 다음 각호의 1에 해당하는 때에는 해촉하여야 한다.

1. 업무와 관련하여 부정한 행위를 한 때
2. 질병·부상 등의 사유로 인하여 업무수행이 어려운 때

3. 기타 지역봉사지도원으로서의 품위를 손상한 때

③법 제24조제2항제5호에서 "기타 대통령령이 정하는 업무"라 함은 다음 각호의 업무를 말한다.

1. 국가 또는 지방자치단체가 시행하는 노인복지정책의 홍보 및 안내
2. 노인복지시설에 입소한 노인에 대한 생활지도
3. 자원봉사활동 기타 시장 · 군수 · 구청장이 필요하다고 인정하는 업무

제19조(경로우대시설의 종류 등) ①법 제26조제1항의 규정에 의하여 65세이상의 자에 대하여 그 이용요금을 할인할 수 있는 공공시설(이하 "경로우대시설"이라 한다)의 종류와 그 할인율은 별표 1과 같다. 〈개정 2003.5.29〉

②65세이상의 자가 경로우대시설의 이용요금을 할인하여 이용하고자 하는 때에는 당해 시설의 관리자에게 주민등록증 기타 연령을 확인할 수 있는 신분증을 내보여야 한다.

제20조(건강진단 등) ①법 제27조제1항의 규정에 의한 건강진단은 보건복지부장관, 시 · 도지사 또는 시장 · 군수 · 구청장(이하 "복지실시기관"이라 한다)이 2년에 1회이상 국 · 공립병원, 보건소 또는 보건복지부령이 정하는 건강진단기관에서 대상자의 건강상태에 따라 1차 및 2차로 구분하여 실시한다.

②법 제27조제1항의 규정에 의한 보건교육은 복지실시기관이 보건소 또는 보건 · 의료관련 기관 · 단체로 하여금 실시하게 할 수 있다.

③복지실시기관은 제2항의 규정에 의하여 보건교육을 실시한 보건 · 의료관련 기관 · 단체에 대하여 예산의 범위안에서 교육실시에 소요되는 비용을 지원할 수 있다.

제20조의2(긴급전화의 설치 · 운영) ①법 제39조의4제2항의 규정에 의하여 국가 및 지방자치단체는 법 제39조의5제1항의 규정에 의한 노인보호전문기관에 전국적으로 통일된 번호로 매일 24시간 동안 운영되는 긴급전화를 설치하여야 한다.

②긴급전화를 통한 노인학대 신고의 접수 및 상담방법과 그 밖의 세부운영 등에 관하여 필요한 사항은 보건복지부장관이 정하여 고시한다.

[본조신설 2004.7.30]

제20조의3(노인보호전문기관의 지정대상) 법 제39조의5제1항 단서의 규정에 의하여 노인보호전문기관으로 지정할 수 있는 노인복지시설은 다음 각호의 시설중 노인보호전문기관의 설치기준을 충족하는 시설로 한다.

1. 법 제31조제3호의 규정에 의한 노인여가복지시설
2. 법 제31조제4호의 규정에 의한 재가노인복지시설

[본조신설 2004.7.30]

제20조의4(노인보호전문기관 직원의 자격기준) 법 제39조의5제2항의 규정에 의하여 노인보호전문기관의 장 및 상담원은 다음 각호의 1의 자격을 갖춘 자로 한다.

1. 사회복지사업법 제11조의 규정에 의한 사회복지사 자격을 가진 자
2. 7급이상 공무원으로서 국가 또는 지방자치단체에서 사회복지사업에 관한 행정업무에 5년 이상 종사한 경력이 있는 자
3. 의료법 제2조의 규정에 의한 의료인

[본조신설 2004.7.30]

제21조(노인주거복지시설 등의 변경신고 등) ①법 제40조제1항 또는 제4항의 규정에 의하여 노인

주거복지시설·노인의료복지시설(노인전문병원을 제외한다. 이하 같다) 또는 가정봉사원교육기관의 설치신고사항을 변경하거나 그 시설의 폐지 또는 휴지의 신고를 하고자 하는 자는 변경 또는 폐지·휴지 3월전까지 보건복지부령이 정하는 바에 따라 변경 또는 폐지·휴지신고서에 관련 서류를 첨부하여 시·도지사에게 제출하여야 한다. 〈개정 1999.8.7〉

②법 제40조제3항의 규정에 의하여 노인여가복지시설 또는 재가노인복지시설의 설치신고사항을 변경하거나 그 시설의 폐지 또는 휴지의 신고를 하고자 하는 자는 변경 또는 폐지·휴지 3월전까지 보건복지부령이 정하는 바에 따라 변경 또는 폐지·휴지신고서에 관련 서류를 첨부하여 시장·군수·구청장에게 제출하여야한다. 〈개정 1999.8.7〉

제22조(비용의 부담) ①법 제45조제2항의 규정에 의하여 법 제27조 및 제28조의 규정에 의한 건강진단 등과 상담·입소 등의 조치에 소요되는 비용은 예산의 범위안에서 국가 및 지방자치단체가 이를 부담하되, 그 부담비율은 보조금의예산및관리에관한법률시행령 별표 1이 정하는 바에 의한다.

②법 제45조제2항의 규정에 의하여 법 제33조제1항·제35조제1항·제37조제1항 및 제39조제1항의 규정에 의한 노인복지시설의 설치·운영에 소요되는 비용은 당해 노인복지시설을 설치한 국가 또는 지방자치단체가 이를 부담한다.

제23조(비용의 수납) 법 제46조제1항의 규정에 의하여 복지실시기관이 복지조치에 소요된 비용을 수납 또는 청구하는 때에는 당해 노인 또는 그 부양의무자로부터 실비에 해당하는 금액을 수납하거나 청구한다. 다만, 당해 노인이 국민기초생활보장법에 의한 수급권자이거나 수급권자가 아닌 자중 부양의무자가 있어도 그 부양의무자로부터 적절한 부양을 받지 못하는 때에는 그 비용을 수납 또는 청구하지 아니할 수 있다. 〈개정 2002.3.9〉

제24조(비용의 보조) ①법 제47조의 규정에 의하여 국가 또는 지방자치단체가 그 설치·운영에 소요되는 비용을 보조할 수 있는 노인복지시설은 다음 각호와 같다. 〈개정 2004.7.30〉

1. 법 제32조제1항제1호·제2호 또는 제4호의 규정에 의한 양로시설·실비양로시설 또는 실비노인복지주택
2. 법 제34조제1항제1호·제2호 또는 제4호의 규정에 의한 노인요양시설·실비노인요양시설 또는 노인전문요양시설
3. 법 제36조제1항 각호의 규정에 의한 노인여가복지시설
4. 법 제38조제1항 각호의 규정에 의한 재가노인복지시설
5. 법 제39조의5제1항의 규정에 의한 노인보호전문기관

②국가 또는 지방자치단체가 법 제47조의 규정에 의하여 노인복지시설의 설치·운영에 소요되는 비용을 보조하는 경우의 부담비율은 보조금의예산및관리에관한법률시행령 별표 1이 정하는 바에 의한다.

③제1항의 규정에 의하여 국가 또는 지방자치단체가 노인복지시설의 운영에 소요되는 비용을 보조하는 때에는 사회복지사업법 제43조의 규정에 의한 시설평가의 결과 등 당해 노인복지시설의 운영실적을 고려하여 차등하여 보조할 수 있다.

제25조(노인복지명예지도원) ①복지실시기관은 법 제51조의 규정에 의한 노인복지명예지도원을 위촉하는 때에는 당해 지역사회의 실정에 밝고 노인복지에 관한 학식과 경험이 풍부한 자중에서 위촉하여야 한다.

②노인복지명예지도원의 업무는 다음 각호와 같다.

1. 유료양로시설 · 유료노인복지주택 · 유료노인요양시설 및 유료노인전문요양시설(이하 "유료노인복지시설"이라 한다) 입소노인의 의견수렴 및 수렴된 의견의 복지실시기관에의 건의
2. 유료노인복지시설 운영에 관련된 위법사항의 복지실시기관에의 신고

③복지실시기관은 제1항의 규정에 의하여 노인복지명예지도원을 위촉한 때에는 보건복지부령이 정하는 바에 따라 노인복지명예지도원증을 교부하여야 한다.

제26조(권한의 위임) 시 · 도지사는 법 제53조제1항의 규정에 의하여 다음 각호의 권한을 시장 · 군수 · 구청장에게 위임한다. 〈개정 1999.8.7〉

1. 법 제33조제2항의 규정에 의한 노인주거복지시설의 설치신고의 수리
2. 법 제35조제2항 본문의 규정에 의한 노인의료복지시설의 설치신고의 수리

2의2. 법 제39조의3제1항의 규정에 의한 가정봉사원교육기관 설치신고의 수리

3. 법 제40조제1항 또는 제4항의 규정에 의한 노인주거복지시설 · 노인의료복지시설 또는 가정봉사원교육기관의 설치신고사항의 변경 또는 그 시설의 폐지 · 휴지 신고의 수리
4. 법 제43조제1항의 규정에 의한 노인주거복지시설 또는 노인의료복지시설에 대한 사업의 정지 또는 폐지 명령
5. 법 제46조제5항 본문의 규정에 의한 비용수납의 신고
6. 삭제 〈1999.8.7〉

제27조(과태료의 부과 · 징수절차) ①복지실시기관은 법 제61조제2항의 규정에 의하여 과태료를 부과하는 때에는 당해 위반행위를 조사 · 확인한 후 위반사실 · 과태료금액 등을 서면으로 명시하여 이를 납부할 것을 과태료처분대상자에게 통지하여야 한다. 〈개정 2003.5.29, 2004.7.30〉

②복지실시기관은 제1항의 규정에 의하여 과태료를 부과하고자 하는 때에는 10일이상의 기간을 정하여 과태료처분대상자에게 구술 또는 서면(전자문서를 포함한다)에 의한 의견진술의 기회를 주어야 한다. 이 경우 지정된 기일까지 의견진술이 없는 때에는 의견이 없는 것으로 본다. 〈개정 2003.5.29, 2004.3.17, 2004.7.30〉

③복지실시기관이 부과하는 과태료의 부과기준은 별표 2와 같다. 〈개정 2004.7.30〉

④과태료의 징수절차는 보건복지부령으로 정한다.

부칙 〈제15813호,1998.6.20〉

①(시행일) 이 영은 공포한 날부터 시행한다. 다만, 제15조 내지 제17조 및 제24조제3항의 개정규정은 1998년 7월 1일부터 시행한다.

②(인용법령에 관한 적용례) 제12조제1항 본문의 개정규정중 "사회복지사업법 제11조"는 1998년 6월 30일까지는 이를 "사회복지사업법시행령 제11조"로 본다.

부칙(기획예산처직제) 〈제16326호,1999.5.24〉

제1조(시행일) 이 영은 공포한 날부터 시행한다.

제2조 및 제3조 생략

제4조(다른 법령의 개정) ①내지 〈35〉생략

〈36〉노인복지법시행령중 다음과 같이 개정한다.

제3조제3항제1호중 "기획예산위원회위원장"을 "기획예산처장관"으로 한다.
〈37〉내지 〈109〉생략

부칙 〈제16527호,1999.8.7〉

이 영은 공포한 날부터 시행한다. 다만, 제21조, 제26조제2호의2 및 제3호의 개정규정은 1999년 8월 9일부터 시행한다.

부칙(장애인복지법시행령) 〈제16682호,1999.12.31〉

제1조(시행일) 이 영은 2000년 1월 1일부터 시행한다.
제2조 생략
제3조(다른 법령의 개정) ①생략
②노인복지법시행령중 다음과 같이 개정한다.
제12조제3항중 "장애인복지법 제7조의 규정에 의한 장애인복지지도원"을 "장애인복지법 제30조의 규정에 의한 장애인복지상담원"으로 한다.
③내지 ⑪생략
제4조 생략

부칙 〈제16737호,2000.2.28〉

이 영은 공포한 날부터 시행한다.

부칙 〈17540호,2002.3.9〉

이 영은 공포한 날부터 시행한다.

부칙 〈제17983호,2003.5.29〉

이 영은 공포한 날부터 시행한다.

부칙(전자적민원처리를위한가석방자관리규정등중개정령) 〈제18312호,2004.3.17〉

이 영은 공포한 날부터 시행한다.

부칙 〈제18502호,2004.7.30〉

이 영은 2004년 7월 30일부터 시행한다.

3. 노인복지법 시행규칙

[일부개정 2005.6.8 보건복지부령 317호]

제1조(목적) 이 규칙은 노인복지법 및 동법시행령에서 위임된 사항과 그 시행에 관하여 필요한 사항을 규정함을 목적으로 한다.

제2조(경로연금지급의 신청등) ①노인복지법(이하 "법"이라 한다) 제11조의 규정에 의하여 경로연금(이하 "연금"이라 한다)을 지급받고자 하는 자는 경로연금지급신청서에 다음 각호의 서류를 첨부하여 주소지를 관할하는 시장・군수・구청장(자치구의 구청장을 말한다. 이하 같다)에게 제출하여야 한다. 다만, 법 제9조제1항제1호에 해당하는 자(이하 "생활보장대상노인"이라 한다)의 경우에는 신청서를 제출하지 아니할 수 있다. 〈개정 2001.2.10〉

1. 호적등본 1부
2. 소득・재산관계 서류(부동산등기부등본, 자동차등록증사본 및 전세・월세계약서사본등을 말한다) 각 1부

②제1항의 규정에 의하여 연금지급신청을 받은 시장・군수・구청장은 연금을 지급받고자 하는 자와 그 부양의무자의 소득 및 재산 상황을 조사・확인한 후 연금의 지급여부를 신청자에게 통보하여야 한다. 이 경우 연금을 지급하기로 결정한 때에는 경로연금지급대상자결정통지서를 신청자에게 교부하여야 한다. 〈개정 1999.8.25, 2001.2.10, 2004.8.7〉

③연금은 현금으로 지급한다.

제3조(수급권자의 현황관리) ①시장・군수・구청장은 연금을 지급받을 권리를 가지는 자(이하 "수급권자"라 한다)별 소득・재산 및 가족 상황 등을 경로연금수급권자관리카드에 기록・관리하여야 한다. 〈개정 1999.8.25, 2001.2.10〉

②시장・군수・구청장은 관할구역내의 수급권자 현황을 기재한 수급권자관리대장을 작성・비치하여야 한다. 〈개정 2001.2.10〉

③시장・군수・구청장은 별지 제5호서식에 따라 매년도 수급권자관리현황을 작성하여 다음해 1월 20일까지 특별시장・광역시장 또는 도지사(이하 "시・도지사"라 한다)를 거쳐 보건복지부장관에게 보고하여야 한다.

제4조(미지급 연금의 청구) 법 제13조 및 노인복지법시행령(이하 "영"이라 한다) 제17조의 규정에 의하여 미지급 연금을 지급받고자 하는 자는 별지 제6호서식의 미지급경로연금지급청구서에 다음 각호의 서류를 첨부하여 시장・군수・구청장에게 제출하여야 한다.

1. 수급권자의 사망사실을 입증할 수 있는 서류 1부
2. 삭제 〈2002.12.20〉
3. 대표자선정서(동순위 청구권자가 2인이상인 경우에 한한다) 1부

제5조(이의신청등) ①법 제19조의 규정에 의하여 수급권자의 자격인정등에 관하여 이의신청을 하고자 하는 자는 별지 제7호서식의 이의신청서를 시장・군수・구청장에게 제출하여야 한다.

②제1항의 규정에 의한 이의신청을 받은 시장·군수·구청장은 신청일부터 30일이내에 이를 심사하여 그 결과를 신청인에게 통보하여야 한다.

제6조(수급권 상실신고) 법 제21조의 규정에 의하여 수급권 상실에 관한 신고를 하고자 하는 자는 그 사유가 발생한 날부터 30일이내에 별지 제8호서식의 경로연금수급권상실신고서를 시장·군수·구청장에게 제출하여야 한다.

제7조(지역봉사지도원의 위촉) ①법 제24조제1항의 규정에 의하여 지역봉사지도원으로 위촉받고자 하는 자는 이력서를 주소지를 관할하는 시장·군수·구청장에게 제출하여야 한다. 〈개정 2002.12.20〉

②제1항의 규정에 의하여 위촉신청을 받은 시장·군수·구청장은 신청일부터 10일이내에 그 위촉여부를 신청자에게 통보하여야 한다. 이 경우 지역봉사지도원으로 위촉하기로 결정한 때에는 별지 제9호서식의 지역봉사지도원증을 교부하여야 한다.

제8조(건강진단기관) 영 제20조제1항에서 "보건복지부령이 정하는 건강진단기관"이라 함은 다음 각호의 기관을 말한다. 〈개정 2001.2.10, 2001.10.9〉

1. 법 제34조제1항제6호의 규정에 의한 노인전문병원
2. 국민건강보험법 제40조제1항의 규정에 의한 요양기관(약국을 제외한다)
3. 삭제 〈2001.2.10〉
4. 의료급여법 제2조제2호의 규정에 의한 의료급여기관

제9조(건강진단) 영 제20조제1항의 규정에 의하여 보건복지부장관, 시·도지사 또는 시장·군수·구청장(이하 "복지실시기관"이라 한다)이 건강진단을 실시하고자 하는 때에는 그 실시기간·장소·진단기관 및 대상자의 범위등을 정하여 건강진단 실시 예정일 14일전까지 이를 공고하여야 한다.

제10조(입소조치) ①복지실시기관은 법 제28조제1항제2호 및 제3호의 규정에 의하여 노인을 노인주거복지시설등에 입소시키거나 입소를 위탁하고자 하는 때에는 별지 제10호서식에 의한 입소의뢰서를 해당시설의 장에게 송부하고 그 사실을 당해노인 및 그 부양의무자에게 통지하여야 한다.

②노인주거복지시설·노인의료복지시설 및 재가노인복지시설의 장은 긴급히 보호하여야 할 필요가 있는 노인을 발견한 때에는 당해노인을 입소조치할 수 있다. 이 경우 당해시설의 장은 지체없이 그 사실을 시장·군수·구청장에게 보고하여야 한다.

③시장·군수·구청장은 제2항 후단의 규정에 의한 보고를 받은 때에는 지체없이 그 사실을 확인하여 당해시설의 장에게 별지 제10호서식에 의한 입소의뢰서를 교부하거나 직접 법 제28조제1항제1호의 규정에 의한 조치를 하여야 한다.

제11조 (치매연구관리사업) 법 제29조의 규정에 의한 치매연구 및 관리사업의 업무내용은 다음 각호와 같다.

1. 치매환자의 등록·관리
2. 치매환자의 관리에 관한 표준지침의 연구
3. 노인복지시설의 종사자, 치매환자 및 그 보호자등에 대한 치매관련 전문교육의 실시
4. 치매관련 의료 및 복지서비스에 관한 연구
5. 재택치매관리사업
6. 기타 보건복지부장관이 치매연구 및 관리사업에 관하여 필요하다고 인정하는 업무

제12조(치매상담신고센터의 설치등) ①시장·군수·구청장은 관할보건소에 치매예방 및 치매환자 관리를 위한 치매상담신고센터를 설치하여야 한다.

②제1항의 규정에 의한 치매상담신고센터는 다음 각호의 업무를 행한다.

1. 치매환자의 등록·관리
2. 치매환자 및 그 보호자에 대한 상담
3. 치매의 예방 및 치매환자의 간병요령등에 관한 교육의 실시
4. 재택치매환자에 대한 방문·관리
5. 치매환자의 노인전문요양시설등에의 입소안내
6. 기타 시장·군수·구청장이 치매예방 및 치매환자관리에 관하여 필요하다고 인정하는 업무

③시장·군수·구청장은 보건소에 배치되어 있는 의사·간호사 또는 정신보건전문요원중에서 제2항의 업무를 담당할 치매상담전문요원 1인이상을 지정하여야 한다.

④시장·군수·구청장은 제3항의 규정에 의하여 지정된 치매상담전문요원이 제2항제2호의 규정에 의하여 치매환자 및 그 보호자에 대한 상담을 실시한 때에는 별지 제11호서식의 치매환자상담대장을 기록·관리하여야 한다.

⑤보건복지부장관은 제3항의 규정에 의하여 지정된 치매상담전문요원에 대하여 치매전문교육을 실시할 수 있다.

제13조(노인재활요양사업의 지원) ①복지실시기관은 법 제30조의 규정에 의하여 보건소 또는 노인복지시설에 대하여 노인건강증진 및 노인성질환예방등 노인재활요양에 필요한 전문인력 및 장비를 지원할 수 있다.

②복지실시기관은 노인건강증진 및 노인성질환예방등 노인재활요양을 위한 프로그램을 개발·보급하여야 한다.

제14조(노인주거복지시설의 입소대상자 등) ①법 제32조의 규정에 의한 노인주거복지시설의 입소대상자는 다음 각호와 같다. 〈개정 2001.2.10, 2002.12.20, 2004.8.7〉

1. 양로시설 : 다음 각목에 해당하는 자로서 일상생활에 지장이 없는 자
   가. 생활보장대상노인
   나. 생활보장대상노인이 아닌 65세이상의 자중 그 부양의무자로부터 적절한 부양을 받지 못하는 자
2. 실비양로시설 : 본인 및 본인과 생계를 같이 하고 있는 부양의무자의 월소득을 합산한 금액을 가구원수로 나누어 얻은 1인당 월평균 소득액이 통계청장이 통계법시행령 제3조의 규정에 의하여 고시하는 전년도(본인 등에 대한 소득조사일이 속하는 해의 전년도를 말한다)의 도시근로자가구 월평균 소득을 전년도의 평균 가구원수로 나누어 얻은 1인당 월평균 소득액 이하인 자(이하 "실비보호대상자"라 한다)로서 일상생활에 지장이 없는 65세이상의 자
3. 유료양로시설 : 일상생활에 지장이 없는 60세이상의 자
4. 실비노인복지주택 : 실비보호대상자로서 단독취사등 독립된 주거생활을 하는 데 지장이 없는 65세이상의 자
5. 유료노인복지주택 : 단독취사등 독립된 주거생활을 하는데 지장이 없는 60세이상의 자

②제1항제1호의 규정에 불구하고 양로시설의 입소인원이 정원의 100분의 95미만인 경우에는 정원의 100분의 95에 달할 때까지 실비양로시설 입소대상자도 당사자간의 계약에 의하여 양로시설에 입소할 수 있다. 다만, 실비양로시설 입소대상자의 입소인원이 당해 양로시설 정원의 100

분의 30을 초과하여서는 아니된다. 〈개정 2002.12.20〉

③제2항 본문의 경우 입소대상자가 계약을 체결할 수 없는 부득이한 사유가 있다고 시장·군수·구청장이 인정하는 때에는 입소대상자의 부양의무자가 입소대상자를 대신하여 계약당사자가 될 수 있다. 〈개정 2004.8.7〉

④제1항 각호의 규정에 불구하고 입소대상자의 배우자는 65세미만(유료양로시설 및 유료노인복지주택의 경우에는 60세미만)인 때에도 입소대상자와 함께 입소할 수 있다.

第15條(양로시설등의 입소절차등) ①양로시설의 입소는 당사자의 신청에 의한다.

②양로시설 입소대상자가 당해시설에 입소하고자 하는 때에는 입소신청서에 입소신청사유서 및 관련 증빙자료를 첨부하여 주소지를 관할하는 시장·군수·구청장에게 제출하여야 한다. 다만, 생활보장대상노인은 입소신청사유서 및 관련 증빙자료를 첨부하지 아니한다. 〈개정 2001.2.10〉

③제2항의 규정에 의한 신청을 받은 시장·군수·구청장은 신청일부터 10일이내에 입소대상자의 건강상태와 부양의무자의 부양능력등을 심사하여 입소여부와 입소시설을 결정한 후 이를 신청인 및 당해시설의 장에게 통지하여야 한다.

④시장·군수·구청장은 양로시설 입소자중 제14조제1항제1호 나목에 해당하는 자에 대하여는 6월마다 부양의무자의 부양능력등을 심사하여 입소여부를 재결정하여야 한다.

⑤실비양로시설·유료양로시설의 입소는 당사자간의 계약(분양계약을 제외한다)에 의한다.

⑥실비노인복지주택 및 유료노인복지주택의 입소는 임대 또는 분양계약에 의한다. 이 경우 임대 또는 분양계약 신청자가 당해시설의 정원을 초과하는 때에는 다음 각호의 순위에 의하되, 동순위자가 있는 때에는 신청순위에 의한다.

1. 부양의무자가 없는 자
2. 주민등록법상 연령이 많은 자
3. 배우자와 함께 입소하는 자

⑦제14조제3항의 규정은 제5항 및 제6항의 규정에 의한 계약에 관하여 이를 준용한다.

⑧유료양로시설의 설치자는 시설을 설치할 토지의 소유권 또는 사용권을 확보하고 시설의 건축공정이 별표 1에 의한 기준공정에 도달한 후에 입소자를 모집할 수 있다. 〈개정 1999.8.25〉

第16條(노인주거복지시설의 설치신고 등) ①법 제33조제2항의 규정에 의하여 노인주거복지시설을 설치하고자 하는 자는 별지 제13호서식의 노인주거복지시설설치신고서에 다음 각호의 서류를 첨부하여 시장·군수·구청장에게 제출하여야 한다. 다만, 「전자정부구현을 위한 행정업무 등의 전자화촉진에 관한 법률」 제21조제1항의 규정에 따른 행정정보의 공동이용을 통하여 첨부서류에 대한 정보를 확인할 수 있는 경우에는 그 확인으로 첨부서류에 갈음할 수 있다. 〈개정 2002.12.20, 2005.6.8〉

1. 설치하고자 하는 자가 법인인 경우에는 정관 및 법인등기부등본 각 1부
2. 위치도·평면도 및 설비구조내역서 각1부
3. 입소보증금·이용료 기타 입소자의 비용부담 관계서류 1부
4. 사업계획서(제공되는 서비스의 내용을 포함하며, 유료양로시설 및 유료노인복지주택의 경우에는 의료기관과의 연계에 관한 사항을 포함한다) 1부
5. 시설을 설치할 토지 및 건물의 소유권을 증명할 수 있는 서류(유료양로시설의 경우에는 사용권을 증명할 수 있는 서류로 갈음할 수 있다) 각 1부

②삭제 〈1999.8.25〉

③시장·군수·구청장은 제1항의 규정에 의하여 노인주거복지시설의 설치신고를 수리한 때에는 별지 제15호서식의 노인주거복지시설설치신고필증을 신고인에게 교부하여야 한다. 〈개정 1999.8.25〉

제17조(노인주거복지시설의 시설기준등) ①법 제33조의 규정에 의한 노인주거복지시설의 시설기준 및 직원배치기준은 별표 2와 같다.

②법 제33조의 규정에 의한 노인주거복지시설의 운영기준은 별표 3과 같다.

제18조(노인의료복지시설의 입소대상자등) ①법 제34조의 규정에 의한 노인의료복지시설의 입1. 노인요양시설 : 제14조제1항제1호 각목에 해당하는 자로서 노인성질환등으로 요양을 필요로 하는 자

2. 실비노인요양시설 : 실비보호대상자로서 노인성질환등으로 요양을 필요로 하는 65세이상의 자
3. 유료노인요양시설 : 노인성질환등으로 요양을 필요로 하는 60세이상의 자
4. 노인전문요양시설 : 제14조제1항제1호 각목에 해당하는 자로서 치매·중풍등 중증 노인성질환으로 요양을 필요로 하는 자
5. 유료노인전문요양시설 : 치매·중풍등 중증 노인성질환으로 요양을 필요로 하는 60세이상의 자
6. 노인전문병원
   가. 노인성질환으로 치료 및 요양을 필요로 하는 자
   나. 임종을 앞둔 환자

②제1항제1호 및 제4호의 규정에 불구하고 노인요양시설 또는 노인전문요양시설의 입소인원이 정원의 100분의 95미만인 경우에는 정원의 100분의 95에 달할 때까지 당사자간의 계약에 의하여 실비노인요양시설 입소대상자의 경우에는 노인요양시설에, 유료노인전문요양시설 입소대상자(실비보호대상자의 경우에 한한다. 이하 이 항에서 같다)의 경우에는 노인전문요양시설에 각각 입소할 수 있다. 다만, 실비노인요양시설 입소대상자 또는 유료노인전문요양시설 입소대상자의 입소인원이 각각 당해 노인요양시설 또는 노인전문요양시설 정원의 100분의 30을 초과하여서는 아니된다. 〈개정 2002.12.20〉

③제14조제3항의 규정은 제2항 본문의 규정에 의한 계약에 관하여 이를 준용한다.

④제1항제1호 내지 제5호의 규정에 불구하고 입소대상자의 배우자는 65세미만(유료노인요양시설 또는 유료노인전문요양시설의 경우에는 60세미만)인 때에도 입소대상자와 함께 입소할 수 있다.

제19조(노인의료복지시설의 입소절차등) ①노인요양시설 또는 노인전문요양시설의 입소는 당사자의 신청에 의한다.

②노인요양시설 또는 노인전문요양시설 입소대상자가 당해 시설에 입소하고자 하는 때에는 입소신청서에 다음 각호의 서류를 첨부하여 주소지를 관할하는 시장·군수·구청장에게 제출하여야 한다. 〈개정 2001.2.10〉

1. 건강진단서 1부
2. 입소신청사유서 및 관련 증빙자료 각 1부(생활보장대상노인의 경우에는 제외한다)

③제2항의 규정에 의한 신청을 받은 시장·군수·구청장은 신청일부터 10일이내에 입소대상자의 건강상태와 부양의무자의 부양능력등을 심사하여 입소여부와 입소시설을 결정한 후 이를 신

청인 및 당해시설의 장에게 통지하여야 한다.

④시장·군수·구청장은 노인요양시설 또는 노인전문요양시설 입소자중 생활보장대상노인이 아닌 자(제18조제2항의 규정에 의하여 당사자간의 계약에 의하여 입소한 자를 제외한다)에 대하여는 6월마다 입소자의 건강상태 또는 부양의무자의 부양능력등을 심사하여 입소여부를 재결정하여야 한다. 〈개정 2001.2.10〉

⑤실비노인요양시설·유료노인요양시설 및 유료노인전문요양시설의 입소는 당사자간의 계약(분양계약을 제외한다)에 의한다.

⑥제14조제3항의 규정은 제5항의 규정에 의한 계약에 관하여 이를 준용한다.

⑦유료노인요양시설 및 유료노인전문요양시설의 설치자는 시설을 설치할 토지의 소유권 또는 사용권을 확보하고 시설의 건축공정이 별표 1에 의한 기준공정에 도달한 후에 입소자를 모집하여야 한다.

⑧실비노인요양시설·유료노인요양시설 및 유료노인전문요양시설에 입소하고자 하는 자는 국·공립병원, 보건소 또는 제8조의 규정에 의한 건강진단기관이 발행한 건강진단서를 당해시설의 장에게 제출하여야 한다.

제20조(노인의료복지시설의 설치신고 등) ①법 제35조의 규정에 의하여 노인의료복지시설(노인전문병원을 제외한다. 이하 이 조에서 같다)을 설치하고자 하는 자는 별지 제16호서식의 노인의료복지시설설치신고서에 다음 각호의 서류를 첨부하여 시장·군수·구청장에게 제출하여야 한다. 다만, 「전자정부구현을 위한 행정업무 등의 전자화촉진에 관한 법률」 제21조제1항의 규정에 따른 행정정보의 공동이용을 통하여 첨부서류에 대한 정보를 확인할 수 있는 경우에는 그 확인으로 첨부서류에 갈음할 수 있다. 〈개정 2002.12.20, 2005.6.8〉

1. 설치하고자 하는 자가 법인인 경우에는 정관 및 법인등기부등본 각 1부
2. 위치도·평면도 및 설비구조내역서 각 1부
3. 입소보증금·이용료 기타 입소자의 비용부담 관계서류 1부
4. 사업계획서(제공되는 서비스의 내용 및 의료기관과의 연계에 관한 사항을 포함한다) 1부
5. 시설을 설치할 토지 및 건물의 소유권을 증명할 수 있는 서류(유료노인요양시설 및 유료노인전문요양시설의 경우에는 사용권을 증명할 수 있는 서류로 갈음할 수 있다) 각 1부

②시장·군수·구청장은 제1항의 규정에 의하여 노인의료복지시설의 설치신고를 수리한 때에는 별지 제15호서식의 노인의료복지시설설치신고필증을 신고인에게 교부하여야 한다. 〈개정 1999.8.25〉

제21조(노인전문병원의 설치허가등) ①법 제35조제2항 단서의 규정에 의하여 노인전문병원의 설치허가를 받고자 하는 자는 별지 제17호서식에 의한 허가신청서에 다음 각호의 서류를 첨부하여 시·도지사에게 제출하여야 한다. 다만, 「전자정부구현을 위한 행정업무 등의 전자화촉진에 관한 법률」 제21조제1항의 규정에 따른 행정정보의 공동이용을 통하여 첨부서류에 대한 정보를 확인할 수 있는 경우에는 그 확인으로 첨부서류에 갈음할 수 있다. 〈개정 2000.10.21, 2005.6.8〉

1. 설치허가를 받고자 하는 자가 법인인 경우에는 법인설립허가증사본(정부투자기관을 제외한다)·법인등기부등본·정관 및 사업계획서 각 1부(의료법에 의한 의료법인의 경우에는 법인등기부등본, 동법에 의한 의료인인 경우에는 사업계획서에 한한다)
2. 설치허가를 받고자 하는 자가 의료인인 경우에는 면허증 사본 1부
3. 건물평면도 및 그 구조설명서 각 1부

4. 진료과목(의료법시행규칙 제30조제1항제2호 및 제4호의 규정에 의한 진료과목을 말한다) 및 진료과목별 시설·정원등의 개요설명서 1부
5. 의료보수표 1부

②시·도지사는 제1항의 규정에 의하여 노인전문병원의 설치허가를 한 때에는 별지 제18호서식의 노인전문병원설치허가증을 교부하여야 한다.

③시·도지사는 제2항의 규정에 의하여 노인전문병원의 설치허가증을 교부한 때에는 병원별 관리카드를 작성·비치하여야 한다.

제22조(노인의료복지시설의 시설기준등) ①법 제35조의 규정에 의한 노인의료복지시설(노인전문병원을 제외한다)의 시설기준 및 직원배치기준은 별표 4와 같다.

②법 제35조의 규정에 의한 노인의료복지시설(노인전문병원을 제외한다)의 운영기준은 별표 5와 같다.

③법 제35조제3항 단서의 규정에 의한 노인전문병원의 시설기준 및 직원배치기준은 별표 6의 시설기준 및 직원배치기준과 의료법시행규칙 별표 2 내지 별표 4의 규정중 요양병원에 관한 시설기준 및 직원배치기준에 의한다. 〈개정 1999.8.25〉

제23조(다른 시설로의 입소조치) ①시장·군수·구청장은 입소자의 건강상태를 참작하여 필요하다고 인정하는 경우에는 제14조제1항제1호의 규정에 의한 양로시설 입소자를 노인요양시설 또는 노인전문요양시설로 입소시키거나 제18조제1항제1호 또는 제4호의 규정에 의한 노인요양시설 또는 노인전문요양시설의 입소자를 양로시설로 입소시킬 수 있다.

②시장·군수·구청장은 제1항의 조치를 하고자 하는 때에는 입소자의 건강상태에 대하여 시설의 장 및 의사(한의사를 포함한다)의 의견을 들어야 한다.

제24조(노인여가복지시설의 이용대상자 및 이용절차) ①법 제36조의 규정에 의한 노인여가복지시설의 이용대상자는 다음 각호와 같다.

1. 노인복지회관 및 노인교실 : 60세이상의 자
2. 경로당 : 65세이상의 자
3. 노인휴양소 : 60세이상의 자 및 그와 동행하는 자. 다만, 이용인원이 정원에 미달하는 때에는 정원의 100분의 30의 범위안에서 그 외의 자도 이용할 수 있다.

②제1항제1호의 규정에 불구하고 노인복지회관 및 노인교실 이용대상자의 배우자는 60세미만인 때에도 이용대상자와 함께 이용할 수 있다.

③노인여가복지시설의 이용은 시설별 운영규정이 정하는 바에 의한다.

제25조(노인여가복지시설의 설치신고 등) ①법 제37조의 규정에 의하여 노인여가복지시설을 설치하고자 하는 자는 별지 제19호서식의 노인여가복지시설설치신고서에 다음 각호의 서류를 첨부하여 시장·군수·구청장에게 제출하여야 한다. 다만, 「전자정부구현을 위한 행정업무 등의 전자화촉진에 관한 법률」 제21조제1항의 규정에 따른 행정정보의 공동이용을 통하여 첨부서류에 대한 정보를 확인할 수 있는 경우에는 그 확인으로 첨부서류에 갈음할 수 있다. 〈개정 2002.12.20, 2005.6.8〉

1. 설치하고자 하는 자가 법인인 경우에는 정관 및 법인등기부등본 각 1부
2. 위치도·평면도 및 설비구조내역서 각 1부(경로당 및 노인교실을 제외한다)
3. 이용료 기타 이용자의 비용부담 관계서류 1부(경로당을 제외한다)
4. 사업계획서 1부

5. 시설을 설치할 토지 및 건물의 소유권을 증명할 수 있는 서류(경로당 및 노인교실의 경우에는 사용권을 증명할 수 있는 서류로 갈음할 수 있다) 각 1부

②시장·군수·구청장은 제1항의 규정에 의하여 노인여가복지시설의 설치신고를 수리한 때에는 별지 제15호서식의 노인여가복지시설설치신고필증을 신고인에게 교부하여야 한다. 〈개정 1999.8.25〉

제26조(노인여가복지시설의 시설기준등) ①법 제37조의 규정에 의한 노인여가복지시설의 시설기준 및 직원배치기준은 별표 7과 같다.

②법 제37조의 규정에 의한 노인여가복지시설의 운영기준은 별표 8과 같다.

제27조(재가노인복지시설의 이용대상자 및 이용절차) ①법 제38조의 규정에 의한 재가노인복지시설의 이용대상자는 60세이상의 자로서 다음 각호의 구분에 의한다. 다만, 국가 또는 지방자치단체의 보조를 받는 재가노인복지시설의 이용대상자는 제14조제1항제1호 각목에 해당하는 자 및 실비보호대상자로서 65세이상의 자에 한한다.

1. 가정봉사원파견시설 : 신체적·정신적 장애로 일상생활을 영위하기 곤란한 자로서 가정에서의 보호가 필요한 자
2. 주간보호시설 : 심신이 허약하거나 장애가 있는 자로서 낮동안의 보호가 필요한 자
3. 단기보호시설 : 심신이 허약하거나 장애가 있는 자로서 단기간의 보호가 필요한 자

②재가노인복지시설의 이용은 당사자간의 계약에 의한다.

③제14조제3항의 규정은 제2항의 규정에 의한 계약에 관하여 이를 준용한다.

제28조(재가노인복지시설의 설치신고 등) ①법 제39조의 규정에 의하여 재가노인복지시설을 설치하고자 하는 자는 별지 제20호서식의 재가노인복지시설설치신고서에 다음 각호의 서류를 첨부하여 시장·군수·구청장에게 제출하여야 한다. 다만, 「전자정부구현을 위한 행정업무 등의 전자화촉진에 관한 법률」 제21조제1항의 규정에 따른 행정정보의 공동이용을 통하여 첨부서류에 대한 정보를 확인할 수 있는 경우에는 그 확인으로 첨부서류에 갈음할 수 있다. 〈개정 2002.12.20, 2005.6.8〉

1. 설치하고자 하는 자가 법인인 경우에는 정관 및 법인등기부등본 각 1부
2. 위치도·평면도 및 설비구조내역서 1부(가정봉사원파견시설을 제외한다)
3. 이용료 기타 이용자의 비용부담 관계서류 1부
4. 사업계획서(사업대상 및 서비스내용을 포함한다) 1부
5. 시설을 설치할 토지 및 건물의 소유권 또는 사용권을 증명할 수 있는 서류 각 1부

②시장·군수·구청장은 제1항의 규정에 의하여 재가노인복지시설의 설치신고를 수리한 때에는 별지 제15호서식의 재가노인복지시설설치신고필증을 신고인에게 교부하여야 한다. 〈개정 1999.8.25〉

제29조(재가노인복지시설의 시설기준등) ①법 제39조의 규정에 의한 재가노인복지시설의 시설기준 및 직원배치기준은 별표 9와 같다.

②법 제39조의 규정에 의한 재가노인복지시설의 운영기준은 별표 10과 같다.

제29조의2(가정봉사원의 교육) 법 제39조의2의 규정에 의하여 가정봉사원파견시설에 종사하는 가정봉사원은 법 제39조의3의 규정에 의한 가정봉사원교육기관에서 연간 8시간이상의 교육을 받아야 한다.

[본조신설 1999.8.25]

제29조의3(가정봉사원교육기관의 설치신고등) ①법 제39조의3제1항의 규정에 의하여 가정봉사원교육기관을 설치하고자 하는 자는 별지 제20호의2서식의 가정봉사원교육기관설치신고서에 다음 각호의 서류를 첨부하여 시장·군수·구청장에게 제출하여야 한다.

1. 교육시설 및 설비목록 각 1부
2. 재가노인복지시설설치신고필증 사본 1부(재가노인복지시설의 장과 가정봉사원 실습을 위한 시설사용계약을 체결한 경우에는 그 계약을 체결한 재가노인복지시설의 시설설치신고필증 사본을 말한다)
3. 재가노인복지시설사용계약서 사본 1부(재가노인복지시설의 장과 가정봉사원 실습을 위한 시설사용계약을 체결한 경우에 한한다)

②시장·군수·구청장은 제1항의 규정에 의하여 가정봉사원교육기관의 설치신고를 수리한 때에는 별지 제15호서식의 가정봉사원교육기관설치신고필증을 신고인에게 교부하여야 한다.

③법 제39조의3의 규정에 의한 가정봉사원교육기관의 시설기준 및 직원배치기준은 별표 10의2와 같다.

④법 제39조의3의 규정에 의한 가정봉사원교육기관의 운영기준은 별표 10의3과 같다.

[본조신설 1999.8.25]

제29조의4(노인보호전문기관의 설치 및 운영기준) 법 제39조의5제1항 본문의 규정에 의한 노인보호전문기관의 설치 및 운영기준은 별표 10의4와 같다.

[본조신설 2004.8.7]

제29조의5(노인보호전문기관의 지정절차) ①보건복지부장관 또는 시·도지사는 법 제39조의5제1항 단서의 규정에 의하여 다른 노인복지시설을 노인보호전문기관으로 지정하고자 하는 경우에는 지정대상의 수, 지정기간, 신청절차 그 밖에 지정에 관하여 필요한 사항을 정한 노인보호전문기관지정운영계획을 미리 수립하여 이를 공고하여야 한다.

②영 제20조의3 각호의 규정에 의한 노인복지시설을 운영하는 자로서 노인보호전문기관으로 지정받고자 하는 자는 별지 제20호의3서식의 노인보호전문기관지정신청서에 다음 각호의 서류를 첨부하여 보건복지부장관 또는 시·도지사에게 제출하여야 한다.

1. 노인복지시설신고증 사본
2. 노인복지업무 수행실적을 기재한 서류
3. 노인보호전문기관 사업계획서
4. 노인보호전문기관으로 사용하고자 하는 시설의 평면도(구조별 면적을 표시하여야 한다)
5. 직원의 명단과 자격증 사본(자격증이 필요한 직원에 한하되, 자격증을 확인한 경우에는 이를 첨부하지 아니한다)

③보건복지부장관 또는 시·도지사는 제1항의 규정에 의하여 노인보호전문기관의 지정신청을 받은 경우에는 노인인구, 업무범위 및 신청인의 업무수행능력 등을 고려하여 노인보호전문기관을 지정하고, 별지 제20호의4서식의 노인보호전문기관지정서를 신청인에게 교부하여야 한다.

④제3항의 규정에 의하여 노인보호전문기관으로 지정받은 자가 기관의 장, 사업계획, 소재지 또는 시설의 구조를 변경한 때에는 별지 제20호의5서식의 변경신고서에 노인보호전문기관지정서와 다음 각호의 구분에 따른 서류를 첨부하여 보건복지부장관 또는 관할 시·도지사에게 제출하여야 한다.

1. 기관의 장 변경의 경우 : 사유서(법인인 경우에는 기관의 장 변경을 결의한 이사회의 회의

록 사본을 말한다) 및 변경된 기관의 장의 이력서
2. 사업계획 변경의 경우 : 사유서(법인인 경우에는 사업계획 변경을 결의한 이사회의 회의록 사본을 말한다) 및 변경된 사업계획서
3. 소재지 또는 시설의 구조 변경의 경우 : 사유서(법인인 경우에는 소재지 변경을 결의한 이사회의 회의록 사본을 말한다) 및 변경된 시설의 평면도
[본조신설 2004.8.7]

제29조의6(증표) 법 제39조의10제2항의 규정에 의한 증표는 별지 제20호의6서식에 의한다.
[본조신설 2004.8.7]

제30조(노인주거복지시설등의 변경신고등<개정 1999.8.25>) ①법 제40조 및 영 제21조의 규정에 의하여 노인주거복지시설·노인의료복지시설(노인전문병원을 제외한다)·노인여가복지시설·재가노인복지시설 및 가정봉사원교육기관의 폐지 또는 휴지의 신고를 하고자 하는 자는 별지 제21호서식에 의한 폐지·휴지신고서에 다음 각호의 서류를 첨부하여 시장·군수·구청장에게 제출하여야 한다. 〈개정 1999.8.25〉
1. 시설(기관)의 폐지 또는 휴지 의결서(법인의 경우에 한한다) 1부
2. 입소자 또는 이용자에 대한 조치계획서 1부
3. 시설(기관)재산에 관한 사용 또는 처분계획서 1부
4. 시설(기관)설치신고필증(폐지의 경우에 한한다)

②법 제40조제1항 및 동조제3항의 규정에 의하여 노인주거복지시설·노인의료복지시설(노인전문병원을 제외한다)·노인여가복지시설 및 재가노인복지시설의 설치신고를 한 자가 시설의 명칭·소재지·입소(이용)정원, 시설의 종류 또는 시설의 장을 변경하고자 하는 때에는 별지 제21호의2서식에 의한 변경신고서에 다음 각호의 서류를 첨부하여 시장·군수·구청장에게 제출하여야 한다. 다만, 「전자정부구현을 위한 행정업무 등의 전자화촉진에 관한 법률」 제21조제1항의 규정에 따른 행정정보의 공동이용을 통하여 첨부서류에 대한 정보를 확인할 수 있는 경우에는 그 확인으로 첨부서류에 갈음할 수 있다. 〈신설 1999.8.25, 2005.6.8〉
1. 토지 및 건물의 소유권 또는 사용권을 증명할 수 있는 서류 1부(시설의 소재지 및 입소 또는 이용정원을 변경하는 경우에 한한다)
2. 시설설치신고필증 1부

③법 제40조제4항의 규정에 의하여 가정봉사원교육기관의 설치신고를 한 자가 기관의 명칭·소재지 또는 기관의 장을 변경하고자 하는 때에는 별지 제21호의3서식에 의한 변경신고서에 기관설치신고필증을 첨부하여 시장·군수·구청장에게 제출하여야 한다. 〈신설 1999.8.25〉

④시장·군수·구청장은 제2항 또는 제3항의 규정에 의한 변경신고를 수리한 때에는 별지 제15호서식에 의한 신고필증에 그 변경사항을 기재하여 신고인에게 교부하여야 한다. 〈신설 1999.8.25〉

제30조의2(보고) ①법 제31조의 규정에 의한 노인복지시설을 설치·운영하는 자는 법 제42조제2항의 규정에 의하여 별지 제21호의4서식에 의한 현황보고서를 다음해 1월 10일까지 시장·군수·구청장에게 제출하여야 한다.

②제1항의 규정에 의하여 현황보고서를 제출받은 시장·군수·구청장은 1월 20일까지 시·도지사에게 이를 제출하여야 하며, 시·도지사는 별지 제21호의5서식에 의한 현황보고서를 1월 30일까지 보건복지부장관에게 제출하여야 한다.

[본조신설 1999.8.25]

제31조(행정처분의 기준) ①법 제43조제3항의 규정에 의한 행정처분의 세부적인 기준은 별표 11과 같다.

②처분관청이 제1항의 규정에 의하여 행정처분을 한 때에는 별지 제22호서식의 행정처분기록대장에 그 처분내용을 기록·관리하여야 한다.

제32조(부양의무자에 대한 보호비용의 청구) ①복지실시기관 또는 부양의무가 없는 자는 법 제46조제1항 및 제3항의 규정에 의하여 복지조치에 소요된 비용등을 청구하고자 하는 때에는 법 제27조 및 법 제28조의 규정에 의한 복지조치 또는 이에 준하는 보호조치를 한 사실과 그 조치로 인한 비용부담사실을 입증할 수 있는 자료를 제시하여야 한다.

②부양의무가 없는 자는 제1항의 규정에 의하여 보호비용을 청구한 때에는 지체없이 보호조치를 받은 자의 주소지를 관할하는 시장·군수·구청장에게 그 사실을 통보하여야 한다.

제33조(비용수납의 신고등〈개정 1999.8.25〉) ①양로시설·실비양로시설·실비노인복지주택·노인요양시설·실비노인요양시설 또는 노인전문요양시설을 설치한 자는 법 제46조제5항 본문의 규정에 의하여 비용수납의 신고를 하고자 하는 때에는 별지 제23호서식의 비용수납신고서에 수납하고자 하는 비용의 산출내역서를 첨부하여 시장·군수·구청장에게 제출하여야 한다. 〈개정 1999.8.25〉

1. 삭제 〈1999.8.25〉
2. 삭제 〈1999.8.25〉

②법 제46조제5항 단서의 규정에 의한 비용수납한도액은 국가 및 지방자치단체가 각 시설의 입소자 1인에 대하여 지원하는 시설운영비에 생계보호비(주식비·부식비·연료비 및 피복비를 합산하되, 1천원미만의 금액은 버린다)를 합산한 금액으로 하되, 월을 기준으로 하여 산출한 금액으로 한다. 〈개정 1999.8.25〉

제34조(비용의 수납신고) ①삭제 〈1999.8.25〉

②노인여가복지시설 또는 재가노인복지시설을 설치한 자는 법 제46조제7항의 규정에 의하여 비용수납의 신고를 하고자 하는 때에는 별지 제25호서식에 의한 비용수납신고서에 수납하고자 하는 비용의 산출내역서를 첨부하여 시장·군수·구청장에게 제출하여야 한다. 〈개정 1999.8.25〉

제35조(노인복지명예지도원증의 발급) 영 제25조제3항의 규정에 의한 노인복지명예지도원증은 별지 제26호서식과 같다.

제36조(서식) 제2조의 규정에 의한 경로연금지급신청서 및 경로연금지급대상자결정통지서, 제3조의 규정에 의한 경로연금수급권자관리카드 및 수급권자관리대장, 제15조제2항 및 제19조제2항의 규정에 의한 입소신청서는 사회복지사업과 관련하여 보건복지부장관이 정하여 고시하는 공통서식에 의한다.

[전문개정 2001.2.10]

제37조 삭제 〈1999.8.25〉

제38조(과태료의 징수절차) 영 제27조제4항의 규정에 의한 과태료징수절차에 관하여는 세입징수관사무처리규칙을 준용한다. 이 경우 납입고지서에는 이의방법 및 이의기간등을 함께 기재하여야 한다.

부칙 〈제74호,1998.9.4〉

제1조(시행일) 이 규칙은 공포한 날부터 시행한다. 다만, 제9조의 개정규정은 1998년 10월 1일부터 시행한다.

제2조(시설의 장의 자격요건에 관한 적용례) 별표 2·별표 4·별표 7 및 별표 9의 개정규정중 시설의 장의 자격요건에 관한 규정은 이 규칙 시행후 최초로 임용되는 자부터 적용한다.

제3조(종전의 시설에 관한 경과조치) ①이 규칙 시행당시 종전의 규정에 의하여 허가 또는 등록을 신청하였거나 종전의 규정에 의하여 허가를 받거나 등록을 한 노인복지시설·유료노인복지시설·노인여가시설 및 재가노인복지사업은 이 규칙에 의하여 신고한 시설로 본다.

②제1항의 규정에 의하여 설치신고를 한 것으로 보는 시설에 대하여는 이 규칙 시행후 3년이내에 별표2·별표 4·별표 7 및 별표 9의 개정규정에 적합하게 그 시설 또는 직원을 갖추어야 한다. 다만, 다음 각호에 관한 사항은 종전의 규정에 의한다.

1. 양로시설·실비양로시설·유료양로시설·노인요양시설·실비노인요양시설 및 유료노인요양시설에 있어서 거실면적에 관한 사항
2. 노인휴양소에 있어서 이용정원 및 객실면적에 관한 사항
3. 노인복지회관·경로당 및 단기보호시설에 있어서 시설면적에 관한 사항

부칙 〈제130호,1999.8.25〉

①(시행일) 이 규칙은 공포한 날부터 시행한다.

②(가정봉사원교육기관에 관한 경과조치) 이 규칙 시행당시 법 부칙 제3항의 규정에 의하여 설치신고를 한 것으로 보는 가정봉사원교육기관에 대하여는 이 규칙 시행후 1년이내에 별표 10의 2의 개정규정에 적합하게 그 시설 및 직원을 갖추어야 한다.

부칙(의료법시행규칙) 〈제180호,2000.10.21〉

①(시행일) 이 규칙은 공포한 날부터 시행한다. 〈단서생략〉

②내지 ④생략

⑤(다른 법령의 개정) 노인복지법시행규칙중 다음과 같이 개정한다.

제21조제1항제2호를 다음과 같이 한다.

2. 설치허가를 받고자 하는 자가 의료인인 경우에는 면허증 사본 1부

별지 제17호서식 앞쪽의 ③관리의료인란을 삭제하고, 동 서식 앞쪽의 구비서류란 제2호를 다음과 같이 한다.

2. 설치허가를 받고자 하는 자가 의료인인 경우에는 면허증 사본 1부

별지 제18호서식의 관리의료인란을 삭제한다.

부칙 〈제189호,2001.2.10〉

이 규칙은 공포한 날부터 시행한다.

부칙(의료급여법시행규칙) 〈제202호,2001.10.9〉

제1조(시행일) 이 규칙은 공포한 날부터 시행한다.
제2조 및 제3조 생략
제4조(다른 법령의 개정) ①내지 ⑤생략
⑥노인복지법시행규칙중 다음과 같이 개정한다.
제8조제4호를 다음과 같이 개정한다.
4. 의료급여법 제2조제2호의 규정에 의한 의료급여기관
⑦내지 ⑫생략
제5조 생략

부칙 〈제231호,2002.12.20〉

①(시행일) 이 규칙은 공포한 날부터 시행한다.
②(시설장의 자격기준에 관한 특례) 이 규칙 시행당시 30인 미만의 노인복지시설에서 사실상 시설장의 업무를 수행하는 자로서 보건복지부장관이 정하는 일정한 요건에 해당하는 자의 경우 2005년 12월 31일까지는 별표 2, 별표 4 및 별표 9의 개정규정에 불구하고 그 시설의 시설장으로 근무할 수 있는 자격을 갖춘 것으로 본다.

부칙 〈제294호,2004.8.7〉

이 규칙은 공포한 날부터 시행한다.

부칙(전자적 민원처리를 위한 「공중위생관리법 시행규칙」 등 일부개정령) 〈제317호,2005.6.8〉

①(시행일) 이 규칙은 공포한 날부터 시행한다.
②(서식에 관한 경과조치) 이 규칙 시행당시 종전의 규정에 의하여 작성되어 사용중인 서식은 계속하여 사용하되, 이 규칙에 의한 개정내용을 반영하여 사용하여야 한다.

〈시행령〉

[별표 1]

경로우대시설의 종류와 할인율(제19조제1항 관련)

시설의 종류	할인율(일반요금에 대한 백분율)
1. 철도	
가. 무궁화호	100분의 30
나. 통일호, 비둘기호	100분의 50
다. 수도권전철	100분의 100
2. 도시철도(도시철도 구간안의 국유전기철도를 포함한다)	100분의 100
3. 고궁	100분의 100
4. 능원	100분의 100
5. 국·공립박물관	100분의 100
6. 국·공립공원	100분의 100
7. 국·공립미술관	100분의 50이상
8. 국·공립국악원	100분의 50
9. 국가지방자치단체 또는 국가나 지방자치단체가 출연하거나 경비를 지원하는 법인이 설치운영하거나 그 운영을 위탁한 공연장	100분의 50이상

비고 : 1. 철도 및 도시철도의 경우에는 운임에 한한다.
2. 공연장의 경우에는 그 공연장의 운영자가 자체기획한 공연의 관람료에 한한다.

[별표 2]

위반행위별 과태료 부과기준(제27조제3항 관련)

위 반 행 위	해당 법조문	과태료 금액
1. 법 제21조의 규정에 의한 신고를 하지 아니한 때	법 제61조제1항 제1호	5만원
2. 정당한 이유없이 법 제22조의 규정에 의한 서류 그 밖에 소득·재산 등에 대한 자료를 제출하지 아니하거나 거짓의 자료를 제출한 때, 또는 조사·질문을 거부·기피·방해하거나 거짓으로 답변한 때	법 제61조제1항 제2호	5만원

※ 비고 : 보건복지부장관, 시도지사 또는 시장군수구청장은 과태료부과대상자의 위반행위의 동기와 그 결과 등을 참작하여 제1호 및 제2호의 과태료부과기준액의 2분의 1의 범위안에서 이를 가중 또는 감경할 수 있다. 다만, 가중하여 부과하는 경우에도 10만원을 초과할 수 없다.

〈시행규칙〉

[별표 1]

유료노인복지시설의 건축기준공정표(제15조제8항 및 제19조제7항 관련)

구 분	건축공정 (공사진척도)	공 사 진 척 내 용	
		5층이상 시설	5층미만 시설
사회복지법인 또는 비영리법인	10%이상	전체층수의 1/4이상에 해당하는 층수의 골조공사가 완성된 때	조적공사의 1/2이상이 완성된 때
기 타	20%이상	전체층수의 1/2이상에 해당하는 층수의 골조공사가 완성된 때	조적공사가 완성된 때

[별표 2]

노인주거복지시설의 시설기준 및 직원배치기준(제17조제1항관련)

1. 공통사항

가. 시설의 규모

노인주거복지시설(이하 이 표에서 "시설"이라 한다)은 다음 각호의 구분에 따른 인원이 입소할 수 있는 시설을 갖추어야 한다.

(1) 양로시설·실비양로시설 : 입소정원 5인 이상

(2) 실비노인복지주택·유료노인복지주택 : 30세대이상

나. 시설의 구조 및 설비

(1) 시설의 구조 및 설비는 일조·채광·환기 등 입소자의 보건위생과 재해방지 등을 충분히 고려하여야 한다.

(2) 복도·화장실·거실 등 입소자가 통상 이용하는 설비는 휠체어 등의 이동이 가능한 공간을 확보하여야 하며 문턱제거, 손잡이시설 부착, 바닥 미끄럼 방지 등 노인의 활동에 편리한 구조를 갖추어야 한다.

(3) 소방기술기준에관한규칙이 정하는 바에 의하여 소화용 기구를 비치하고 비상구를 설치하여야 한다. 다만, 입소자 10인 미만인 시설의 경우에는 소화용기구를 갖추는 등 시설 실정에 맞게 비상재해에 대비하여야 한다.

(4) 입소자가 건강한 생활을 영위하는데 도움이 되는 도서관, 스포츠·레크리에이션 시설 등 적정한 문화·체육부대시설을 설치하도록 하되, 지역사회와 시설간의 상호교류 촉진을 통한 사회와의 유대감 증진을 위하여 입소자가 이용하는데 지장을 주지 아니하는 범위안에서 외부에 개방하여 운영할 수 있다.

다. 부설 재가노인복지시설의 설치·운영

시설의 장은 시설의 개방성을 높여 지역사회와의 교류를 증진하고 입소자가 외부사회와의 단절감을 느끼지 아니하도록 하기 위하여 재가노인복지시설을 병설·운영하도록 노력하여야 한다.

2. 유료양로시설 및 유료노인복지주택의 설치에 관한 특례

가. 유료양로시설 및 유료노인복지주택의 설치자는 시설을 설치할 토지 및 건물의 소유권 또는 사용권(유료양로시설의 경우에 한한다)을 확보하여야 하며, 유료양로시설 및 유료노인복지주택 설치목적외의 목적에 의한 저당권 기타 유료양로시설 및 유료노인복지주택으로서의 이용을 제한할 우려가 있는 권리를 당해 토지 및 건물에 설정하여서는 아니된다.

나. 타인 소유의 토지 또는 건물을 사용하여 유료양로시설을 설치하고자 하는 때에는 다음 각

호의 요건을 갖추어야 한다.

(1) 임대차계약 · 지상권설정계약 등 사용계약의 양 당사자는 법인일 것

(2) 토지 또는 건물에 대한 등기 등 법적 대항요건을 갖출 것

(3) 사용계약서에 다음의 내용이 포함되어 있을 것

(가) 토지 또는 건물의 사용목적이 유료양로시설의 설치 · 운영을 위한 것이라는 취지의 내용

(나) 계약기간의 연장을 위한 자동갱신조항

(다) 무단 양도(매매 · 증여 기타 권리의 변동을 수반하는 일체의 행위를 포함한다) 및 전대의 금지조항

(라) 장기간에 걸친 임차료등의 인상방법(무상으로 사용하는 경우를 제외한다)

(마) 토지 또는 건물에 대한 사용권자의 우선 취득권에 관한 내용

다. 유료양로시설 및 임대형 유료노인복지주택을 설치하고자 하는 자는 입소자에 대한 보증금 반환채무의 이행을 보장하기 위하여 입소계약 체결후 보증금 수납일부터 10일 이내에 다음 각호의 요건에 적합한 인 · 허가보증보험에 가입하여야 한다. 다만, 시설 개원이후 입소자별로 전세권 또는 근저당권 설정 등의 조치를 한 때에는 각각 인 · 허가보증보험에 가입하지 아니할 수 있다.

(1) 보증내용 : 입소자의 입소보증금 반환채무 이행보증

(2) 보증가입금액 : 입소보증금 합계의 100분의 50 이상

(3) 보증가입기간 : 보증금 납부일부터 퇴소시까지

(4) 보증가입관계 : 시장 · 군수 · 구청장을 피보험자로 함

(5) 보험금 수령방법 : 시장 · 군수 · 구청장의 확인하에 입소자가 보험금을 직접 수령함

3. 시설기준

<table>
<tr><th colspan="2">구 분
시설별</th><th>거실</th><th>사무실</th><th>의무실</th><th>자원
봉사자실</th><th>체력
단련실
및
오락실</th><th>식당
및
조리실</th><th>비상
재해
대비
시설</th><th>화장실</th><th>세면장
및
목욕실</th><th>세탁장
및
세탁물
건조장</th><th>취사실</th></tr>
<tr><td rowspan="3">양로
시설
·
실비
양로
시설</td><td>입소자
30인
이상</td><td>1</td><td>1</td><td>1</td><td>1</td><td>1</td><td>1</td><td>1</td><td>1</td><td>1</td><td>1</td><td></td></tr>
<tr><td>입소자
30인
미만
10인
이상</td><td>1</td><td colspan="3">1</td><td>1</td><td>1</td><td>1</td><td>1</td><td colspan="2">1</td><td></td></tr>
<tr><td>입소자
10인
미만</td><td>1</td><td></td><td></td><td></td><td></td><td>1</td><td>1</td><td colspan="3">1</td><td></td></tr>
<tr><td rowspan="3">유료
양로
시설</td><td>입소자
30인
이상</td><td>1</td><td>1</td><td>1</td><td></td><td>1</td><td>1</td><td>1</td><td>1</td><td>1</td><td>1 (세탁물을 전량 위탁처리하는 경우에는 두지 아니할 수 있음)</td><td>1 (자취형 거실이 있는 경우에 한함)</td></tr>
<tr><td>입소자
30인
미만
10인
이상</td><td>1</td><td colspan="2">1</td><td></td><td>1</td><td>1</td><td>1</td><td>1</td><td colspan="2">1 (세탁물을 전량 위탁처리하는 경우에는 세탁장 및 세탁물건조장을 두지 아니할 수 있음)</td><td>1 (자취형 거실이 있는 경우에 한함)</td></tr>
<tr><td>입소자
10인
미만</td><td>1</td><td></td><td></td><td></td><td></td><td>1</td><td>1</td><td colspan="3">1</td><td>1 (자취형 거실이 있는 경우에 한함)</td></tr>
<tr><td colspan="2">실비노인복지주택·유료노인복지주택</td><td colspan="11">거실 1, 관리실 1(사무실·숙직실 포함), 식당 및 조리실 1, 오락실 및 체력단련실 1, 의무실 1, 식료품점 또는 매점 1, 비상재해대비시설 1, 경보장치 1</td></tr>
</table>

4. 설비기준

시설의 종류 / 구 분	양로시설	실비양로 시설	유료양로 시설	실비노인 복지주택	유료노인 복지주택
설비기준	가. 거실 (1) 합숙용·동거용 거실을 둘 수 있다. (2) 남녀공용인 시설의 경우에는 합숙용 거실을 남실 및 여실로 각각 구분하여야 한다. (3) 입소자 1인당 거실면적은 5.0제곱미터 이상이어야 한다. (4) 합숙용거실 1실의 정원은 6인 이하이어야 한다.	가. 거실 (1) 독신용·동거용·합숙용 거실을 둘 수 있다. (2) 남녀공용인 시설의 경우에는 합숙용 거실을 남실 및 여실로 각각 구분하여야 한다. (3) 입소자 1인당 거실면적은 5.0제곱미터 이상이어야 한다. (4) 합숙용거실 1실의 정원은 6인 이하이어야 한다.	가. 거실 (1) 독신용·동거용·합숙용 거실을 둘 수 있다. (2) 남녀공용인 시설의 경우에는 합숙용 거실을 남실 및 여실로 각각 구분하여야 한다. (3) 합숙용거실 1실의 정원은 6인 이하이어야 한다. (4) 합숙용거실에는 입소자의 생활용품을 각자 별도로 보관할 수 있는 보관시설을 설치하여야 한다.	가. 거실 (1) 독신용·동거용거실의 면적은 20제곱미터 이상이어야 한다. (2) 취사할 수 있는 설비를 갖추어야 한다. (3) 목욕실·화장실 등 입소자의 생활편의를 위한 설비를 갖추어야 한다. (4) 채광·조명 및 방습설비를 갖추어야 한다.	가. 거실 (1) 취사할 수 있는 설비를 갖추어야 한다. (2) 목욕실·화장실 등 입소자의 생활편의를 위한 설비를 갖추어야 한다. (3) 채광·조명 및 방습설비를 갖추어야 한다.

구 분 \ 시설의 종류	양로시설	실비양로 시설	유료양로 시설	실비노인 복지주택	유료노인 복지주택
	(5) 합숙용거실에는 입소자의 생활용품을 각자 별도로 보관할 수 있는 보관시설을 설치하여야 한다. (6) 채광·조명 및 방습설비를 갖추어야 한다. 나. 식당 및 조리실 : 조리실바닥은 내수재료로서 세정 및 배수에 편리한 구조로 하여야 한다. 다. 세면장 및 목욕장 (1) 바닥은 미끄럽지 아니하여야 한다. (2) 욕조를 설치하는 경우에는 욕조에 노인의 전신이 잠기지	(5) 합숙용거실에는 입소자의 생활용품을 각자 별도로 보관할 수 있는 보관시설을 설치하여야 한다. (6) 채광·조명 및 방습설비를 갖추어야 한다. 나. 식당 및 조리실 : 조리실바닥은 내수재료로서 세정 및 배수에 편리한 구조로 하여야 한다. 다. 세면장 및 목욕장 (1) 바닥은 미끄럽지 아니하여야 한다. (2) 욕조를 설치하는 경우에는 욕조에 노인의 전신이 잠기지	(5) 채광·조명 및 방습설비를 갖추어야 한다. (6) 자취형의 거실을 둘 경우 조리시설을 갖춘 취사시설을 별도로 설치하여야 한다. 나. 식당 및 조리실 : 조리실바닥은 내수재료로서 세정 및 배수에 편리한 구조로 하여야 한다. 다. 세면장 및 목욕장 (1) 바닥은 미끄럽지 아니하여야 한다. (2) 욕조를 설치하는 경우에는 욕조에 노인의 전신이 잠기지	나. 오락실 : 자유로이 이용할 수 있는 적당한 문화시설과 오락기구를 비치하여야 한다. 다. 체력단련실 : 입소 노인들이 기본적인 체력을 유지할 수 있는데 필요한 적절한 운동기구를 갖추어야 한다.	나. 오락실 : 자유로이 이용할 수 있는 적당한 문화시설과 오락기구를 비치하여야 한다. 다. 체력단련실 : 입소노인들이 기본적인 체력을 유지할 수 있는데 필요한 적절한 운동기구를 갖추어야 한다.

구 분 \ 시설의 종류	양로시설	실비양로 시설	유료양로 시설	실비노인 복지주택	유료노인 복지주택
	아니하는 깊이로 하고 욕조의 출입이 자유롭도록 최소한 1개 이상의 보조봉과 수직의 손잡이 기둥을 설치하여야 한다. (3) 급탕을 자동온도조절장치로 하는 경우에는 물의 최고 온도는 섭씨 40도 이상이 되지 아니하도록 하여야 한다. 라. 오락실 : 자유로이 이용할 수 있는 적당한 문화시설과 오락기구를 비치하여야 한다.	아니하는 깊이로 하고 욕조의 출입이 자유롭도록 최소한 1개 이상의 보조봉과 수직의 손잡이 기둥을 설치하여야 한다. (3) 급탕을 자동온도조절장치로 하는 경우에는 물의 최고 온도는 섭씨 40도 이상이 되지 아니하도록 하여야 한다. 라. 오락실 : 자유로이 이용할 수 있는 적당한 문화시설과 오락기구를 비치하여야 한다.	아니하는 깊이로 하고 욕조의 출입이 자유롭도록 최소한 1개 이상의 보조봉과 수직의 손잡이 기둥을 설치하여야 한다. (3) 급탕을 자동온도조절장치로 하는 경우에는 물의 최고 온도는 섭씨 40도 이상이 되지 아니하도록 하여야 한다. 라. 오락실 : 자유로이 이용할 수 있는 적당한 문화시설과 오락기구를 비치하여야 한다.	라. 의무실 : 진료에 필요한 상용의약품·위생재료 또는 의료기구를 갖추어야 한다.	라. 의무실 : 진료에 필요한 상용의약품·위생재료 또는 의료기구를 갖추어야 한다.

시설의 종류 구 분	양로시설	실비양로 시설	유료양로 시설	실비노인 복지주택	유료노인 복지주택
	마. 체력단련실 : 입소 노인들이 기본적인 체력을 유지할 수 있는데 필요한 적절한 운동기구를 갖추어야 한다. 바. 의무실 : 진료에 필요한 상용의약품·위생재료 또는 의료기구를 갖추어야 한다. 사. 경사로 : 거실이 2층 이상인 경우 경사로를 설치하여야 한다. 다만, 승강기를 설치한 경우에는 이를 설치하지 아니할 수 있다.	마. 체력단련실 : 입소 노인들이 기본적인 체력을 유지할 수 있는데 필요한 적절한 운동기구를 갖추어야 한다. 바. 의무실 : 진료에 필요한 상용의약품·위생재료 또는 의료기구를 갖추어야 한다. 사. 경사로 : 거실이 2층 이상인 경우 경사로를 설치하여야 한다. 다만, 승강기를 설치한 경우에는 이를 설치하지 아니할 수 있다.	마. 체력단련실 : 입소 노인들이 기본적인 체력을 유지할 수 있는데 필요한 적절한 운동기구를 갖추어야 한다. 바. 의무실 : 진료에 필요한 상용의약품·위생재료 또는 의료기구를 갖추어야 한다. 사. 경사로 : 거실이 2층 이상인 경우 경사로를 설치하여야 한다. 다만, 승강기를 설치한 경우에는 이를 설치하지 아니할 수 있다.	마. 경보장치 : 타인의 도움이 필요할 때 경보가 울릴 수 있도록 거실·화장실·욕실·복도 등 필요한 곳에 설치하여야 한다. 바. 경사로 : 거실이 2층 이상인 경우 경사로를 설치하여야 한다. 다만, 승강기를 설치한 경우에는 이를 설치하지 아니할 수 있다. 사. 기 타 (1) 복도·화장실 그밖의 필요한 곳에 야간 상용등을 설치하여야 한다. (2) 계단의 경사는 완만하여야 하며, 난간을	마. 경보장치 : 타인의 도움이 필요할 때 경보가 울릴 수 있도록 거실·화장실·욕실·복도 등 필요한 곳에 설치하여야 한다. 바. 경사로 : 거실이 2층 이상인 경우 경사로를 설치하여야 한다. 다만, 승강기를 설치한 경우에는 이를 설치하지 아니할 수 있다. 사. 기 타 (1) 복도·화장실 그밖의 필요한 곳에 야간 상용등을 설치하여야 한다. (2) 계단의 경사는 완만하여야 하며, 난간을

시설의 종류 / 구 분	양로시설	실비양로 시설	유료양로 시설	실비노인 복지주택	유료노인 복지주택
	아. 기 타 (1) 복도·화장실 그 밖의 필요한 곳에 야간 상용 등을 설치하여야 한다. (2) 계단의 경사는 완만하여야 하며, 난간을 설치하여야 한다. (3) 바닥은 부드럽고 미끄럽지 아니한 바닥재를 사용하여야 한다.	아. 기 타 (1) 복도·화장실 그 밖의 필요한 곳에 야간 상용 등을 설치하여야 한다. (2) 계단의 경사는 완만하여야 하며, 난간을 설치하여야 한다. (3) 바닥은 부드럽고 미끄럽지 아니한 바닥재를 사용하여야 한다.	아. 기 타 (1) 복도·화장실 그 밖의 필요한 곳에 야간 상용 등을 설치하여야 한다. (2) 계단의 경사는 완만하여야 하며, 난간을 설치하여야 한다. (3) 바닥은 부드럽고 미끄럽지 아니한 바닥재를 사용하여야 한다.	설치하여야 한다. (3) 바닥은 부드럽고 미끄럽지 아니한 바닥재를 사용하여야 한다.	설치하여야 한다. (3) 바닥은 부드럽고 미끄럽지 아니한 바닥재를 사용하여야 한다

5. 직원의 자격기준

직 종 별	자 격 기 준
시설장(실비노인복지주택 및 유료노인복지주택 제외)	사회복지사업법에 의한 사회복지사 3급 이상의 자격증 소지자 또는 의료법 제2조의 규정에 의한 의료인의 자격을 취득한 자
생활복지사 및 상담지도원	사회복지사업법에 의한 사회복지사 3급 이상의 자격증 소지자

6. 직원의 배치기준

시설별 \ 직종별		시설장	총무	생활복지사	의사 또는 촉탁의사	간호사 또는 간호조무사	생활지도원	사무원	영양사	조리원	위생원	관리인	상담지도원
양로시설·실비양로시설	입소자 30인 이상	1인	1인	1인	1인	입소자 50인당 1인	입소자 20인당 1인	1인(입소자 100인 이상인 경우에 한함)	1인(입소자 50인 이상인 경우에 한함)	입소자 50인당 1인	입소자 50인당 1인		
	입소자 30인 미만 10인 이상	1인	1인			1인	입소자 20인당 1인			1인	1인		
	입소자 10인 미만	1인					1인						
유료양로시설	입소자 30인 이상	1인	1인	1인	1인	입소자 40인당 1인	입소자 20인당 1인	1인	1인(입소자 50인 이상인 경우에 한함)	입소자 50인당 1인	입소자 50인당 1인(다만, 세탁물을 전량 위탁처리하는 경우에는 두지 아니할 수 있음)	1인	
	입소자 30인 미만 10인 이상	1인	1인			1인	입소자 20인당 1인	1인		1인	1인 (다만, 세탁물을 전량 위탁처리하는 경우에는 두지 아니할 수 있음)	1인	
	입소자 10인 미만	1인					1인						
실비노인복지주택·유료노인복지주택		1인						1인	1인			1인(부대복지시설 관리에 필요한 자 포함)	1인

※ 비 고

1. 생활복지사 : 입소자에 대하여 건강유지·여가선용 등 노인의 복지증진에 관하여 상담·지도하는 자
2. 생활지도원 : 입소자에게 일상생활의 편의를 제공하고 생활복지사 또는 시설의 장을 보조하는 자
3. 상담지도원 : 입소자에 대하여 노인의 건강유지·여가선용 등 노인의 복지증진에 관하여 상담·지도하는 자

[별표 3]

노인주거복지시설의 운영기준(제17조제2항관련)

1. 건강관리(실비노인복지주택 및 유료노인복지주택의 경우를 제외한다)

가. 노인주거복지시설(이하 이 표에서 "시설"이라 한다)에는 입소자 건강관리를 위한 책임자를 두고 의사(한의사를 포함한다)간호사 기타 자격이 있는 자가 그 임무를 수행하여야 한다.

나. 전담의사를 두지 아니한 시설은 촉탁의사(시간제 계약에 의한 의사를 포함한다)를 두어야 한다.

다. 촉탁의사를 두는 시설의 장은 촉탁의사가 매주 2회이상(1회당 2시간이상)시설을 방문하여 입소자의 건강상태를 확인하고 건강상태가 악화된 입소자에 대하여 적절한 조치를 취하도록 하여야 한다.

라. 입소자 및 직원에 대하여는 연 1회이상의 건강진단을 하여야 하며 건강진단결과 건강이 좋지 아니한 자에 대하여는 그 치료를 위하여 필요한 조치를 하여야 한다.

마. 입소자에 대하여 그 건강상태에 따라 적절한 훈련과 휴식을 하도록 하여야 한다

바. 시설의 환경을 항상 청결하게 하고 그 위생관리에 유의하여야 한다.

2. 급식위생관리

가. 시설의 장은 입소자가 필요한 영양을 섭취할 수 있도록 영양사가 작성한 식단에 따라 급식을 행하여야 한다. 다만, 영양사가 없는 시설의 경우에는 소재지를 관할하는 보건소장의 지도를 받아 식단을 작성하고 이에 따라 급식하여야 한다.

나. 전염성질환・화농성창상등이 있는 자는 입소자의 식사를 조리하여서는 아니된다.

다. 시설에서 사용되는 음용수의 경우에는 수도법 및 먹는물관리법이 정하는 바에 따라 수질검사를 받아야 한다.

라. 입소자의 식사를 조리하는 자는 항상 청결을 유지하여야 한다.

3. 운영규정

가. 시설의 장은 조직・인사・급여・회계・물품 기타 시설의 운영에 관하여 필요한 규정(이하 이 표에서 "운영규정"이라 한다)을 작성하여 시장・군수・구청장에게 제출하여야 한다.

나. 양로시설실비양로시설유료양로시설실비노인복지주택 및 유료노인복지주택의 운영규정에는 다음 각호의 사항이 포함되어야 한다. 다만, 양로시설의 경우에는 제14조제2항의 규정에 의하여 실비보호대상자를 계약에 의하여 입소시키는 경우에 한한다.

(1) 입소정원 및 모집방법등에 관한 사항

(2) 입소계약에 관한 사항(계약기간, 계약목적, 입소보증금, 월이용료 기타 비용부담액, 신원인수인의 권리・의무, 계약의 해제, 입소보증금의 반환등에 관한 사항을 포함한다.)

(3) 입소보증금이용료등 비용에 대한 변경방법 및 절차등에 관한 사항

(4) 서비스의 내용과 그 비용의 부담에 관한 사항

(5) 특별한 보호를 필요로 하는 경우에는 그 서비스기준과 비용에 관한 사항
(6) 의료를 필요로 하는 경우에는 그 구체적인 처리절차
(7) 시설물 사용상의 주의사항등에 관한 사항
(8) 서비스 제공자의 배상책임면책범위에 관한 사항
(9) 운영규정의 개정방법 및 절차등에 관한 사항
(10) 운영간담회의 설치·운영에 관한 사항

다. 시설의 장은 운영규정에서 정한 바에 따라 당해 시설을 운영하여야 한다.

4. 보증금의 수납 및 반환

가. 양로시설 및 실비양로시설을 설치한 자가 보증금을 수납하는 때에는 월 입소비용의 1년분 이내에서 이를 수납하여야 한다.

나. 노인주거복지시설(분양형 유료노인복지주택을 제외한다)을 설치한 자는 입소자가 퇴소하는 때에는 지체없이 수납한 보증금을 입소자 또는 입소자를 대신하여 입소계약을 체결한 배우자 또는 부양의무자에게 반환하여야 한다.

5. 회 계

가. 시설의 설치·운영에 관한 회계는 법인회계 또는 다른 사업에 관한 회계와 분리하여 계리하여야 한다.

나. 국가 또는 지방자치단체로부터의 보조금품 기타 시설이 수수한 기부금품은 이를 별도의 계정으로 계리하여야 한다.

6. 장부등의 비치

시설에는 다음 각목의 장부 및 서류를 비치하여야 한다.

가. 시설의 연혁에 관한 기록부
나. 재산목록과 재산의 소유권 또는 사용권을 증명할 수 있는 서류
다. 시설운영일지
라. 예산서 및 결산서
마. 총계정원장 및 수입지출보조부
바. 금전 및 물품의 출납부와 증빙서류
사. 보고서철 및 행정기관과의 협의등 관련 문서철
아. 정관(법인의 경우에 한한다) 및 관계질의서류
자. 입소자 관리카드(입소계약 체결일, 입소보증금, 이용료 기타 비용부담 관계등에 관한 내용을 포함한다)
차. 연계의료시설과의 제휴계약서(유료양로시설 및 유료노인복지주택의 경우에 한한다)
카. 촉탁의사 근무상황부(촉탁의사가 있는 경우에 한한다)

7. 시설(실비노인복지주택 및 유료노인복지주택을 제외한다)에서의 기거자

가. 시설의 장은 입소자의 거실 또는 거실이 있는 건물마다 생활지도원, 생활보조원 기타 직원

중 1인을 입소자와 함께 기거하도록 조치하여야 한다.

나. 시설안에서는 입소자외에 시설의 장 및 직원과 그 가족이 아닌 자는 거주하지 못한다.

8. 사업의 실시

가. 시설의 장은 입소자에 대하여 적극적으로 필요한 생활지도를 하여야 한다.

나. 시설의 장은 입소자의 연령·성별·성격·생활력·심신의 건강 상태등을 고려하여 수시로 입소자와 면담하거나 관찰·지도하고 특이사항을 기록·유지하여 보호의 정도에 따라 다른 노인복지시설로의 전원등 필요한 조치를 하여야 한다.

다. 시설의 장이 생활지도등을 함에 있어서는 입소자의 의사를 최대한 존중하여야 한다.

라. 시설의 장은 노인교실등의 기관과 제휴하여 입소자가 교양교육등을 받도록 함으로써 건전하고 활력있는 생활을 할 수 있도록 노력하여야 한다.

마. 시설의 장은 시설종류별로 각 시설의 특성을 고려하여 다음의 기준에 따른 사업을 실시하여야 한다.

시설별	사업내용
양로시설·실비양로시설·유료양로시설	(가) 입소자의 생활의욕증진등을 도모하기 위하여 입소자의 신체적·정신적 상태에 따라 그 기능을 회복하게 하거나 기능의 감퇴를 방지하기 위한 훈련에 참가할 기회를 제공하여야 한다. (나) 교양·오락설비등을 구비하고 적절한 레크리에이션을 실시하여야 한다
실비노인복지주택 및 유료노인복지주택	(가) 입주자의 거주에 불편함이 없도록 생활편의를 위한 체육시설, 여가 및 오락시설등 부대시설 및 각종 복리시설을 설치하여 직접 또는 위탁하여 운영하여야 한다. (나) 상담지도원이 기거하면서 순회서비스를 제공하는 등 항상 입주자의 안전을 위하여 세심한 배려를 하여야 하며 다음의 서비스를 제공하여야 한다. ① 생활지도상담 ② 문안 ③ 긴급사태시 대처 ④ 의료기관등 관계기관과의 연락 ⑤ 일상생활상 필요한 원조 (다) 필요한 경우 재가노인복지시설중 가정봉사원파견시설과 주간보호시설등을 활용할 수 있도록 노인보건 및 복지에 관련된 사업기관과의 연계를 도모하여야 한다.

9. 운영간담회의 설치

가. 시설에는 시설의 장, 직원, 가족대표, 입소자대표 및 노인복지법 제51조의 규정에 의한 노인복지명예지도원(유료양로시설 및 유료노인복지주택의 경우에 한한다)으로 구성된 운영간담회를 설치운영하여야 한다.

나. 시설의 장은 입소자의 상황, 서비스 제공상황등 시설의 운영과 관리비등의 내용을 정기적으로 운영간담회에 보고하여야 하며, 입소자 및 그 가족의 의견이 시설의 운영에 반영되도록 하여야 한다

[별표 4]

노인의료복지시설의 시설기준 및 직원배치기준(제22조제1항관련)

1. 공통사항

가. 시설의 규모

노인의료복지시설(노인전문병원을 제외하며, 이하 이 표에서 "시설"이라 한다)중 노인요양시설 · 실비노인요양시설 및 노인전문요양시설은 5인 이상의 인원이 입소할 수 있는 시설을 갖추어야 한다.

나. 시설의 구조 및 설비

(1) 시설의 구조 및 설비는 일조 · 채광 · 환기 등 입소자의 보건위생과 재해방지 등을 충분히 고려하여야 한다.

(2) 복도 · 화장실 · 거실 등 입소자가 통상 이용하는 설비는 휠체어 등이 이동 가능한 공간을 확보하여야 하며 문턱제거, 손잡이시설 부착, 바닥 미끄럼 방지 등 노인의 활동에 편리한 구조를 갖추어야 한다.

(3) 소방기술기준에관한규칙이 정하는 바에 따라 소화용 기구를 비치하고 비상구를 설치하여야 한다. 다만, 입소자 10인 미만인 시설의 경우에는 소화용기구를 갖추는 등 시설실정에 맞게 비상재해에 대비하여야 한다.

(4) 입소자가 건강한 생활을 영위하는데 도움이 되는 도서관, 스포츠 · 레크리에이션 시설 등 적정한 문화 · 체육부대시설을 설치하되, 지역사회와 시설간의 상호교류 촉진을 통한 사회와의 유대감 증진을 위하여 입소자가 이용하는데 지장을 주지 아니하는 범위안에서 외부에 개방하여 운영할 수 있다.

다. 부설 재가노인복지시설의 설치 · 운영

시설의 장은 시설의 개방성을 높여 지역사회와의 교류를 증진하고 입소자가 외부사회와의 단절감을 느끼지 아니하도록 재가노인복지시설을 병설 · 운영하도록 노력하여야 한다.

2. 유료노인요양시설 및 유료노인전문요양시설의 설치에 관한 특례

가. 유료노인요양시설 및 유료노인전문요양시설의 설치자는 시설을 설치할 토지 및 건물의 소유권 또는 사용권을 확보하여야 하며, 유료노인요양시설 및 유료노인전문요양시설 설치목적외의 목적에 의한 저당권 기타 유료노인요양시설 및 유료노인전문요양시설로서의 이용을 제한할 우려가 있는 권리를 당해 토지 및 건물에 설정하여서는 아니된다.

나. 타인 소유의 토지 또는 건물을 사용하여 유료노인요양시설 및 유료노인전문요양시설을 설치하고자 하는 때에는 다음 각호의 요건을 갖추어야 한다.

(1) 임대차계약 · 지상권설정계약 등 사용계약의 양 당사자는 법인일 것

(2) 토지 또는 건물에 대한 등기 등 법적 대항요건을 갖출 것

(3) 사용계약서에 다음의 내용이 포함되어 있을 것

(가) 토지 또는 건물의 사용목적이 유료노인요양시설 및 유료노인전문요양시설의 설치 · 운영을 위한 것이라는 취지의 내용

(나) 계약기간의 연장을 위한 자동갱신조항

(다) 무단 양도(매매 · 증여 기타 권리의 변동을 수반하는 일체의 행위를 포함한다) 및 전대의 금지조항

(라) 장기간에 걸친 임차료등의 인상방법(무상으로 사용하는 경우를 제외한다)

(마) 토지 또는 건물에 대한 사용권자의 우선 취득권에 관한 내용

다. 유료노인요양시설 및 유료노인전문요양시설을 설치하고자 하는 자는 입소자에 대한 보증금 반환채무의 이행을 보장하기 위하여 입소계약 체결후 보증금 수납일부터 10일 이내에 다음 각호의 요건에 적합한 인 · 허가보증보험에 가입하여야 한다. 다만, 시설 개원이후 입소자별로 전세권 또는 근저당권 설정 등의 조치를 한 때에는 」인 · 허가보증보험에 가입하지 아니할 수 있다.

(1) 보증내용 : 입소자의 입소보증금 반환채무 이행보증

(2) 보증가입금액 : 입소보증금 합계의 100분의 50 이상

(3) 보증가입기간 : 보증금 납부일부터 퇴소시까지

(4) 보증가입관계 : 시장 · 군수 · 구청장을 피보험자로 함

(5) 보험금 수령방법 : 시장 · 군수 · 구청장의 확인하에 입소자가 보험금을 직접 수령함

3. 시설기준

시설별 \ 구분		거실	사무실	의무실	생활지도원실	간호사실	자원봉사자실	물리치료실	오락실	식당 및 조리실	비상재해대비시설	화장실	세면장 및 목욕실	세탁장 및 세탁물건조장	경비실
노인요양시설 · 실비노인요양시설	입소자 30인 이상	1	1	1	1		1	1	1	1	1	1	1	1	
	입소자 30인 미만 10인 이상	1	1					1	1	1	1	1	1		
	입소자 10인 미만	1								1	1	1			
유료노인요양시설	입소자 30인 이상	1	1	1	1			1	1	1	1	1	1	1 (세탁물을 전량위탁처리하는 경우에는 두지 아니할 수 있음)	
	입소자 30인 미만 10인 이상	1	1					1	1	1	1	1	1 (세탁물을 전량 위탁처리하는 경우에는 세탁장 및 세탁물건조장은 두지 아니할 수 있음)		
	입소자 10인 미만	1								1	1	1			

<table>
<tr><th colspan="2">구 분
시설별</th><th>거실</th><th>사무실</th><th>의무실</th><th>생활지도원실</th><th>간호사실</th><th>자원봉사자실</th><th>물리치료실</th><th>오락실</th><th>식당 및 조리실</th><th>비상재해대비시설</th><th>화장실</th><th>세면장 및 목욕실</th><th>세탁장 및 세탁물 건조장</th><th>경비실</th></tr>
<tr><td rowspan="3">노인전문요양시설</td><td>입소자 30인 이상</td><td>1</td><td>1</td><td>1</td><td colspan="2">1</td><td>1</td><td>1</td><td>1</td><td>1</td><td>1</td><td>1</td><td>1</td><td>1</td><td>1</td></tr>
<tr><td>입소자 30인 미만 10인 이상</td><td>1</td><td colspan="5">1</td><td>1</td><td>1</td><td>1</td><td>1</td><td>1</td><td colspan="2">1</td><td>1</td></tr>
<tr><td>입소자 10인 미만</td><td>1</td><td></td><td></td><td></td><td></td><td></td><td></td><td></td><td>1</td><td>1</td><td colspan="3">1</td><td></td></tr>
<tr><td rowspan="3">유료노인요양시설</td><td>입소자 30인 이상</td><td>1</td><td>1</td><td>1</td><td colspan="2">1</td><td></td><td>1</td><td>1</td><td>1</td><td>1</td><td>1</td><td>1</td><td>1 (세탁물을 전량위탁처리하는 경우에는 두지 아니할 수 있음)</td><td>1</td></tr>
<tr><td>입소자 30인 미만 10인 이상</td><td>1</td><td colspan="4">1</td><td></td><td>1</td><td>1</td><td>1</td><td>1</td><td>1</td><td colspan="2">1 (세탁물을 전량 위탁처리하는 경우에는 세탁장 및 세탁물건조장은 두지 아니할 수 있음)</td><td>1</td></tr>
<tr><td>입소자 10인 미만</td><td>1</td><td></td><td></td><td></td><td></td><td></td><td></td><td></td><td>1</td><td>1</td><td colspan="3">1</td><td></td></tr>
</table>

4. 설비기준

시설의 종류 / 구 분	노인 요양시설	실비노인 요양시설	유료노인 요양시설	노인전문 요양시설	유료노인전문 요양시설
설비 기준	가. 거실 (1) 합숙용·동거용 거실을 둘 수 있다. (2) 남녀공용인 시설의 경우에는 합숙용거실을 남실 및 여실로 각각 구분하여야 한다. (3) 입소자 1인당 거실면적은 5.0제곱미터 이상이어야 한다. (4) 합숙용거실 1실의 정원은 6인 이하이어야 한다.	가. 거실 (1) 독신용·동거용·합숙용 거실을 둘 수 있다. (2) 남녀공용인 시설의 경우에는 합숙용거실을 남실 및 여실로 각각 구분하여야 한다. (3) 입소자 1인당 거실면적은 5.0제곱미터 이상이어야 한다. (4) 합숙용거실 1실의 정원은 6인 이하이어야 한다.	가. 거실 (1) 독신용·동거용·합숙용 거실을 둘 수 있다. (2) 남녀공용인 시설의 경우에는 합숙용거실을 남실 및 여실로 각각 구분하여야 한다. (3) 합숙용거실 1실의 정원은 6인이하이어야 한다. (4) 합숙용거실 1실의 정원은 6인 이하이어야 한다.	가. 거실 (1) 합숙용·동거용 거실을 둘 수 있다. (2) 남녀공용인 시설의 경우에는 합숙용거실을 남실 및 여실로 각각 구분하여야 한다. (3) 입소자 1인당 거실면적은 6.6제곱미터 이상이어야 한다. (4) 합숙용거실 1실의 정원은 6인 이하이어야 한다.	가. 거실 (1) 독신용·동거용·합숙용 거실을 둘 수 있다. (2) 남녀공용인 시설의 경우에는 합숙용거실을 남실 및 여실로 각각 구분하여야 한다. (3) 합숙용거실 1실의 정원은 6인 이하이어야 한다. (4) 합숙용거실 1실의 정원은 6인 이하이어야 한다.

구 분 \ 시설의 종류	노인 요양시설	실비노인 요양시설	유료노인 요양시설	노인전문 요양시설	유료노인전문 요양시설
	(5) 합숙용 거실에는 입소자의 생활용품을 각자 별도로 보관할 수 있는 보관시설을 설치하여야 한다. (6) 적당한 난방 및 통풍장치를 갖추어야 한다. (7) 채광·조명 및 방습설비를 갖추어야 한다. (8) 노인질환의 종류 및 정도에 따른 특별거실을 입소정원의 5퍼센트 이내의 범위안에서 두어야 한다.	(5) 합숙용 거실에는 입소자의 생활용품을 각자 별도로 보관할 수 있는 보관시설을 설치하여야 한다. (6) 적당한 난방 및 통풍장치를 갖추어야 한다. (7) 채광·조명 및 방습설비를 갖추어야 한다. (8) 노인질환의 종류 및 정도에 따른 특별거실을 입소정원의 5퍼센트 이내의 범위 안에서 두어야 한다.	(5) 합숙용 거실에는 입소자의 생활용품을 각자 별도로 보관할 수 있는 보관시설을 설치하여야 한다. (6) 적당한 난방 및 통풍장치를 갖추어야 한다. (7) 채광·조명 및 방습설비를 갖추어야 한다. (8) 노인질환의 종류 및 정도에 따른 특별거실을 입소정원의 5퍼센트 이내의 범위안에서 두어야 한다.	(5) 합숙용 거실에는 입소자의 생활용품을 각자 별도로 보관할 수 있는 보관시설을 설치하여야 한다. (6) 적당한 난방 및 통풍장치를 갖추어야 한다. (7) 채광·조명 및 방습설비를 갖추어야 한다. (8) 노인질환의 종류 및 정도에 따른 특별거실을 입소정원의 5퍼센트 이내의 범위안에서 두어야 한다.	(5) 합숙용 거실에는 입소자의 생활용품을 각자 별도로 보관할 수 있는 보관시설을 설치하여야 한다. (6) 적당한 난방 및 통풍장치를 갖추어야 한다. (7) 채광·조명 및 방습설비를 갖추어야 한다. (8) 노인질환의 종류 및 정도에 따른 특별거실을 입소정원의 5퍼센트 이내의 범위안에서 두어야 한다.

시설의 종류 구 분	노인 요양시설	실비노인 요양시설	유료노인 요양시설	노인전문요양 시설	유료노인전문 요양시설
	(9) 거실바닥 면적의 7분의 1 이상의 면적을 창으로 하여 직접 바깥 공기에 접하도록 하며, 개폐가 가능하여야 한다. (10) 침대를 사용하는 경우에는 노인들이 자유롭게 오르내릴 수 있어야 한다.	(9) 거실바닥 면적의 7분의 1 이상의 면적을 창으로 하여 직접 바깥 공기에 접하도록 하며, 개폐가 가능하여야 한다. (10) 침대를 사용하는 경우에는 노인들이 자유롭게 오르내릴 수 있어야 한다.	(9) 거실바닥 면적의 7분의 1 이상의 면적을 창으로 하여 직접 바깥 공기에 접하도록 하며, 개폐가 가능하여야 한다. (10) 침대를 사용하는 경우에는 노인들이 자유롭게 오르내릴 수 있어야 한다.	(9) 거실바닥 면적의 7분의 1 이상의 면적을 창으로 하여 직접 바깥 공기에 접하도록 하며, 개폐가 가능하여야 한다. (10) 침대를 사용하는 경우에는 노인들이 자유롭게 오르내릴 수 있어야 한다. (11) 치매노인이 자유롭게 활동할 수 있는 공간과 안전설비를 갖춘 거실을 두어야 한다.	(9) 거실바닥 면적의 7분의 1 이상의 면적을 창으로 하여 직접 바깥 공기에 접하도록 하며, 개폐가 가능하여야 한다. (10) 침대를 사용하는 경우에는 노인들이 자유롭게 오르내릴 수 있어야 한다 (11) 치매노인이 자유롭게 활동할 수 있는 공간과 안전설비를 갖춘 거실을 두어야 한다.
	나. 식당 및 조리실 : 조리실바닥은 내수재료로서 세정 및 배수에 편리한 구조로 하여야 한다.	나. 식당 및 조리실 : 조리실바닥은 내수재료로서 세정 및 배수에 편리한 구조로 하여야 한다.	나. 식당 및 조리실 : 조리실바닥은 내수재료로서 세정 및 배수에 편리한 구조로 하여야 한다.	나. 식당 및 조리실 : 조리실바닥은 내수재료로서 세정 및 배수에 편리한 구조로 하여야 한다.	나. 식당 및 조리실 : 조리실바닥은 내수재료로서 세정 및 배수에 편리한 구조로 하여야 한다.

시설의 종류 / 구 분	노인 요양시설	실비노인 요양시설	유료노인 요양시설	노인전문 요양시설	유료노인전문 요양시설
	다. 세면장 및 목욕장 (1) 바닥은 미끄럽지 아니하여야 한다. (2) 욕조를 설치하는 경우에는 욕조에 노인의 전신이 잠기지 아니하는 깊이로 하고 욕조 출입이 자유롭도록 최소한 1개이상의 보조봉과 수직의 손잡이 기둥을 설치하여야 한다. (3) 급탕을 자동온도조절장치로 하는 경우에는 물의 최고온도는 섭씨 40도 이상이 되지 아니하도록 하여야 한다.	다. 세면장 및 목욕장 (1) 바닥은 미끄럽지 아니하여야 한다. (2) 욕조를 설치하는 경우에는 욕조에 노인의 전신이 잠기지 아니하는 깊이로 하고 욕조 출입이 자유롭도록 최소한 1개이상의 보조봉과 수직의 손잡이 기둥을 설치하여야 한다. (3) 급탕을 자동온도조절장치로 하는 경우에는 물의 최고온도는 섭씨 40도 이상이 되지 아니하도록 하여야 한다.	다. 세면장 및 목욕장 (1) 바닥은 미끄럽지 아니하여야 한다. (2) 욕조를 설치하는 경우에는 욕조에 노인의 전신이 잠기지 아니하는 깊이로 하고 욕조 출입이 자유롭도록 최소한 1개이상의 보조봉과 수직의 손잡이 기둥을 설치하여야 한다. (3) 급탕을 자동온도조절장치로 하는 경우에는 물의 최고온도는 섭씨 40도 이상이 되지 아니하도록 하여야 한다.	다. 세면장 및 목욕장 (1) 바닥은 미끄럽지 아니하여야 한다. (2) 욕조를 설치하는 경우에는 욕조에 노인의 전신이 잠기지 아니하는 깊이로 하고 욕조 출입이 자유롭도록 최소한 1개이상의 보조봉과 수직의 손잡이 기둥을 설치하여야 한다. (3) 급탕을 자동온도조절장치로 하는 경우에는 물의 최고온도는 섭씨 40도 이상이 되지 아니하도록 하여야 한다.	다. 세면장 및 목욕장 (1) 바닥은 미끄럽지 아니하여야 한다. (2) 욕조를 설치하는 경우에는 욕조에 노인의 전신이 잠기지 아니하는 깊이로 하고 욕조 출입이 자유롭도록 최소한 1개이상의 보조봉과 수직의 손잡이 기둥을 설치하여야 한다. (3) 급탕을 자동온도조절장치로 하는 경우에는 물의 최고온도는 섭씨 40도 이상이 되지 아니하도록 하여야 한다.

시설의 종류 / 구 분	노인 요양시설	실비노인 요양시설	유료노인 요양시설	노인전문 요양시설	유료노인전문 요양시설
	라. 오락실 : 자유로이 이용할 수 있는 적당한 문화시설과 오락기구를 비치하여야 한다. 마. 의무실 : 진료에 필요한 상용의약품·위생재료 또는 의료기구를 갖추어야 한다. 바. 기타 (1) 복도·화장실 그밖의 필요한 곳에 야간 상용등을 설치하어야 한다. (2) 계단의 경사는 완만하여야 하며, 난간을 설치하여야 한다.	라. 오락실 : 자유로이 이용할 수 있는 적당한 문화시설과 오락기구를 비치하여야 한다. 마. 의무실 : 진료에 필요한 상용의약품·위생재료 또는 의료기구를 갖추어야 한다. 바. 기타 (1) 복도·화장실 그밖의 필요한 곳에 야간 상용등을 설지하여야 한다. (2) 계단의 경사는 완만하여야 하며, 난간을 설치하여야 한다.	라. 오락실 : 자유로이 이용할 수 있는 적당한 문화시설과 오락기구를 비치하여야 한다. 마. 의무실 : 진료에 필요한 상용의약품·위생재료 또는 의료기구를 갖추어야 한다. 비. 기타 (1) 복도·화장실 그밖의 필요한 곳에 야간 상용등을 설치하여야 한다. (2) 계단의 경사는 완만하여야 하며, 난간을 설치하여야 한다.	라. 오락실 : 자유로이 이용할 수 있는 적당한 문화시설과 오락기구를 비치하여야 한다. 마. 일광욕실 : 입소자의 욕창예방과 치료를 위하여 입소자 50인당 1개소씩 설치하여야 한다. 바. 의무실 : 진료에 필요한 상용의약품·위생재료 또는 의료기구를 갖추어야 한다. 사. 기타 (1) 복도·화장실 그밖의 필요한 곳에 야간 상용등을 설치하여야 한다.	라. 오락실 : 자유로이 이용할 수 있는 적당한 문화시설과 오락기구를 비치하여야 한다. 마. 일광욕실 : 입소자의 욕창예방과 치료를 위하여 입소자 50인당 1개소씩 설치하여야 한다. 바. 의무실 : 진료에 필요한 상용의약품·위생재료 또는 의료기구를 갖추어야 한다. 사. 기타 (1) 복도·화장실 그밖의 필요한 곳에 야간 상용등을 설치하여야 한다.

구 분 \ 시설의 종류	노인 요양시설	실비노인 요양시설	유료노인 요양시설	노인전문 요양시설	유료노인전문 요양시설
				(2) 계단의 경사는 완만하여야 하며, 치매노인의 낙상을 방지하기 위하여 계단에 출입문을 설치하고 잠금장치를 하여야 한다.	(2) 계단의 경사는 완만하여야 하며, 치매노인의 낙상을 방지하기 위하여 계단에 출입문을 설치하고 잠금장치를 하여야 한다.
	(3) 바닥은 부드럽고 미끄럽지 아니한 바닥재를 사용하여야 한다.	(3) 바닥은 부드럽고 미끄럽지 아니한 바닥재를 사용하여야 한다.	(3) 바닥은 부드럽고 미끄럽지 아니한 바닥재를 사용하여야 한다.	(3) 바닥은 부드럽고 미끄럽지 아니한 바닥재를 사용하여야 한다.	(3) 바닥은 부드럽고 미끄럽지 아니한 바닥재를 사용하여야 한다.
				(4) 주방 등 화재위험이 있는 곳에는 치매노인이 임의로 출입할 수 없도록 잠금장치를 설치하고, 배회환자의 실종 등을 예방할 수 있도록 외부출입구에 적정한 잠금장치를 하여야 한다.	(4) 주방 등 화재위험이 있는 곳에는 치매노인이 임의로 출입할 수 없도록 잠금장치를 설치하고, 배회환자의 실종 등을 예방할 수 있도록 외부출입구에 적정한 잠금장치를 하여야 한다.

시설의 종류 구 분	노인 요양시설	실비노인 요양시설	유료노인 요양시설	노인전문 요양시설	유료노인전문 요양시설
	사. 경사로 : 거실이 2층 이상인 경우 경사로를 설치하여야 한다. 다만, 승강기를 설치한 경우에는 이를 설치하지 아니할 수 있다. 아. 물리치료실 : 기능회복 또는 기능감퇴를 방지하기 위한 훈련 등에 지장이 없는 면적과 필요한 시설 및 장비를 갖추어야 한다.	사. 경사로 : 거실이 2층 이상인 경우 경사로를 설치하여야 한다. 다만, 승강기를 설치한 경우에는 이를 설치하지 아니할 수 있다. 아. 물리치료실 : 기능회복 또는 기능감퇴를 방지하기 위한 훈련 등에 지장이 없는 면적과 필요한 시설 및 장비를 갖추어야 한다.	사. 경사로 : 거실이 2층 이상인 경우 경사로를 설치하여야 한다. 다만, 승강기를 설치한 경우에는 이를 설치하지 아니할 수 있다. 아. 물리치료실 : 기능회복 또는 기능감퇴를 방지하기 위한 훈련 등에 지장이 없는 면적과 필요한 시설 및 장비를 갖추어야 한다.	아. 경사로 : 거실이 2층 이상인 경우 경사로를 설치하여야 한다. 다만, 승강기를 설치한 경우에는 이를 설치하지 아니할 수 있다. 자. 물리치료실 : 기능회복 또는 기능감퇴를 방지하기 위한 훈련 등에 지장이 없는 면적과 필요한 시설 및 장비를 갖추어야 한다.	아. 경사로 : 거실이 2층 이상인 경우 경사로를 설치하여야 한다. 다만, 승강기를 설치한 경우에는 이를 설치하지 아니할 수 있다. 자. 물리치료실 : 기능회복 또는 기능감퇴를 방지하기 위한 훈련 등에 지장이 없는 면적과 필요한 시설 및 장비를 갖추어야 한다.

5. 직원의 자격기준

직종별	자격기준
시설장	사회복지사업법에 의한 사회복지사 3급이상의 자격증 소지자 또는 의료법 제2조의 규정에 의한 의료인의 자격을 취득한 자
생활복지사	사회복지사업법에 의한 사회복지사 3급이상의 자격증 소지자

6. 직원의 배치기준

<table>
<tr><th colspan="2">직종별
시설별</th><th>시설장</th><th>총무</th><th>생활복지사</th><th>전담의사 또는 촉탁의사</th><th>간호사 또는 간호조무사</th><th>물리치료사</th><th>생활지도원</th><th>사무원</th><th>영양사</th><th>조리원</th><th>위생원</th><th>관리인</th></tr>
<tr><td rowspan="3">노인요양시설 · 실비노인요양시설</td><td>입소자 30인 이상</td><td>1인</td><td>1인</td><td>1인</td><td>1인</td><td>입소자 25인당 1인 (다만, 2인 이상시 1인은 간호사로 하여야 함)</td><td>1인 (입소자 100인 초과시마다 1인 추가)</td><td>입소자 7인당 1인</td><td>1인(입소자 100인 이상인 경우에 한함)</td><td>1인(입소자 50인 이상인 경우에 한함)</td><td>입소자 50인당 1인</td><td>입소자 50인당 1인</td><td></td></tr>
<tr><td>입소자 30인 미만 10인 이상</td><td>1인</td><td colspan="2">1인</td><td>1인</td><td>1인</td><td>1인</td><td>입소자 7인당 1인</td><td></td><td></td><td>1인</td><td>1인</td><td></td></tr>
<tr><td>입소자 10인 미만</td><td>1인</td><td></td><td></td><td></td><td>1인</td><td></td><td>1인</td><td></td><td></td><td></td><td></td><td></td></tr>
<tr><td rowspan="3">유료노인요양시설</td><td>입소자 30인 이상</td><td>1인</td><td>1인</td><td>1인</td><td>1인</td><td>입소자 25인당 1인 (다만, 2인 이상시 1인은 간호사로 하여야 함)</td><td>1인 (입소자 100인 초과시마다 1인추가)</td><td>입소자 5인당 1인</td><td>1인(입소자 100인 이상인 경우에 한함)</td><td>1인(입소자 50인 이상인 경우에 한함)</td><td>입소자 50인당 1인</td><td>입소자 50인당 1인 (다만, 세탁물을 전량 위탁처리하는 경우에는 두지 아니할 수 있음)</td><td>1인</td></tr>
<tr><td>입소자 30인 미만 10인 이상</td><td>1인</td><td colspan="2">1인</td><td>1인</td><td>1인</td><td>1인</td><td>입소자 5인당 1인</td><td>-</td><td>-</td><td>1인</td><td>1인 (다만, 세탁물을 전량 위탁처리하는 경우에는 두지 아니할 수 있음)</td><td>1인</td></tr>
<tr><td>입소자 10인 미만</td><td>1인</td><td></td><td></td><td></td><td>1인</td><td></td><td>1인</td><td></td><td></td><td></td><td></td><td></td></tr>
</table>

시설별 \ 직종별		시설장	총무	생활복지사	전담의사 또는 촉탁의사	간호사 또는 간호조무사	물리치료사	생활지도원	사무원	영양사	조리원	위생원	관리인
노인전문요양시설	입소자 30인 이상	1인	1인	1인	1인	입소자 20인당 1인(다만, 2인 이상시 1인은 간호사로 하여야 함)	1인 (입소자 100인 초과시마다 1인추가)	입소자 3인당 1인	1인(입소자 100인 이상인 경우에 한함)	1인(입소자 50인 이상인 경우에 한함)	입소자 50인당 1인	입소자 50인당 1인	1인(입소자 50인 이상인 경우에 한함)
	입소자 30인 미만 10인 이상	1인	1인		1인	1인	1인	입소자 3인당 1인			1인	1인	
	입소자 10인 미만	1인				1인		입소자 3인당 1인					
유료노인전문요양시설	입소자 30인 이상	1인	1인	1인	1인	입소자 20인당 1인(다만, 2인 이상시 1인은 간호사로 하여야 함)	1인 (입소자 100인 초과시마다 1인추가)	입소자 3인당 1인	1인(입소자 100인 이상인 경우에 한함)	1인(입소자 50인 이상인 경우에 한함)	입소자 50인당 1인	입소자 50인당 1인 (다만, 세탁물을 전량 위탁처리하는 경우에는 두지 아니할 수 있음)	1인
	입소자 30인 미만 10인 이상	1인	1인		1인	1인	1인	입소자 3인당 1인			1인	1인 (다만, 세탁물을 전량 위탁처리하는 경우에는 두지 아니할 수 있음)	1인
	입소자 10인 미만	1인				1인		입소자 3인당 1인					

※ 비 고

1. 생활복지사 : 입소자에 대하여 건강유지·여가선용 등 노인의 복지증진에 관하여 상담·지도하는 자
   다만, 여자를 수용하는 시설에는 여자 생활복지사를 두어야 한다.
2. 생활지도원 : 입소자에게 일상생활의 편의를 제공하고 생활복지사 또는 시설의 장을 보조하는 자

[별표 5]

노인의료복지시설의 운영기준(제22조제2항관련)

1. 건강관리

가. 노인의료복지시설(노인전문병원을 제외하며, 이하 이 표에서 "시설"이라 한다)에는 입소자 건강관리를 위한 책임자를 두고 의사(한의사를 포함한다)간호사 기타 자격이 있는 자가 그 임무를 수행하여야 한다.

나. 전담의사를 두지 아니한 시설은 촉탁의사(시간제 계약에 의한 의사를 포함한다)를 두어야 한다. 이 경우 노인전문요양시설과 유료노인전문요양시설은 가급적 신경과 또는 정신과 전문의를 두도록 한다.

다. 촉탁의사를 두는 시설의 장은 촉탁의사가 매주 2회이상(1회당 2시간이상) 시설을 방문하여 입소자의 건강상태를 확인하고 건강상태가 악화된 입소자에 대하여 적절한 조치를 취하도록 하여야 한다.

라. 입소자 및 직원에 대하여는 연 1회이상의 건강진단을 하여야 하며 건강진단결과 건강이 좋지 아니한 자에 대하여는 그 치료를 위하여 필요한 조치를 하여야 한다.

마. 입소자에 대하여 그 건강상태에 따라 적절한 훈련과 휴식을 하도록 하여야 한다.

바. 시설의 환경을 청결하게 하고 그 위생관리에 유의하여야 한다.

2. 급식위생관리

가. 시설의 장은 입소자가 필요한 영양을 섭취할 수 있도록 영양사가 작성한 식단에 따라 급식을 행하여야 한다. 다만, 영양사가 없는 시설의 경우에는 소재지를 관할하는 보건소장의 지도를 받아 식단을 작성하고 이에 따라 급식하여야 한다.

나. 전염성질환・화농성창상등이 있는 자는 입소자의 식사를 조리하여서는 아니된다.

다. 시설에서 사용되는 음용수의 경우에는 수도법 및 먹는물관리법이 정하는 바에 따라 수질검사를 받아야 한다.

라. 입소자의 식사를 조리하는 자는 항상 청결을 유지하여야 한다.

3. 운영규정

가. 시설의 장은 조직・인사・급여・회계・물품 기타 시설의 운영에 관하여 필요한 규정(이하 이 표에서 "운영규정"이라 한다)을 작성하여 시장・군수・구청장에게 제출하여야 한다.

나. 노인요양시설・노인전문요양시설・실비노인요양시설・유료노인요양시설 및 유료노인전문요양시설의 운영규정에는 다음 각호의 사항이 포함되어야 한다. 다만, 노인요양시설 및 노인전문요양시설의 경우에는 제18조제2항의 규정에 의하여 실비보호대상자를 계약에 의하여 입소시키는 경우에 한한다.

(1) 입소정원 및 모집방법 등에 관한 사항

(2) 입소계약에 관한 사항(계약기간, 계약목적, 입소보증금, 월이용료 및 기타 비용부담액, 신원인수인의 권리・의무, 계약의 해제, 입소보증금의 반환 등에 관한 사항을 포함한

다)

(3) 입소보증금·이용료 등 비용에 대한 변경방법 및 절차 등에 관한 사항

(4) 서비스의 내용과 그 비용의 부담에 관한 사항

(5) 특별한 보호를 필요로 하는 경우에는 그 서비스기준과 비용에 관한 사항

(6) 의료를 필요로 하는 경우에는 그 구체적인 처리절차

(7) 시설물 사용상의 주의사항 등에 관한 사항

(8) 서비스 제공자의 배상책임·면책범위에 관한 사항

(9) 운영규정의 개정방법 및 절차 등에 관한 사항

(10) 운영간담회의 설치운영에 관한 사항

다. 시설의 장은 운영규정에서 정한 바에 따라 당해 시설을 운영하여야 한다.

4. 보증금의 수납 및 반환

가. 노인요양시설·실비노인요양시설 및 노인전문요양시설을 설치한 자가 보증금을 수납하는 때에는 월 입소비용의 1년분이내에서 이를 수납하여야 한다.

나. 노인의료복지시설(노인전문병원을 제외한다)을 설치한 자는 입소자가 퇴소하는 때에는 수납한 보증금을 지체없이 입소자 또는 입소자를 대신하여 입소계약을 체결한 배우자 또는 부양의무자에게 반환하여야 한다.

5. 회 계

가. 시설의 설치운영에 관한 회계는 법인회계 또는 다른 사업에 관한 회계와 분리하여 계리하여야 한다.

나. 국가 또는 지방자치단체로부터의 보조금품 기타 시설이 수수한 기부금품은 이를 별도의 계정으로 계리하여야 한다.

6. 장부 등의 비치

시설에는 다음 각목의 장부 및 서류를 비치하여야 한다.

가. 시설의 연혁에 관한 기록부

나. 재산목록과 재산의 소유권 또는 사용권을 증명할 수 있는 서류

다. 시설운영일지

라. 예산서 및 결산서

마. 총계정원장 및 수입·지출보조부

바. 금전 및 물품의 출납부와 증빙서류

사. 보고서철 및 행정기관과의 협의 등 관련 문서철

아. 정관(법인의 경우에 한한다) 및 관계질의서류

자. 입소자 관리카드(입소계약 체결일, 입소보증금, 이용료 기타 비용부담 관계 등에 관한 내용을 포함한다)

차. 연계의료시설과의 제휴계약서

카. 촉탁의사 근무상황부(촉탁의사가 있는 경우에 한한다)

7. 시설에서의 기거자

가. 시설의 장은 입소자의 거실 또는 거실이 있는 건물마다 생활지도원, 생활보조원 기타 직원 중 1인을 입소자와 함께 기거하도록 조치하여야 한다.

나. 시설안에서는 입소자외에 시설의 장 및 직원과 그 가족이 아닌 자는 거주하지 못한다.

8. 사업의 실시

가. 시설의 장은 입소자의 요양 및 재활을 도울 수 있는 다양한 프로그램을 운영하여야 한다.

나. 시설의 장은 입소자에 대하여 적극적으로 필요한 생활지도를 하여야 한다.

다. 시설의 장은 입소자의 연령·성별·성격·생활력·심신의 건강상태 등을 고려하여 수시로 입소자와 면담하거나 관찰·지도하고 특이사항을 기록·유지하여 보호의 정도에 따라 다른 노인복지시설로의 전원 등 필요한 조치를 하여야 한다.

라. 시설의 장이 생활지도 등을 함에 있어서는 입소자의 의사를 최대한 존중하여야 한다.

마. 노인전문요양시설 및 유료노인전문요양시설의 장은 시설의 종사자(사무원·취사부·세탁부·관리인을 제외한다)가 치매 및 중풍환자의 간병요령 등 치매환자 보호에 필요한 교육을 받을 수 있도록 조치하여야 한다.

바. 시설의 장은 시설종별로 각 시설의 특성을 고려하여 다음의 기준에 따른 사업을 실시하여야 한다.

시 설 별	사 업 내 용
노인요양시설 · 실비노인 요양시설 · 유료노인요양시설	(가) 입소자의 생활의욕증진 등을 도모하기 위하여 입소자의 신체적 · 정신적 상태에 따라 그 기능을 회복하게 하거나 기능의 감퇴를 방지하기 위한 훈련에 참가할 기회를 제공하여야 한다. (나) 교양 · 오락설비 등을 구비하고 적절한 레크리에이션을 실시하여야 한다. (다) 입소자에 대한 상시보호를 할 수 있도록 이에 적합한 직원의 근무체제를 갖추어야 한다. (라) 입소자의 건강상태에 유의하여야 하며 건강의 유지를 위하여 필요한 조치를 하여야 한다. (마) 입원치료를 필요로 하는 입소자를 위하여 진료기관을 정하는 등 인근 지역의 의료기관과 긴밀한 협조체계를 갖추어야 한다.
노인전문요양시설 및 유료노인 전문요양시설	(가) 입소자의 생활의욕증진 등을 도모하기 위하여 입소자의 신체적 · 정신적 상태에 따라 그 기능을 회복하게 하거나 기능의 감퇴를 방지하기 위한 훈련에 참가할 기회를 제공하여야 한다. (나) 교양 · 오락설비 등을 구비하고 적절한 레크리에이션을 실시하여야 한다. (다) 입소자에 대한 상시보호를 할 수 있도록 이에 적합한 직원의 근무체제를 갖추어야 한다. (라) 입소자의 건강상태에 유의하여야 하며 건강의 유지를 위하여 필요한 조치를 하여야 한다. (마) 입원치료를 필요로 하는 입소자를 위하여 진료기관을 정하는 등 인근 지역의 의료기관과 긴밀한 협조체계를 갖추어야 한다. (바) 거동이 불가능한 와상노인의 욕창예방과 치료를 위하여 적절한 보호조치를 하여야 한다. (사) 치매노인은 치매의 정도에 따라 분리하여 보호하여야 한다.

9. 운영간담회의 설치

가. 시설에는 시설의 장, 직원, 가족대표, 입소자대표 및 노인복지법 제51조의 규정에 의한 노인복지명예지도원(유료노인요양시설 및 유료노인전문요양시설의 경우에 한한다)으로 구성된 운영간담회를 설치 · 운영하여야 한다.

나. 시설의 장은 입소자의 상황, 서비스 제공상황 등 시설의 운영과 관리비 등의 내용을 정기적으로 운영간담회에 보고하여야 하며, 입소자 및 그 가족의 의견이 시설의 운영에 반영되도록 하여야 한다.

[별표 6]

노인전문병원의 시설기준 및 직원배치기준(제22조제3항관련)

1. 설비시설

가. 물리치료실
나. 한방요법실(한방요법실을 두는 경우에 한한다)

2. 설비기준

가. 입원실
입원실에는 의사 또는 간호사를 신속하게 호출할 수 있는 비상연락장치를 설치하여야 한다.
나. 물리치료실
물리치료실에는 노인의 생활훈련 또는 재활훈련에 필요한 도구·장비 및 안전장치를 갖추어야 한다.

3. 직원배치기준

가. 물리치료사(병원당 1인 이상을 두되, 연평균 1일 입원환자가 100인 이하인 경우에는 1인을 두고, 100인을 초과하는 경우에는 100인마다 1인씩을 더 두어야 한다)
나. 사회복지사(병원당 1인 이상을 두어야 한다)

[별표 7]

노인여가복지시설의 시설기준 및 직원배치기준(제26조제1항관련)

1. 공통사항

가. 시설의 입지조건

노인휴양소는 노인에게 심신의 휴양을 제공할 수 있도록 하기 위하여 관광지 · 온천지 등에 설치하도록 한다.

나. 시설의 규모

노인여가복지시설은 다음 각호의 구분에 따른 면적 이상이거나 또는 인원이 이용할 수 있는 시설을 갖추어야 한다.

(1) 노인복지회관 : 연면적 1천제곱미터 이상

(2) 경로당 : 이용정원 20인 이상(읍 · 면지역의 경우에는 10인 이상)

(3) 노인교실 : 이용정원 50인 이상

(4) 노인휴양소 : 이용정원 20인 이상(객실은 10실 이상)

2. 시설기준

구분 / 시설별	사무실	식당 및 조리실	상담실 또는 면회실	집회실 또는 강당	오락실	화장실	물리치료실	비상재해대비시설	거실 또는 휴게실	전기시설	강의실	휴게실	객실	공동목욕장	기타부대시설
노인복지회관	1	1	1	1	1	1	1	1							
경로당						1			1	1					
노인교실	1					1					1	1			
노인휴양소		1				1							1	1	1

※ 비 고

1. 노인복지회관 : 오락실에 인터넷 등을 통하여 전자정보의 접근이 가능한 컴퓨터를 설치할 수 있다.
2. 노인교실 : 사무실 및 휴게실은 사업에 지장이 없는 범위에서 강의실과 겸용할 수 있다.
3. 노인휴양소 :

가. 객실에 조리실이 설치되어 있는 경우에는 식당 및 조리실을 설치하지 아니할 수 있다.

나. 객실에 목욕실이 설치되어 있는 때에는 공동목욕장을 설치하지 아니할 수 있다.

3. 설비기준

시설의 종류 / 구분	노인복지회관	경 로 당	노 인 교 실	노인휴양소
설비기준	가. 식당 및 조리실 : 조리실바닥은 내수재료로서 세정 및 배수에 편리한 구조로 하여야 한다.	가. 거실 또는 휴게실 : 20제곱미터 이상이어야 한다.	가. 강의실 : 33제곱미터 이상이어야 한다.	가. 객실 : 6.6제곱미터 이상이어야 한다.
	나. 오락실 : 자유로이 이용할 수 있는 적당한 문화시설과 오락기구를 비치하여야 한다.			나. 식당 및 조리실 : 냉장고를 비치하여야 하며, 조리실 바닥은 내수재료로서 세정 및 배수에 편리한 구조로 하여야 한다.
	나. 물리치료실 : 기능회복 또는 기능감퇴를 방지하기 위한 훈련 등에 지장이 없는 면적과 필요한 시설을 갖추어야 한다.			나. 공동목욕장 : 남·녀별로 구분하여 설치하여야 한다.

4. 직원의 자격기준

직 종 별	자 격 기 준
노인복지회관 시설장	사회복지사업법에 의한 사회복지사 2급이상의 자격증 소지자
상 담 지 도 원	사회복지사업법에 의한 사회복지사 3급이상의 자격증 소지자

5. 직원의 배치기준

직종별 시설별	시설장	상담 지도원	강 사 (외부강사 포함)	물리 치료사	사무원	조리원	관리인
노인복지회관	1인	2인 이상		1인	1인	1인	1인
노인교실	1인		1인				
노인휴양소	1인						1인

※ 비 고

상담지도원 : 이용자에 대하여 노인의 건강유지 · 여가선용 등 노인의 복지증진에 관하여 상담 · 지도하는 자

[별표 8]

노인여가복지시설의 운영기준(제26조제2항관련)

1. 급식위생관리(노인복지회관 및 식당이 설치되어 있는 노인휴양소의 경우에 한한다)

가. 시설의 장은 이용자가 필요한 영양을 섭취할 수 있도록 영양사가 작성한 식단에 따라 급식을 행하여야 한다. 다만, 영양사가 없는 시설의 경우에는 소재지를 관할하는 보건소장의 지도를 받아 식단을 작성하고 이에 따라 급식하여야 한다.

나. 전염성질환・화농성창상 등이 있는 자는 이용자의 식사를 조리하여서는 아니된다.

다. 시설에서 사용되는 음용수의 경우에는 수도법 및 먹는물관리법이 정하는 바에 따라 수질검사를 받아야 한다.

라. 이용자의 식사를 조리하는 자는 항상 청결을 유지하여야 한다.

2. 운영규정

가. 노인여가복지시설(이하 이 표에서 "시설"이라 한다)의 장은 그 시설의 운영방법, 이용자의 준수사항 기타 시설의 운영에 관하여 필요한 규정(이하 이 표에서 "운영규정"이라 한다)을 작성하여 시장・군수・구청장에게 제출하여야 한다.

나. 노인복지회관・노인교실 및 노인휴양소의 운영규정에는 다음 각호의 사항이 포함되어야 한다.

(1) 이용정원 등에 관한 사항

(2) 이용계약에 관한 사항(계약기간, 이용료 및 기타 비용부담액 등에 관한 사항을 포함한다)

(3) 이용료 등 비용에 대한 변경방법 및 절차 등에 관한 사항

(4) 서비스의 내용과 그 비용의 부담에 관한 사항

(5) 시설물 사용상의 주의사항 등에 관한 사항

(6) 서비스 제공자의 배상책임・면책범위에 관한 사항

(7) 운영규정의 개정방법 및 절차 등에 관한 사항

다. 시설의 장은 운영규정에서 정한 바에 따라 당해 시설을 운영하여야 한다.

3. 회 계

가. 시설의 설치・운영에 관한 회계는 법인회계 또는 다른 사업에 관한 회계와 분리하여 계리하여야 한다.

나. 국가 또는 지방자치단체로부터의 보조금품 기타 시설이 수수한 기부금품은 이를 별도의 계정으로 계리하여야 한다.

4. 장부 등의 비치

시설에는 다음 각목의 장부 및 서류를 비치하여야 한다.

가. 시설의 연혁에 관한 기록부
나. 재산목록과 그 재산의 소유권 또는 사용권을 증명할 수 있는 서류
다. 시설운영(교육)일지
라. 이용노인(회원) 명부
마. 예산서 및 결산서
바. 수입·지출장부와 그 증빙서류
사. 금전 및 물품의 출납부와 증빙서류
아. 보고서철 및 행정기관과의 협의 등 관련 문서철
자. 정관(법인의 경우에 한한다) 및 관계질의서류

5. 사업의 실시

시설의 장은 시설종별로 각 시설의 특성을 고려하여 다음의 기준에 따른 사업을 실시하여야 한다.

시 설 별	시 설 별 운 영 기 준
노인복지회관	(가) 노인의 복지증진을 위하여 종합적인 노인복지센터로서의 기능을 수행할 수 있도록 필요한 사업을 선정·수행하여야 한다. (나) 다음의 사업을 기본사업으로 수행하되 이용대상 노인의 실정과 지역여건 등을 감안하여 사업의 종류를 가감하거나 별도의 사업을 개발·추진할 수 있다. ① 상담·지도 노인의 생활주택신상 등에 관한 생활상담 및 노인의 질병예방·치료에 관한 건강상담 및 지도 ② 취업상담 및 알선 노인에 대한 취업알선 및 취업자의 사후관리 ③ 기능회복훈련의 실시 노인의 기능회복 또는 기능의 감퇴를 방지하기 위한 훈련을 실시하되, 물리치료장비는 관할 보건소에 종사하는 의사의 지도를 받아 사용하여야 한다. ④ 교양강좌 등의 실시 노인의 교양향상을 위한 프로그램의 제공 및 레크리에이션 활동 등의 지도 (다) 거동불편 노인의 생활편의를 위한 서비스 등의 제공을 위하여 재가노인복지시설을 병설·운영하도록 노력하여야 한다. (라) 지역 특성에 따라 야간이용이 가능한 체제를 갖추도록 노력하여야 한다.
경 로 당	이용노인들이 건전한 사회봉사활동이나 취미활동 등을 할 수 있도록 하여야 한다.
노 인 교 실	주 1회이상 교육을 실시하여야 한다.
노 인 휴 양 소	휴양노인들의 교양증진을 위한 다양한 프로그램을 실시하고 레크리에이션 활동 등을 통하여 건전한 여가활동을 지도하여야 한다.

[별표 9]

재가노인복지시설의 시설기준 및 직원배치기준(제29조제1항관련)

1. 공통사항

가. 시설의 규모

주간보호시설 및 단기보호시설의 정원 및 면적은 다음 각호와 같다.

(1) 이용정원 : 5인 이상

(2) 시설연면적 : 100제곱미터 이상을 확보하여야 하되, 5인 초과시에는 1인당 5제곱미터 이상의 거실을 확보하도록 하여야 한다. 다만, 사회복지시설에 병설하는 시설의 경우에는 그 기준을 완화하여 적용할 수 있다.

나. 시설의 구조 및 설비(주간보호시설 및 단기보호시설의 경우에 한한다)

(1) 이용자가 쾌적한 일상생활을 하는데 적합한 규모 및 구조설비를 갖추어야 한다.

(2) 일조, 채광, 환기 등 이용자의 보건위생과 재해방지 등을 고려하여야 한다.

2. 시설기준

<table>
<tr><td colspan="2">구 분
시설별</td><td>사무실</td><td>통신
시설</td><td>집기 등 사업
실시에 필요한
설비</td><td>거실</td><td>식당</td><td>욕실</td><td>화장실</td><td>작업 및 일상
동작 훈련실</td></tr>
<tr><td colspan="2">가정봉사원
파견시설</td><td>1</td><td>1</td><td>1</td><td></td><td></td><td></td><td></td><td></td></tr>
<tr><td rowspan="2">주간
보호
시설</td><td>이용자
10인 이상</td><td>1</td><td></td><td></td><td>1</td><td>1</td><td>1</td><td>1</td><td>1</td></tr>
<tr><td>이용자
10인 미만</td><td></td><td></td><td></td><td>1</td><td>1</td><td colspan="2">1</td><td></td></tr>
<tr><td colspan="2">단기보호시설</td><td colspan="8">별표 4 노인요양시설의 시설 및 설비기준을 준용하되, 치매·중풍 등의 노인을 주된 이용대상으로 하는 시설은 동 표의 노인전문요양시설의 시설 및 설비기준을 준용한다.</td></tr>
<tr><td colspan="2">기 타</td><td colspan="8">1. 주간보호시설 : 사회복지시설에 병설하는 경우에는 거실·욕실 및 작업 및 일상동자훈련실 외의 시설은 당해 사회복지시설의 설비시설을 병용할 수 있다.
2. 단기보호시설 : 사회복지시설에 병설하는 경우에는 사업에 지장이 없는 범위내에서 당해 사회복지시설의 설비시설을 병용할 수 있다.</td></tr>
</table>

3. 직원의 자격기준

직 종 별	자 격 기 준
시 설 장	사회복지사업법에 의한 사회복지사 3급 이상의 자격증 소지자 또는 의료법 제2조의 규정에 의한 의료인의 자격을 취득한 자
가정봉사원	보건복지부장관이 정한 기관에서 일정한 교육을 받은 자

4. 직원의 배치기준

<table>
<tr><th colspan="2">직종별
시설별</th><th>시설장</th><th>사회복지사</th><th>간호사 또는 간호조무사</th><th>물리치료사</th><th>생활지도원</th><th>사무원</th><th>조리원</th><th>위생원</th><th>보조원 또는 운전기사</th><th>가정봉사원</th></tr>
<tr><td colspan="2">가정봉사원 파견시설</td><td>1인</td><td>이용자 80인 1인</td><td></td><td></td><td></td><td>1인</td><td></td><td></td><td>1인</td><td>사업대상자 8인당 1인</td></tr>
<tr><td rowspan="2">주간 보호 시설</td><td>이용자 10인 이상</td><td>1인</td><td>1인</td><td colspan="2">1인</td><td>이용자 10인당 1인(치매·중풍 등의 노인을 주 이용대상으로 하는 시설 경우 이용자 5인당 1인)</td><td>1인</td><td>1인</td><td></td><td>1인</td><td></td></tr>
<tr><td>이용자 10인 미만</td><td>1인</td><td></td><td colspan="2">1인</td><td>1인</td><td></td><td>1인</td><td></td><td>1인</td><td></td></tr>
<tr><td rowspan="2">단기 보호 시설</td><td>이용자 10인 이상</td><td>1인</td><td>1인</td><td>이용자 25인당 1인(치매·중풍 등의 노인을 주 이용대상으로 하는 시설의 경우 이용자 20인당 1인)</td><td>1인(이용자 30인 이상인 경우에 한함)</td><td>이용자 5인당 1인(치매·중풍 등의 노인을 주 이용대상으로 하는 시설의 경우 이용자 3인당 1인)</td><td></td><td>1인</td><td>1인(이용자 50인 이상인 경우에 한함. 다만, 세탁물을 전량 위탁처리하는 경우에는 두지 아니할 수 있음)</td><td></td><td></td></tr>
<tr><td>이용자 10인 미만</td><td>1인</td><td></td><td>1인</td><td></td><td>1인 (치매·중풍 등의 노인을 주 이용대상으로 하는 시설의 경우 이용자 3인당 1인)</td><td></td><td>1인</td><td></td><td></td><td></td></tr>
<tr><td colspan="2">기 타</td><td colspan="10">1. 가정봉사원파견시설 : 사회복지시설에 병설하는 경우에는 사회복지사 및 가정봉사원외의 직원은 사업에 지장이 없는 범위안에서 당해 사회복지시설의 직원이 겸임할 수 있다.
2. 주간보호시설 : 사회복지시설에 병설하는 경우에는 사회복지사·생활지도원·물리치료사 및 간호조무사 외의 직원은 사업에 지장이 없는 범위안에서 당해 사회복지시설의 직원이 겸임할 수 있다.
3. 단기보호시설 : 사회복지시설에 병설하는 경우에는 사회복지사·생활지도원·물리치료사 및 간호조무사 외의 직원은 사업에 지장이 없는 범위안에서 당해 사회복지시설의 직원이 겸임할 수 있다.</td></tr>
</table>

※ 비 고

생활지도원 : 이용자에게 일상생활의 편의를 제공하고 사회복지사 또는 시설의 장을 보조하는 자

[별표 10]

재가노인복지시설의 운영기준(제29조제2항관련)

1. 급식위생관리(단기보호시설에 한한다)

가. 시설의 장은 입소자가 필요한 영양을 섭취할 수 있도록 영양사가 작성한 식단에 따라 급식을 행하여야 한다. 다만, 영양사가 없는 시설의 경우에는 소재지를 관할하는 보건소장의 지도를 받아 식단을 작성하고 이에 따라 급식하여야 한다.

나. 전염성질환·화농성창상 등이 있는 자는 입소자의 식사를 조리하여서는 아니된다.

다. 시설에서 사용되는 음용수의 경우에는 수도법 및 먹는물관리법이 정하는 바에 따라 수질검사를 받아야 한다.

라. 입소자의 식사를 조리하는 자는 항상 청결을 유지하여야 한다.

2. 운영규정

가. 재가노인복지시설(이하 이 표에서 "시설"이라 한다)의 장은 시설의 운영에 관하여 필요한 규정(이하 이 표에서 "운영규정"이라 한다)을 작성하여 시장·군수·구청장에게 제출하여야 한다.

나. 운영규정에는 다음 각호의 사항이 포함되어야 한다.

(1) 이용정원 및 모집방법 등에 관한 사항

(2) 이용계약에 관한 사항(계약기간, 계약목적, 이용료 및 기타 비용부담액, 계약의 해제 등에 관한 사항을 포함한다. 이 경우 시설중 국가 또는 지방자치단체의 보조금을 지원받는 시설이 이용료를 정함에 있어서는 생활보장대상노인 또는 생활보장대상노인이 아닌 65세 이상인 자로서 그 부양의무자로부터 적절한 부양을 받지 못하는 자에 대하여는 그 이용료를 무료로, 실비보호대상자에 대하여는 그 이용료를 최소한의 실비로 정하여야 한다)

(3) 서비스의 내용과 그 비용의 부담에 관한 사항

(4) 특별한 보호를 필요로 하는 경우에는 그 서비스기준과 그 비용에 관한 사항

(5) 의료를 필요로 하는 경우에는 그 구체적인 처리절차

(6) 서비스 제공자의 배상책임·면책범위에 관한 사항

(7) 시설의 장·이용노인대표·가족대표 및 직원으로 구성된 운영간담회의 설치·운영에 관한 사항

다. 시설의 장은 운영규정에서 정한 바에 따라 당해 시설을 운영하여야 한다.

3. 회 계

가. 시설의 설치·운영에 관한 회계는 법인회계 또는 다른 사업에 관한 회계와 분리하여 계리하여야 한다.

나. 국가 또는 지방자치단체로부터의 보조금품 기타 시설어 수수한 기부금품은 이를 별도의 계정으로 계리하여야 한다.

4. 장부 등의 비치

시설에는 다음 각호의 장부 및 서류를 비치하여야 한다.

가. 이용자 명부

나. 금전 및 물품의 출납부와 그 증빙서류

다. 사업운영일지

라. 예산서 및 결산서

마. 이용자 관리카드(서비스내용 · 이용횟수 등을 기록한다)

바. 보고서철 및 행정기관과의 협의 등 관련 문서철

5. 사업의 실시

가. 이용기간 : 주간보호시설 및 단기보호시설의 이용기간은 다음 각호의 구분에 의한다.

(1) 주간보호시설 : 1일

(2) 단기보호시설 : 45일이내로 하되, 연간 이용일수는 3월을 초과할 수 없다.

나. 시설의 장은 시설종별로 각 시설의 특성을 고려하여 다음의 기준에 따른 사업을 실시하여야 한다.

시 설 별	사 업 내 용
가정봉사원파견시설	가. 가정봉사에 관한 사항 (1) 가사지원서비스 : 식사시중, 시장보기, 주변정돈, 생활필수품의 구매 등 가사에 관한 서비스 (2) 개인활동지원서비스 : 신체청결, 외출시 부축동행 등 개인활동에 관한 서비스 (3) 우애서비스 : 말벗 등 정서에 관한 서비스 나. 상담 및 교육에 관한 사항 (1) 노인생활 및 신상에 관한 상담서비스 (2) 장애노인 및 보호자의 교육 다. 노인결연에 관한 사항 : 무의무탁노인의 후원을 위한 결연사업
주간보호시설	가. 생활지도 및 일상동작훈련 등 심신의 기능회복을 위한 서비스 나. 급식 및 목욕서비스 등 다. 취미 · 오락 · 운동 등 여가생활 서비스 라. 노인가족에 대한 교육 및 상담
단기보호시설	가. 급식 · 치료 기타 일상생활에 필요한 편의를 제공하는 서비스 나. 기타 노인요양시설 또는 노인전문요양시설의 사업에 준하는 사업

6. 운영간담회의 설치

가. 시설에는 시설의 장, 직원, 이용자대표 및 가족대표 등으로 구성된 운영간담회를 설치·운영하여야 한다.

나. 시설의 장은 이용자의 상황, 서비스 제공상황 등 시설의 운영과 관리비 등의 내용을 정기적으로 운영간담회에 보고하여야 하며, 이용자 및 그 가족의 의견이 시설의 운영에 반영되도록 하여야 한다.

[별표 10의2]

가정봉사원교육기관의 시설기준 및 직원배치기준(제29조의3제3항관련)

1. 시설기준

가. 강의실

나. 재가노인복지시설. 다만, 재가노인복지시설의 장과 가정봉사원실습을 위한 시설사용계약을 체결한 경우를 제외한다.

2. 직원배치기준 : 다음 각목의 1에 해당하는 자 1인이상

가. 고등교육법 제14조제2항의 규정에 의한 교원으로서 노인보건복지관련 학과의 과목을 교수하는 자

나. 노인보건복지관련 분야에서 5년이상 종사한 경력이 있는 자

[별표 10의3]

가정봉사원교육기관의 운영기준(제29조의3제4항관련)

1. 교육내용

가. 이론교육

가정봉사원 서비스입문, 노인복지론, 장애인복지론, 노인심리학, 재가간병이론 등에 관한 이론교육을 실시하여야 한다.

나. 실기・실습교육

노인의 가사활동 지원, 간병 및 상담 등에 필요한 기술습득을 위한 실기교육과 노인복지시설에서의 실습교육을 실시하여야 한다.

2. 교육계획의 수립

매년 교육과정・교육내용・평가방법 및 담당 교수진 등을 포함한 교육계획을 수립하여야 한다.

[별표 10의4] <신설 2004.8.7>

노인보호전문기관의 설치 및 운영기준규칙(제29조의4관련)

1. 시설기준

다음 기준에 의한 시설을 갖추되, 노인복지시설에 병설하는 경우에는 사업에 지장이 없는 범위 내에서 당해 노인복지시설의 설비시설을 병용할 수 있다.

가. 사무실

긴급전화설치에 필요한 적정규모를 확보하여야 하며, 노인학대관련 사무를 처리할 수 있는 설비를 갖추어야 한다.

나. 상담실 또는 프로그램운영실

상담실 또는 프로그램운영실을 설치하여야 하되, 상담실 또는 프로그램운영실에는 다음의 설비, 구조 또는 장비를 갖추어야 한다.

(1) 학대받은 노인 등 상담을 받는 자의 신분, 사생활 및 상담내용 등이 노출되지 아니하도록 칸막이를 구획할 것

(2) 노인의 심리치료 및 프로그램 · 교육 등에 적합한 구조와 설비를 갖출 것

(3) 효과적인 상담 또는 프로그램 운영을 위한 장비(녹취기, 카메라 등)를 갖출 것

2. 운영기준

가. 관리규정

(1) 노인보호전문기관의 장은 조직 · 인사 · 급여 그 밖에 운영에 필요한 규정을 정하고 이를 시행하여야 한다.

(2) 노인보호전문기관의 예산, 회계, 물품 등에 관한 사항은 사회복지법인재무 · 회계규칙을 준용한다.

나. 장부 등의 비치

노인보호전문기관에는 다음의 장부 및 서류를 비치하여야 한다.

(1) 기관의 연혁 및 운영에 관한 기록부

(2) 재산목록과 그 소유권 또는 사용권에 대한 증명서

(3) 기관의 장 및 직원의 인사카드

(4) 노인학대의 조사 및 상담에 관한 기록(작성일부터 5년간 보존하여야 한다)

다. 인력 배치기준

법 제39조의4의 규정에 의한 긴급전화의 운영과 법 제39조의5제1항 각호에 규정된 업무수행을 위하여 기관의 장과 상담원을 다음과 같이 배치하여야 한다.

(1) 기관의 장

기관의 장 1인을 두되, 노인보호전문기관을 운영하는 노인복지시설의 장(영제20조의4의 규정에 의한 요건에 적합한 자에 한한다)이 이를 겸직할 수 있다.

(2) 상담원

(가) 상담원은 노인보호전문기관에 상시 근무하는 자로서 3인 이상을 배치하여야 하며, 이 경우 노인복지시설의 직원은 이를 겸직할 수 없다.

(나) 상담원은 보건복지부장관이 정하는 바에 따라 노인학대예방프로그램 등 전문교육을 이수하여야 한다.

라. 기타

(1) 노인보호전문기관은 학대받은 노인과 관련된 부양의무자 또는 그 가족을 대상으로 정기적으로 가정상담 및 프로그램을 실시하여야 한다.

(2) 노인보호전문기관은 지역사회 주민 · 법 제39조의6제2항의 규정에 의한 신고의무자 및 노인학대 행위자 등을 대상으로 노인학대의 예방을 위한 교육을 실시하여야 한다.

(3) 노인보호전문기관은 학대받은 노인에게 필요한 지역사회 자원을 연계하여 의뢰하거나 관련 정보를 제공하여야 한다.

[별표 11]

행정처분의 기준(제31조제1항관련)

1. 일반기준

가. 위반행위가 2이상인 때에는 그 중 가중 중한 처분기준(중한 처분기준이 동일한 때에는 그 중 하나의 처분기준을 말한다)에 의하고, 2이상의 처분기준이 각각 사업정지에 해당하는 때에는 가장 중한 처분기준에 나머지 처분기준의 2분의 1을 더하여 처분한다.

나. 위반행위가 4이상이거나 입소자(이용노인)에 대한 학대 등 중대한 위반행위로 인하여 시설의 정상적인 운영이 불가능하다고 인정되는 때에는 제2호의 개별기준에 불구하고 제1차 위반시에 사업의 폐지를 명할 수 있다.

다. 위반행위의 차수에 따른 행정처분의 기준은 최근 2년간 같은 위반행위로 행정처분을 받은 경우에 적용한다.

라. 시설을 양도·상속 또는 합병한 경우 양도·상속 또는 합병전에 당해 시설에 행하여진 처분(이미 처분기간이 경과한 처분 및 처분기간이 진행중인 처분을 포함한다)의 효과는 양수·상속 또는 합병후의 시설이 이를 승계한다.

마. 행정처분권자는 위반사항의 내용으로 보아 그 위반의 정도가 경미하거나 기타 특별한 사유가 있다고 인정되는 경우에는 그 처분기준을 다음의 기준에 따라 경감할 수 있다.

(1) 사업정지의 경우에는 그 처분기준의 2분의 1의 범위안에서 경감할 수 있다.

(2) 사업폐지의 경우에는 30일이상의 사업정지를 명할 수 있다.

2. 개별기준

위 반 사 항	근 거 법 령	행 정 처 분 기 준			
		1차위반	2차위반	3차위반	4차위반
1. 양로시설·실비양로시설 및 실비노인복지주택의 경우					
가. 별표 2에 의한 노인주거복지시설의 시설기준 및 직원배치기준을 위반한 때	법 제33조 (시행규칙 제17조)	경 고	사업정지 7일	사업정지 15일	사업폐지
나. 별표 3에 의한 노인주거복지시설의 운영기준중 1.가., 2.다., 3.다., 4., 5., 7.가., 8. 및 9.를 위반한 때		경 고	사업정지 7일	사업정지 15일	사업폐지
다. 별표 3에 의한 노인주거복지시설의 운영기준중 "나."에서 정한 사항외의 사항을 위반한 때		경 고	경 고	사업정지 7일	사업폐지
2. 유료양로시설 및 유료노인복지주택의 경우:별표 2 및 별표 3에 의한 노인주거복지시설의 시설기준·직원배치기준 및 운영기준을 위반한 때	법 제33조 (시행규칙 제17조)	경 고	사업정지 7일	사업정지 15일	사업폐지
3. 노인요양시설·실비노인요양시설 및 노인전문요양시설의 경우	법 제35조 (시행규칙 제22조)				
가. 별표 4에 의한 노인의료복지시설의 시설기준 및 직원배치기준을 위반한 때		경 고	사업정지 7일	사업정지 15일	사업폐지

위 반 사 항	근 거 법 령	행 정 처 분 기 준			
		1차위반	2차위반	3차위반	4차위반
나. 별표 5에 의한 노인의료복지시설의 운영기준중 1.가., 2.다., 3.다., 4., 5., 7.가., 8. 및 9.를 위반한 때		경 고	사업정지 7일	사업정지 15일	사업폐지
다. 별표 5에 의한 노인의료복지시설의 운영기준중 "나."에서 정한 사항외의 사항을 위반한 때		경 고	경 고	사업정지 7일	사업폐지
4. 유료노인요양시설 및 유료노인전문요양시설의 경우:별표 4 및 별표 5에 의한 노인의료복지시설의 시설기준직원배치기준 및 운영기준을 위반한 때	법 제35조 (시행규칙 제22조)	경 고	사업정지 7일	사업정지 15일	사업폐지
5. 노인여가복지시설의 경우	법 제37조 (시행규칙 제26조)				
가. 별표 7에 의한 노인여가복지시설의 시설기준 및 직원배치기준을 위반한 때		경 고	사업정지 7일	사업정지 15일	사업폐지
나. 별표 8에 의한 노인여가복지시설의 운영기준을 위반한 때		경 고	경 고	사업정지 7일	사업폐지
6. 재가노인복지시설의 경우	법 제39조 (시행규칙 제29조)				
가. 별표 9에 의한 재가노인복지시설의 시설기준 및 직원배치기준을 위반한 때		경 고	사업정지 7일	사업정지 15일	사업폐지
나. 별표 10에 의한 재가노인복지시설의 운영기준을 위반한 때		경 고	경 고	사업정지 7일	사업폐지

위 반 사 항	근 거 법 령	행 정 처 분 기 준			
		1차위반	2차위반	3차위반	4차위반
7. 수탁의무 위반	법 제41조	경 고	사업정지 5일	사업정지 10일	사업폐지
8. 감독위반 정당한 사유없이 법 제42조에 의한 보고를 하지 아니하거나 허위로 한 때 또는 조사·검사를 거부·방해하거나 기피한 때	법 제42조	경 고	사업정지 10일	사업정지 20일	사업폐지
9. 비용의 수납위반 가. 양로시설·실비양로시설·실비노인복지주택노인요양시설실비노인요양시설 및 노인전문요양시설을 설치한 자가 시장·군수·구청장에게 신고하지 아니하고 비용을 수납한 때	법 제46조 (시행규칙 제33조 및 제34조)	경 고	사업정지 5일	사업정지 10일	사업폐지
나. 노인여가복지시설 또는 재가노인복지시설을 설치한 자가 시장·군수·구청장에게 신고하지 아니하고 비용을 수납한 때		경 고	사업정지 5일	사업정지 10일	사업폐지
10. 기타 법 또는 법에 의한 명령을 위반한 때	법 제43조	경 고	사업정지 5일	사업정지 10일	사업폐지

[별지 제1호서식] 〈삭 제〉

[별지 제2호서식] 〈삭 제〉

[별지 제3호서식] 〈삭 제〉

[별지 제4호서식] 〈삭 제〉

[별지 제5호서식]

기　관　명

(전화 :　　　　　　　)

문서번호 :
수　　신 :　　　　　　　　　　　　　　　　발　　　　　신 :
제　　목 : 경로연금수급권자 현황보고　　　　(발신명의) ㊞
(　　년)

(단위 : 명)

구　분		성 별		부 양 실 태			연 령		보호의 종류		
		남	여	독 거 노인수	노인가구 노 인 수	가족동거 노 인 수	65~79세	80세 이상	거택 보호	시설 보호	자활 보호
계											
생활보호대상노인											
저소득노인	소　계										
	전액지급자										
	감액지급자										

※ 노인가구란 65세 이상 노인들만으로 구성된 가구를 말합니다.
※ 연령 및 보호의 종류는 생활보장대상노인만 기재합니다.
※ 감액지급자는 여성노인을 기준으로 기재합니다.

31313-13511보　　　　　　　　　　　　297㎜×210㎜
'98. 5. 20 승인　　　　　　　　　　　　일반용지 60g/㎡

[별지 제11호서식]

치 매 환 자 상 담 대 장

일련번호	성 명	주민등록번호	주 소 (전화번호)	치매정도판단	상담 및 조치사항			상담일	상담자 (서명 또는 인)
					1차	2차	3차		

31313-14111비
'98. 5. 20 승인

297㎜×210㎜
보존용지(2종) 70g/㎡

[별지 제22호서식]

행 정 처 분 기 록 대 장

일련번호	문서번호 및 발 송 일	시설 명칭 / 시설의 종류	소 재 지	성 명 (대표자)	위반사항	처분내용 및 처분일	근거

31313-15211비
'98. 5. 20 승인

210㎜×297㎜
보존용지(2종) 70g/㎡

[별지 제27호서식] 〈삭 제〉

[별지 제28호서식] 〈삭 제〉

[별지 제29호서식] 〈삭 제〉

찾아보기

[ㄱ]

[ㅈ]

[지은이 소개]

김종일은 고려대학교 경제학과를 졸업하고 미국 플로리다주립대학(FSU)에서 사회정책을 전공하여 석사와 박사를 받았다. 1989년부터 건국대학교 사회복지학과 교수로 재직 중이며 『복지에서 노동으로: 노동중심적 복지국가의 비판적 이해』, 『지역사회복지론』 『사회문제론』 등의 저서가 있다.

최혜지는 이화여자대학교에서 사회복지학을 전공하고 미국 Washington 대학에서 사회복지학으로 박사학위를 받았다. 2003년부터 건국대학교 사회복지학과 조교수로 재직 중이며 노인복지실천에 관한 주제를 중심으로 연구하고 있다.

쉽게 쓴 노인복지론

2006년 1월 20일 초판인쇄
2006년 1월 25일 초판발행

저 자 김 종 일 · 최 혜 지
발행인 류 성 렬

발행처 **청 목 출 판 사**
150-845
서울특별시 영등포구 신길4동 233-96
(청목 B/D)
전화 (02) 849-6157(代) · 2820
FAX (02) 849-0817
·등록 제 16-488호/1994.2.2

·파본은 바꾸어 드립니다. 값 20,000원

http : //www.chongmok.co.kr

ISBN 89-5565-129-5